BAR INTERNATIONAL SERIES 3114 | 2022

Representaciones sociales, registro arqueológico y patrimonialización del pasado indígena

El área de Ventania de la provincia de Buenos Aires (Argentina) como caso de estudio

CAMILA OLIVA

Published in 2022 by
BAR Publishing, Oxford

BAR International Series 3114

*Representaciones sociales, registro arqueológico y patrimonialización
del pasado indígena*

ISBN 978 1 4073 6056 0 paperback
ISBN 978 1 4073 6055 3 e-format

DOI https://doi.org/10.30861/9781407360560

A catalogue record for this book is available from the British Library

BAR titles are available from:

BAR Publishing
122 Banbury Rd, Oxford, OX2 7BP, UK
  EMAIL info@barpublishing.com
  PHONE +44 (0)1865 310431
    FAX +44 (0)1865 316916
www.barpublishing.com

Otros textos de interés

Mesoamerican Codices
Calendrical knowledge and ceremonial practice in Indigenous religion and history
Alessia Frassani
BAR International Series **3085** | 2022

¡El Yunque se levanta!
Interdisciplinarity and activism at the La Mina petroglyph site
Rhianna C. Rogers, James Schuetz and Rex Cauldwell
BAR International Series **3019** | 2022

The Materiality of Remembering
An ethnographic study of the living spaces in a Nahua municipality in Veracruz, Mexico
Julieta Flores-Muñoz
BAR International Series **3002** | 2020

Arqueología de la dictadura en Latinoamérica y Europa
Violencia, resistencia, resiliencia
Edited by Bruno Rosignoli, Carlos Marín Suárez y Carlos Tejerizo-García
BAR International Series **2979** | 2020

Rock Art, Water, and Ancestors
The semiotic construction of a sacred landscape in the central Andes (1800 BCE - CE 1820)
Gordon Ambrosino
BAR International Series **2969** | 2020

Patrimonio tangible e intangible mexicano: una reflexión
Edited by Juan Garcia Targa and Geiser Gerardo Martín Medina
BAR International Series **2854** | 2017

Estudio historiográfico de las investigaciones sobre cerámica arqueológica en el Noroeste Argentino
Paola Silvia Ramundo
BAR International Series **1840** | 2008

Management of Archaeological Sites and the Public in Argentina
María Luz Endere
BAR International Series **1708** | 2007

Arqueología del contacto hispano indígena
Un estudio de cambios y continuidades en las Sierras Centrales de Argentina
Andrés G. Laguens
BAR International Series **801** | 1999

Índice

Lista de figuras

Lista de tablas

Prefacio

Este libro presenta los resultados de la investigación desarrollada en la Universidad Nacional de La Plata, Argentina para optar por el título de Doctor en Comunicación. Cabe destacar que la misma no hubiera sido posible sin la participación de diversos actores que desinteresadamente dedicaron su tiempo, brindaron sus conocimientos y experiencias. Quisiera agradecer especialmente a Fernando Oliva y Bruno Moscardi por el acompañamiento, las lecturas críticas del manuscrito y sus comentarios que enriquecieron la escritura de este libro. Por otro lado, quisiera agradecer principalmente a todas las personas de la comunidad del Área de Ventania, quienes me formaron y transformaron con sus palabras. En este sentido, mi especial agradecimiento a la profesora Nora Cinquini, destacada referente del campo cultural y educativo, a quien siempre recordaré con el mayor de los cariños. También a María Cecilia López Quintana de Baglioni, por su calidez humana y por todo el conocimiento transmitido. Asimismo, a Jorgelina Cárdenas Millapi, Julio Currulef y a Carlos Eckardt, por compartir afectuosamente sus experiencias e historias de vida. También quisiera agradecer a todas aquellas personas que, de una manera u otra, se ponen al hombro el cuidado y la divulgación del patrimonio arqueológico todos los días. A Mariana Walter directora del Museo y Archivo de la Ciudad de Pigüé, a Jorgelina Walter Directora del Museo Ignacio Balvidares de Puan, a Mercedes Willich directora del museo privado El Sendero de los Recuerdos, a Lucas Tobio museólogo del distrito de Coronel Pringles, a Omar Abasolo y Jorge Capotosti trabajadores tenaces del campo de la cultura que serán recordados por toda la comunidad del área de Ventania; también a Francisco, Susana y Dinora Méndez propietarios del Museo Coyug Curá, a Vivian Ballestrieri propietaria del Fuerte Argentino, a Cristina Bartolomé, a Cora Biondini, a Facundo Casalle Pintos, Carlos Castello Luro, a Gastón Waimann a Valeria Moglie, a José Luis Strack, Ariel Mattiozzi, Gabriel Allende, Javier Girou y a Juan José Navarro. A todos ellos, muchas gracias por recibirme y facilitarme de los más diversos modos, las tareas en el campo. También quisiera agradecer a María Cecilia Panizza y Nancy Díaz Larrañaga por dirigir mi Doctorado, y agradecer a mis compañeros de equipo del Centro de Estudios Arqueológicos Regionales de Rosario y de La Plata; así como también agradecer a la Dra. Primitiva Bueno Ramírez, por posibilitar mi estancia en la Universidad de Alcalá de Henares y a María Elena Medina Cuenca por su ayuda en Madrid.

Por otro lado, no menos importante quisiera agradecer a mis amigos de La Plata y de Dufaur, quienes incontables veces me brindaron su ayuda. Por último, quisiera expresar mi gratitud a mi familia por su apoyo, a mis hermanos Fermín y Martina, y mis padres, Anabel y Fernando.

Los trabajos de campo fueron realizados a través de distintos proyectos de investigación acreditados por las Universidades Nacionales de La Plata y Rosario. Específicamente, la presente investigación se enmarcó en el proyecto N 883 *"El campo funerario. Prácticas, arquitectura, entorno cultural e identidad en diferentes formaciones socio-históricas II"* dirigido por la Dra. M. Carlota Sempé (2018-2022) acreditado por la Universidad Nacional de La Plata y los proyectos HUM *"Investigaciones arqueológicas en sitios de cuevas y aleros del Sistema Serrano de Ventania (Provincia de Buenos Aires, Argentina) y su vinculación con otras evidencias materiales del Área Ecotonal Húmedo Seca Pampeana"* (2019-2022), HUM 525 *"Arqueología histórica en el área del Sistema Serrano de Ventania y su llanura adyacente"* (2016-2019), HUM 489 *"Área Ecotonal Húmedo-seco Pampeana: Investigaciones arqueológicas comparativas entre diferentes sectores"* (2015-2018) dirigidos por Lic. Fernando Oliva y codirigido por la Dra. María Cecilia Panizza, acreditados por la Universidad Nacional de Rosario. Asimismo, la investigación fue promovida a través de una Beca Doctoral de la Universidad Nacional de La Plata (2017-2022) y una beca de Movilidad de Profesorado Argentino de la Fundación Carolina y el Ministerio de Educación de la Nación (2021). Así como a través del otorgamiento de Subsidios Jóvenes Investigadores por parte de la Secretaría de Ciencia y Técnica de la Universidad Nacional de La Plata años 2018 (100 N° 20275/2/18) y 2021 (100 N° 5746/2/21).

Resumen

En este libro se presentan los resultados obtenidos en la investigación realizada a las representaciones sociales del pasado de los Pueblos Originarios y el registro arqueológico en el Área de Ventania de la provincia de Buenos Aires, República Argentina. El área estudiada combina abundancia y diversidad de recursos naturales propios de las pampas húmeda, seca y Norpatagonia, los cuales permitieron la ocupación por parte de grupos humanos desde hace por lo menos 6000 años A.P. Sin embargo, las evidencias de poblamiento en esta región se incrementaron durante el Holoceno tardío. La evidencia arqueológica del área incluye a todos los restos materiales que atestiguan su ocupación por parte de sociedades indígenas con un tipo de subsistencia basado en la caza y recolección (*e.g.,* artefactos líticos, cerámica, grafías rupestres, estructuras de rocas, rocas erguidas, recintos, entre otros). Asimismo, se cuenta con abundante registro del contacto cultural interétnico entre poblaciones indígenas y eurocriollas producido desde el siglo XVI, con mayor énfasis desde comienzos del siglo XIX, en el marco de la conformación del Estado Nacional Argentino. Estas evidencias componen el Patrimonio Arqueológico local, el cual posee un importante rol social, ya que constituye un eje fundamental en la conformación de las identidades y en la memoria colectiva. Asimismo, es un bien público que debido a su naturaleza no renovable hace preciso contar con los cuidados necesarios para su conservación. En este libro se analizan las representaciones sociales construidas en torno a las sociedades indígenas prehispánicas y su registro arqueológico, en el marco de los procesos de patrimonialización del mismo. Cabe destacar que la investigación se caracteriza por su transdisciplinariedad, dentro de la cual dialogan perspectivas teóricas y metodológicas propias de los estudios en comunicación y del campo de conocimiento antropológico y arqueológico. La retroalimentación entre diferentes campos intelectuales permite abordar el problema de investigación desde los Estudios Culturales, así como desde los estudios patrimoniales enmarcados en la Arqueología Pública. Específicamente, se examinan los procesos de incorporación indígena en las identidades contemporáneas en el marco de la dinámica cultural actual. En este sentido, son analizadas las representaciones sociales sobre el pasado indígena construidas por diversas instituciones y agentes del campo cultural -*e.g.,* exposiciones museísticas de objetos arqueológicos; señalamiento de yacimientos y acontecimientos importantes en la historia regional; expresiones en soportes de memoria públicos tales como murales, monumentos y esculturas; la toponimia urbana y paisajística del área; las identidades visuales de los municipios comprendidos, entre otros referentes empíricos-. Simultáneamente, son consideradas las prácticas culturales que relacionan a la comunidad local con la materialidad arqueológica (*e.g.,* conformación de colecciones arqueológicas, caminatas por yacimientos prehispánicos, entre otros). Los resultados obtenidos proporcionan elementos para explicar el funcionamiento cultural, social e ideológico en las interacciones comunicativas entre los sujetos y su pasado. En este marco, los discursos sobre el pasado son relacionados a prácticas que aportan a la producción y reproducción de representaciones vinculadas a las trayectorias históricas específicas y del orden social dominante propuesto por el relato hegemónico histórico oficial. La investigación de las relaciones entre las comunidades contemporáneas y el registro arqueológico ofrece elementos para la construcción de pautas adecuadas para su uso sustentable, donde se garantice la preservación para las futuras generaciones.

Summary

This book presents results obtained from investigation carried out on the social representations of the past of the Native Peoples and the archaeological record in the Ventania Area of the Buenos Aires province, Argentine Republic. The studied area combines an abundance and diversity of natural resources typical of the humid and dry Pampas and North Patagonia, which allowed occupation by human groups for at least 6000 years B.P. Evidence of settlement in this region increased considerably during the late Holocene. The archaeological evidence of the area includes material remains that evidence its occupation by indigenous societies with a subsistence based on hunting and gathering (*e.g.*, lithic artefacts, ceramics, rock carvings, rock structures, standing rocks, enclosures, among others). There is also an abundant record of interethnic cultural contact between indigenous and Euro-criollo populations produced since the 16th century, with greater emphasis since the beginning of the 19th century, within the framework of the formation of the Argentine National State. This evidence comprises the local Archaeological Heritage, which has an important social role as it constitutes a fundamental axis in the formation of identities and in collective memory. It is also a public good that, due to its non-renewable nature, requires conservation. This book analyzes the social representations built around pre-Hispanic indigenous societies and their archaeological record, within the framework of the patrimonialization processes of the latter. It should be noted that the research is characterized by its transdisciplinarity, within which theoretical and methodological perspectives from communication studies and the field of anthropological and archaeological knowledge converse. The feedback between different intellectual fields allows us to address the research problem from the perspective of Cultural Studies, as well as heritage studies as framed by Public Archaeology. Specifically, the processes of indigenous incorporation into contemporary identities are examined within the framework of current cultural dynamics. In this sense, the social representations of the indigenous past built by various institutions and agents of the cultural field are analyzed, *e.g.* museum exhibitions of archaeological objects, signage of important sites and events in regional history, expressions of public memory such as murals, monuments and sculptures, urban and landscape toponymy of the area, and the visual identities of the municipalities included. Simultaneously, the cultural practices that relate the local community with archaeological materiality (*e.g.* formation of archaeological collections, walks through pre-Hispanic sites, among others) are considered. The results obtained provide elements to explain the cultural, social and ideological function of communicative interactions between the subjects and their past. In this framework, discourses about the past are related to practices that contribute to the production and reproduction of representations linked to specific historical trajectories and the dominant social order proposed by the hegemonic official historical account. Investigation of the relationships between contemporary communities and the archaeological record allows the construction of guidelines for its sustainable use, where preservation for future generations is guaranteed.

El Área de Ventania de la provincia de Buenos Aires

*"La historia de la gestación y desarrollo de las etnias a lo largo de milenios y centurias, ha sido la historia de las relaciones entre diferentes grupos humanos, **la historia de los contactos interétnicos. Esta historia jamás estuvo desligada de las relaciones de poder, de las relaciones de pertenencia/exclusión y dominación/subordinación** que se establecieron entre los hombres y que, interpretadas dialécticamente se expresaron tanto **a nivel de las prácticas**: surgimiento concreto de sociedades, naciones, civilizaciones, imperios coloniales, estados; **como a nivel de las representaciones**, las categorías clasificatorias que surgían de las ideas que los grupos así constituidos tenían de sí mismos y de los demás."*

(Liliana Tamagno, 1988:52-53). (Las negritas son propias)

1.1 Abstract

This chapter introduces the reader to the history of human settlement in the Ventania Area of the Buenos Aires province, Argentina, since its first occupation in the middle Holocene. Specifically, the investigated area is discussed with regards to its spatial characterization and the different types of records that testify to its recurring occupation. The various types of local archaeological record are presented, among which the indigenous archaeological collections and different types of pre-Hispanic and historical archaeological sites. These include surface, stratigraphic and monumental sites, corresponding to the first hunter-gatherer societies that inhabited the region, and historical archaeological records linked to the indigenous-Eurocriollo intercultural contact period. The objectives of the research are presented, namely analysis of the patrimonialization processes of the indigenous past through study of the social representations built on the indigenous societies that populated the Ventania Area and its adjacent plain from the first settlements until late nineteenth century. Three specific objectives are indicated, referring to the analysis of social representations produced by heritage institutions of the study area, related with the indigenous population and the archaeological heritage, considering museums and interpretation centers of public (municipal and provincial museums) and private management. Another specific objective is the analysis of the institutionalization of the official memory of the municipalities of the study area (Puan, Saavedra and Tornquist), taking into account memory supports located in the public sphere, as well as the municipal visual identities (official web portals of the considered districts, coats of arms and flags), and the toponyms of the urban centers and of the surrounding landscapes. The last objective lies in evaluating the social representations and cultural practices related to the archaeological record carried out by prominent local referents, and their relationship with processes of identification and collective memory of the local communities. Finally, the institutions and actors that mediate with this registry at different management scales are indicated, among which public and private museums and protected areas with different levels of management (municipal, provincial and mixed) stand out.

1.2 Introducción

En este libro se abordan las representaciones sociales construidas en torno al pasado indígena y los modos en que las poblaciones actuales se relacionan con el patrimonio arqueológico. Específicamente, se consideran aquellas representaciones presentes en los procesos de patrimonialización del registro arqueológico correspondiente a las sociedades humanas que habitaron el área de Ventania y su llanura adyacente (provincia de Buenos Aires, Argentina) desde el inicio de su poblamiento hasta fines del siglo XIX. El tema de investigación encuentra su raíz en un profundo interés por problematizar los imaginarios sociales que las comunidades actuales construyen sobre los Pueblos Originarios que habitaron la provincia de Buenos Aires, y de qué manera éstos inciden sobre la patrimonialización del registro arqueológico. En este sentido, se generaron una serie de interrogantes sobre los modos en que los sujetos se vinculan con su pasado a través del registro arqueológico. A continuación, se detallan: ¿Cuáles son los sentidos asignados por las comunidades contemporáneas a los pueblos indígenas que vivieron en el pasado? ¿Existe una negación sobre el elemento indígena en la memoria colectiva? ¿De qué manera se relaciona la idea de una sociedad homogénea en el marco de la formación de una identidad única y nacional frente a un "otro cultural"? ¿Cómo son las representaciones construidas de la imagen del "indio/indígena/originario" y el "blanco/eurocriollo" en los imaginarios locales? ¿Las representaciones del "indio/indígena/originario" y el "blanco/eurocriollo" se corresponden con las acciones de preservación o de impacto sobre la integridad física del patrimonio arqueológico?

De acuerdo con lo expresado, se delimitó el problema de investigación, el cual comprende el estudio de las representaciones sociales actuales sobre las sociedades indígenas que habitaron los tres municipios del sudoeste bonaerense de Tornquist, Saavedra y Puan, desde sus primeros asentamientos hasta finales del siglo XIX -inicios del Estado Nación de la República Argentina-. Estos partidos forman parte del área arqueológica de las sierras occidentales de Ventania y su llanura adyacente en la provincia de Buenos Aires.

1.2.1 Organización del libro

El presente libro se encuentra organizado en ocho capítulos. El primero de ellos tiene por objeto introducir al lector en el marco de la investigación, el problema de estudio y los objetivos propuestos. Igualmente, se exhiben las características ecológicas, y demográficas del área de estudio involucrada, los antecedentes de investigación en cuanto al tema seleccionado y los diferentes lineamientos teóricos y metodológicos que son utilizados para potenciar la utilidad del estudio. Asimismo, se realiza una descripción del área investigada, se presentan sus características culturales e históricas en vinculación a su poblamiento desde los primeros grupos humanos que la habitaron hasta momentos históricos (fines del siglo XIX) y sus evidencias arqueológicas. Por último, se caracterizan las instituciones que en sus diferentes escalas de gestión median con este registro. Dentro del Capítulo 2, se lleva a cabo la exposición de los antecedentes a nivel internacional, nacional y regional vinculados a la investigación sobre las representaciones sociales del pasado indígena y el patrimonio arqueológico indígena. En el Capítulo 3 se especifican las estrategias metodológicas escogidas, prestando especial importancia a la perspectiva transdisciplinar utilizada en el desarrollo de la investigación. De igual modo, se explicitan los dispositivos de relevamiento y de análisis construidos e implementados en el corpus de estudio. En el Capítulo 4 se desarrollan los resultados del análisis de las representaciones del pasado indígena y los procesos de patrimonialización del registro arqueológico presente en instituciones patrimoniales (museos y centros de interpretación). Simultáneamente, se presentan los análisis de las características de estas instituciones en relación al tipo de gestión, municipio emplazado, la modalidad de exhibición del registro arqueológico y la construcción de representaciones sobre las sociedades indígenas del área de investigación. Por otra parte, se exponen los resultados de las entrevistas realizadas a los encargados, propietarios y/o directores de las mismas.

El Capítulo 5 formula los resultados del análisis de las representaciones sociales en torno al pasado indígena presentes en el ámbito público en los partidos que comprenden el área (Tornquist, Saavedra y Puan).

Incluye el análisis de las representaciones construidas en organismos de diferentes niveles de gestión (provincial y municipal). Este capítulo se subdivide en dos partes, dentro de las cuales por un lado se presentan las representaciones oficiales del sector público presentes en la identidad oficial de los municipios y aquellas presentes en la vía pública mediante el análisis de diversos soportes de memoria registrados entre el año 2016-2021. Por su parte, el Capítulo 6 despliega el análisis realizado a las representaciones sociales producidas por los actores destacados de la comunidad a través del estudio de sus biografías y prácticas en relación al pasado y el patrimonio arqueológico. De igual modo, se analiza la práctica de coleccionar, optando por tres casos de estudio a modo de ejemplo, uno por municipio implicado en la investigación. Por último, el Capítulo 7 discute los resultados obtenidos en la investigación y se presentan modelos explicativos de la dinámica cultural del área de investigación. En el capítulo final se retoman los interrogantes y supuestos planteados en el inicio de la investigación, y se desarrollan las reflexiones finales, sus aportes al campo de los estudios en comunicación, así como las futuras líneas de investigación.

1.2.2 Objetivos

El objetivo general de la investigación es analizar los procesos de patrimonialización del pasado indígena a través del estudio de las representaciones sociales construidas sobre las sociedades indígenas que poblaron el Área de Ventania y su llanura adyacente desde los primeros asentamientos hasta finales del siglo XIX. Motivo por el cual se consideran las representaciones sociales identificadas en el período 2016-2021 en los municipios bonaerenses de Tornquist, Saavedra y Puan.

Del objetivo general se desprenden tres objetivos específicos, el primero de éstos consiste en analizar las representaciones sociales producidas por instituciones patrimoniales del área de estudio, en relación a la historia de poblamiento humano en el área y el patrimonio arqueológico que lo atestigua, considerando museos y centros de interpretación de gestión pública (museos municipales y provinciales) y privada. El segundo se propone investigar cómo se institucionaliza la memoria oficial de los distritos del área de estudio a través de las representaciones que se construyen en torno al patrimonio arqueológico y el pasado indígena, teniendo en cuenta los soportes de memoria emplazados en el ámbito público, así como las identidades visuales municipales (portales web oficiales de los distritos considerados, escudos y banderas), los topónimos de los centros urbanos de sus localidades y de los paisajes que los circunda. Finalmente, un último objetivo radica en evaluar las representaciones sociales y prácticas culturales en torno al registro arqueológico realizadas por referentes locales destacados, y su relación con los procesos de identificación y memoria colectiva de las comunidades del área de estudio. Consecuentemente, se consideran prácticas y representaciones de diversos agentes del campo cultural vinculados al registro arqueológico:

integrantes de Pueblos Originarios, investigadores aficionados, coleccionistas, guías, guardaparques y funcionarios vinculados al turismo cultural, otros.

1.2.3 Hipótesis y supuestos de los que parte la investigación

En el marco de la fundamentación previamente expuesta y del recorte del problema de estudio señalado, se ha procedido a elaborar la siguiente hipótesis, que es puesta a valoración en esta investigación:

"Los discursos y las representaciones sociales actuales en torno al pasado indígena se vinculan con las prácticas culturales asociadas a la identificación y apropiación del patrimonio arqueológico indígena y por tanto a su cuidado, divulgación y conservación".

Los resultados de la investigación permitirán aceptar en su plenitud la hipótesis si se identifica una correspondencia entre las representaciones sociales en torno al pasado indígena y las prácticas culturales de divulgación y conservación del patrimonio arqueológico como elemento de identificación y apropiación de las comunidades del área de estudio. Por ejemplo, podría admitirse como válida la hipótesis si en el marco de la producción y circulación de éstas se produjeran mecanismos de puesta en valor del pasado y del presente indígena del área de estudio, a través de la activación patrimonial de objetos arqueológicos por parte de las comunidades locales y de los gobiernos municipales. Igualmente, será aceptada si se identifica la inclusión y reivindicación de las sociedades indígenas y del patrimonio arqueológico en las identidades visuales y de memoria de los distritos del área (*e.g.,* los soportes de memoria públicos: monumentos, murales, topónimos urbanos, otros).

De forma contraria, la hipótesis será rechazada en caso de no observarse una vinculación entre la apropiación del pasado indígena en las representaciones sociales y las prácticas culturales de transformación sobre el registro arqueológico. En este sentido, será inválida si se registran procesos de construcción de representaciones sociales que evocan y recuperan la identidad indígena en los procesos de identificación locales, por ejemplo en los discursos museísticos y municipales del área de investigación -a través de la mención del poblamiento indígena en sus páginas web oficiales, así como de sus identidades visuales, los soportes de memoria emplazados en su territorio y la promoción del registro arqueológico para su aprovechamiento como recurso turístico-, y sin embargo no se observan prácticas de conservación y divulgación del patrimonio arqueológico regional. Igualmente, será rechazada si se observan, simultáneamente a la creación de representaciones sociales asociadas al elemento indígena en los procesos de memoria e identidad de las comunidades del área de estudio, prácticas de transformación del registro arqueológico (*e.g.,* registro dentro y en las inmediaciones de los sitios arqueológicos de la presencia de basura y ejecución de *graffiti*, entre otros).

La presente investigación presenta una dimensión ética política que surgió a partir de la necesidad de comprender las relaciones de poder que operan en el vínculo entre el presente y el pasado, específicamente en relación a las representaciones sobre los pueblos indígenas que habitaron el territorio bonaerense en tiempos precoloniales y de momentos de contacto hispano indígena. En este sentido, se estima llevar a cabo la deconstrucción[1] de las representaciones que se encuentran vigentes en el sentido común, para exponer las relaciones de poder[2] que están presentes en las mismas. De esta manera, se sostiene que investigar las representaciones sociales que las comunidades actuales construyen sobre estos pueblos resulta fundamental para comprender como se utiliza el pasado para legitimar el presente. En virtud de ello, el libro intentará visibilizar prácticas y representaciones eurocentristas que se portan como una "huella" en nuestra identidad a través de la búsqueda de los sentidos asignados por las comunidades del territorio bonaerense a los grupos indígenas que vivieron en el pasado. Se propone que el estudio de los vínculos de las poblaciones con su pasado, a través de la identificación de las formas de relación y representación de un "otro culturalmente diverso" en relación a un "nosotros", arroja luz sobre la coyuntura histórica social en la cual toman forma dichas representaciones. Es interesante señalar que las representaciones sobre "lo indígena" están mediadas por posicionamientos no sólo éticos e ideológicos, sino también por intereses políticos y económicos sobre los que se erigió el Estado Nación a finales del siglo XIX (Trinchero, 2010).

Una de las formas de coexistencia entre el presente y el pasado está dada por las relaciones que las poblaciones actuales establecen con la materialidad arqueológica indígena. Las investigaciones llevadas a cabo durante las últimas cuatro décadas en el área de estudio, han dado cuenta de prácticas culturales de transformación de dicha materialidad, produciendo desde el punto de vista arqueológico una pérdida de la integridad física del registro arqueológico y por tanto de su valor testimonial. Esta tensión entre pasado y presente se plasma en el inmenso número de sitios arqueológicos modificados, con presencia de desechos de basura, o la práctica sostenida de graffitear cuevas con pinturas rupestres, entre otras acciones.

---

[1] Se utiliza deconstrucción en el sentido de Derrida (1972), como la crítica al concepto lingüista estructuralista que busca determinar las condiciones de posibilidad del sentido, la estructuralidad de la estructura (Palti, 2002). En este sentido, la deconstrucción puede pensarse en los términos de un principio que desmonta todo "montaje" textual o institucional a través de la identificación de las huellas de las ideas en los discursos, motivo por el cual la deconstrucción es siempre deconstrucción del poder (Goldschmit, 2004; Krieger, 2004).

[2] En esta investigación no se opta por una noción jurídica de poder centrada en las reglas, leyes y prohibiciones que marcan un límite entre lo permitido y lo prohibido. Por el contrario, se considera que no existe "un" poder, sino varios poderes presentes en las relaciones sociales, particularmente en las formas de dominación, y sujeción que operan localmente. Éstas relaciones de poder son heterogéneas en cuanto poseen su propia modalidad de funcionamiento, procedimiento y técnica, motivo por el cual se debe hablar de poderes localizados en sus especificidades históricas y geográficas (Foucault, 1981).

Este trabajo pretende entender las prácticas culturales actuales en relación a la transformación y conservación patrimonial. Asimismo, se vuelve una herramienta útil para la visibilización pluricultural de un área que ha sido "blanqueada" material y simbólicamente. Por este motivo, resulta fundamental comprender las representaciones de lo indígena con el fin de aportar elementos para la elaboración de políticas de distinción, divulgación y preservación de la cultura material indígena.

Esta investigación constituye un aporte para el abordaje, desde una mirada comunicacional, de una problemática estrechamente vinculada a la antropología y la arqueología. El estudio de los modos en que las poblaciones actuales producen sentidos, junto con las maneras en que estos sentidos y representaciones influyen en su vínculo con la cultura material, ha sido un tema soslayado en las investigaciones arqueológicas. Se espera que esta investigación brinde elementos para la comprensión del funcionamiento cultural, social e ideológico de las interacciones comunicativas entre los sujetos, entendiendo a la representación como una forma de comunicación en la cual se construye sentido sobre un "otro", presente en el registro arqueológico. El estudio de las representaciones y discursos como prácticas sociales de comunicación, implican comprender su producción y reproducción vinculada a las trayectorias históricas dentro de la cual los pueblos indígenas están simbólica y materialmente subordinados.

Si bien la cultura material prehispánica e histórica de los grupos humanos que habitaron el área del Sistema Serrano de Ventania, ha sido investigada extensamente, no ocurre lo mismo con la comunicación en torno a ella y su impacto en la conservación de la mencionada materialidad. De esta manera, la investigación resulta un aporte original y fundamental al corpus de estudios en arqueología y comunicación ya que no se cuenta con otros de este tipo en la región. El campo comunicacional permite situar los debates y los conflictos que se encuentran presentes en las representaciones sociales de lo indígena, que interpelan al campo de la arqueología en la actualidad. En otras palabras, resulta interesante investigar las formas en que el pasado es representado por las comunidades del presente, y cómo estas formas se vinculan con los modos en que se relacionan las comunidades con el registro arqueológico material.

Este libro se caracteriza por su encuadre transdisciplinario, dentro del cual se ponen en diálogo perspectivas teóricas y metodológicas propias de los estudios en comunicación, y del campo de conocimiento antropológico y arqueológico. Dicha articulación disciplinaria es característica de los Estudios Culturales, los cuales se preguntan por las relaciones entre cultura y poder más allá de la perspectiva de una única disciplina (*e.g.*, antropología), evitando así los reduccionismos que buscan explicar únicamente desde una dimensión o clivaje particular un fenómeno social complejo. Además, los estudios culturales se ocupan de describir e intervenir en la manera en que "textos" y "discursos", considerados prácticas culturales, se producen, insertan y operan en la vida de los grupos sociales con el fin de reproducir, luchar contra y transformar las estructuras de poder existentes (Golubov, 2015). En esta línea, Stuart Hall (1994) propone una serie de rasgos característicos propios de estos estudios, los cuales se considera que cumple la presente investigación y acreditan su inclusión en este tipo de estudios. La primera característica es que la problemática se encuentra centrada en la imbricación de dos aspectos mutuamente constituyentes (lo cultural y las relaciones de poder). Con respecto a esta relación, el primer pilar argumental se relaciona al estudio de las relaciones de poder que operan en el vínculo entre las comunidades del presente y las representaciones que hacen del pasado, particularmente del indígena en momentos prehispánicos y de contacto intercultural. La segunda característica propuesta por Hall es el enfoque transdisciplinario, en este caso hay una explícita comunión entre los campos comunicacional, antropológico y arqueológico. El tercer rasgo propuesto es la vocación política de estos estudios, en el sentido de que buscan producir un saber para intervenir en el mundo. En el caso de este trabajo se relaciona con el segundo argumento que propone comprender críticamente los vínculos entre las comunidades del presente y el registro arqueológico, buscando que el conocimiento producido en esta investigación aporte elementos que intervengan en la conservación y divulgación del patrimonio arqueológico. Finalmente, la cuarta característica es el contextualismo radical que propone como método el estudio de contextos concretos, de articulaciones significantes y de relaciones de poder, que han permitido la emergencia y particular configuración de prácticas y hechos sociales (Hall, 1994). En este caso, las particularidades histórico políticas que caracterizan a las comunidades del área de estudio, y a las representaciones y relaciones que establecen con el pasado.

1.3 El Área de Ventania

El área de estudio, el Sistema Serrano de Ventania y su llanura adyacente, constituye una región atractiva en relación a la diversidad de recursos naturales que presenta, lo cual ha permitido a las primeras sociedades de cazadores recolectores que la habitaron una serie de posibilidades para su asentamiento durante miles de años. De acuerdo a lo expresado, el ámbito espacial donde se desarrolló la presente investigación comprende una importante área arqueológica de la República Argentina. Esta área se encuentra localizada en el sector sur del Área Ecotonal Húmedo-Seca Pampeana (Oliva 2006; Oliva *et al.*, 2010), e incluye los municipios de Tornquist, Saavedra y Puan, y un sector de los distritos de Coronel Pringles y Coronel Suárez de la Provincia de Buenos Aires. Para el desarrollo de esta investigación se consideraron los primeros tres distritos mencionados, debido por una parte al apoyo logístico de las instituciones implicadas en la ejecución de las actividades de investigación, y en este sentido, al mayor acceso al corpus de información en estos municipios; y, por otra parte, a que se considera que es en su territorio, especialmente en Tornquist y Saavedra, donde se emplaza mayoritariamente el Sistema de Ventania (Figura 1.1). Esta región constituye una de las tres serranías que sobresalen en el paisaje de llanuras que caracteriza a la Región Pampeana, y se encuentra conformada por un conjunto de cordones serranos paralelos de rumbo noroeste-sureste, con una longitud de 160 km (González Bonorino, 1958), los cuales se caracterizan por poseer una amplia variedad de recursos naturales en el ambiente. Entre otros beneficios pueden mencionarse, la presencia de agua potable de manera permanente, variedad de presas animales y plantas comestibles, materia prima para elaborar herramientas (*e.g.,* diversas rocas presentes en las

sierras), los cuales proporcionaron un espacio atractivo para los grupos humanos que habitaron la región durante miles de años (Austral, 1987; Castro, 1983, 2010; Oliva *et al.*, 2010) (Figura 1.2). Estas particularidades geográficas posibilitaron la ocupación sostenida en el tiempo de distintos ambientes -cuerpos lagunares, ríos y arroyos, cuevas y aleros-, donde a través de investigaciones arqueológicas fueron recuperadas numerosas evidencias materiales que dan cuenta de las actividades humanas desarrolladas durante el proceso de poblamiento del área, las cuales al presente componen el Patrimonio Arqueológico Regional (*i.e.* Oliva, 1994; Oliva *et al.* 2010; Oliva, 2017; Oliva y Panizza, 2015; Panizza *et al.*, 2013).

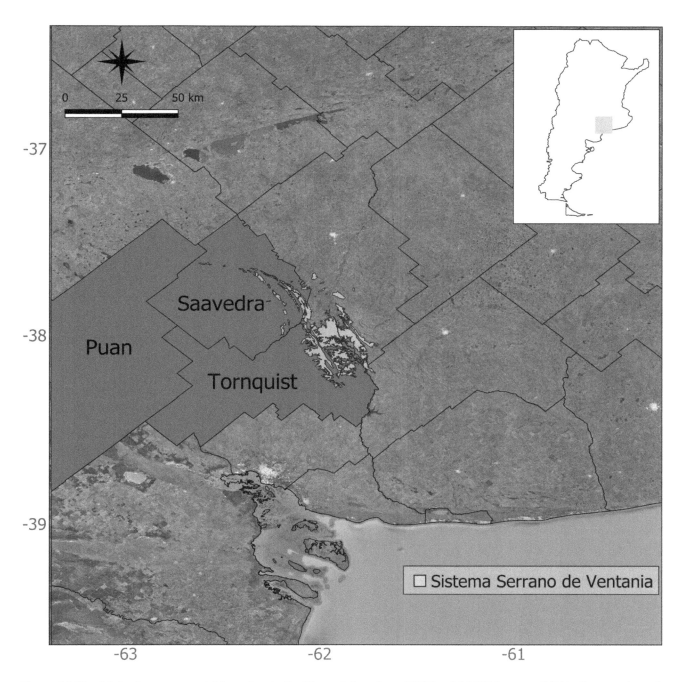

Figura 1.1 Municipios bonaerenses del área de estudio. Mapa elaborado en QGIS v. 3.16.6 "Hannover" (http://www.qgis.org/es/site/).

Figura 1.2 Paisaje serrano del Área de Ventania.

Esta área constituye una porción de territorio que ha sido recurrentemente poblada por distintos grupos culturales a lo largo del tiempo (Oliva *et al.* 1991; Barrientos *et al.* 1997; Oliva, 2006; Panizza, 2016). Las investigaciones regionales llevadas a cabo dentro del campo arqueológico dan cuenta de su prolongado poblamiento desde el Holoceno medio por grupos cazadores-recolectores (Oliva y Panizza, 2016). Particularmente, en un sitio arqueológico del partido de Tornquist conocido en la bibliografía especializada como Caverna El Abra (Cueva de las Víboras), fueron hallados restos orgánicos cuya datación radiocarbónica arrojó como resultado una fecha cercana a los 6230 ± 90 años AP (Castro, 1983), tratándose del registro más antiguo fechado del área.

De igual modo, esta región fue escenario de múltiples procesos de interacción, tensión y disputas que determinaron los modos de vida y las relaciones entre los distintos grupos que lo habitaron a través del tiempo (Oliva y Panizza, 2015). A partir del siglo XVI comienzan una serie de procesos que aumentaron la complejidad de la trama social en la región, vinculados principalmente al ingreso de grupos de indígenas transcordilleranos y la posterior llegada de poblaciones de origen europeo. La ocupación y el contacto entre diversos grupos culturales desencadenaron profundos cambios sociales, políticos y económicos (Devoto *et al.*, 2016; Panizza, 2015). Esta nueva etapa es interpretada arqueológicamente como el inicio de un complejo proceso de contacto cultural conocido como momento de contacto hispano-indígena o interétnico (Devoto y Casas, 2015; Oliva y Lisboa, 2009; Oliva *et al.*, 2007; Panizza y Devoto, 2020; Villar *et al.*, 2015). A partir de este momento las poblaciones originarias del área habrían establecido relaciones, llamadas tradicionalmente de "contacto cultural" tanto con grupos indígenas procedentes de otras regiones, como los migrantes europeos que arribaron a la región durante los siglos XVII y XVIII.

En este contexto se entiende a la etnicidad como las estrategias desarrolladas por los distintos grupos étnicos involucrados en la problemática de la territorialidad, en tanto espacio de producción y reproducción de la vida social (Bari, 2002). En este marco las sociedades cazadoras-recolectoras experimentaron cambios en sus costumbres debido a las políticas implementadas por estos nuevos pobladores, que desplazaron a los pueblos nativos (Mandrini, 1985). Este período culminó con la ocupación efectiva del territorio por parte del Estado nacional argentino y el desplazamiento y aniquilación de gran parte de los Pueblos Originarios a fines del siglo XIX (Albó, 2005).

Cabe destacar que las primeras exploraciones del área se realizaron durante el siglo XVIII y principios del siglo XIX con el objetivo de conocer y adquirir el "desierto[3]", ocupar el territorio perteneciente a las sociedades indígenas originarias, y establecer redes comerciales (Oliva y Panizza, 2016). En este sentido puede mencionarse entre las primeras expediciones, cuyo objetivo era conciliar e integrar a los pueblos indígenas, aquella realizada por Zizur quien recorrió la región en el año 1781 (Zizur, [1781] 1973), así como aquella expedición diplomática y comercial a cargo del Coronel Pedro Andrés García, quien elaboró un informe donde se establecía la factibilidad de absorber tanto el territorio como a las propias Sociedades Originarias dentro de los parámetros nacionales (García, 1836). Los vínculos entre los organismos oficiales y el Estado en formación para con los pueblos indígenas fueron heterogéneos a lo largo de la historia, relaciones pacíficas se alternaron con períodos más conflictivos en los que se produjeron ataques por parte de parcialidades indígenas

---

[3] El concepto de "desierto" fue utilizado en un sentido metafórico durante la mayor parte del siglo XIX, ya que por un lado se trataba de un territorio fértil apto para la agricultura y ganadería, que estaba poblado por diversos grupos étnicos (Gómez Romero, 2005).

en respuesta al avance militar (Panizza y Devoto, 2020). A principios de siglo XIX hubo intenciones políticas por parte del Estado nacional de apropiarse de las tierras y establecer una frontera que pasara por Salinas Grandes, Guaminí y Sierra de la Ventana (Oliva y Panizza, 2016). Sin embargo, el verdadero desplazamiento de las sociedades indígenas y la instalación definitiva de fuertes y fortines ocurrió recién en la segunda mitad de ese siglo (Gómez Romero, 2005). El aumento en el interés de los dominios ubicados más allá de la línea de frontera se produjo debido al progresivo y creciente comercio rioplatense de saladeros y productores de carne seca, entre otros factores, que motivaron la expansión y conquista sobre el territorio indígena (Crisafulli, 1994). En este sentido, puede mencionarse el crecimiento territorial experimentado por las sociedades hispano-criollas:

"Entre 1780 y 1833 el espacio sobre el cual se desplegaba la sociedad criolla creció unas seis veces, pasando de unos 30.000 Km² a unos 180.000Km²; la población rural, por su parte, se acrecentó hacia 1836 casi siete veces, pasando de unos 13.000 a unos 90.000 habitantes… la baja densidad de población no habilita la visión de un inmenso "desierto", que por otra parte era la mirada de las élites urbanas sobre este espacio rural." (Barral y Fradkin, 2005:11).

Fue en este contexto que en el año 1878 se dictó la Ley N° 947 -para ejecutar la norma legal de 1867-, que ordenaba ocupar los territorios, hasta los ríos Negro y Neuquén, con el objetivo de fijar la frontera Sud con los pueblos indígenas. El artículo octavo de la primera ley, determinó que a medida que fuera avanzando la línea de frontera, se relevaría el territorio y se levantarían planos, los cuales servirían para dividir lotes de 10.000 hectáreas. Estas tierras eran consideradas por el Estado nacional como de su propiedad, fueron cedidas a la Provincia de Buenos Aires para ser utilizadas para cubrir los gastos ocasionados por las campañas militares (Cinquini y Beneitez, 2016).

Este momento se caracteriza por el inicio de una fuerte tradición política liberal que marcó el nacimiento del país como república moderna (Svampa, 2006). Durante el siglo XIX el binomio "Civilización o Barbarie" influyó profundamente en el proceso de construcción del Estado nacional, esta división dicotómica estuvo asociada con nociones representativas de la modernidad tales como Progreso, Civilización y Perfectibilidad, las cuales influyeron profundamente en el diseño de las políticas de conquista territorial (Navarro Floria, 2002). Durante las primeras décadas del siglo XIX comenzó a gestarse y difundirse entre intelectuales europeos la noción de Civilización, la cual influyó profundamente en el seno intelectual argentino. Entre otros exponentes el historiador y político francés F. P. G. Guizot la definió como el progreso y desarrollo hacia el que se dirige un pueblo, el cual necesariamente debe estar en movimiento para cambiar de estado hacia la perfección (Guizot, 1870). En países como Francia e Inglaterra el concepto Civilización resumía el orgullo que inspiraba la importancia que tenía

la nación propia en el conjunto del progreso en Occidente y de la humanidad en general, en relación a los aspectos políticos, económicos, religiosos, técnicos, morales, y sociales de un pueblo. En otras palabras, era entendida como el resultado de un proceso hacia "adelante" (Elias, 1993), ligado a una concepción evolucionista de ascenso y perfectibilidad tanto biológica como cultural. En este punto puede señalarse la creencia de tres estadios evolutivos de la humanidad; salvajismo (cazadores recolectores), barbarie (agricultores incipientes) y civilización (en la cumbre del proceso) (Morgan [1877] 1963; Tylor, 1889). A partir del pensamiento evolucionista, el indicador más claro del progreso humano será la capacidad técnica de un grupo, el cual determinaría el estadio evolutivo en el que se halla una sociedad (Tacca, 1999).

Estos conceptos funcionaron como una matriz de pensamiento teórico, cultural, político para los empresarios y políticos argentinos que estigmatizaban la imagen de un territorio vacío, potencialmente a ser conquistado según las pautas capitalistas que convertirían las tierras indígenas en grandes haciendas agrícolas ganaderas. Esta imagen negaba a sus habitantes, y la esfera política delineaba una geografía de ausencias (Gómez Romero, 2005). En este contexto, se considera pertinente destacar a las campañas militares conocidas como la Conquista del Desierto como trascendentales en la historia regional por los cambios de dimensiones amplias y profundas que implicaron como parte del proceso político-militar del incipiente Estado-Nación en el área de estudio. Desde fines del siglo XIX el Estado nacional argentino se encontraba implementando fuertes políticas en relación a la organización del territorio y el establecimiento de sus límites para fomentar su constitución (Yuln, 2014). En este marco se llevaron a cabo las denominadas "Campañas del Desierto" uno de cuyos objetivos fue la erradicación física y simbólica de los Pueblos Originarios. Éstas fueron realizadas desde la década de 1820 e impactaron sobre el área de estudio en diferentes grados, entre las acciones ofensivas contra las parcialidades indígenas en distintos puntos del área de Ventania se encuentran las campañas de Rodríguez en 1824, Rauch en 1826-1827 y Rosas en 1833 (Panizza y Devoto, 2020).

Asimismo, esta área fue fuertemente afectada durante fines del siglo XIX, momento en el cual se consideraba que las naciones "más civilizadas" eran aquellas que contaban con todo su territorio ocupado y explotado productivamente, representando el territorio poblado por los pueblos indígenas la irracionalidad. Desde esta perspectiva el indígena es un ser incivilizado expresión de barbarie. Desde esta visión tanto la existencia de fronteras interiores en el territorio de la República Argentina, así como la autonomía de las comunidades indígenas por fuera del aparato estatal, eran un obstáculo importante para el proceso de afianzamiento y consolidación del Estado en términos de autoridad y soberanía (Mases, 2010). En virtud de lo expresado, se considera que la culminación de la ocupación efectiva del Estado argentino se produjo con el despojo definitivo de las tierras a las comunidades indígenas (Albó, 2005). En palabras de Zaburlín y Menacho (2010):

"El proceso de consolidación del Estado-Nación politiza la necesidad de definir límites territoriales, considerando necesarias fronteras externas que abarquen a todas las personas en una unidad política determinada. La población contenida en ese espacio se plantea en el imaginario como compartiendo una unidad histórica y un destino común. La formación de las naciones americanas otorgó una gran importancia al concepto de soberanía y a la doctrina de integridad territorial, como elemento constitutivo del Estado, por tales razones la demarcación de la frontera obtuvo un peso excesivo..." (Zaburlín y Menacho, 2010:246).

Las políticas estatales implementadas promulgaron la expansión y control territorial sobre los recursos naturales, y su explotación. Fue en esta coyuntura que a fines del siglo XIX y principios del siglo XX, se promovió la creación de pueblos rurales, que habrían respondido a la necesidad de funcionar como sedes de las estructuras de poder institucional del gobierno provincial (Barral y Fradkin, 2005). En este marco histórico, el componente cultural del poblamiento en el área de estudio, dependió tanto de factores naturales que la hicieron propicia para su ocupación, como económicos e históricos. Estos factores se encuentran imbricados unos con otros, y se vieron determinados por las redes de comercio nacional e internacional, en las cuales el Estado nacional constituyó una pieza clave dentro del mapa político financiero global. En este marco se estructuró el modelo de país agroexportador, el cual se vio facilitado por la instalación del ferrocarril. Este posibilitó el arribo a la zona de inmigrantes de diversos orígenes, con la consecuente creación de colonias agrícolas ganaderas. En este sentido, el ferrocarril constituyó un factor de integración, regional y nacional que permitió más allá de su función de transporte de cargas, el traslado de individuos y grupos familiares, constituyendo un acelerador y multiplicador del proceso de poblamiento de las áreas rurales (Weinberg, 1988). Otro factor que contribuyó al desarrollo de las localidades del área de estudio, fue el aporte inmigratorio de ascendencia europea (italianos, españoles, franceses, alemanes, entre otros), quienes habrían llegado al país para dedicarse principalmente al trabajo rural.

Cabe destacar que el proceso de poblamiento rural regional no se desarrolló de manera homogénea, puede distinguirse a grandes rasgos una primera etapa que antecede a la instalación de colonias y se corresponde con la radicación espontánea de agricultores en determinados ejidos urbanos como Puan y Pigüé (Panizza y Oliva, 2019; Perera de Valette, 2008; Weinberg, 1988). Se trataba de una producción de trabajo en pequeñas parcelas, destinada a abastecer el mercado local. En esta etapa la mayoría de los pobladores no poseían título de propiedad sobre la tierra y la intervención del Estado en formación era escasa. Posteriormente, se desarrolló un proceso de formación de colonias (1884-1906) en la región. Éstas se concentraban

de acuerdo al origen de los inmigrantes, y la propiedad como sistema de tenencia de la tierra (Weinberg, 1988). En esta época grandes porciones del territorio fueron utilizadas por el Estado como medio de pago a aquellos empresarios que habían participado de la financiación de las campañas militares en la región. En esta lógica, las tierras públicas eran minoritarias, y el proceso de colonización estuvo a cargo de sociedades anónimas integradas por empresarios que promovían la inmigración de contingentes colonizadores. Algunos ejemplos en la región son la Sociedad Anónima Curamalán dirigida por Eduardo Casey, la cual organizó el establecimiento de una colonia francesa en Pigüé en 1884 y Arroyo Corto en el mismo año (ambas ubicadas en el partido de Saavedra) (Perera de Valette, 2008); la Colonizadora Ströeder quien formó la colonia de Villa Iris (partido de Puan), en 1901 con familias valdenses; o el caso de empresarios tales como Ernesto Tornquist, quien en 1885 fundó una colonia en campos de su propiedad sobre la estación que lleva su nombre (Quinteros, 2002). Cabe mencionar que en el año 1887 el gobierno de la provincia de Buenos Aires implementó la ley de centros agrícolas, que proponía la intervención estatal para formar colonias en las estaciones ferroviarias que no tuvieran aún constituido un pueblo, en este contexto se formó Saavedra en 1888. De este modo, el proceso de urbanización estuvo incentivado por el aparato estatal, el cual se vio acompañado por el tendido del ferrocarril, el telégrafo y el avance de la economía agrícola ganadera (Gili, 2016; Oszlak, 1990).

El modelo agroexportador conformado a finales del siglo XIX, el cual continúa vigente, estructuró por un lado las actividades productivas de los pobladores del área, y por otra parte la vida social de las comunidades. Bajo la consigna de incorporar esta porción del territorio al Estado nacional, se impusieron notables esfuerzos en "argentinizar" a las poblaciones que habrían sobrevivido a las campañas militares desarrolladas en el área, así como a la numerosa población europea migrante (Albó, 2005; Oliva *et al.* 2016). En palabras de A. Grimson (2012):

"...A mediados del siglo XIX, varios presidentes e intelectuales argentinos soñaron con promover la inmigración para poblar el desierto. La inmigración debía llegar, de acuerdo con este proyecto, desde los países más desarrollados de Europa. La llegada de inmigrantes de zonas pobres de España e Italia comenzó a generar frustración por no mencionar que acrecentó los niveles de conflictividad social y política. Sin embargo, una vez finalizado ese proceso [...] la figura del inmigrante europeo, trabajador, que enviaba a sus hijos a estudiar para el progreso del país, comenzó a ser idealizada." (Grimson, 2012:31).

A partir de este momento la invisibilización del indígena aparece como un hecho irreversible dentro del relato de la historia oficial y en el pensamiento de los políticos e intelectuales argentinos de fines de siglo XIX y principio de siglo XX. En este sentido, pensadores como Joaquín V. González se manifestaron públicamente a favor de un identitarismo cultural hacia una "raza nacional" que se iría mejorando con la educación nacionalista aplicada a las masas de migrantes europeos (Mases, 2010); así como figuras tales como Estanislao Zeballos, en su rol como diputado nacional, consideraron a la conquista militar de la frontera sur del Estado nacional como uno de los más notables acontecimientos del siglo, considerando a los indígenas vencidos como argentinos por pertenencia territorial, habiéndose transformado en parte del territorio, pero no eran considerados ciudadanos puesto que no gozaban de derecho alguno (Navarro Floria *et al.,* 2004; Podgnorny, 1999; Zeballos, 1884). La trama conceptual que se observa en el pensamiento de la élite intelectual argentina influyó fuertemente en los imaginarios sociales respecto a la idea de una identidad nacional.

1.4 Historia de poblamiento del área de investigación

De acuerdo a lo expresado, a finales de siglo XIX y principios de siglo XX se asientan las bases de un Estado simbólicamente "blanqueado" y europeizado. Este momento histórico coincide con el origen de la formación de las localidades actuales, cuyos pobladores establecen mecanismos de memoria e identificación con los pobladores eurocriollos en sus procesos de conformación identitarios (Nagy, 2012; Oliva, 2020a; Panizza, 2016). Se considera que la historia constitutiva de los actuales poblados del área de Ventania aporta elementos centrales para comprender el estado actual del patrimonio arqueológico y las representaciones sociales en torno a los grupos indígenas. De modo organizativo se proponen tres grandes agrupamientos de localidades de acuerdo a las principales causas de su origen. Por un lado, un primer conjunto se encuentra representado por aquellas localidades cuya génesis se remonta a momentos finales del siglo XIX, cuando se logra la ocupación del territorio indígena, siendo el poblamiento rural un fenómeno generalizado que avanzó con la frontera, e incluso llegó a anticipársele. Los poblados de este conjunto surgieron alrededor de asentamientos militares como los fortines. Dentro de éstas pueden mencionarse a Puan (en el partido homónimo), la cual surge en torno al Fuerte y Comandancia de Puan, y a Saldungaray (en el partido de Tornquist), la cual surge a partir del Fortín Pavón. Un segundo grupo se vincula a las ciudades y poblados proyectados y desarrollados como colonias de inmigrantes. Éstas surgen a partir del modelo económico que fomentó la creación de asentamientos agrícolas ganaderos, los cuales se vieron favorecidos por la aparición en la región del ferrocarril (*e.g.,* Pigüé, Saavedra, Dufaur, Tornquist). Cabe destacar que las localidades de este conjunto poseen una estructura lineal, que se corresponde con el trazado de las líneas férreas, en cuyos bordes se asentaron una serie de estaciones que dieron el origen a nuevos poblados (Weinberg, 1988). Finalmente, un tercer grupo responde a aquellas localidades originadas en el siglo XX principalmente como centros urbanos turísticos (Villa Ventana, Villa Serrana La Gruta, Sierra de la Ventana), las cuales surgieron a causa del aprovechamiento de las características naturales del entorno.

A continuación, se llevará a cabo una breve descripción historiográfica de los tres partidos que son abordados, considerando su año de fundación, origen fundacional y poblacional.

1.4.1 Municipio de Saavedra

El partido de Saavedra se creó el 10 de septiembre de 1891 a partir de la sanción de la Ley N° 2421, mediante la cual se adquirieron parte de los terrenos que comprenden los municipios de Coronel Suárez y Puan para formar un nuevo distrito. En esta fecha se designó como cabeza de partido al Centro Agrícola Esther establecido en la Estación Alfalfa del F.C. del Sud, el cual paso a denominarse Saavedra -evocando a Cornelio Saavedra, comandante del Regimiento de Patricios durante las Invasiones Inglesas y presidente de la Primera Junta de Gobierno en 1810-.

El Ferrocarril del Sud jugó un papel muy importante en esta área, ya que el 7 de mayo de 1884 promovió la inauguración del trayecto ferroviario La Gama (actualmente, General La Madrid-Bahía Blanca), tramo dentro del cual se establecieron dos estaciones junto a los arroyos Pigüé y Alfalfa, donde se localizaron las estaciones con el mismo nombre. La última de ellas lleva esta denominación a causa del poblado que allí radicaba, el cual cambió de nombre a Saavedra desde el año 1896. Los primeros habitantes de la nueva localidad fueron trabajadores ferroviarios, a diferencia de los demás núcleos poblacionales del distrito con masas inmigrantes dedicadas a actividades agrícolas – ganaderas. De igual modo, al constituirse la línea de Ferrocarril del Sud se formaron las estaciones de Arroyo Corto, Dufaur y Pigüé. Hacia el año 1882 tanto la estación Alfalfa como Pigüé formaban parte del partido de Coronel Suárez, hasta el año 1891, momento en el que Saavedra pasó a formar un municipio independiente.

Este distrito, actualmente compuesto por siete localidades creadas entre 1884 y 1910 (ver Tabla 1.1), estuvo involucrado en las políticas de inmigración estatal de fines del siglo XIX recibiendo numerosas poblaciones migrantes: franceses principalmente en Pigüé (1884), junto con italianos, españoles y alemanes del Volga (Panizza, 2016). De modo tal que hacia el año 1890 se contabilizaban en la localidad de Saavedra 2.000 habitantes estables y hacia el año 1895 un total de 4.231 habitantes (Perera de Valette, 2008; Weinberg, 1988).

Como se observa en la Tabla 1.1 la mayoría de las localidades son pueblos pequeños que abarcan desde menos de un centenar de habitantes hasta unos pocos miles, a excepción de la ciudad de Pigüé con 14.383 habitantes. Esta última, es la ciudad cabecera desde la década de 1930 (Dirección General de Cultura y Educación de la Provincia de Buenos Aires, 2019), y tomó su nombre indígena (que significa lugar de encuentro, asiento de tolderías) a partir de un paraje. En relación a sus características históricas cabe destacar que, sobre este territorio, a orillas del arroyo Pigüé, se desarrolló una batalla importante en el año 1858 entre los indígenas comandados por Calfucurá y las fuerzas

Tabla 1.1 Localidades del partido de Saavedra.

Nombre de la localidad	Año de fundación	Principal corriente histórica migratoria	Población actual según (INDEC, 2010)
Pigüé	1884	Franceses	14383 habitantes
Saavedra	1888	Italianos	2276 habitantes
Espartillar	1910	Alemanes del Volga	806 habitantes
Goyena	1902	Españoles	516 habitantes
Arroyo Corto	1884	Italianos	514 habitantes
Dufaur	1907	Españoles, franceses	182 habitantes
Colonia San Martín	1907	Alemanes del Volga	92 habitantes
Colonia San Pedro	1907	Alemanes del Volga	-

del ejército. Otro hito que se destaca fue la instalación de una colonia de 40 familias francesas (162 personas) del departamento de Aveyron en el año 1884 (Herzel, 2015), año que se considera el de su fundación. Su necrópolis da cuenta del proceso de formación de la localidad, el cual se caracteriza por un fuerte componente inmigratorio de origen francés, junto con italianos, españoles y alemanes del Volga. Sin embargo, no fueron los primeros habitantes europeos de la zona, ya que luego de la campaña del general Roca en 1879, los enviados de Eduardo Casey, quien se había hecho con la propiedad de las tierras, constataron la presencia de algunos pobladores que vivían en paz con los indígenas y criaban de 1.000 a 12.000 cabezas de vacunos, por ejemplo, en las tierras de Pigüé, vascos franceses criaban caballos (Andreu *et al.*, 1993) sin tener título de propiedad. Según Andreu *et al.* (1993), por una generación más continuó el conflicto inter-étnico, ya que el gobierno no actuó frente a grupos indígenas que se apropiaban del ganado. A partir de 1888 llegaron dos grupos más de aveyroneses (unas 120 familias y luego otras 40 familias). También se instalaron españoles, italianos y alemanes del Volga. Finalmente, otro hito que marca la historia de las comunidades, en inmediaciones de esta localidad se encuentra el lugar donde se realizó la Primera Conscripción Argentina en el año 1896 (Oliva, 2020; Panizza y Oliva, 2019, 2021).

1.4.2 Municipio de Tornquist

El 15 de septiembre del año 1905 se creó el partido de Las Sierras, distrito que desde el año 1910 es conocido como partido de Tornquist. Este municipio debe su nombre a Ernesto Tornquist, quien fue la persona responsable de la cesión de tierras para la creación de una colonia, y quien falleció en el año 1908, poco después de la creación del partido (Di Fiore, s/f.; Gilbert, 2009, 2013; Quinteros, 2002).

En el año 1883, como antecedente de esta fundación, en el marco de la expansión y las perspectivas que ofrecía el ferrocarril, había instalado una exitosa colonia agrícola en la que se asentarían inmigrantes de origen alemán, entre los que se destacan los grupos de alemanes del Volga (Dirección General de Cultura y Educación de la Provincia de Buenos Aires, 2019). Hacia 1887 se cuenta con el registro de la

presencia de 200 habitantes en la colonia, con pobladores de diversas nacionalidades, aunque predominaban los suizos, austríacos y alemanes. Asimismo, en el año 1890 comenzó a asentarse un núcleo de casas alrededor de la estación de ferrocarril, los cuales dieron lugar a la localidad de Tornquist (Weinberg, 1988). En este sentido, de acuerdo al relato de los primeros informes sobre la población de la colonia Tornquist realizados en el año 1887, se conoce que los primeros inmigrantes provenían mayoritariamente de corrientes migratorias rusas y rusa-alemanas (Morsbach, 1888; Peyret, 1889). Igualmente, de acuerdo a las actas del Registro Civil para los años 1895 y 1906-1910 sobre un total de 29 nacimientos las nacionalidades de los padres se descomponían 32% de argentinos; 22% de rusos; 17% de ruso-alemanes; 7% de italianos; 7% de españoles y 15% de alemanes, suizos, dinamarqueses e ingleses, dando cuenta de la pluriculturalidad presente en los actores sociales que poblaban la región en esta época (Quinteros, 2002).

El partido comprende siete localidades creadas entre 1883 y 1970, éstas son: Tornquist, Sierra de la Ventana, Tres Picos, Villa Ventana, Villa Serrana la Gruta, Saldungaray y Chasicó, siendo su ciudad cabecera la localidad de Tornquist (Tabla 1.2).

Por su parte, se registran dos hitos históricos considerados por su importancia en relación a la ocupación eurocriolla en esta región. El primero de ellos es la creación de una posta 1833 por Rosas y hacia 1876 la creación del Fuerte Argentino a orillas del Río Sauce Chico en 1876 en el marco de la colonización del sector sur de la provincia de Buenos Aires (Darwin, 2007 [1840]; Thill y Puigdomenech, 2003). La localidad que se fundó en inmediaciones a esta región debe su nombre a Ernesto Tornquist, quien como se mencionó previamente era un importante comerciante y empresario de fines del siglo XIX. Tornquist fue responsable de la fundación en 1883 de una colonia agrícola que llevaba su nombre en los campos que se extendían al oeste de Sierra de la Ventana (Pilía, 2003). Los contingentes de inmigrantes que arribaron a la localidad de Tornquist fueron, en orden decreciente en cuanto a su densidad, rusos alemanes, suizos, dinamarqueses, italianos y españoles. Según datos del INDEC (2010), cuenta con 6473 habitantes.

Tabla 1.2 Localidades del partido de Tornquist.

Nombre de la localidad	Año de fundación	Principal corriente histórica migratoria	Población actual según (INDEC, 2010)
Tornquist	1883	Ruso-alemanes, suizos, austríacos italianos, españoles.	6066 habitantes
Sierra de la Ventana	1908	Localidad que creció a partir del flujo turístico posterior a la segunda mitad del siglo XX.	1514 habitantes
Saldungaray	1900	Vasco francesa	1292 habitantes
Villa Ventana	1947	Localidad que creció a partir del flujo turístico posterior a la segunda mitad del siglo XX.	609 habitantes
Chasicó	1896	Españoles, italianos y dinamarqueses	209 habitantes
Tres Picos	1905	No se posee información.	82 habitantes
Villa Serrana La Gruta	1970	Localidad que creció a partir del flujo turístico posterior a la segunda mitad del siglo XX.	52 habitantes

Otra localidad de importancia histórica en este partido es la localidad de Saldungaray, la cual fue fundada en el año 1900 a orillas del río Sauce Grande por Pedro Saldungaray -poblador de origen vasco francés cuyo apellido le otorga la denominación actual-. Las fuentes históricas señalan que en este lugar funcionó una posta aproximadamente hacia el año 1833, como parte de la avanzada de Rosas sobre el "desierto". Posteriormente, en el mismo territorio estuvo activo el fortín Pavón entre los años 1862 y 1877. Este hecho constituyó un hito histórico que marcó fuertemente a los antiguos y actuales pobladores, quienes asocian estrechamente el origen de la localidad al fortín (Oliva, *en prensa*; Thill y Puigdomenech, 2003).

1.4.3 Municipio de Puan

El partido de Puan fue creado el día 28 de julio de 1886, a partir de la promulgación de la Ley N° 1.827, que creó los partidos de Adolfo Alsina, General Villegas, Guaminí, Trenque Lauquen, Villarino y Puan (Dirección General de Cultura y Educación de la Provincia de Buenos Aires, 2019). Se encuentra ubicado adyacentemente a los partidos de Adolfo Alsina, Saavedra y Tornquist, Villarino y la Provincia de La Pampa y cuenta con una superficie de 6.835 km² y una población de 15.603 habitantes (https://www.puan.gob.ar). Su capital es la ciudad de Puan, y la ciudad con más población la localidad de Darregueira. Actualmente, además de las mencionadas ciudades forman parte de este partido las localidades creadas a fines del siglo XIX - principios de siglo XX de Azopardo, Bordenave, 17 de Agosto, San Germán, Villa Iris, Felipe Solá, Estela, López Lecube y Erize (Tabla 1.3).

Cabe destacar a la localidad cabecera del partido, por las particularidades que dieron origen a la creación de este centro urbano. Su fundación se enmarca dentro de lo que fue el avance militar sobre territorio indígena. En 1875 se produjo el avance de las fronteras sobre las pampas, y la división de la Frontera Costa Sur ocupó el territorio correspondiente al actual partido de Puan. Allí se radicó la comandancia de dicha línea a cargo del coronel Salvador Maldonado, quien llegó a la región el 5 de junio de 1876. Ulteriormente, durante el año 1877 arribó la tropa, motivo por el cual se construyeron las dependencias militares y la fortificación de este fuerte y comandancia. La localidad surgió posteriormente a su alrededor, como un pequeño conglomerado urbano con los familiares de la tropa y algunos comerciantes, pero recién en 1887 se decretó su fundación. Allí se fundó el pueblo, exactamente donde hoy se encuentra la plaza principal de la localidad de Puan (Weinberg, 1988). En el año 1886 se nombró la primera autoridad civil de la población y se creó el partido de Puan como entidad político-administrativa.

A partir de los procesos migratorios desarrollados en el área de investigación, se observa que las comunidades actuales presentan un elevado porcentaje de población vinculada con un origen europeo. Este vínculo se ve reflejado tanto por un lado en la herencia biológica, a través de la transmisión genética, como en la de tipo cultural. Esta última es particularmente relevante a los fines de esta investigación, debido al fuerte componente simbólico en el que se encuentran impregnadas ciertas prácticas culturales correspondientes a las herencias sociales de los grupos[4]. Entre otros ejemplos puede mencionarse la transmisión de apellidos de origen por vía paterna, el aprendizaje y la transmisión intergeneracional de la lengua oficial del país de procedencia de los primeros migrantes (*e.g.,* alemán, italiano, francés, inglés), prácticas culinarias y ceremonias asociadas a la gastronomía típica del país migrante (*e.g.,* Fiesta de la Omelette gigante en Pigüé, partido de Saavedra), peregrinaciones y ritos de perpetuación de la ocupación del territorio y de las prácticas asociadas al modelo agrícola ganadero, entre otras costumbres (Nagy,

---

[4] Las herencias sociales pueden entenderse en términos de patrimonio inmaterial, definidas como las prácticas, expresiones, saberes o técnicas transmitidos por las comunidades de generación en generación (UNESCO, 2003).

Tabla 1.3 Localidades del partido de Puan.

Nombre de la localidad	Año de fundación	Principal corriente histórica migratoria	Población actual según (INDEC, 2010)
Azopardo	1904	Italianos y españoles	95 habitantes
Bordenave	1906	Italianos y españoles	852 habitantes
Puan	1876	Italianos y españoles	4743 habitantes
Darregueira	1906	Italianos y españoles	5547 habitantes
17 de Agosto	1904	Italianos y españoles	319 habitantes
San Germán	1909	Italianos y españoles	152 habitantes
Villa Iris	1900	Italianos y españoles	1950 habitantes
Felipe Solá	1908	Españoles	626 habitantes
Villa Castelar, estación Erize	1883	Italianos y españoles	31 habitantes
Estela	1909	Italianos y españoles	2 habitantes
López Lecube	1906*	Españoles	-

* La fecha colocada en 1906 se debe a que en este momento ya había familias de trabajadores radicadas en este lugar, la tosquera de López Lecube, lugar donde funcionó una cantera de granito explotada hasta 1931 (Larralde, 2017).

2012; Oliva, 2020a.). Considerar las características socioculturales de la historia de la ocupación del área de investigación, posibilitó contextualizar las producciones de sentido analizadas -construidas por las comunidades actuales en relación al pasado indígena- en relación al devenir histórico regional.

1.5 El patrimonio arqueológico de Ventania

Los procesos de formación del Estado nacional se caracterizaron por la producción de un "gran relato" de la Nación que, junto con los símbolos patrios, monumentos y panteones de próceres y héroes nacionales sirvieron como eje de identificación y estructuraron prácticas culturales que fomentaron la identificación de una identidad nacional unívoca. En este marco emergieron y se consolidaron los imaginarios sociales en relación a la existencia de una nación blanca, cuyo componente indígena fue sistemáticamente invisibilizado (Mases, 2010; Katzer, 2010; Oliva y Panizza, 2015, 2016; Quijada, 2003).

La creación de un relato único condujo a la desestimación del elemento indígena en la composición poblacional observada en la actualidad. Sin embargo, el Área de Ventania cuenta con un amplio repertorio de bienes patrimoniales que dan cuenta de su pasado indígena. Este registro ha sido estudiado extensamente por más de cuatro décadas por investigadores del campo arqueológico, quienes han desarrollado diferentes líneas de análisis en relación al estudio del pasado indígena americano (Austral, 1966; Austral, 1972; Castro, 1983; Oliva, 2000; Oliva y Barrientos, 1988; Oliva *et al.*, 1991, 2010).

Para esta área se observa la presencia de diversos tipos de materiales en el registro arqueológico que dan cuenta de la pluralidad de grupos culturales que poblaron de manera recurrente la región. Formando parte de estos, aquellos vestigios que atestiguan la ocupación de los grupos cazadores recolectores que habitaron la región en tiempos prehispánicos, así como también aquellos que evidencian los procesos de formación de las actuales localidades (Catella, 2014; Oliva, 2006; Oliva y Panizza, 2016; Panizza *et al.*, 2013; Panizza y Oliva, 2018, 2021). En este sentido, el registro material puede agruparse en dos grandes grupos: inmueble y mueble. El primer tipo se caracteriza por ser de tipo monumental y estar arraigados en el paisaje, mientras que los segundos son objetos de naturaleza móvil. Dentro del primer grupo se encuentran las estructuras de rocas, recintos y rocas erguidas (Figura 1.3), así como las cuevas y aleros con pintura rupestre, registro del cual se cuenta con un número aproximado de 46 cuevas (Oliva, 2013; Panizza, 2016), algunas de las cuales se encuentran abiertas al público en circuitos de turismo cultural y otras reciben visitas clandestinas (Figura 1.4) (Oliva, 2017; Oliva *et al.*, 2010).

En el segundo grupo se encuentran los sitios en los cuales hay presencia de artefactos confeccionados en diversas materias primas, tales como roca, hueso y madera ubicados tanto en superficie como en estratigrafía. Este tipo de patrimonio móvil es el que con mayor frecuencia se encuentra en exhibición dentro de las instituciones patrimoniales del área. Entre otros ejemplares pueden mencionarse las puntas de proyectil y raederas, las cuales eran utilizadas para la caza y procesamiento de las presas, fundamentalmente guanaco, por los grupos nativos,

Figura 1.3 Registro arqueológico monumental, sitio arqueológico Silenka (Tornquist).

Figura 1.4 Pinturas rupestres de la localidad arqueológica Santa Marta (Saavedra).

herramientas de molienda como manos y morteros, entre otros artefactos (Figura 1.5).

Los restos materiales hallados en el terreno – *e.g.,* fragmentos óseos faunísticos, piezas cerámicas, herramientas líticas pulidas y talladas, entre otros- constituyen en el presente colecciones arqueológicas. Para el área investigada, existen numerosas colecciones conformadas con el registro arqueológico regional (Catella, 2014; Moirano, 1999; Oliva, 2006; Oliva *et al.*, 2010; Panizza y Gavilán, 2008). Algunas de estas provienen

de la recolección producto de los trabajos en campo por arqueólogos profesionales, otras son conformadas por la recolección de pobladores locales interesados en la temática (Oliva, 2019; Oliva, 2021). Por otro lado, existen otro tipo de bienes patrimoniales relacionados tanto con el período de contacto cultural hispano indígena como con el desarrollo y fundación de las localidades actuales (Panizza y Oliva, 2021b). Un ejemplo de este tipo de patrimonio puede ser las estructuras que se preservan en la actualidad de los fuertes y fortines, los monumentos y los edificios históricos (patrimonio inmueble) (Figura 1.6). Así mismo

Figura 1.5 Puntas de proyectil y raederas exhibidas en el Museo Municipal Ignacio Balvidares de Puan.

Figura 1.6 Fuerte Argentino Monumento Histórico Nacional construido en 1876 sobre las márgenes del río Sauce Chico, distrito de Tornquist.

son abundantes en la región los bienes patrimoniales históricos de tipo mueble entre las que se encuentran objetos tales como armas y otros objetos militares que fueron utilizados en el marco de la expansión territorial en la conformación del Estado Nación en lo que fue la denominada campaña del desierto a fines del siglo XIX, herramientas de trabajo agrícola ganadero de principios de siglo veinte, entre otros (Figura 1.7 y 1.8).

A pesar del fenómeno de invisibilización de los Pueblos Originarios, resulta importante destacar que el censo del Instituto Nacional de Estadística y Censos de la República Argentina (INDEC) del año 2010 identificó un total de 299.311 personas que se reconocen pertenecientes y/o descendientes en primera generación de pueblos indígenas dentro del territorio de la Provincia de Buenos Aires, sobre un total de 955.032 habitantes para todo el país. Específicamente dentro del área de estudio, al presente

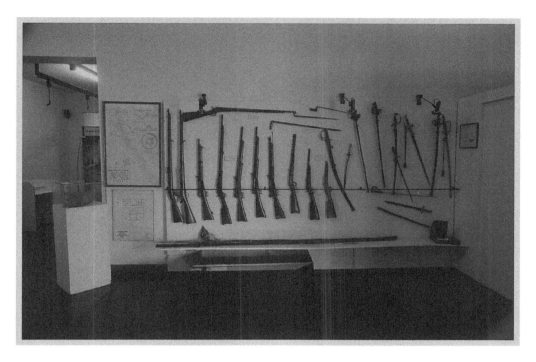

Figura 1.7 Armas históricas en exhibición en el Museo Municipal Ignacio Balvidares, Puan.

Figura 1.8 Herramientas históricas vinculadas al trabajo agro-ganadero, Museo Archivo de la Ciudad de Pigüé, Saavedra.

una familia mapuche compuesta por cuatro integrantes, así como otras dos personas se adscriben como perteneciente a los Pueblos Originarios. Igualmente, cabe señalar que el proceso de invisibilización de lo indígena se encuentra estrechamente vinculado con el tipo de relaciones que establecen las comunidades actuales para con el patrimonio arqueológico (Oliva, 1992, 2000; Oliva, 2017; Oliva *et al.,* 2014; Oliva *et al.,* 2016; Oliva, 2017, 2020b; Panizza, 2016). En este sentido, se sostiene que la desvalorización del patrimonio cultural asociado a los habitantes americanos originarios, se evidencia por el alto porcentaje de sitios con presencia de agentes de transformación antrópicos[5], y se relaciona con las representaciones sociales que prevalecen sobre los Pueblos Originarios.

Al considerar los procesos de transformación del patrimonio arqueológico a través de las relaciones que las comunidades establecen con el registro arqueológico del Área de Ventania, es importante conocer los marcos generales en los cuales opera. El Estado en sus diferentes niveles de gestión (Nación, Provincia, Municipio) es el encargado de regular el resguardo, protección e investigación de los bienes patrimoniales[6]. El planteamiento del problema de la protección del patrimonio arqueológico en la República Argentina, surge recién a comienzos de la segunda década del siglo XX[7], como consecuencia del éxodo de importantes objetos arqueológicos (Berberián, 2009). Entrado el siglo XXI, en el año 2001 se sancionó la Ley Nacional N.º 25.517 sobre restitución de restos mortales de indígenas, a la cual adhiere la Provincia de Buenos Aires (Normativa Provincial Ley 12.917/02), y a su vez a la sanción de la Ley Nacional N.º 25.743/03, de protección del patrimonio arqueológico y paleontológico del año 2003 (de aplicación en todo el territorio nacional), la cual articula a todas las instituciones nacidas de convenios internacionales subscriptos por la Argentina (*e.g.,* UNESCO, UNIDROIT, entre otros) (Calabrese, 2012). Ésta última establece un régimen penal que impide el tráfico ilícito de los objetos arqueológicos, es decir evita la salida clandestina de colecciones de bienes patrimoniales. Asimismo, otra cuestión abordada por esta Ley son los derechos de propiedad, posesión y tenencia de las colecciones arqueológicas. En un intento por determinar la relación jurídica de las personas con los bienes patrimoniales dispone, en su dieciseisavo artículo, que las personas que tengan colecciones antes de la promulgación de la ley constituyen "poseedores" de las colecciones arqueológicas. De igual modo, el artículo dieciochoavo brinda la posibilidad de adquirir bienes patrimoniales por herencia, y el decimonoveno permite adquirir derechos sobre colecciones registradas en forma

comercial (previo ofrecimiento al Estado). Finalmente, esta ley regula la creación y registro de nuevas colecciones arqueológicas por organismos académicos oficiales a partir de tareas de prospección, remoción o excavación en el marco de proyectos de investigación.

1.6 Las representaciones del pasado

Resulta pertinente mencionar brevemente cuáles son las instituciones que interpelan y producen sentido en torno al patrimonio arqueológico. Principalmente, la diversidad del registro arqueológico que se conserva en la actualidad en forma de colecciones -tanto generadas por particulares como por profesionales-, se encuentra en la mayoría de los casos al resguardo en museos. Por otra parte, cabe destacar que el área de estudio constituye uno de los principales focos de atracción de turismo a nivel provincial. En este marco, en relación al consumo y apropiación de los discursos emitidos por las instituciones museísticas, son principalmente frecuentadas por la comunidad educativa, y en segunda instancia por turistas.

Otro tipo de instituciones vinculadas al proceso de patrimonialización de los restos arqueológicos lo constituyen las denominadas "Áreas Protegidas y Reservas", las cuales se encuentran bajo la administración del Organismo Provincial para el Desarrollo Sostenible (OPDS). Estos espacios si bien se caracterizan por un fuerte énfasis en los recursos ambientales, biológicos y geológicos, "poseen" además en su interior yacimientos arqueológicos prehispánicos e históricos, activados patrimonialmente a través de su puesta en valor, estrechamente relacionados a discursos proteccionistas y a su aprovechamiento como recurso turístico cultural. Este tipo de instituciones son frecuentadas principalmente por turistas que consumen recreativamente el patrimonio arqueológico mediatizado por la institución, así como por investigadores que articulan con las gestiones institucionales su aprovechamiento como recurso para ser investigado. Las Áreas Protegidas del área presentan diferentes grados de gestión. Pudiendo ser gestionadas nacional o provincialmente, como el caso del Parque Provincial Ernesto Tornquist, en cuyo interior se hallan reconocidos sitios arqueológicos en superficie y estratigrafía, cuevas y aleros con pinturas rupestres, estructuras de rocas, entre otros. Así como también de gestión municipal, como el caso de la Reserva Natural y Cultural Municipal de Usos Múltiples de Puan, en cuyo interior se hallan numerosos sitios arqueológicos.

De todo lo expresado se deduce que el patrimonio arqueológico es mediado por diversas instituciones en sus diferentes escalas de gestión (municipal y provincial), las cuales intervienen sobre este registro en su vinculación con los intereses contrapuestos que lo interpelan en sus diferentes dimensiones -investigación, divulgación, aprovechamiento, turístico, entre otros-. En este sentido el patrimonio del área de Ventania se encuentra en diálogo con diversos organismos que persiguen diferentes objetivos. En relación a su marco normativo legal la provincia de Buenos Aires aplica la Ley Nacional N.º

---

[5] Se distinguen tres tipos de agentes que modifican el registro arqueológico según el agente causante principal: ambiental, biológico y cultural. Dentro de los procesos ambientales se diferencian el agrietamiento, la exfoliación, el desgaste salino, la acreción superficial, la radiación solar, la infiltración de agua y humedad, óxidos de hierro y manganeso, y la formación de concavidades por erosión. Entre los agentes biológicos, se incluyen la formación de biofilms (bacterias, algas, hongos, líquenes y musgos), las gramíneas y helechos, los arbustos y árboles, aves, murciélagos, ganado, otros mamíferos como roedores, e invertebrados como artrópodos (arácnidos, miriápodos, hormigas, abejas, avispas). Por último, entre las prácticas culturales pueden mencionarse la extracción de evidencias arqueológicas, la ejecución de pozos de sondeo, la realización de fogones dentro o en las inmediaciones de los sitios, la introducción de materiales intrusivos tales como basura, y la ejecución de *graffiti* (Gallego y Panizza, 2005; Oliva., 2017; Oliva., 1992; Panizza, 2016).

[6] Ver Ley Nacional N° 25.743/03 de "Protección del Patrimonio Arqueológico y Paleontológico".

[7] El 26 de febrero de 1913 se sanciona la Ley Nacional N° 9080 la cual tenía por objeto declarar de propiedad de la Nación las ruinas y yacimientos arqueológicos y paleontológicos localizados en el suelo de nuestro país. Esta ley nunca tuvo un cumplimiento efectivo ya que, a diferencia de la actual ley, la cual posee organismos de aplicación federales, poseía un fuerte carácter centralista que dejaba en manos exclusivas de un organismo radicado en la Capital Federal todo el control del territorio argentino (Berberián, 2009).

25.743/03 a través del organismo de aplicación del Centro de Registro Arqueológico y Paleontológico de la provincia de Buenos Aires, dependiente del "Ministerio de Gestión Cultural de la Provincia de Buenos Aires, y la Dirección de Patrimonio y Preservación Cultural". Por su parte, a nivel municipal dentro de los distritos comprendidos se cuenta con una serie de instituciones encargadas tradicionalmente de la salvaguarda del patrimonio de las localidades (*e.g.,* museos municipales, direcciones de cultura), así como también dispone de mecanismos que fomenten la protección patrimonial (*e.g.,* ordenanzas municipales, declaraciones de interés histórico cultural, entre otras medidas).

En virtud de que los diversos actores e instituciones construyen representaciones y sentidos diferenciales sobre lo indígena y el patrimonio arqueológico, se decidió incorporar como corpus de trabajo a las representaciones construidas tanto en las instituciones patrimoniales (Capítulo 4), como aquellas generadas por referentes locales que se encuentran vinculados con el pasado indígena (Capítulo 6). Esta vinculación puede ser tanto laboral, como es el caso de los trabajadores de los museos previamente mencionados; guías de turismo cultural y guardaparques, que frecuentan sitios arqueológicos (por ejemplo, aquellos que trabajan en el Parque Provincial Ernesto Tornquist, y/o en la Reserva Provincial Sierras Grandes del partido de Tornquist); "propietarios" y tutores/ custodios de colecciones arqueológicas, aficionados y estudiosos locales de la historia regional. Igualmente, se incluyen en el análisis las representaciones oficiales difundidas por los gobiernos municipales. Para tal fin se consideran diversos soportes de memoria colocados en la vía pública, cuyo propósito constituye evocar algún hito de la historia regional (Capítulo 5). Por ejemplo: monumentos, murales y esculturas colocadas por el municipio dentro de espacios públicos, topónimos asignados al trazado urbano y los rasgos del paisaje circundante. Cabe aclarar que se trata de soportes materiales de memoria que, si bien en muchos casos constituyen representaciones históricas ya que fueron colocados en el pasado reciente (algunas décadas atrás), continúan activándose en la actualidad en la medida en que el municipio interviene sobre la conservación y divulgación de éstos. Por último, otra vía de análisis está dirigida hacia las páginas web oficiales de los tres municipios comprendidos en el área de estudio, en relación a las posibles representaciones que ofrecen respecto al origen de las localidades comprendidas en los partidos y de qué manera representan el pasado indígena.

De acuerdo a lo expresado en este capítulo, se considera que las representaciones actuales sobre las poblaciones indígenas, construidas por las instituciones museísticas, los organismos municipales y provinciales mencionados -áreas protegidas- y aquellos actores de la comunidad que se encuentran en estrecha relación con el patrimonio arqueológico -integrantes de Pueblos Originarios, coleccionistas, directores y encargados de instituciones patrimoniales, entre otros- se hallan impresas fuertemente por los rasgos propios del devenir histórico del área de investigación. El análisis de dichas representaciones resulta fundamental para comprender los modos en que las comunidades actuales establecen relaciones de identificación colectiva y construcción de memoria en relación al pasado. Estas relaciones se desarrollan en el marco de procesos constantes de resemantización, apropiación y disputa de los referentes del pasado, donde el registro arqueológico ocupa un rol preponderante.

2

Constelación teórica y antecedentes

*"Y si **la antropología nos enseña a no bajar la guardia ante la historia** para estar en situación menos desventajosa de acudir a los retos que significa encarar la diferencia en un contexto sacudido por las violencias, la exclusión y los riesgos derivados de la modernidad; **la comunicación**, como el entrecruce entre sujetos y técnicas, **nos obliga a introducir la vigilancia sobre los dispositivos que reconfiguran la presencia e insistencia de lo otro** en un mundo que se juega la supervivencia en su capacidad de otorgarle a lo público la dimensión incluyente."*
(Rossana Reguillo, 2002:65) (las negritas son propias).

2.1 Abstract

This chapter develops the theoretical conceptions that frame research on the social representations of the past and the patrimonialization of the archaeological record in the Ventania Area of the Buenos Aires province. The conceptual network is composed of transdisciplinary notions typical of Communication studies, *e.g.* cultural practices, social representations, archaic, residual and emerging formations, which are combined with concepts from the fields of Anthropology, *e.g.* identity, memory, ethnicity and otherness- and Archaeology, *e.g.* archaeological heritage, collecting, museums. The research takes Cultural Studies as a conceptual framework, which allows analysis of the relationships between culture, meaning, identity and power, established between modern communities and their past. In this sense, this book analyzes the production of meanings related to the indigenous past based on the cultural dynamics of the investigated area. It is understood that meanings built on the past have significance to the extent that they are located historically, spatially, ideologically and culturally. Thus, they have their own form, conditions of existence and are translated into cultural practices. The latter are understood as ways of acting and their associated universes of meaning. Another central concept in the development of the research is that of social representations, defined as the cultural practices of construction of images, experiences and knowledge about objects and the "others". The present investigation is developed within the framework of the study of social representations, which allows understanding and interpreting the ways of producing common sense of the Ventania Area community regarding its history of settlement. For this reason, the social construction of meaning about the past is directly related to the conception of the archaeological record, its patrimonialization and preservation conditions. The final section of the chapter discussed the research background on the representation of the indigenous past, with reference to the study of various empirical factors, *e.g.* social imaginaries, the construction of cultural otherness, indigenous representation in museums, the patrimonialization of the material culture in tourism circuits, the formation of private collections, memory studies of the past and the analysis of historical visual narratives.

2.2 Introducción

En esta sección se presentan las concepciones teóricas que nutren la investigación y forman parte de las diferentes capas conceptuales que permitieron el estudio de las representaciones sociales del pasado indígena y su patrimonialización. Estos conceptos han sido agrupados en dos grandes conjuntos, de acuerdo al origen y desarrollo que tuvieron en los campos disciplinares antropológico y comunicacional según corresponda. En este sentido, en primera instancia se puntualizan una serie de nociones propias de los estudios en *Comunicación*, que se combinarán con algunas concepciones fundamentales asociadas del *campo Antropológico y/o Arqueológico* para dar cuenta de la trama conceptual utilizada durante el desarrollo de la investigación. De igual modo, ésta se apoya fuertemente en los *Estudios Culturales,* considerados como el escenario idóneo para visibilizar discursos y prácticas culturales situadas, que definen institucional y socialmente el problema de estudio, el cual puede ser objeto de etnografías e historizaciones específicas (Hall, 1994).

2.3 Aportes del campo de la comunicación

La **comunicación**[1] entendida como la habilidad humana universal para construir sentidos a través de diferentes tipos de códigos (verbales y no verbales), implica un

---

[1] En este libro se escoge una definición de comunicación asociada a la cultura, y no se opta por una concepción instrumental de la misma. Desde este enfoque las prácticas comunicativas no pueden entenderse por fuera de las pautas de generación de sentido culturales. En este sentido, se retoma la definición de Torrico Villanueva, quien entiende a la comunicación como un proceso social de producción, circulación

proceso compuesto por la articulación de diferentes momentos y prácticas encadenadas, que incluyen la producción, circulación, distribución y reproducción de significados y mensajes dentro de un grupo social (Hall, 1996). Estos significados poseen sentido en la medida que se encuentran situados, poseen su propia forma y condiciones de existencia, y son articulados por prácticas culturales de apropiación de significación, de modo tal que el acto de comunicar es considerado una práctica cultural. En la presente investigación se aplica esta concepción de comunicación, la cual se vincula con la perspectiva teórica desarrollada por R. Williams en el marco del campo de conocimiento correspondiente a los Estudios Culturales (Williams, [1958] 1996, 1997). Este autor proporcionó un enfoque sobre la cultura que permite considerarla como el modo de vida global de una sociedad, como la experiencia vivida de cualquier grupo humano (Da Silva, 1999). Además, definió a las **prácticas culturales** como los modos de actuar y los universos de significación ligados a ellos, resultado de las acciones que devienen de la reproducción de los sujetos con los mensajes (Hall, 1996; Mattelart y Neveu 2002; Williams, [1958] 1996). Desde esta perspectiva la cultura es vista como un campo relativamente autónomo de la vida social, que tiene una dinámica (cultural) vinculada a las prácticas sociales de los sujetos (Hall, 1996). Igualmente, se considera que ésta constituye el campo de lucha en torno a la significación social, debido a su condición de productora de significados en los cuales los diferentes grupos sociales, situados en posiciones diferenciales de poder, luchan por la imposición de sus significados. En esta línea T. Da Silva sostiene que *"La cultura es un campo donde se define no sólo la forma que el mundo debe ser, sino también la forma como las personas y los grupos deben ser. La cultura es un juego de poder."* (Da Silva, 1999: 141). Por otra parte, se considera que los Estudios Culturales se focalizan en la conexión entre cultura, significación, identidades y poder, de modo tal que el análisis de las prácticas culturales constituye el espacio idóneo para visibilizar los problemas que presentan estas relaciones. En este sentido, en tanto prácticas culturales que producen significados, las representaciones sociales constituyen manifestaciones centrales de análisis para visibilizar las relaciones de poder y sus efectos (Grimson y Semán, 2005).

En concordancia con lo expresado, una segunda noción central en el desarrollo de la investigación consecuentemente es el de **representaciones sociales**. Estas son definidas como la elaboración de un objeto social por una comunidad (Moscovici, 1963), son consideradas las prácticas culturales de construcción de imágenes, experiencias y conocimientos sobre los objetos y los "otros", de modo tal que forman parte de las creencias del sujeto sobre el mundo, las cuales orientan su experiencia cotidiana (Raiter, 2002). Cabe destacar que se trata de un concepto transversal a las distintas áreas disciplinares de las Ciencias Sociales, las cuales son entendidas como aquellas modalidades del pensamiento que se generan, permanecen y transforman mediante procesos comunicativos cotidianos y mediáticos. Asimismo, poseen una complejidad interesante en relación a sus delimitaciones conceptuales y usos, éstas pueden ser conscientes o inconscientes, observables o subyacentes, consensuadas o divergentes, históricas o contingentes, individuales o colectivas, corresponder a construcciones del ámbito del sentido común o de determinadas disciplinas científicas (Reca, 2016). Además, a través de su estudio es posible dar cuenta de las prácticas sociales, de los sujetos y grupos sociales que se despliegan cotidianamente en el espacio público y privado. En este sentido, es posible generar aproximaciones respecto a los modos en cómo un determinado grupo social "ve", "interpreta", "da sentido", a sus vivencias individuales y colectivas (Rodríguez Salazar, 2007).

Desarrollar una investigación en el marco del estudio de representaciones sociales permite comprender e interpretar los modos de producir sentido común de un grupo social respecto a un tema de interés. En otras palabras,

"…las representaciones sociales conciernen al conocimiento del sentido común, que se pone a disposición en la experiencia cotidiana; son programas de percepción, (…) sistemas de significaciones que permiten interpretar el curso de los acontecimientos y las relaciones sociales; que expresan la relación que los individuos y los grupos mantienen con el mundo y los otros; que son forjadas en la interacción y el contacto con los discursos que circulan en el espacio público; que están inscritas en el lenguaje y las prácticas; y que funcionan como un lenguaje en razón de su función simbólica y de los marcos que proporcionan para codificar y categorizar lo que compone el universo de la vida." (Jodelet, 2000:10).

Este enfoque se basa en: por un lado, identificar las condiciones de producción de las representaciones sociales, las cuales dan cuenta del contexto de creación de la representación, y por otro lado en explicitar el campo de información del objeto a ser representado, (*i.e.* la información sobre lo que se está representando y los modos en que se representa la información del objeto). De igual modo, esta perspectiva ha sido trabajada desde distintos campos disciplinares, en particular desde los estudios en comunicación se ha prestado especial interés al plano de la circulación de las representaciones por medio de la comunicación (Cebrelli y Rodríguez., 2013; Raiter, 2002; Reguillo, 2008). De igual modo, es importante no perder de vista que la lectura e interpretación de las representaciones se encuentran determinadas por el conjunto de factores contextuales que las atraviesan y hacen posible su comprensión (Narvaja de Arnoux, 2006). Entre estos factores pueden mencionarse el contexto histórico, social, espacial, material e institucional de las condiciones de su producción en las cuales cobran significado.

Se considera que las representaciones sociales que adquieren visibilidad pública, tales como las construidas

---

mediada e intercambio desigual y usos de significaciones de sentido culturalmente situados (Torrico Villanueva, 2004).

por organismos oficiales, a través de la interacción, diálogo y convivencia con la sociedad, aportan elementos para la construcción de los imaginarios sociales[2], así como también constituyen soportes que activan mecanismos de memoria colectivos y fortalecen/visibilizan determinados relatos que pueden unificar o no a las comunidades. En este sentido, éstos otorgan cohesión y coherencia al interior de las sociedades, y tienen la capacidad de intervenir en las estructuras sociales (*i.e.* Castoriadis, 2013; Maffesoli, 2003; Riffo Pavón, 2016). Por este motivo el concepto de representaciones sociales resulta una categoría de análisis, ya que permite analizar las representaciones en torno a los grupos indígenas, como una forma de problematizar las relaciones de poder presentes en la forma de concebir a estos grupos y de construcción del "otro cultural".

2.3.1 Comunicación y usos del pasado

Es de amplio conocimiento que todo grupo social incluye elementos de su pasado en los procesos de identificación y memoria, sin embargo, su lugar y peso dentro del proceso cultural[3] es variable. A los fines aquí propuestos, resulta útil analizar la dinámica cultural en torno a la producción de sentidos sobre las sociedades indígenas y el registro arqueológico del área de investigación. El análisis cultural identifica configuraciones o formas distintivas de organización subyacentes que aparecen expresadas en diversas prácticas (Hall, 2017). En este sentido, se consideran las nociones desarrolladas por R. Williams (1997) de **elemento arcaico, residual** y **emergente.** Este autor denomina **arcaico** a lo que se reconoce como un elemento del pasado para ser observado, examinado o incluso ocasionalmente "revivido" de un modo especializado. Por elemento **residual** entiende a una formación del pasado que todavía se halla en actividad dentro del proceso cultural, no sólo como un elemento del pasado sino como un elemento del presente. Éste permite dar sentido a prácticas, experiencias, significados que no pueden ser expresados en términos de la cultura dominante, no obstante, son vividos sobre la base remanente de alguna formación o institución social y cultural anterior (Williams, 1997). Siguiendo esta propuesta, el registro arqueológico puede ser concebido como un elemento arcaico del proceso cultural cuando se lo reconoce como un elemento del pasado para ser observado y/o esporádicamente revivido. Finalmente, por **emergente** se refiere a los nuevos significados y valores, prácticas y tipo de relaciones que se crean continuamente, alternativos o de oposición a los elementos dominantes. Se

trata de formaciones, entendidas como los movimientos y tendencias efectivas que tienen una influencia significativa sobre el desarrollo de una cultura y que presentan una relación a veces solapada con las instituciones formales (Williams, 1997). Estos aspectos serán abordados en los próximos capítulos a través del análisis de los procesos de patrimonialización de los objetos arqueológicos en el contexto de su puesta en escena (*e.g.,* en exposiciones museísticas, entre otras) y de resignificación por parte de diferentes actores (*e.g.,* coleccionistas).

2.4 Categorías claves del bagaje conceptual antropológico

En este apartado, se discuten otros conceptos claves del campo de la antropología que forman parte del entramado teórico que guía el desarrollo de la investigación. La mirada antropológica busca visibilizar el entrecruce del poder con los fenómenos culturales involucrados en la práctica de representación del pasado y su patrimonialización (Abélès, 1997).

2.4.1 Etnicidad, relaciones interétnicas, otredad/ alteridad, identidad y memoria

La conceptualización sobre la **etnicidad** de los grupos sociales ha sido un tema central de discusión para las Ciencias Sociales, y la antropología en particular desde hace décadas (Barth, 1976; Cardoso de Oliveira, 1971). En el marco de debates aún abiertos, se han arribado a algunos consensos respecto a su carácter constructivista y dinámico, el cual se opone a una mirada esencialista de la etnicidad definida por el aislamiento geográfico y social de un grupo. En este sentido, se opta por considerar a un grupo étnico como a una organización social local, el cual se caracteriza a partir de normas de auto-inclusión y de atribución por otros orientada por un sistema de valores (Tamagno, 1988). Este sistema de valores se dinamiza por prácticas de producción y reproducción de la vida material y social, las cuales ordenan las relaciones internas y externas con otros grupos, definiendo sus límites étnicos[4]. En la producción académica a este respecto, el concepto de identidad aparece frecuentemente vinculado al de etnicidad. En este marco la **identidad** de un grupo étnico se da en la comunicación de las diferencias, de las cuales los individuos se apropian para establecer fronteras étnicas (Bari, 2002). La identidad de un grupo social es el conjunto de atributos propios que adquieren significación en contraste con aquellos relativamente distintivos de otros grupos, desde este enfoque es una construcción social que deriva de procesos históricos (Chiriguini, 2005). De modo tal que remite a una norma de pertenencia basada en oposiciones simbólicas, en otras palabras, aparece como una modalidad de categorización de la distinción nosotros/ellos basada en la diferencia cultural (Cuche, 2002). Para E. Restrepo las identidades refieren

---

[2] El concepto de imaginario social aquí optado refiere a la concepción propuesta por Maffesoli, quien propuso que la creación de imágenes habilita el accionar de toda la sociedad, ya que representa la vida social de las comunidades. Para este autor la imagen, lo simbólico, lo imaginario, y la imaginación poseen un importante rol ya que permiten conducir a la sociedad a un mundo imaginario en el cual se afianzarían los sentimientos compartidos de una comunidad. En este sentido, toda sociabilidad arraigada en la imagen conduce a expresiones sociales compartidas que toman consistencia en un imaginario común (Maffesoli, 2003).

[3] Todo proceso cultural es considerado un sistema en el que se determinan rasgos dominantes (Williams, 1997).

[4] Todo proceso de identificación es al mismo tiempo de diferenciación, es marcar el límite entre un "ellos" y "nosotros", en el marco del cual se establece una frontera simbólica (Barth, 1969; Cuche, 2002).

a una serie de prácticas de diferenciación y marcación colectiva de un 'nosotros' con respecto a unos 'otros', sosteniendo que para comprender la identidad de un grupo se debe necesariamente considerar que es lo que ese grupo decide dejar por fuera al constituirse como tal, esto es, **la otredad, la alteridad** (Restrepo, 2012). En este sentido, se sostiene que la identidad étnica se constituye a partir de un proceso de contrastación[5] y confrontación con el otro, razón por la cual no se puede analizar independientemente de las relaciones interétnicas, porque ésos son los espacios de interacción temporal donde se mantiene, se actualiza y se renueva la identidad de los grupos (Bari, 2002). Desde esta perspectiva, la identidad étnica es resultado de la identificación generada en los **procesos de contacto interétnicos**, mediante los cuales se gestan categorías de clasificación social en el marco de procesos de carácter ideológicos de construcción simbólica (Tamagno, 1988). De modo que, lo étnico debe entenderse como una categoría social que los grupos hacen de sí mismos y los demás mediante procesos de inclusión/exclusión. Estas categorías son generadas en procesos sociales complejos situados históricamente, posibles de ser interpretados en sus connotaciones comunicacionales, cognitivas y simbólicas, y cobran sentido en relación a las prácticas sociales y sus significados (Tamagno, 1988).

Por otra parte, otro concepto relevante, que se encuentra estrechamente vinculado con el de identidad es el de **memoria**. Resulta imposible pensar la identidad sin la memoria (Rosa *et al.*, 2008). Esta es entendida como la presencia del pasado, el recuerdo consciente o no de una colectividad viviente, portadora de identidad y recuerdos (Da Silva Catela, 2011; Del Valle Aquino, 1998). Es pertinente hacer hincapié en la memoria histórica de los pueblos, entendida como la manera de dar sentido al pasado, de esta manera forman parte de la memoria los modos en que son experimentados los sucesos históricos por distintas colectividades (Jelin, 2002). Algunos investigadores sostienen que la memoria es la vida misma encarnada por los grupos vivientes, de modo tal que es emotiva, abierta y se encuentra en evolución permanente, abierta a la dialéctica del recuerdo y de la amnesia. Es posible su utilización y manipulación, así como también es capaz de permanecer en largas latencias y repentinas revitalizaciones (Nora, 1984). A diferencia de la historia que sí se refiere a los hechos verificables, la memoria toma las consideraciones que los grupos tienen sobre estos hechos y no su comprobación factual (Cerda García, 2014). Desde este enfoque los hechos del pasado están limitados a los significados que en el presente le atribuimos los individuos o grupos en merced de una dialéctica entre pasado y presente. Es en esta relación donde se producen representaciones más estables de los mismos, pero donde también muchos hechos caen en el olvido (Da Silva Catela, 2011). En este sentido, puede afirmarse que la memoria se encuentra en construcción constante, siempre en tensión y disputa, aspectos que se ven reflejados tanto en sus dimensiones materiales como simbólicas. Asimismo, se encuentra atada a sitios, y se apoya en soportes materiales de memoria (Candau, 2002; Nora, 1989).

2.4.2 Patrimonio Arqueológico

El Patrimonio es un concepto polisémico ampliamente utilizado por diversos campos disciplinares, posee una larga trayectoria que da cuenta de su construcción mediante un complejo proceso dinámico de atribución de valores a lo largo de los siglos. Algunos investigadores han analizado su historiografía en relación a las significaciones otorgadas al mismo, desde la acepción romana *Patrimonium,* que significaba la legitimidad familiar que sostiene la herencia, hasta la concepción moderna de patrimonio entendida como el vínculo evolutivo con ciertas huellas del pasado o herencias que se relacionan con lo material cuanto, con lo ideal, así como con lo cultural y lo natural (Chastel, 1986; Llull, 2005). Desde una mirada específica del campo disciplinar arqueológico, el patrimonio engloba todas las huellas de la existencia de la humanidad, se refiere a los lugares donde se ha practicado cualquier tipo de actividad antrópica, a las estructuras y los vestigios abandonados de cualquier índole, tanto en la superficie como enterrados o bajo las aguas, así como al material relacionado con los mismos (Carta Internacional para la Gestión del Patrimonio Arqueológico, 1990). Asimismo, como parte del patrimonio cultural, permite brindar representación física y tangible a nociones intangibles de identidad cultural, social e histórica como comunidad y sentido de pertenencia (Guastavino *et al.*, 2018).

En el Convenio Cultural Europeo para la Protección del Patrimonio Arqueológico (1992), se definió al mismo como fuente de la memoria colectiva e instrumento de estudio histórico y científico, cuya salvaguarda y análisis permiten abordar el desarrollo de la historia de la humanidad y su relación con el entorno natural. De acuerdo con esto, se puede entender al patrimonio como el conjunto de manifestaciones u objetos nacidos de la producción humana que una sociedad ha recibido como herencia histórica, y que constituyen elementos significativos de su identidad como pueblo. Desde esta concepción a partir del patrimonio es posible construir sentimientos de pertenencia, memoria e identidad. Siguiendo esta línea, se consideran patrimoniales a todo aquello que desde el presente nos evoca a algo de nuestro pasado, conocido o bien puede interrogarnos a lo desconocido, por ejemplo, aquellos bienes culturales de carácter histórico, artístico, archivístico, documental, bibliográfico, material y etnográfico, junto con las creaciones del momento presente y el legado inmaterial (Llull, 2005). Sin embargo, cabe preguntarse cuál es el criterio para seleccionar a algunos elementos como significativos frente a otros que no lo son. ¿Esta selección se encuentra intervenida por el interés académico de su estudio? En este aspecto resulta interesante la perspectiva barthesiana que propone examinar al conjunto de códigos y convenciones que provocan que los

---

[5] Cabe mencionar que este proceso de contrastación no supone que la identidad étnica sea definida como la suma de las diferencias objetivas entre los grupos, sino por el contrario aquellas que los actores mismos consideran significativas (Barth, 1976).

significantes denominados aquí patrimoniales, por ejemplo, los bienes arqueológicos designados académicamente, se conviertan en universales y legítimos dentro del sentido común para otros sectores de la sociedad (Barthes, 1977; Hebdige, 2004). Desde esta perspectiva la interpretación del patrimonio es el resultado de las relaciones entre los actores que participan de su definición y los intereses que éstos defienden (Jiménez Ramírez y Sainz Navarro, 2011).

En esta investigación se opta por una definición constructivista de patrimonio, dentro de la cual el patrimonio es una construcción social y cultural que no existe en la naturaleza como algo dado, sino que es un artificio ideado por alguien o por un colectivo en un lugar y momento determinado, de acuerdo a criterios e intereses específicos a las circunstancias históricas de su invención (Prats, 2009). Esta posición coloca en primer plano la relación entre "el objeto" (registro arqueológico) y "el sujeto" (las comunidades), sin dejar de lado su condición material intrínseca ni su capacidad representacional. Esta concepción considera de igual importancia tanto la **dimensión material** como **simbólica** de los objetos patrimonializados, ya que por un lado se reconoce su valor material testimonial, y por el otro se pone en valor su condición simbólica no material. Desde esta perspectiva debe existir una actitud de la comunidad de activar el patrimonio, que adjudique valoraciones positivas, y realice apropiaciones de las condiciones que posee el objeto. En este sentido, remite a la idea de universos simbólicos legitimados, de modo tal que no puede entenderse por fuera de una hegemonía social y cultural (Berger y Luckmann, 1983; Prats, 2009). Para L. Prats lo que define al patrimonio es su carácter simbólico, su capacidad para representar simbólicamente una identidad, motivo por el cual se busca su preservación y exposición en, por ejemplo, los establecimientos museísticos (Prats, 2009).

2.4.3 Museos

Instituciones como las escuelas, los medios de comunicación y los museos son vías fundamentales en la aprehensión del pasado indígena por parte de la sociedad. Todas éstas funcionan como canales, los cuales no reflejan la realidad, sino que la construyen en discursos y representaciones que configuran el imaginario colectivo de la sociedad. Puntualmente, la diversidad del registro arqueológico que se conserva en la actualidad se encuentra en la mayoría de los casos al resguardo en museos. El museo es entendido como "*una institución permanente, sin fines de lucro, al servicio de la sociedad y abierta al público que adquiere, conserva, estudia, expone y difunde el patrimonio material e inmaterial de la humanidad con fines de estudio, educación y recreo*" (International Council of Museums, 2007). Algunas definiciones propuestas por G. H. Riviére focalizan en su rol como institución que conserva y exhibe, pero también que comunica (Riviére, 1993). Estos organismos ponen al resguardo y tutela a los bienes arqueológicos, así como también comunican a la sociedad que lo acoge, en su función de centro de referencia y educación (Monistrol, 2012). Por otra parte,

se considera a estos establecimientos como idóneos para la selección, el estudio y la presentación de testimonios materiales e inmateriales del individuo y su medio ambiente (Desvallées y Mairesse, 2010).

De acuerdo a lo expresado por L. Alegría Licuime los museos poseen una ubicación simbólica estratégica para la significación social de la hegemonía cultural, ya que se insertan en la dialéctica de la producción y reproducción del campo cultural, y por tanto no pueden ser analizados como espacios independientes y autónomos de los agentes y relaciones que generan (Alegría Licuime, 2004). Actualmente, es de amplio conocimiento la relevancia que poseen las actividades educativas patrimoniales en estas instituciones en relación a la conservación de los sitios arqueológicos. Son las instituciones museísticas las que por excelencia median el vínculo entre la comunidad, siendo la academia parte integrante de la misma, y su pasado. Esta mediación se desarrolla a través de la construcción de una narrativa institucional que acompaña a las colecciones arqueológicas en exhibición. En virtud de ello, las exhibiciones son construcciones discursivas, en las cuales se materializa el ideario de los distintos momentos históricos (Reca, 2016). En este sentido, son estas instituciones las que por excelencia construyen discursos sobre el pasado, los cuales se encuentran atravesados por diferentes posicionamientos particulares de los múltiples actores que se encuentran vinculados a la institución, y por posicionamientos contextuales tanto políticos, como ideológicos o culturales actuales, entre otros.

Por otra parte, el origen de estas instituciones estuvo vinculado a la formación de los Estados modernos, con el fin de promover señas de identidad colectiva unitarias a los grupos sociales embarcados en el nuevo proyecto de vida común en una nación (Reca, 2016). En este sentido, el museo como institución sirvió como apoyo material de las efemérides de la historia. De modo tal que, como sistema de representaciones, funcionaron en el conjunto del imaginario social como agentes legitimadores del conocimiento producido académicamente. En palabras de Ferrer García y Ferrándiz Sánchez "*...el papel del museo arqueológico (...) como institución donde se ordena, conserva e investigan retales del pasado en forma de objetos que se presentan como una narración para la comunidad. Ello exige ser consciente de la responsabilidad de los valores transmitidos en mensajes y discursos (...) porque se puede contribuir a la transformación de conciencias y pensamientos*" (Ferrer García y Ferrándiz Sánchez, 2012: 181). De modo tal que, las instituciones museísticas se caracterizan por poseer una dimensión política que establece relaciones de dominio y poder en sus exhibiciones y discursos institucionales. En este sentido, estos establecimientos a través de las exposiciones de piezas seleccionadas, divulgan discursos que se quieren comunicar a la población, por medio de los cuales se configuran los imaginarios colectivos (Baldeón, 2005). Desde este enfoque son considerados instituciones patrimoniales con una doble función, por un lado, conservan los bienes culturales, y por el otro, representan centros dinámicos capacitados en el diálogo con la gente (Querol, 2010).

2.4.4 Colecciones arqueológicas

Por su parte, la colección es entendida como una institución coextensiva al hombre en el tiempo y el espacio, la cual resulta del producto de un comportamiento *sui generis* consistente en formar colecciones (Pomian, 1993). Concretamente el Consejo Internacional de Museos (ICOM) la define como al *"Conjunto de objetos materiales e inmateriales que un individuo o un establecimiento, estatal o privado, se han ocupado de reunir, clasificar, seleccionar y conservar en un contexto de seguridad para comunicarlo, a un público más o menos amplio"* (Desvallées y Mairesse, 2010). Desde esta perspectiva, la entidad de la colección como tal se encuentra estrechamente relacionada al sujeto y/o institución que le dio origen. Cabe destacar que el vínculo que une al sujeto con los bienes que conforman la colección posee diferentes dimensiones, tales como la geográfica, social, económica e histórica. Estas dimensiones dan cuenta de las condiciones históricas contextuales de la colección y se vinculan a la consideración de los objetos que conforman la misma, semióforos[6] portadores de múltiples interpretaciones en su producción, su circulación y su consumo (Pomian, 1993). Las condiciones de producción de la colección, se encuentra enlazada al contexto de su creación, a los sentidos otorgados por las comunidades a las cuales pertenecieron estos objetos. Por otra parte, en relación a la circulación y apropiación, es interesante indagar las acciones llevadas a cabo por los sujetos en relación a los usos de los bienes materiales que conforman la colección (*i.e.* exhibición, estudio, intercambio de piezas, entre otras). Los objetos arqueológicos circulan y son consumidos en otros espacios sociales – más allá de los espacios reglamentarios e institucionales- que no han sido suficientemente problematizados por el campo disciplinar arqueológico.

Por otra parte, es importante considerar a las colecciones arqueológicas como espacios de exposición que vinculan diversos significados que emergen de la relación entre las personas y los objetos (Marques y Hilber, 2012). Si bien al coleccionismo, como actividad recreativa, se la ha asociado en los imaginarios colectivos a una actividad narcisista y marginal por parte de sectores sociales acomodados (Pomian, 1993), se trata de una práctica social de recuperación de soportes materiales de memoria que se remonta al siglo XV.

En el año 1993, K. Pomian realizó un *racconto* sobre el papel cultural que tuvieron los coleccionistas durante la historia, en el cual el aparato estatal europeo aún no regulaba la circulación y salvaguarda de los bienes culturales. Este autor recupera, por una parte, a intelectuales griegos como los principales responsables en publicar por escrito incipientemente referencias respecto al estudio de las colecciones, y a los coleccionistas italianos, quienes desde el siglo XV fueron los primeros en colocar sus colecciones a disposición del público. Las primeras publicaciones oficiales que dan cuenta del estudio de colecciones aparecen en el siglo XVIII y estuvieron centradas en reconocidas obras de arte de algunas de las ciudades más importantes del mundo. Los historiadores estaban interesados en los circuitos de comercio del arte, las biografías de coleccionistas y la historia de las colecciones y museos, en el sentido de realizar una reconstrucción de la ruta que determinada obra había realizado a lo largo de su vida. También se estudiaban los gustos estéticos de los coleccionistas a partir de la interpretación de la selección de objetos que quisieron poseer individualmente. Este tipo de estudios, cuyo foco se reduce a la colección como fuente de belleza estética, dejaron de lado a la colección como parte de la voluntad de interpretación del pasado de los coleccionistas, sentimientos de curiosidad, religión o patriotismo (Pomian, 1993). Por otra parte, desde los estudios de la prehistoria europea tanto la tradición escandinava -en el marco de un resurgimiento nacionalista- como la Escuela Franco Inglesa –en la búsqueda de la antigüedad del hombre europeo- dedicaron gran parte del siglo XIX a estudiar colecciones de bienes arqueológicos y a establecer órdenes de estos conjuntos dentro de anticuarios y museos (Renfrew y Bahn, 1991). Como puede observarse, el coleccionismo como práctica de vinculación social entre grupos del presente con el pasado posee una amplia trayectoria.

Actualmente, las colecciones de museos, tanto privadas como públicas, constituyen un tipo importante de evidencia analítica para el conocimiento de las sociedades del pasado (Panizza y Gavilán, 2008). Para A. Acosta Castro la recolección de materiales constituye una práctica que se encuentra en los márgenes del aparato estatal, tratándose de una práctica ilegal, pero que a la vez da cuenta del papel que tienen otros sujetos en relación a los bienes arqueológicos más allá del marco legal normativista nacional (Acosta Castro, 2015). En este sentido, el patrimonio arqueológico se construye, se administra y se apropia de diversas maneras por los diferentes actores sociales. Asimismo, este autor diferencia la intencionalidad del coleccionista, quien nunca ha planteado su práctica en términos de ilegalidad, de los "saqueadores" quienes representan otro grupo social que también incide en el campo patrimonial, pero desde una óptica destructiva ya que ellos si están plenamente conscientes de que cometen un delito al saquear sitios arqueológicos para su posterior comercialización (Acosta Castro, 2015). Igualmente, los coleccionistas tienen una agenda vinculada más con el estudio, documentación y conservación social del patrimonio que con una búsqueda de medios económicos y lucrativos a través del mismo. En otras palabras, la acción llevada a cabo por los coleccionistas se vincula al rescate de las piezas que se pueden encontrar en los estratos superficiales de los sitios, los cuales se encuentran "desprotegidos", inminentemente

---

[6] Se utiliza la noción de semióforo para referirse a aquellos objetos portadores de significados cambiantes según sus diferentes funciones (Pomian, 1999).

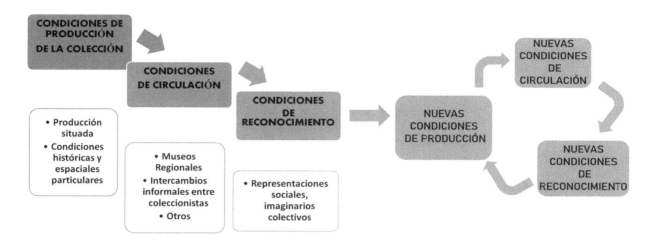

Figura 2.1 Construcción, circulación y apropiación de las colecciones arqueológicas como ejemplo de patrimonialización de la materialidad arqueológica.

expuestos a ser destruidos por el paso de automóviles, personas, tractores de carga, entre otros. Bajo esta lógica, llevan a cabo la práctica de guardar las piezas para su salvaguarda (Acosta Castro, 2015). Por otra parte, se consideran otros dos tipos de categorías analíticas ideales que caracterizan la relación entre los sujetos y los objetos arqueológicos, éstas son la figura del aficionado –cuyo interés en los objetos arqueológicos responde al estudio de la historia, pero no a su divulgación- y la del diletante – aquellos sujetos que seleccionan objetos vinculados a su excentricidad y/o curiosidad-. Es importante aclarar que se trata de tipos ideales (saqueador, coleccionista, aficionado, y diletante), no encontrándose en "estado puro" en las prácticas de los sujetos y sus modos de producir sentido y relacionarse con la materialidad arqueológica.

La manera en que se configura una colección no es un detalle menor, ya que por diferentes argumentos vinculados a la formación de profesionales, esta práctica cuenta con una mirada legitimista exclusivamente si es realizada por estos actores. En otras palabras, el arqueólogo posee el capital legítimo, y en este acto de legitimar estructura cuáles son las prácticas y representaciones culturales válidas, cuáles son las colecciones legítimas, aptas de ser estudiadas y patrimonializadas. Desde esta mirada no existen prácticas de patrimonialización de la cultura material que no sean académicas. Éstas pueden estar motivadas por poner en valor los atributos estilísticos de los objetos arqueológicos, desarrollándose prácticas de activación patrimonial desde el campo de los estudios en arte, o bien ser valorizadas por su valor testimonial desde la disciplina arqueológica, entre otras prácticas. Estas acciones se desarrollan en el ámbito de la academia, donde el legitimismo se vuelca hacia un miserabilismo en tanto entiende la imposición de una manera absoluta sin dejar márgenes para otros actores sociales (Garriga Zucal, 2010). En este marco se desarrolla otra concepción del patrimonio vinculada a su legitimación por parte de los organismos de regulación estatal. El marco jurídico que interpela a las colecciones arqueológicas ha estado estrechamente vinculado a la regulación y

legitimación de su estudio por parte de la comunidad científica. La mirada academicista hacia la práctica del coleccionismo ha estado fuertemente planteada en términos de ausencia de legitimidad y legalidad, concretamente se ha vinculado al coleccionismo como una práctica ilícita producto de acciones por fuera del marco de lo legal y lo moral. En este sentido, se sostiene que la práctica de generar colecciones es dominocéntrica, donde se produce un etnocentrismo por parte del actor dominante, en este caso la comunidad académica habilitada para atribuir asignaciones patrimoniales a los restos arqueológicos significativos (Grignon y Passeron, 1989). Desde esta concepción existe una estructura piramidal en cuya cima se encuentra la comunidad académica que cuenta con el aval y financiamiento para el estudio del registro arqueológico[7], ésta habilita las asignaciones patrimoniales al tipo de registro que resulta prioritario conservar por su carácter testimonial, y particularmente a crear colecciones que serán puestas al resguardo en depósitos institucionales. Por debajo en la pirámide se encuentran otros colectivos espectadores, los cuales también participan de un modo menos legítimo en la activación patrimonial del registro arqueológico. En esta coyuntura, se considera que el análisis de las diversas apropiaciones de los colectivos, y sus resignificaciones resulta sumamente valioso, para dar cuenta de las dimensiones históricas y políticas de los procesos de patrimonialización del pasado (Figura 2.1). En este sentido, los actores son entendidos en su capacidad de agencia en relación al registro arqueológico y se sitúan de diferentes maneras respecto al poder (Ortner, 2016).

El coleccionismo constituye una práctica legítima para aquellos actores y colectivos no profesionalizados en el campo arqueológico que crean colecciones[8], a través de

---

[7] La comunidad académica puede pensarse en términos de subcultura, cuyos integrantes se relacionan de manera desigual con los recursos y capitales legítimos, tratándose de un conjunto heterogéneo.

[8] La mayoría de las colecciones del área de investigación fueron creadas entre las décadas de 1960 y 1990. La Ley Nacional 25.743/03 no fue promulgada hasta el año 2003 y adoptada en la Provincia de Buenos

esa legitimidad se establecen vínculos e intercambios con otros campos (entre los pueden mencionarse el educativo y turístico) (Garriga Zucal, 2010). Por ejemplo, se establecen relaciones entre las colecciones y museos a través de la exposición patrimonial, muchas de estas instituciones deben su origen a la preexistencia de la colección y la voluntad del coleccionista de exhibirla. Por ejemplo, en la década de 1950 se originaron multiplicidad de museos municipales en diferentes distritos bonaerenses a partir de la donación de colecciones privadas (Pupio, 2005).

De esta manera, se considera que la pieza arqueológica constituye un capital que brinda prestigio y distinción a quién lo detenta, encontrándose estas producciones simbólicas por fuera del orden de lo legítimo. Este orden simbólico no compite con el legítimo (académico-estatal), en palabras de Garriga Zucal *"no es un orden simbólico contrahegemónico, es solo una producción de valores, prácticas y sentidos diferentes"* (Garriga Zucal, 2010). Los coleccionistas no desconocen el valor y utilidad de los estudios académicos, ni su legitimidad en el orden del sentido común. Incluso, algunos actores de este colectivo frecuentemente realizan apropiaciones y resignificaciones del conocimiento producido por arqueólogos para producir nuevos sentidos en el armado de posibles exhibiciones.

Finalmente, es importante considerar a las colecciones arqueológicas como espacios de exposición que vinculan diversos significados que emergen de la relación entre las personas y los objetos (Marques y Hilber, 2012). Durante el acto de crear una colección, se pone en juego no solo la recolección de determinados objetos a partir de la puesta en valor de los mismos, sino también aquellos procesos que se denominan de activación patrimonial.

2.5 La patrimonialización del pasado como práctica de construcción de sentido

Desde una perspectiva que sostiene que el patrimonio es una construcción social, se consideran bienes patrimoniales a aquellos objetos reconocidos por su importancia histórica, vinculada a la memoria y los intereses y necesidades del presente. En otras palabras, se trata de objetos designados y reconocidos por una comunidad de tal manera que la memoria determina no sólo la relevancia de los referentes, sino también el contenido de los discursos que emergen de los objetos patrimoniables (Prats, 2005). La patrimonialización permite situar en el presente al registro arqueológico, e insertarlo en problemáticas contemporáneas. En palabras de L. Prats *"...el patrimonio local está compuesto por todos aquellos objetos, lugares y manifestaciones locales que, en cada caso, guardan una relación metonímica con la externalidad cultural. Pero precisamente el factor escala introduce variaciones significativas en la conceptualización y gestión del patrimonio local"* (Prats, 2005:23-24). En este sentido cabe preguntarse: ¿Qué rol cumplen las diferentes

comunidades en relación a la patrimonialización de los objetos arqueológicos y colecciones? ¿Qué actores pueden conformar colecciones patrimoniables? El proceso de patrimonialización es una construcción que halla su coherencia, fundamentación y legitimidad en el interés dado por un grupo social, el estudio del objeto a ser patrimonializado, así como su acceso y transmisión por parte de la comunidad y las futuras generaciones. Uno de los factores que incide en el proceso de patrimonialización es su carácter simbólico, su potencial para representar, **ser soporte de memoria de identidades.** En este sentido, se considera que la comunidad desempeña un rol central en la construcción de memoria, a través del otorgamiento de sentidos a determinados objetos arqueológicos, seleccionando objetos e ignorando a otros en el proceso de conformación de una colección. En este marco, son elegidos determinados referentes materiales como anclajes de memoria, estrechamente vinculados a necesidades del presente, más allá de los marcos legales normativistas nacionales (Acosta Castro, 2015). En palabras de Acosta Castro *"... más allá de este determinismo normativo-legal, el patrimonio arqueológico también se construye, se administra y se apropia de diversas maneras por los sujetos sociales"* (Acosta Castro, 2015:1).

Los referentes patrimoniales poseen diversas dimensiones, entre las que se encuentran la identitaria, económica, simbólica, sociocultural y científica. De estas, se destaca la dimensión sociocultural, que sostiene que la importancia del patrimonio arqueológico radica en su rol dentro de la comunidad, siendo un eje fundamental en la constitución de las identidades regionales y de la memoria colectiva. En este sentido, a este tipo de materialidad arqueológica lo constituyen bienes no renovables[9] que deben ser protegidos por ser parte de la memoria histórica de la sociedad, y como instrumento de la reactivación social de esa memoria, coexisten y se insertan en el paisaje, en el marco del cual las poblaciones contemporáneas se desarrollan (Lopes Bastos, 2011). De este modo, a la vez que el patrimonio puede ser considerado como símbolo de identidad grupal, siendo parte de los procesos de reconocimiento inter-generacionales que dan sentido de pertenencia de grupo a una comunidad; también puede ser estimado como una fuente de placer. Esta última puede estar vinculada a actividades turísticas y recreativas, constituyéndose el pasado y su materialidad como "fetiches" (Cuadrado y Manavella, 2006). En este marco, se desarrollan procesos de mercantilización del pasado y la cultura material, contribuyendo la asignación del carácter patrimonial a los restos materiales y yacimientos arqueológicos a través de la formulación de proyectos de uso cuyo fin sea generar ingresos económicos (García Canclini, 1999; Greenwood, 1992; Prats Canals, 2006).

Finalmente, cabe mencionar la concepción de la UNESCO respecto a considerar al patrimonio como memoria

---

Aires unos años después. Por tanto, si bien la práctica de coleccionar era ilegítima para la academia no era ilegal.

[9] El patrimonio arqueológico entendido como recurso no renovable refiere a la naturaleza única de cada bien patrimonial, y la consecuente pérdida irreparable tras su destrucción total o parcial.

material, en este sentido la valorización del patrimonio es consecuencia de la memoria, siendo la patrimonialización un acto de memoria de una comunidad (UNESCO, 2003). En síntesis, puede ser considerado de diferentes maneras según los intereses de los actores que interactúan con él. Ahora bien, resulta importante destacar que en el acto de patrimonialización de los restos arqueológicos se puede caer en el peligro de esencializarlos dentro de una cultura específica. En otras palabras, suponer que la propiedad que conlleva al registro arqueológico a "ser" patrimonial es su capacidad de portar rasgos culturales puros de grupos cerrados. En este enfoque el valor reconocido es una característica intrínseca del objeto a ser patrimonializado, de modo que "el objeto habla por sí solo". Bajo esta premisa, se esconde la concepción de culturas puras, inmaculadas e inalteradas en el tiempo, así como fronteras culturales entre los distintos tipos de registros arqueológicos, siendo cada uno de ellos representantes culturales de sus creadores. En este sentido, se consideran útiles las críticas realizadas al concepto de cultura en relación a su capacidad representante de un grupo social homogéneo (Ortner, 2016). Igualmente, se propone reintroducir en el centro de la cuestión cultural la dimensión y los problemas del poder. En este sentido, resulta pertinente utilizar la idea de hegemonía propuesta por Williams en el análisis social, para afirmar el carácter estratégico de la cultura en tanto productora de sentidos. La hegemonía constituye un sistema de significados y valores (fundamentales y constitutivos) experimentados como prácticas sociales en la totalidad de la vida de las comunidades. En este sentido, es una interconexión y organización de valores y acciones que da sentido a un orden social efectivo. Se trata siempre de un proceso colectivo activo, constituido por experiencias, relaciones y actividades, que no se da de modo pasivo como una forma de dominación, sino que muta, se recrea y modifica. Asimismo, es continuamente resistida, desafiada por presiones presentes en las prácticas de los sujetos que pueden ser contra hegemónicas (Williams, [1958] 1996, 1997). De modo tal que es entendida como la dimensión en la que los conflictos y las relaciones de fuerza se constituyen, dentro del sentido común el cual es definido y disputado por los actores sociales (*i.e.* coleccionistas y académicos) situados históricamente (Grimson y Semán, 2005).

Por otra parte, para evitar pensar al patrimonio arqueológico desde una concepción esencialista resultan interesantes los aportes de Abu Lehod realizados para el concepto de cultura. Esta autora propone pensar a la cultura no como una entidad muerta (anclada en un territorio y homogénea), sino como algo dinámico, variable, en conflicto y cambio, de igual modo se considera que puede pensarse el acto de patrimonialización del registro arqueológico. Asimismo, esta autora sostiene que el concepto cultura es esencialista, debido a que establece implícitamente jerarquías entre un "nosotros" y "ellos", los otros culturales (Abu Lughod, 2005).

Considerar al patrimonio en su dinamismo constructivista permite generar sentidos patrimoniales en torno a aquellos

objetos reconocidos por los diferentes sectores de la comunidad por su importancia histórica, vinculada a la memoria, los intereses y utilidades del presente. En otras palabras, se trata de objetos designados y reconocidos por una comunidad (no solo la comunidad académica), de tal manera que la memoria determina no sólo la relevancia de los referentes, sino también el contenido de los discursos que se manifiestan de los objetos patrimoniables (Prats, 2005). De esta manera se arroja luz sobre cómo determinados referentes pueden ser altamente significativos y patrimoniables para la comunidad científica pero no para otros actores de la sociedad y viceversa. En consecuencia, se desarrolla una lucha simbólica, en el proceso de patrimonialización de la materialidad arqueológica, por el control de los significados y uso de los objetos y espacios arqueológicos según los actores e intereses implicados (Moscoso Marín, 2013). De igual modo, las colecciones arqueológicas generadas por coleccionistas pueden estar sujetas a importantes procesos de activación social patrimonial, que no necesariamente involucran la mirada académica y legitimista. Por último, se coincide con M. Guastavino, M. Berón y A. Di Biase (2018) en que, *"La forma en que un elemento patrimonial, sitio o lugar es manipulado, interpretado y comprendido tiene un impacto directo en cómo la gente que se asocia con ese patrimonio es entendida y percibida. El pasado y la cultura material que simboliza ese pasado juegan un papel importante en la creación, recreación y reforzamiento de un sentido de identidad en el presente."* (Guastavino *et al.*, 2018: 507). De este modo, las prácticas culturales implicadas en los diversos usos del pasado y del registro arqueológico, se encuentran cargadas de sentidos y representaciones vinculadas a las identidades de las comunidades del presente.

2.6 Antecedentes: Representaciones sociales y patrimonio arqueológico

Los estudios que refieren a los procesos de construcción de sentido en torno al pasado indígena, basados en el análisis de las representaciones sociales del pasado, han sido abordados desde diversos referentes empíricos. De acuerdo al corpus de información relevado a partir de los trabajos de investigación realizados (Lenton, 2005; Navarro Floria, 2001; Oliva *et al.*, 2010; Quijada, 2003; Ruiz Zapatero, 1996; entre muchos otros), pueden proponerse diversas perspectivas de abordaje analítico que a continuación se detallan:

1. *Análisis de los imaginarios colectivos y representaciones sociales*: Se focaliza en el estudio de los imaginarios sociales y las representaciones actuales e históricas construidas sobre los pueblos indígenas y la alteridad cultural, producidas por diferentes colectivos (*e.g.*, agentes turísticos, científicos, pueblos indígenas, entre otros);
2. *Comunicación y Arqueología:* Analiza la relación entre la comunicación y el conocimiento procedente de las investigaciones arqueológicas. Igualmente, problematiza la construcción de un "otro cultural",

la alteridad étnica y la pluralidad cultural en los medios de comunicación (especialmente los gráficos y audiovisuales);

3. *Representaciones sociales y museos, la construcción de la otredad*: Esta perspectiva congrega investigaciones en torno a la construcción de alteridad y del "otro cultural" en instituciones museísticas y centros de interpretación;

4. *Patrimonialización de la cultura material en circuitos de turismo cultural:* Las investigaciones con este enfoque problematizan la patrimonialización de la cultura material en circuitos de turismo cultural en los sitios arqueológicos prehispánicos y de momentos de inicio de la conformación del Estado Nación;

5. *Estudios de memoria del pasado indígena*: Abarca las investigaciones producto de los estudios de memoria orientados al análisis de lugares y otros soportes materiales de memoria indígena;

6. *Coleccionistas privados, museos y representaciones:* Investiga las representaciones sociales sobre el patrimonio arqueológico producidas por los coleccionistas privados de bienes arqueológicos y la formación de museos a partir de colecciones de este tipo;

7. *Narrativas visuales:* Estudia la construcción de las representaciones en torno a los grupos indígenas en las narrativas visuales históricas y contemporáneas.

La primera perspectiva, *Análisis de imaginarios y representaciones sociales,* incluye un variado conjunto de trabajos, producto de investigaciones llevadas a cabo a nivel nacional e internacional que colocan su interés en los imaginarios sociales en torno a los grupos indígenas. Estos analizan la construcción de representaciones sociales generadas por diferentes actores de la sociedad, sobre los pueblos indígenas contemporáneos como sobre aquellos grupos culturales que vivieron en el pasado (Giordano, 2009; Oliva *et al., 2010*, Oliva y Panizza, 2015; Sánchez, 2017). Algunos estudios analizan la influencia de los imaginarios sociales en la actividad turística cultural, por ejemplo, se han realizado trabajos sobre las representaciones de los grupos que habitan actualmente el sur de la amazonia colombiana (Vélez Rivas, 2017), y sobre los pueblos cazadores recolectores prehispánicos que habitaron el sudoeste de la provincia de Buenos Aires (Oliva *et al.*, 2015).

Dentro de esta perspectiva se incluyen igualmente los trabajos que investigan los imaginarios creados en torno a los grupos indígenas en los momentos constitutivos de los Estados modernos, así como las problemáticas que enfrentaron en este contexto, la vulneración de los derechos indígenas en el pasado y en la actualidad. En esta coyuntura se han analizado las interacciones y vínculos construidos entre el pasado y el presente, siendo en algunos casos las representaciones una herramienta de reivindicación de derechos (Alvarado, 2012; Cerda García, 2014; Lenton, 2005; Quijada, 2003). De igual modo, se ha analizado la visibilidad de los grupos indígenas en la memoria histórica nacional y las tensiones que se desarrollaron frente al Estado nacional a lo largo de

la historia (Navarro Floria, 2001; Mases, 2010). Forman parte de este grupo también aquellas investigaciones que cuestionan las representaciones sobre los grupos indígenas americanos en el territorio argentino realizadas por la comunidad científica en tiempos históricos (*e.g.,* investigadores tales como Francisco P. Moreno, Florentino Ameghino, Eduardo Holmberg, Estanislao Zeballos, Paul Broca, Hermann Burmeister, entre otros). Estos trabajos buscan problematizar las relaciones de poder presentes en las representaciones académicas históricas, en relación al vínculo que se establecía entre los Pueblos Originarios, el Estado nacional argentino y la comunidad académica. Esta última poseía la legitimidad del estudio de los pueblos indígenas en concordancia con los intereses políticos nacionales (Navarro Floria *et al.*, 2004; Podgorny, 1999; Stagnaro, 1994).

Otra vía de análisis lo constituyen aquellos trabajos que analizan la relación entre la arqueología, disciplina estrechamente relacionada al estudio de los grupos indígenas que habitaron en el pasado, y los medios de comunicación (Conforti, 2012; Ruiz Zapatero, 1996). En el marco de esta segunda perspectiva analítica, *Comunicación y Arqueología,* se han realizado trabajos que han analizado el discurso de los medios gráficos, las representaciones en torno a los sitios arqueológicos y el uso de metáforas en relación a la descripción de las sociedades del pasado. En algunos casos, se ha tomado como objeto de análisis a los periódicos de alcance nacional en la República Argentina, diario Clarín y Página 12, (Salerno y Pupio, 2008), La Nación, La Capital y El Litoral (Benzi, 2013), y en el caso de Colombia se ha analizado el diario nacional El Tiempo (Guerrero Rivera, 2009). Por otra parte, se han estudiado las representaciones en cómics sobre los grupos humanos que vivieron en tiempos prehistóricos (Ruiz Zapatero, 1997, 2005). En este marco, se han abordado también libros infantiles y juveniles, programas de televisión, films, contenidos que circulan en internet, y otras producciones audiovisuales, entre otros medios que divulgan la labor arqueológica y el pasado prehistórico (Ruiz Zapatero, 1996, 2007). Asimismo, se ha enfatizado el estudio de las representaciones y discursos sobre las poblaciones indígenas contemporáneas producidos por otros sectores de la sociedad de ascendencia no indígena. Tal es el caso del estudio de los discursos y valoraciones en libros, prensa, televisión, Internet, conferencias y charlas informales en Colombia durante el período 2004-2014 (Sarrazin, 2015). Cabe agrupar junto a estos trabajos aquellos que han tomado por objeto a las ideologías que atraviesan las representaciones del pasado en los medios de comunicación, las cuales están cargadas de sesgos políticos e identitarios y reproducen discursos dominantes (Guerrero Rivera, 2009; Ruiz Zapatero, 2009).

La tercera perspectiva, *Representaciones sociales y museos, la construcción de la otredad,* se centra en el análisis de las representaciones sobre los pueblos indígenas en relación a cómo se construye la alteridad, la noción del otro y la pluralidad cultural desde instituciones formales. Éstas abarcan por un lado a los establecimientos educativos (Artieda, 2015; Podgorny, 1992; Ramírez *et al.*, 2005; Saletta, 2011), y por el otro, a las instituciones patrimoniales. En relación al primer tipo de institución, han sido objeto de investigación el diseño curricular y el contenido presente en las currículas escolares oficiales. Tal es el caso de la provincia de Buenos Aires donde el historiador Mariano Nagy realizó una revisión histórica de los decretos, leyes provinciales y nacionales que regularizan el sistema educativo, así como las menciones a los Pueblos Originarios en el contenido de la currícula escolar del año 2008 del sistema básico y superior (Nagy, 2013a y b). Otros estudios se han enfocado en el tratamiento que se hace conceptualmente sobre los indígenas en las propuestas escolares, específicamente en los discursos educativos editoriales (Novaro, 2003). En este sentido, pueden encontrarse trabajos que analizan el rol de la escuela en la construcción y producción de identidades colectivas histórico-políticas nacionales y locales (Rodríguez, 2016).

Asimismo, se han estudiado las representaciones producidas en los museos como entes generadores de imágenes y discursos en torno al pasado. Esta perspectiva comenzó a tomar fuerza en Latinoamérica hace poco más de una década y no mucho más en el resto del mundo. Bajo este enfoque se han analizado, por ejemplo, en la provincia de Buenos Aires, los procesos de construcción de algunas de las representaciones y narrativas sobre el pasado indígena a partir de las colecciones materiales exhibidas, prestando especial interés al contexto histórico en el cual se armó la exposición museística (Biassati, 2012, 2014, 2016; Oliva *et al.*, 2015; Ottalagano, 2008; Pupio, 2005; Salerno y Vigna, 2012; Reca, 2016). Otros ejemplos de este enfoque son los trabajos que investigan las estrategias de comunicación e interacción con el público que visita los museos (Asensio *et al.*, 1996; Fritz, 2017), así como la aplicación de herramientas tecnológicas en el estudio de los espacios expositivos y la divulgación del patrimonio cultural (Lepe Lire, 2008; Pérez Reynoso, 2010; Gándara, 2017). En otros casos se realizaron análisis sobre la aplicación de herramientas informáticas dentro de los museos y la comunicación del discurso museístico (Correa Gorospe e Ibáñez Etxeberria, 2005), la utilización de las TICS (Tecnologías de la Información y la Comunicación) (Castellanos, 2006), los museos virtuales y las páginas web de los mismos (Melgar y Donolo, 2011; Rojas Sola, 2006) y los softwares educativos dirigidos a aprehender el legado cultural del cual es portador el museo (Córdova-González *et al.*, 2004). Asimismo, en relación a la comunicación del museo con el público, se ha comenzado a estudiar el fenómeno de los guiados y la transmisión comunicativa según la diversidad de visitantes (niños, adultos, gente con previo conocimiento sobre el tema, entre otros) (Castaño Asutich, 2013; Gándara, 2017; Zunzunegui, 2003).

Es interesante señalar aquellos estudios que consideran las visitas a los museos y/o monumentos como parte de los procesos de construcción del patrimonio. Tal es el caso del estudio de los museos portugueses Paço dos Duques, Museo Abade de Baçal y el Monasterio de Leça

do Balio, en los cual se ha considerado al patrimonio como un discurso que abarca un conjunto de prácticas culturales relacionadas con la apropiación del pasado para la creación de significados en el presente (Semedo *et al.*, 2017). En este sentido, la construcción del patrimonio como resultado de la visita a museos es entendida como un conjunto de prácticas en las cuales el significado es cultural y, el visitante se apropia del pasado para renegociar y recontextualizar los significados en el presente (Semedo *et al.*, 2017).

Dentro de esta misma perspectiva se consideran a los estudios de carácter interdisciplinario en museos, como el análisis semiótico de los textos de señalización desde el campo de la lingüística (González Pérez, 2012); así como investigaciones sobre las representaciones que el público tiene sobre el patrimonio en exhibición y la identidad institucional del museo (Tuler y Prada, 2003). También se han llevado a cabo análisis en los museos con énfasis en la gestión y conservación patrimonial (Martín y Cuenca, 2011). Por otra parte, desde las Ciencias de la Educación se ha vinculado al museo como una herramienta pertinente en el campo de la educación (Álvarez Domínguez, 2011). Asimismo, desde el campo de la historia se han abordado los denominados museos de frontera en relación a las representaciones ofrecidas respecto al período de la conformación del Estado Nacional, por ejemplo, en la Provincia de Buenos Aires los museos de la denominada "Zanja de Alsina" (Nagy 2011, 2013; Quijada, 2012).

El cuarto enfoque analítico, *Patrimonialización de la cultura material en circuitos de turismo cultural,* se centra en la relación entre los discursos generados por actividades vinculadas al turismo cultural y la exhibición de sitios arqueológicos (Oliva, 2017). También se abarcan en esta perspectiva aquellos estudios que investigan las representaciones y discursos vinculados a los paisajes culturales y los procesos de apropiación e identificación de las comunidades actuales con espacios patrimoniales (Raffa y Pastor, 2012).

En relación a la perspectiva anterior, se plantea una quinta perspectiva, *Estudios de memoria del pasado indígena,* esta se encuentra ligada al estudio de los lugares de memoria (entre otros soportes materiales de memoria) y otros tipos de intervenciones culturales vinculadas al pasado indígena que no se encuentran enmarcadas en la actividad turística cultural. Este tipo de intervenciones culturales y de memoria son consideradas representaciones colectivas del pasado (Candau, 2002; Oliva y Panizza, 2016). En este sentido se han abordado los monumentos, las expresiones populares artísticas en el espacio público, como por ejemplo los murales, y la relación entre arte y memoria reciente (Capasso y Jean Jean, 2012), la señalización y marcación del territorio (placas, monolitos, toponimia del paisaje y del trazado urbano, cartelería, *graffiti*) entre otras materialidades (Oliva y Panizza, 2016). Dentro de esta corriente se enmarcan los trabajos de la geografía de la memoria, por ejemplo, el estudio de la relación entre los monumentos históricos en el municipio bonaerense de Puan (República Argentina) y la constitución de una identidad nacional (Carcedo, 2015; Oliva, 2020; Panizza y Oliva, 2019 a y b).

Por otra parte, en este mismo enfoque se encuentran los análisis de las representaciones construidas por y difundidas desde los municipios, como por ejemplo las insignias y escudos municipales del sector sudoeste bonaerenses (Panizza, 2015; Enrique, 2016, 2018).

Un sexto enfoque, *Coleccionistas privados, museos y representaciones,* ha sido por su parte el estudio de la relación entre coleccionistas privados de bienes arqueológicos, los museos y las representaciones del pasado (Oliva *et al.,* 2015). Algunos de estos trabajos centran su foco en el origen de los museos municipales a partir de la donación de colecciones arqueológicas y analizan el criterio de selección de los materiales a exhibir, así como la problematización de los coleccionistas como agentes relacionados al patrimonio arqueológico (Pupio, 2005; Biasatti, 2012, 2014, 2016). En la provincia de Buenos Aires se ha analizado el rol de coleccionistas de la década del cincuenta, quienes donaron sus colecciones y en algunos casos a partir de estas donaciones se gestaron museos municipales. Tal es el caso de los museos de los partidos de Coronel Villegas, Saliquelló, Laprida, Bahía Blanca, Viedma y Adolfo Alsina (Pupio, 2005). Igualmente, se ha analizado el rol del elemento indígena en la memoria de los pueblos a partir del análisis de la exhibición de las colecciones en los museos de los partidos bonaerenses de Coronel Pringles, Tornquist, Saavedra, Puan (Oliva *et al.,* 2015), Azul, Olavarría, Nueve de Julio, Los Toldos, Tapalqué, y Trenque Lauquen (Quijada, 2012).

Finalmente, fueron estudiados aquellos dispositivos que sirven como base para la narrativa visual de diferentes instituciones entre las que se encuentran las museológicas, turísticas, históricas y periodísticas, por ejemplo, el uso de fotografías para la construcción de representaciones sociales y estereotipos (Alvarado, 2010; Alimonda *et al.,* 2004; Contreras Cruces, 2016; Martínez *et al.,* 2006; Sánchez Vallduví, 2015; Ponzinibbio, 2014). Las investigaciones incluidas dentro de este séptimo enfoque han tomado como objeto de estudio a dispositivos gráficos tales como las imágenes visuales presentes en los catálogos de exposiciones y páginas web (Alvarado, 2010), así como a relatos, postales etnográficas (Masotta, 2003, 2005), crónicas (Nacuzzi, 1998) y actas históricas gubernamentales (Contreras Cruces, 2016). En algunos casos corresponden a ilustraciones indígenas y fotografías etnográficas contemporáneas (Dorotinsky Alperstein, 2009; Sánchez Vallduví, 2015), así como también fotografías realizadas a fines del siglo XIX y principios de siglo XX en el momento del contacto hispano indígena (Alvarado, 2010; Butto, 2012, 2013, 2015; Fiore, 2005, 2007; Fiore y Varela, 2009; Giordano, 2004, 2012; Masotta, 2009; Vezub, 2002), donde se destaca el uso de la fotografía en la estigmatización de los Pueblos Originarios (Gluzman, 2018; Penhos, 1995, 2005). Por otra parte, dentro de esta perspectiva analítica pueden mencionarse

aquellos estudios que se centran en las representaciones gráficas de cartografías y catastros. Tal es el caso del estudio histórico de la evolución de catastros y de representatividad de la presencia indígena de la Provincia de Buenos Aires durante la formación del Estado Nacional en la segunda mitad del siglo XIX (Yuln, 2014).

La investigación se inscribe de manera heterogénea en la totalidad de las perspectivas presentadas, de modo tal que se toma en consideración diferentes elementos analíticos los cuales serán conjugados en el transcurso del desarrollo de la investigación. En este sentido, de la primera perspectiva *"Análisis de imaginarios y representaciones sociales"* se comparte el interés por analizar las representaciones sociales actuales presentes en los imaginarios respecto a los pueblos indígenas, prestando especial interés en aquellas representaciones sobre las primeras poblaciones que vivieron en el área de estudio y aquellas que lo hicieron en momentos del contacto intercultural. Esta perspectiva aporta elementos para comprender de qué manera los imaginarios actuales sobre estos grupos afectan a la conservación del patrimonio arqueológico indígena. Asimismo, esta perspectiva permite dar cuenta del proceso de invisibilización que han sufrido los Pueblos Originarios en el relato de la consolidación de una nación y cultura "blanca" eurocriolla.

En relación a la segunda perspectiva *"Comunicación y Arqueología"*, se considera central circunscribir la investigación en una perspectiva analítica que denote el rol que posee la comunicación en la construcción imaginarios en torno al "otro cultural" y sobre los conocimientos arqueológicos. De este modo, se propone analizar las formas en que se produce sentido en torno el pasado arqueológico indígena, y cómo se lleva a cabo a través de la comunicación en instituciones tales como las museísticas y municipales de la construcción de un "otro cultural", aspectos que también se encuentran presentes y son tomados de la tercera perspectiva analítica desarrollada, *"Representaciones sociales y museos, la construcción de la otredad"*. En este sentido, se toma en consideración de esta perspectiva la problematización de la cuestión relacional entre el Estado y la alteridad cultural, en este caso de los grupos indígenas del Área de Ventania y el lugar que ocuparon a partir de la formación del Estado nacional. De igual modo se considera un eje fundamental el análisis de los procesos de patrimonialización de la cultura material, aspectos que son abordados tanto en la cuarta perspectiva *"Patrimonialización de la cultura material en circuitos de turismo cultural"*, como en la quinta *"Coleccionistas privados, museos y representaciones"*. Finalmente, se considera prioritario tomar como referencia a los estudios de memoria para abordar las representaciones presentes en el ámbito público sobre el pasado indígena en el área de estudio. De este modo, se cree útil y necesario considerar las investigaciones plasmadas en la sexta perspectiva sobre *"Estudios de memoria del pasado indígena"* e investigar los dispositivos gráficos de la memoria visual presentes en la séptima perspectiva sobre las *"Narrativas visuales"*.

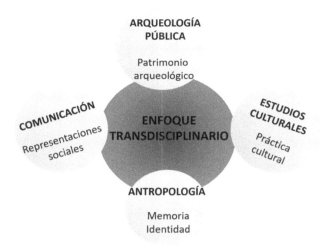

Figura 2.2 Trama conceptual de la investigación.

2.7 Marco teórico adoptado

La presente investigación se apoya en un abordaje teórico caracterizado por la hibridación disciplinar de la Comunicación, la Antropología y la Arqueología como subdisciplina dentro del campo antropológico (Figura 2.2). Este enfoque teórico surge a partir de la necesidad de conjugar elementos de ambos campos de conocimiento, ya que el fenómeno a investigar excede a la teoría que existe al momento dentro de los estudios abordados por la disciplina arqueológica y antropológica. Cabe destacar que la incorporación de la perspectiva antropológica permite abordar el problema de investigación desde una mirada holística, donde las dimensiones de la práctica social (simbólica, económica, material, funcional) se encuentran integradas dentro de los procesos sociales. Por otra parte, la orientación en comunicación posibilita examinar los modos en que las poblaciones actuales producen sentido y cómo estos sentidos y representaciones influyen en su vínculo con la cultura material. Algunos autores han trabajado en el cruce entre ambos campos de conocimiento, a partir de la propuesta teórica denominada *Antropología de la Comunicación* (Caggiano *et al.*, 2008; Herrera Aguilar, 2015). Esta perspectiva resalta el hecho de que lo que se ubica en el centro del proceso de producción social de sentido es la comunicación humana y su multiplicidad de códigos, los cuales deben ser considerados como prácticas culturales objeto del quehacer antropológico (Herrera Aguilar, 2015).

Siguiendo a M. Svampa (2008), resulta trascendente esclarecer cómo es orientada la investigación, para evitar "quedar atrapados" en las grandes teorías o, en su defecto, en la obsesión descriptiva propia de la mirada etnográfica o del puro empirismo sociológico (Svampa, 2008). En relación al enfoque teórico optado, como se mencionó previamente, se parte de una perspectiva transdisciplinaria que incluye una mirada antropológica y comunicacional, inscribiéndose ésta en el campo de los

Estudios Culturales, específicamente en el análisis de las representaciones sociales. Los Estudios Culturales refieren al campo transdisciplinario constituido por las prácticas intelectuales que se proponen comprender e intervenir, desde un enfoque contextual, en la red de relaciones constitutivas de una problemática determinada por la intersección de lo cultural y lo político (Hall, 1994). Desde esta perspectiva la cultura es concebida como producción y recreación social del sentido, así como también constituye el terreno de lucha por la hegemonía en relación al poder de nombrar legítimamente las visiones y divisiones del mundo (Hall, 1996). Siguiendo a Mattelart y Neveu (2002) la comunicación debe pensarse desde la cultura, de modo tal que se la considere como una práctica social. Desde el campo de los estudios en comunicación es pertinente y necesario interrogarse por los modos de construcción social de sentido (Mattelart y Neveu, 2002).

Por otra parte, se considera relevante el aporte de M. Svampa (2008) en relación a considerar prioritario en la investigación producir conceptos de alcance intermedio que permitan el desarrollo de herramientas analíticas acordes al objeto de estudio; en este caso la combinación de conceptos antropológicos y comunicacionales facilitan analizar de manera acorde y procesual las representaciones sociales que las comunidades actuales del área de estudio crean y reproducen acerca del pasado indígena. Resulta interesante tomar la distinción realizada por C. Mouffe (2011) entre la política (nivel óntico) y lo político (nivel ontológico). Para esta autora la ciencia política trata el campo empírico de la política, es decir el conjunto de prácticas e instituciones a través de las cuales se crea un determinado orden, que organiza la coexistencia humana en el contexto de la conflictividad derivada de lo político; mientras que lo político constituye la dimensión de antagonismo constitutiva de las sociedades humanas (Mouffe, 2011). Desde esta mirada, la presente investigación busca analizar de un modo político las representaciones del pasado, prestando especial importancia a los antagonismos presentes en las mismas.

Asimismo, la investigación se enmarca dentro del enfoque teórico de la Arqueología pública (Merriman, 2004; Moshenska, 2009). Este enfoque teórico ha generado nuevas discusiones y consideraciones acerca de las relaciones entre la arqueología y la sociedad como un problema a ser investigado (Salerno, 2013), teniendo en cuenta la intervención de múltiples aspectos en relación a los procesos de circulación y apropiación de los conocimientos arqueológicos y sus referentes materiales en la actualidad. De igual modo, este enfoque analítico permite el abordaje de diversas líneas de estudio que abarcan desde las estrategias de comunicación por parte de los investigadores (Conforti, 2012), hasta la investigación de procesos de transformación de los referentes del pasado en mercancías o en lugares emblemáticos, los cuales a su vez legitimarían como parte del patrimonio cultural ciertas narrativas sobre otras (Salerno, 2013). Por otra parte, resulta oportuno retomar los aportes teóricos de la arqueología de la identidad, cuya concepción del pasado permite situar al mismo como un elemento central en la composición de las identidades actuales. Desde esta perspectiva las concepciones acerca de los grupos del pasado son nociones sobre nosotros mismos situadas en la actualidad (Hernando, 2002).

Igualmente, resultan interesantes los aportes de los estudios de memoria, enfocados en el análisis de las formas de anclaje que las comunidades establecen con la historia y el pasado en el desarrollo de mecanismos de construcción de memoria (Jelin, 2002). A partir de ello, se construyen lazos y sentidos de pertenencia y continuidad entre las poblaciones actuales y aquellas que les precedieron a lo largo del tiempo. En el desarrollo de la investigación se considera el concepto de marcos sociales de memoria, los cuales se construyen a partir de procesos de subjetivación de las colectividades, a partir de sus antecedentes, su trayectoria, su cultura, su momento histórico, a partir de los cuales se apropian y confieren sentidos particulares a los hechos históricos (Halbwachs, [1950] 2004). En este sentido, se orientan las evocaciones de determinados hechos que se consideran significativos para la historia de un individuo como parte de un colectivo, pudiéndose destacar determinados grupos o individuos que se proclaman custodios de la memoria de su grupo de pertenencia, por ejemplo, grupos que reivindican la genealogía (Candau, 2002; Oliva, 2020). Además, la memoria se caracteriza por la construcción social de referentes situados espacial y temporalmente que le son propios a las colectividades, los cuales son puestos en juego para poder dar cuenta de su pasado (Halbwachs, [1950] 2004). En virtud de lo expresado, la trama conceptual de esta investigación se compone de aportes centrales de diferentes campos de conocimiento.

3

Estrategias metodológicas

3.1 Abstract

In this section, the transdisciplinary methodological strategies of this research are developed, which correspond to the theoretical framework adopted. Likewise, the corpus of the research is defined. This comprises social representations about the past built in museum institutions, in the public sphere and by agents of the cultural field linked to the archaeological record and the indigenous past. The methodological proposal was organized in three stages, which are described in three sections of this chapter. Within the first, called data collection and description, the observational instruments that were built to record the social representations of the different empirical references are developed. In all cases, techniques aimed at recognizing and analyzing the material and symbolic dimension of the representations were implemented. In the first instance, the methodology chosen for the survey of archaeological exhibitions in museum institutions is explained, detailing the variables considered in the analysis of the representations built in this context. This includes description of procedures for addressing the memory supports of the public sphere (monuments, sculptures, murals), the toponyms (of the districts, their localities and their urban layouts, as well as the surrounding landscape), the visual identities of the municipalities (shields, flags and logos) and the representations present in archaeological sites included in cultural tourism circuits. The instruments and techniques implemented in the survey of the social representations of the outstanding referents of the community are indicated. For these purposes, in-depth interviews were conducted and controlled observations of cultural practices involving the patrimonialization of the archaeological record were carried out. A second stage, called analytical, details the analysis techniques used for the social representations surveyed in each empirical referent. Finally, in a third stage, it is explained how the interpretation of the results obtained is developed from the generation of an interpretive model that explains the cultural dynamics related to the significance of the indigenous past in the research area.

3.2 Introducción

Los intereses que guiaron la investigación estuvieron centrados especialmente en la identificación de las formas que asumían las relaciones entre las poblaciones actuales con el registro arqueológico correspondiente a los pueblos del pasado. Asimismo, se buscó identificar cómo éstas repercutían en las representaciones sociales construidas en torno a los Pueblos Originarios y en la transformación de la cultura material arqueológica, a través de por ejemplo su pérdida de integridad física (Oliva, 1994; Oliva, 2000; Oliva, 2017; Oliva y Panizza, 2015; Oliva *et al.,* 2016; Oliva y Oliva, 2018; Panizza y Devoto, 2013; Panizza *et al.*, 2013; Panizza y Oliva, 2018, Oliva *et al.*, 2021). La participación en proyectos de investigación arqueológica, acreditados por la Universidad Nacional de La Plata y Rosario, posibilitó realizar un primer giro en la formulación del problema de investigación. Para entender las prácticas culturales en torno al registro arqueológico se debe investigar más allá de su materialidad, e indagar en los discursos y representaciones sociales que la sociedad construyó y construye alrededor de éstos. En este sentido, se acentuaron las investigaciones respecto al rol que la cultura material arqueológica posee en los procesos identitarios y de memoria colectivos (Oliva y Panizza, 2016; Oliva *et al.*, 2021).

Uno de los aspectos que resulta pertinente señalar es la importancia que posee la comunicación pública de la ciencia (Estrada, 2014)[1]. Puntualmente, los efectos que genera la puesta en común e intercambio de la información generada en las investigaciones del área de estudio sobre las representaciones e imaginarios sociales. En este sentido, se destaca la co-construcción de conocimientos y saberes de los distintos actores de la comunidad. Este aspecto que ha sido soslayado por la disciplina arqueológica hasta tiempos recientes, es considerado un elemento central en la construcción de los imaginarios colectivos sobre el pasado indígena. En esta línea se llevaron a cabo actividades de extensión universitaria que acompañaron las tareas de investigación realizadas en el Área de Ventania. Estas últimas tuvieron por objeto generar espacios de divulgación e intercambio a través del desarrollo de encuentros y talleres comunitarios, dentro de los cuales se abordaron nociones básicas de la práctica arqueológica y se discutieron los resultados

---

[1] Aquí se opta por una definición de comunicación de la ciencia que implica una acción activa dialógica que incluye el intercambio de conocimientos y opiniones, la discusión de lo tratado, y la ejecución de críticas entre los participantes. Estos pueden no necesariamente pertenecer a la misma disciplina ni ser expertos en el tema tratado (Estrada, 2014). En otras palabras, no se reduce a la concepción tradicionalista vinculada al concepto de divulgación unidireccional de un conocimiento objetivo y experto que debe ser traducido para su comprensión por parte de agentes autorizados.

de las investigaciones del área de estudio. Asimismo, otra importante actividad consistió en la elaboración, con la comunidad del área de estudio, de pautas de consenso respecto a las prácticas de uso del registro arqueológico focalizando su protección, en el marco de su aprovechamiento como recurso turístico. El desarrollo de estas acciones facilitó un significativo acercamiento entre el grupo de investigación y los colectivos locales. En este marco, se realizaron relevamientos de opinión mediante el empleo de encuestas a diferentes sectores sociales. De modo que se trabajó con la comunidad educativa (escolares, docentes y directivos), funcionarios municipales, vecinos interesados en la temática arqueológica, entre otros actores sociales (Devoto *et al.*, 2012; Oliva y Moirano, 2014; Oliva *et al.*, 2015; Oliva y Panizza, 2015; Panizza *et al.*, 2013). La información obtenida de esta manera proporcionó un primer análisis de los imaginarios sociales en torno al pasado indígena del Área de Ventania.

Asimismo, se arribó a la conclusión de que aquellas instituciones de enseñanza tanto formales (*e.g.,* centros educativos) como informales (*e.g.,* museos, medios de comunicación) resultan entidades fundamentales en la construcción y reproducción de las representaciones sociales de los pueblos indígenas (Oliva y Panizza, 2015). En virtud de lo expresado, se realizó una exploración preliminar de los discursos producidos por algunos de los museos con colecciones arqueológicas en exhibición del área de estudio. Asimismo, se investigaron las estrategias de comunicación y gestión del patrimonio arqueológico en otros contextos, tales como las colecciones arqueológicas de la Comunidad de Madrid y sus museos (*e.g.,* Museo Arqueológico de la Comunidad de Madrid, Museo Arqueológico Nacional, Museo de San Isidro). El análisis en estas instituciones, consideradas mediadoras y en estrecha vinculación con la academia, la comunidad y la cultura material arqueológica, visibilizó el potencial de los estudios en comunicación, como el campo idóneo para investigar la producción de significaciones colectivas respecto al pasado indígena (Moscardi y Oliva, 2019; Oliva *et. al*, 2015; Oliva, 2019; Oliva, 2021). Se considera que la perspectiva comunicacional permite situar los debates y los conflictos que se encuentran en las representaciones sociales construidas sobre el pasado, que interpelan al campo de la arqueología en la actualidad. En otras palabras, resulta pertinente investigar desde una perspectiva transdisciplinar[2] las formas en que el pasado es representado por las comunidades del presente, y cómo estas formas se vinculan con los modos de relacionarse de las comunidades con el registro arqueológico material.

---

[2] Como se expresó en el Capítulo 2 la presente investigación se inscribe dentro de los Estudios Culturales, una de cuyas características reside en su transdisciplinariedad. Este enfoque admite abordar el problema de investigación a través de varias disciplinas. La conjugación de éstas a su vez posibilita comprender mecanismos subyacentes, que pueden estar ocultos a la visión disciplinaria arqueológica o comunicacional de manera individual. En este sentido, la transdisciplinariedad en estos términos se ocupa de investigar el fenómeno en estudio desde una perspectiva que trasciende los distintos horizontes disciplinarios (Molina y Vedia, 2016).

3.3 Perspectiva metodológica

De acuerdo a lo expresado con anterioridad, el encuadre metodológico elegido en correspondencia al marco teórico adoptado se caracteriza por su perspectiva transdisciplinar. En este se incluyen estrategias de análisis propias del campo comunicacional, antropológico y arqueológico, esta última como subdisciplina dentro del campo antropológico. La triangulación teórica y metodológica proporciona grandes ventajas en relación a la posibilidad de aproximarse a la información por medio de múltiples perspectivas e hipótesis, y la utilización de diversos instrumentos de análisis (Hammersley y Atquinson, 1994). En este sentido, se organizó la estrategia metodológica en tres etapas que conjugan estrategias metodológicas propias del campo antropológico y comunicacional.

La primera de ellas se denomina "*Etapa de recolección y descripción de datos*", se caracteriza por el ingreso al área de estudio, la identificación de los fenómenos a ser investigados, el intercambio y establecimiento de relaciones con la comunidad, la delimitación del corpus de observación; y la recolección, descripción, clasificación y sistematización de la información obtenida. La segunda instancia de trabajo, se designa "*Etapa analítica*", constituyó el análisis del corpus de datos procedentes de distintas fuentes mediante diversas vías complementarias. Finalmente, se llevó a cabo la "*Etapa interpretativa*", a través de la cual se elaboraron modelos interpretativos del fenómeno aquí investigado. En los próximos apartados se describen cada una de ellas.

3.4 Etapa de recolección y descripción de datos

La etapa inicial de recolección y descripción de los datos puede subdividirse en dos partes. Por un lado, la obtención de los datos en el área de investigación y, por el otro, su descripción etnográfica y primera organización de la información. Dentro de la primera parte, que incluye el registro de los datos en campo, se confeccionaron diferentes instrumentos de observación (fichas de relevamiento y registro de las representaciones sociales) de acuerdo al tipo de referente empírico implicado en la investigación. Estas observaciones tuvieron por objeto reconocer las significaciones construidas por las diferentes instituciones y actores de la comunidad del Área de Ventania en relación al pasado indígena y el registro arqueológico presente en la región.

Como se expresó en el Capítulo 1, el corpus de investigación está compuesto por las representaciones sociales del pasado indígena construidas por las instituciones museísticas (sitios museables, museos o centros de interpretación); así como también por las representaciones oficiales ubicadas en el ámbito público y las representaciones generadas por diferentes actores de la comunidad que se consideran "destacados" en su vinculación con los pueblos indígenas y el registro arqueológico, en otras palabras los agentes del campo cultural local. Para el registro de este corpus, se utilizaron técnicas y recursos orientados al reconocimiento y análisis de la dimensión material y simbólica de estas manifestaciones. En este sentido, se decidió relevar las exhibiciones museísticas del registro arqueológico (cuyos resultados se presentan en el Capítulo 4), así como también los soportes materiales públicos de memoria del área de estudio (ver resultados en Capítulo 5). De igual modo, se consideraron y relevaron aquellas representaciones sociales del pasado indígena creadas por diferentes actores de la comunidad -directores y encargados de museos, integrantes de Pueblos Originarios, aficionados y coleccionistas, agentes vinculados al turismo cultural, guardaparques, entre otros-. Asimismo, en los casos en que correspondió se procedió a registrar las prácticas de patrimonialización del registro arqueológico por parte de los distintos actores de la comunidad (ver resultados en Capítulo 6). Estos instrumentos de recolección de información se encuentran en los Apéndices 1 y 2.

En base a las observaciones realizadas en el campo se optó por realizar una descripción etnográfica, la cual es distintiva de los estudios antropológicos. Se considera que solo a través de este procedimiento puede entenderse el sentido que da forma y contenido a los procesos sociales (Hammersley y Atquinson, 1994). Desde los estudios en comunicación se ha utilizado la descripción etnográfica para estudiar las normas de la conducta comunicativa, y la producción de sentido de una comunidad específica (Peralta Martínez, 2009). Asimismo, el enfoque etnográfico permite relacionar las estructuras del discurso y las representaciones con las estructuras sociales a ser analizadas. Igualmente, se optó por este método de investigación social, ya que permite trabajar con múltiples fuentes de información, y brinda elementos para construir modelos interpretativos en la última etapa metodológica. Las descripciones realizadas por el método etnográfico no reducen la realidad observada a una estructura rígida y coherente. En este sentido, permite reconocer la ambigüedad y tensiones presentes en la dinámica cultural del grupo social en estudio producto de su historicidad (Bartolomé, 2003).

Cabe destacar los aportes de M. Svampa, quien propone un abordaje instalado en el vaivén entre la estructura y la acción, adoptando un enfoque procesual, que subraya tanto la interrelación de los actores, como el carácter dinámico y recursivo de lo social. Por consiguiente, el posicionamiento de la investigación se sitúa en un paradigma comprensivo (Svampa, 2008). Asimismo, los resultados arrojados en la investigación constituyen una de las "lecturas posibles" (la propia) (Bartolomé, 2003), respecto a las significaciones centrales del proceso de construcción de sentido del fenómeno investigado y sus ambigüedades. A continuación, se presentan los instrumentos construidos y utilizados en los relevamientos realizados.

3.4.1 Instrumentos y técnicas implementadas en museos

De acuerdo a lo expresado en el capítulo precedente, se sostiene que los museos son una de las principales entidades generadoras de discursos y representaciones del pasado (Oliva *et al.*, 2015). Esto se debe a su contacto permanente con objetos pertenecientes a contextos de usos pretéritos, tales como aquellos recuperados en los sitios arqueológicos. De forma continua se construyen sentidos en torno a los objetos arqueológicos[3] (Prats, 2009), a partir de las relaciones que los sujetos establecen con éstos en función de su exposición y puesta en escena. Las exhibiciones constituyen mecanismos de producción de sentidos y representaciones, promoviendo efectos tanto para el público visitante, como para los pueblos que son simbolizados (Reca, 2016). De acuerdo a los objetivos planteados en esta investigación, el análisis de las representaciones en torno a la materialidad arqueológica resulta fundamental. Estas manifestaciones ofrecen elementos para comprender de qué manera se construyen los imaginarios sociales en torno al poblamiento indígena, sus formas de vida y costumbres en el área de investigación. Por este motivo, se realizó el análisis de las representaciones sociales del pasado indígena en instituciones museísticas a través de la identificación de los modos expositivos de las colecciones arqueológicas. Al efecto, se efectuó un estudio de casos a través de la selección de una muestra de museos públicos y privados y centros de interpretaciones de los partidos bonaerenses de Puan, Saavedra y Tornquist. La elección estuvo basada en el criterio de representatividad en cuanto a su tipo de gestión, época fundacional y localización. Las instituciones seleccionadas se encuentran señaladas en la siguiente tabla que a continuación se presenta (Tabla 3.1).

Como se expresó previamente, se relevaron las representaciones del pasado indígena y del patrimonio arqueológico del área de estudio, en función de los modos de exhibición de las colecciones arqueológicas en museos. Por esta razón, se implementaron prácticas de observación y documentación de las exhibiciones en cada institución seleccionada. En este sentido, se ejecutó un registro fotográfico, y se diseñó e implementó una ficha descriptiva de relevamiento. Este último instrumento incluyó variables que fueron agrupadas bajo tres conjuntos: I. *Variables generales de la institución*; II. *Variables generales de la sala arqueológica* y III. *Variables específicas de la sala arqueológica*.

I. Variables generales de la institución: Estas variables tienen por objeto identificar las características generales de las instituciones museísticas, en relación a su carácter de entidades constructoras de discursos del pasado.

---

[3] Los objetos arqueológicos son considerados signos, en relación a su posibilidad de construir diversos sentidos en torno a éstos. A través de su dimensión representacional un signo se constituye en símbolo. Cabe señalar que un símbolo es "algo" no verbal o verbal, dentro de un lenguaje particular o cultural que viene a representar otra cosa, no habiendo una conexión natural o necesaria entre el símbolo y lo que simboliza (Kottak, 1994). En este sentido, a partir de las colecciones arqueológicas se pueden construir diferentes sentidos en torno a lo que representan en sus contextos de exposición museística.

Tabla 3.1 Instituciones museísticas consideradas en la investigación.

Nombre	Año de fundación	Localización (partido)	Tipo de institución	N° salas	Temas Exhibidos
Museo Municipal Ignacio Balvidares	1973	Puan (Puan)	Museo municipal	4	Poblamiento prehispánico e histórico regional; paleontología y muestras temporales
Sala de interpretación ambiental y cultural de la Reserva Natural y Cultural de usos múltiples de la Isla de Puan	2019	Isla de Puan (Puan)	Sala de interpretación	1	Poblamiento prehispánico regional y características de la biota regional
Museo y Archivo de la Ciudad de Pigüé	1959, reinaugurado 2012	Pigüé (Saavedra)	Museo municipal	12	Poblamiento prehispánico, colonial y época fundacional
Museo Histórico de Saavedra	1988	Saavedra (Saavedra)	Museo municipal	3	Poblamiento prehispánico, colonial y época fundacional
Museo privado Arqueológico y Paleontológico "Coyug Curá"	1985	Estancia privada La Montaña, Pigüé (Saavedra)	Museo privado	1	Poblamiento prehispánico, colecciones históricas, biológicas, geológicas y paleontológicas
Museo Arqueológico Chasicó	1971	Estancia Don Natalio, Chasicó (Tornquist)	Museo privado	3	Poblamiento prehispánico, colonial y época fundacional. Historia del paisaje y la biota regional
Museo Fuerte Argentino	1876 Abierto como museo año 2016*	Fuerte Argentino (Tornquist)	Museo privado	6	Poblamiento prehispánico, colonial y época fundacional
Sala de Interpretaciones del Parque Provincial Ernesto Tornquist	1937 Inaugurada en la década de 1970	Parque Provincial Ernesto Tornquist (Tornquist)	Gestión provincial (Organismo Provincial para el Desarrollo Sostenible)	1	Reconstrucción ambiental del Sistema Serrano de Ventania
Museo el Sendero de los Recuerdos	Década de 1990	Villa Ventana (Tornquist)	Museo privado	3	Generalidades de la Comarca; Historia del Club Hotel de la Ventana (1904), e Historia de Villa Ventana

* La información fue obtenida a partir de una conversación con la propietaria de la institución en el año 2019, en el marco de su relevamiento, quién mencionó la fecha de apertura de un modo aproximado.

1. **Tipologías institucionales**: Identificación de los tipos de instituciones museísticas, si se trata de museos, museos de sitio, eco-museos, centros de interpretación, otros[4].

2. **Tipologías de gestión de la institución**: Pública, privada, mixta; origen de la partida presupuestaria, tipo de personal que trabaja en la institución; cobran ingreso (si-no).

3. **Localización geográfica**: Emplazamiento en contexto rural o dentro del tejido urbano, en localidad cabecera o localidades menores, distancia a rutas nacionales, provinciales, distancia a otros atractivos turísticos.

4. **Contextualización historiográfica**: Antigüedad que posee la institución, año de creación, año de apertura al público.

5. **Historia de la institución**.

---

[4] Para la descripción tipológica se utilizaron algunas de las nociones propuestas en el manual de G. H. Riviére (1993). Éstas son entendidas como:
- *Museo*: Institución al servicio de la sociedad, que selecciona, adquiere, conserva, comunica, y ante todo expone, con fines de acrecentamiento del saber, de salvaguardia y de desarrollo del patrimonio, la realidad y la imagen de los bienes de la naturaleza y del hombre.
- *Parque arqueológico*: Organización de interés público con vocación científica y cultural, responsable de un territorio controlado y delimitado, conservado en su calidad de unidad representativa en tanto portador de hábitats humanos prehistóricos, o históricos abandonados, y que han pasado al estado de yacimientos excavados o no, en ruinas o en la superficie del suelo.
- *Ecomuseo*: Instrumento que un poder público y una población conciben, fabrican y explotan conjuntamente en un territorio determinado, siendo su objetivo el de interpretar el medio ambiente natural y cultural en el tiempo y en el espacio. Se asocian a la idea de museos al aire libre, en los cuales el patrimonio debe ser conservado *in situ*.

Asimismo, se incluyó la categoría de *centro de interpretación* de Arcila Garrido y López Sánchez (2015), definidos como equipamientos públicos o privados que tienen como finalidad la interpretación, sensibilización y difusión de un bien patrimonial sea este natural o cultural. Estos centros deben tener un tema monográfico presentado desde una perspectiva geográfica y cultural integradora, así como también estar ubicados en el contexto geográfico donde se localiza el bien patrimonial interpretado.

6. **Objetivo/misión de la institución**.
7. **Características espaciales**: Análisis del edificio, estilo arquitectónico, lugar de emplazamiento, estado de conservación edilicio, si posee declaratorias de interés municipal, provincial, nacional, otras.
8. **Funciones de la institución**: Actividades que se desarrollan en la institución; posee venta de *merchandising* (si-no); se desarrollan actividades educativas bajo un programa formal institucional (si-no); se desarrollan charlas y talleres (si-no); articula con otras instituciones o actores sociales (si-no); posee archivo, hemeroteca, filmoteca, otro.
9. **Nivel de organización del espacio**: Cantidad de salas, orden, criterios, si cuenta o no con depósito.
10. **Marco jurídico**: Existe un inventario con el registro total o parcial de las colecciones arqueológicas. Éstas se encuentran registradas en el Registro Nacional de Yacimientos, Colecciones y Objetos Arqueológicos (RENYCOA) (si-no).

II. Variables generales de la sala arqueológica[5]: En una segunda instancia se identificaron las representaciones presentes en los discursos de las salas, donde se exponen las colecciones arqueológicas correspondientes a los pueblos indígenas, y como se articulan discursivamente en el conjunto del museo. En este sentido, se analizó el rol que ocupan las representaciones sociales del pasado indígena dentro del relato general que ofrece el museo al público. Asimismo, se tuvieron en cuenta la distribución de las salas en el recorrido planificado por la institución, y las características generales de la sala designada a la exposición del pasado indígena (superficie de exposición, temas con los que se relacionan las salas, condiciones de mantenimiento, entre otros) ya que constituyen indicadores materiales discursivos de la institución. En este conjunto se incluyeron también aquellas variables vinculadas a las características físicas de la sala, y al estado de conservación de las piezas arqueológicas indígenas en exhibición. En síntesis, se relevaron tanto los recursos expositivos de las salas, como los factores que pudiesen estar alterando la conservación del material en exposición. Las variables que pertenecen a este conjunto son las siguientes:

1. **Caracterización de los espacios físicos de exposición del patrimonio arqueológico**: Posee una sala o un espacio delimitado donde solo se exhiba este registro, localización de esta área en el circuito institucional, ubicación relativa de la sala en el conjunto del museo.
2. **Uniformidad expositiva**: La sala expone materiales exclusivamente arqueológicos (sí-no).
3. **Hibridación expositiva**: Si la sala es compartida, junto a qué temas se expone el material arqueológico.
4. **Origen de las colecciones arqueológicas indígenas que el museo posee**.
5. **Tipo de muestra**: Tiempo de permanencia de las colecciones en exhibición, año de montaje de la exposición, los materiales expuestos en la sala son temporales, las muestras son rotativas, la acompañan material informativo, información general o específicos de los materiales.
6. **Recursos museográficos**: Tipo y número de soportes de exhibición, infraestructuras de interpretación, si las colecciones exhibidas se encuentran en vitrinas abiertas o cerradas.
7. **Estado de conservación del patrimonio exhibido**: Determinación del estado de conservación alto, medio, bajo. Identificación de factores de deterioro patrimonial (luz solar directa, humedad, resquebrajamiento, rotura, insectos, hongos, polvo, líquenes, contacto directo con visitantes, contacto directo con el público, entre otros).

III. Variables específicas de las exposiciones del patrimonio arqueológico en la sala arqueológica: Finalmente, el tercer conjunto de variables se refiere a los modos expositivos del registro arqueológico, así como a las características de las representaciones gráficas que acompañan las exhibiciones.

1. **Orden de la exposición**: El material se encuentra ordenado siguiendo un criterio (sí-no).
2. **Tema predominante en la sala de exposición**: Naturalista (exposición del patrimonio arqueológico junto a restos faunísticos o de vegetación); historia general (exposición del registro arqueológico como representativo de la historia del territorio argentino en general), historia local (exposición junto a objetos actuales de la región); comercial (exposición de materiales arqueológicos junto a piezas que se encuentran a la venta); otros.
3. **Criterio predominante de ordenamiento del patrimonio arqueológico exhibido**: Temporal (asignación de cronologías al patrimonio arqueológico); cultural (asignación de denominaciones culturales al patrimonio arqueológico); espacial (asignación de escenarios y territorios de los cuales procede el patrimonio); estético (ordenamiento de las piezas según sus características físicas según un ideal de belleza); evolucionista, funcionalista, otros.
4. **Explicación de la materialidad exhibida**: Asociación del patrimonio con otros materiales con fines expositivos, decorativos, complementarios; asignación cultural a las piezas exhibidas; las piezas se encuentran clasificadas/identificadas; asignación cronológica del registro arqueológico expuesto (sí, ¿cuál? -no).
5. **Condiciones de exhibición del material exhibido**: Presencia de soportes que acompañan el patrimonio arqueológico exhibido (gráfico, audiovisual, sonoro, otros).
6. **Características físicas de la sala**: Iluminación (destaca o no el material exhibido); el material se presenta en vitrinas (si-no); tipología de vitrinas (abiertas - cerradas); cuantificación de piezas expuestas.
7. **Recursos utilizados en la exhibición**: Recursos gráficos, maquetas, murales, cuadros artísticos, fotografías, croquis, mapas, líneas de tiempo, otros.

---

[5] Se denomina genéricamente "sala arqueológica" al espacio destinado por la institución para exhibir colecciones arqueológicas cuya procedencia se corresponde a los Pueblos Originarios.

8. **Medidas de protección de las colecciones:** Los materiales se encuentran al resguardo de los visitantes (sí-no), se encuentran en soportes expositivos adecuados (sí-no).
9. **Correspondencia**: Existe una conexión adecuada entre el material expuesto y la explicación ofrecida por la institución.
10. **Señalética:** Las piezas se encuentran acompañadas por referencias escritas, textos indicativos.
11. **Fetichismo:** La institución posee un "objeto fetiche" /pieza favorita en exhibición.

La aplicación de este recurso permitió generar un corpus de información susceptible de realizar comparaciones entre las diferentes instituciones implicadas en la etapa analítica. Esta etapa prestó especial importancia a las recurrencias y diferencias entre los modos de producir sentido a partir de la exhibición del registro arqueológico.

Las planillas de relevamiento y el registro fotográfico permitieron generar un corpus descriptivo de información de las representaciones del pasado indígena presentes en las exhibiciones museísticas del área de estudio. La metodología de análisis de este corpus es presentada en este capítulo, y los resultados e interpretación del mismo pueden leerse en el próximo.

3.4.2 Instrumentos y técnicas implementadas en el ámbito público

Se considera que las representaciones oficiales plasmadas en el ámbito público operan como narraciones que se encuentran en interacción, diálogo y convivencia con la sociedad y que aportan elementos para la construcción de los imaginarios sociales. Igualmente, constituyen soportes que activan mecanismos de memoria colectiva y fortalecen determinados relatos que pueden o no unificar a las comunidades (Candau, 2002; Oliva y Panizza, 2017; Oliva, 2020a). La elaboración y divulgación de las representaciones sociales oficiales del pasado indígena por parte de organismos estatales municipales, constituyen una instancia de reproducción simbólica y material del orden social establecido institucionalmente (Grimson, 2012; Nagy, 2012; Oliva y Moirano, 2014; Oliva *et al.*, 2015; Oliva, 2018). El análisis de estas manifestaciones constituye una herramienta que arroja luz respecto a las representaciones hegemónicas que hay en torno a los grupos indígenas en la actualidad (Alvarado, 2012; Cerda García, 2014). Estas representaciones, reproducidas por los organismos oficiales, poseen una amplia variabilidad en relación a sus tipologías, y visibilidad en los espacios sociales de uso común (*e.g.,* calles, plazas, edificios públicos, entre otros). A través de su estudio es posible abordar las prácticas culturales desplegadas cotidianamente en el espacio público. En este sentido, permite generar aproximaciones a los modos en cómo un grupo social determinado ve, interpreta y da sentido a sus vivencias individuales y colectivas (Rodríguez Salazar, 2007).

A los fines de esta investigación, se consideran para su investigación a las representaciones presentes en los soportes de memoria del ámbito público. Éstos constituyen medios de comunicación y expresión de representaciones centrales en el seno social, ya que cumplen un doble rol. Por un lado, promueven la reactivación de los espacios públicos, y por el otro refuerzan la narrativa oficial presente en los discursos hegemónicos (López, 2017; Nagy, 2012; Oliva, 2020b; Oliva y Panizza, 2016.). En este sentido, se seleccionaron para el corpus de observación aquellas representaciones plasmadas en zonas abiertas (plazas, parques públicos, caminos y rutas vecinales) de los partidos de Puan, Saavedra y Tornquist. Estos espacios se caracterizan por promover el encuentro e intercambio entre los habitantes y los visitantes de estos espacios, a través de su uso común y comunitario. Asimismo, poseen mayoritariamente grandes dimensiones y se sitúan en áreas altamente visibles, lo cual facilita su identificación, observación y descripción.

En virtud de lo expresado, se relevaron las representaciones sociales del pasado condensadas en diversos soportes de memoria. Entre otros pueden mencionarse a los monumentos, murales, esculturas, placas y otros soportes de señalamiento, así como los topónimos de las calles y del paisaje circundante. Por otra parte, se abordaron las representaciones presentes en las identidades visuales municipales a través del registro y descripción de sus escudos y banderas distritales, y las representaciones del pasado divulgadas en las páginas web oficiales de los municipios del área de investigación. De igual modo, se incluyeron el registro de la señalización de algunos sitios arqueológicos y de las referencias históricas que los acompañan, como parte de las estrategias de visibilización y representación del pasado indígena de los municipios implicados.

A causa de la diversidad de soportes de memoria investigados, se utilizaron herramientas de registro diversas de acuerdo a las características de cada tipo de referente. De modo que fue necesario su agrupamiento en cuatro conjuntos de acuerdo a las técnicas de observación y descripción implicadas. En un primer subgrupo se encuentran los soportes de memoria emplazados en la vía pública (monumentos, murales, placas y esculturas entre otros); un segundo conjunto lo constituyen los topónimos; una tercera agrupación se encuentra dada por una muestra de sitios arqueológicos altamente reconocidos por la comunidad y finalmente el cuarto subgrupo corresponde a las identidades visuales de los municipios abordados en esta investigación. A continuación, se detallan los recursos metodológicos utilizados para el registro de cada subgrupo.

Subgrupo I: Soportes de memoria emplazados en la vía pública

En este conjunto se incluyeron murales, monumentos, esculturas, placas y otros soportes de señalización emplazados en el ámbito público en los partidos de Puan, Saavedra y Tornquist. Estos son presentados en las siguientes tablas (Tablas 3.2, 3.3 y 3.4):

Tabla 3.2. Soportes de memoria relevados en el partido de Puan.

N°	Tipo de soporte	Localidad, partido	Breve descripción
1	Mural	Puan, Puan	Ubicación de los fortines de la zanja de Alsina
2	Mural	Puan, Puan	Indígena de espaldas con lanza en mano
3	Mural	Puan, Puan	Soldado fortinero tocando la trompeta en el campo de batalla, de fondo los mangrullos y fortines
4	Mural	Puan, Puan	Toldería indígena
5	Mural	Puan, Puan	Pilastras del Fuerte y Comandancia de Puan
6	Mural	Puan, Puan	Fortinero, criollo e indígena juntos
7	Mural	Puan, Puan	Figuras abstractas que incluyen una pilastra
8	Mural	Puan, Puan	Manos que labran con banderas de argentina y europeas
9	Mural	Puan, Puan	Mural del Día del Respeto y Diversidad Cultural
10	Mural	Puan, Puan	La llegada del tren a la región
11	Mural	Puan, Puan	Indígena tallando piedra
12	Mural	Puan, Puan	Indígena y fortinero
13	Mural	Puan, Puan	Indígena montando un ñandú
14	Monumento	Puan, Puan	Monolito que señala fortín Mateo Martínez
15	Monumento	Puan, Puan	Monolito que señala fortín Riobamba
16	Monumento	Puan, Puan	Monolito que fortín Justo Reyes
17	Monumento	Puan, Puan	Monolito que señala el Regimiento Primero
18	Monumento	Puan, Puan	Monolito Carlos Keen
19	Monumento	Puan, Puan	Monolito Melchor Romero
20	Monumento	Puan, Puan	Monolito Catalán
21	Monumento	Puan, Puan	Monolito de Avance Civilizatorio
22	Monumento	Puan, Puan	Reconstrucción de fortín (zanja, mangrullo y cuartel)
23	Monumento	Puan, Puan	Réplica de las pilastras del Campamento y Regimiento de Puan
24	Monumento	Puan, Puan	Al soldado desconocido
25	Monumento	Puan, Puan	Reconstrucción de mangrullo
26	Monumento	Puan, Puan	Figura de Adolfo Alsina
27	Monumento	Puan, Puan	Arco de ingreso al Parque Municipal Ceferino Namuncurá
28	Monumento	Puan, Puan	Monolito Pichihuinca
29	Monumento	Puan, Puan	Busto con estructura de Salvador Maldonado
30	Monumento	Puan, Puan	En agradecimiento a Ceferino Namuncurá
31	Monumento	Puan, Puan	Escudo de bronce de la República Argentina
32	Monumento	Puan, Puan	Réplica de la Zanja de Alsina
33	Monumento	Puan, Puan	Monumento en adhesión a los 500 años del descubrimiento de América
34	Monumento	Puan, Puan	"PUAN" acceso al pueblo
35	Monumento	Puan, Puan	Contorno del partido
36	Otros	Puan, Puan	Exhibición de cañón Aker 1834
37	Otros	Puan, Puan	Paseo del Carro (exhibición carros)
38	Otros	Puan, Puan	Paseo Rural (exhibición herramientas)
39	Otros	Puan, Puan	Mojón Gobernador Dardo Rocha
40	Otros	Puan, Puan	Vereda guarda pampa
41	Otros	Puan, Puan	Cartel wifi municipal EPU ANTU
42	Otros	Puan, Puan	Caldén y señalización familias amigas guardianas
43	Cartelería	Puan, Puan	Referencia Histórica a la Plaza Adolfo Alsina
44	Cartelería	Puan, Puan	Referencia Histórica Escuela N°1 Domingo Faustino Sarmiento
45	Cartelería	Puan, Puan	Referencia Histórica de la toldería del Cacique Pampa Pichihuinca
46	Cartelería	Puan, Puan	Referencia de los cinco sitios arqueológicos de la isla de Puan (3.300 años) y la casa de Rómulo Franco (1886)

N°	Tipo de soporte	Localidad, partido	Breve descripción
47	Cartelería	Puan, Puan	Referencia arqueológica esqueleto humano sitio 1 y escondrijo de materia prima
48	Cartelería	Puan, Puan	Referencia arqueológica a los afloramientos cuarcíticos
49	Cartelería	Puan, Puan	Referencia histórica a la Calle del Comercio que abastecían el campamento militar de 1876
50	Cartelería	Puan, Puan	Referencia Histórica a la Sociedad Española de Socorros Mutuos 1886
51	Cartelería	Puan, Puan	Referencia al Monumento al Centenario del Distrito de Puan 1886-1986
52	Cartelería	Puan, Puan	Referencia Histórica que acompaña réplica fortín 1876
53	Cartelería	Puan, Puan	Área restringida sitio arqueológico
54	Cartelería	Puan, Puan	Campamento del Coronel Salvador Maldonado 1876
55	Cartelería	Puan, Puan	Referencia historiografía de la plaza A. Alsina
56	Cartelería	Puan, Puan	Celebraciones históricas de la plaza A. Alsina
57	Cartelería	Puan, Puan	Histórico palacio Municipal
58	Cartelería	Puan, Puan	Plaza A. Alsina en tiempos históricos

Tabla 3.3 Soportes de memoria relevados en el partido de Saavedra.

N°	Tipo de soporte	Localidad, partido	Breve descripción
1	Mural	Pigüé, Saavedra	Campo agrícola, la bandera francesa, la conscripción Argentina, un fortinero y un indígena
2	Mural	Pigüé, Saavedra	1896-1996 Aquí empezó la historia
3	Mural	Pigüé, Saavedra	Un tanque militar y a los costados soldados fortineros, junto a símbolos patrios
4	Mural	Pigüé, Saavedra	Centenario de la Primera Conscripción 1896-1996
5	Mural	Pigüé, Saavedra	Amueblamientos Calfucura
6	Mural	Pigüé, Saavedra	Hombre labrando con técnicas tradicionales
7	Mural	Pigüé, Saavedra	12 de octubre día de Respeto a la Diversidad Cultural
8	Mural	Pigüé, Saavedra	Historia fundacional de la localidad (tiene un barco dibujado)
9	Mural	Pigüé, Saavedra	Mujer con banderas italiana y argentina en una mano, trigo en la otra, tiene por detrás inmigrantes y delante trabajadores rurales
10	Mural	Pigüé, Saavedra	Mural de la sociedad italiana conmemorando el centenario de la fundación de Pigüé 1884-1994
11	Mural	Pigüé, Saavedra	Mural de bienvenida con mapa y escudo del partido, y escudo de localidad de Pigüé
12	Monumento	Pigüé, Saavedra	Al inmigrante. Incluye mural en mayólica de las banderas de Alemania, España, Francia e Italia que confluyen en la bandera Argentina
13	Monumento	Pigüé, Saavedra	Cofre con tierra de Aveyron, Francia
14	Monumento	Pigüé, Saavedra	Figura de Clemente Cabanettes
15	Monumento	Pigüé, Saavedra	Monumento a Francisco Issaly
16	Monumento	Pigüé, Saavedra	Al Sargento Juan Bautista Cabral 1813 Comandante de San Lorenzo
17	Monumento	Pigüé, Saavedra	Réplica Pirámide de Mayo 1811
18	Monumento	Pigüé, Saavedra	A la primera Conscripción
19	Monumento	Pigüé, Saavedra	Monolito de la Batalla de Pigüé 1858
20	Monumento	Pigüé, Saavedra	Monolito de la Batalla Curamalal Grande
21	Monumento	Pigüé, Saavedra	Monumento al Coronel Nicolás Granada, vencedor de la Batalla de Pigüé 1858
22	Monumento	Pigüé, Saavedra	Monumento a la Primera Conscripción Argentina 1896
23	Monumento	Pigüé, Saavedra	Monumento militar
24	Monumento	Pigüé, Saavedra	A Eduardo Casey "El pueblo de Pigüé a su fundador"
25	Monumento	Pigüé, Saavedra	Mástil 1492-1992. Al soldado desconocido.
26	Monumento	Pigüé, Saavedra	Homenaje de la Mujer a los Primeros Pobladores
27	Monumento	Pigüé, Saavedra	De los hijos a los padres
28	Monumento	Pigüé, Saavedra	A la bandera nacional
29	Monumento	Pigüé, Saavedra	A la ciudad de Pigüé en el 75° Aniversario

N°	Tipo de soporte	Localidad, partido	Breve descripción
30	Monumento	Pigüé, Saavedra	Al Coronel Salvador Maldonado
31	Monumento	Pigüé, Saavedra	Pigüé Centenario
32	Monumento	Pigüé, Saavedra	Lugar de la Batalla de Pigüé
33	Monumento	Dufaur, Saavedra	Busto de Silvano Dufaur
34	Monumento	Goyena, Saavedra	Monolito Sandes
35	Monumento	Dufaur, Saavedra	Reconstrucción de casa de adobe
36	Escultura	Pigüé, Saavedra	Escultura antropomorfa figura indígena en madera
37	Otros	Pigüé, Saavedra	Placa "Gracias Mamá. Amigos de Pigüé 1884-1974"
38	Otros	Pigüé, Saavedra	Placa "Cabos y Marineros de la Armada Nacional Nativos de Pigüé en homenaje a la Primera Conscripción"
39	Otros	Pigüé, Saavedra	Cañón de batalla S. XIX
40	Otros	Pigüé, Saavedra	Exhibición de cañones junto al monumento a la primera conscripción
41	Otros	Pigüé, Saavedra	Carreta del S. XIX
42	Cartelería	Pigüé, Saavedra	Primera Cooperativa Agrícola del año 1898
43	Cartelería	Pigüé, Saavedra	Casa Mary Gorman 1884
44	Cartelería	Pigüé, Saavedra	Réplica de la pirámide de Mayo de 1811
45	Cartelería	Pigüé, Saavedra	Sociedad Francesa fundada en 1891
46	Cartelería	Pigüé, Saavedra	Parroquia del año 1900
47	Cartelería	Pigüé, Saavedra	Bicentenario de la Patria y del Ejército del Regimiento 3, 1810-2010
48	Cartelería	Dufaur (Saavedra)	Sitio histórico la fonda de Doña Ana S. XIX
49	Cartelería	Dufaur, Saavedra	Embarcadero de hacienda año 1883
50	Cartelería	Dufaur, Saavedra	Rancho de Barro construcción S. XIX

Tabla 3.4 Soportes de memoria relevados en el partido de Tornquist.

N°	Tipo de soporte	Localidad, partido	Breve descripción
1	Mural	Tornquist, Tornquist	Camino que entra en un campo de girasoles, las sierras y el edificio municipal
2	Mural	Tornquist, Tornquist	Ellos hicieron el pasado
3	Monumento	Saldungaray, Tornquist	Reconstrucción de Fortín Pavón
4	Monumento	Tornquist, Tornquist	Figura de Ernesto Tornquist
5	Monumento	Saldungaray, Tornquist	Saldungaray fortinero e indígena de espaldas
6	Monumento	Saldungaray, Tornquist	Homenaje a Lorenzo Calpisqui
7	Otro (Placa)	Fuerte Argentino, Tornquist	Homenaje a los legendarios soldados de la Campaña del Desierto 1879
8	Cartelería	Saldungaray, Tornquist	Referencia Histórica al Fortín Pavón 1
9	Cartelería	Saldungaray, Tornquist	Referencia Histórica al Fortín Pavón 2
10	Cartelería	Saldungaray, Tornquist	Indio y fortinero de espaldas, escudo nacional y distrital
11	Cartelería	Ruta 76, Tornquist	Referencia Histórica de la muerte de Don Basilio Villarino y Bermúdez en 1785 a manos de los indios
12	Cartelería	Parque Provincial Ernesto Tornquist, Tornquist	Señalamiento cueva con arte rupestre
13	Cartelería	Villa Ventana, Tornquist	Club Hotel de la Ventana 1911
14	Cartelería	Villa Ventana, Tornquist	Trazado Histórico del Tren Trocha Angosta 1913 a 1920
15	Cartelería	Villa Ventana, Tornquist	Trazado Histórico del Tren Trocha Angosta que une la Estación Ferrocarril Sud con el Club Hotel de la Ventana

Para documentar y registrar este corpus de observación se creó una planilla de relevamiento que buscó identificar su contenido semántico, y caracterizar su contexto productivo. Asimismo, se consideró para su registro el análisis crítico de cada manifestación comunicativa en su doble dimensión constitutiva simbólica y material. En este sentido se incluyeron las siguientes variables:

1. **Variable tipológica**: Las representaciones consideradas se encuentran expresadas sobre soportes

físicos diversos, cuyas dimensiones y características posibilitan agrupamientos tipológicos. Las categorías tipológicas incluyen murales, esculturas, monumentos, cartelería de señalización de sitios arqueológicos, referencias históricas, placas, otros.

2. **Localización:** Localidad y partido donde se emplaza.
3. **Ubicación del soporte:** Contexto rural, caminos vecinales, rutas provinciales y nacionales, contexto urbano (plazas o avenidas principales, ejido urbano, otros), dentro de reservas de gestión pública (reservas municipales, parques provinciales, otros), en sitios patrimoniales, en campos o haciendas de propiedad privada, entre otros.
4. **Materialidad:** Ladrillo (visto o hueco/revocado), cemento, hierro, bronce, madera, otro.
5. **Contexto espacio temporal:** Año de creación, contexto histórico y social.
6. **Descripción Semántica**
7. **Información adicional:** Sobre sus condiciones de producción: autor, motivación, otro.
8. **Marco jurídico:** Se encuentra protegido por alguna ley, ordenanza o declaratoria.

Subgrupo II: Topónimos

Los topónimos son el resultado de los encuentros entre espacios y tiempos, expresan las pujas por el control del territorio y la construcción de las memorias colectivas. En este sentido, cada lugar posee ciertas marcas identitarias que lo diferencian de otros, expresadas simbólicamente a través de nominaciones específicas (Comerci, 2012). En consecuencia, se consideraron tanto las toponimias del territorio político, como del paisaje circundante y el territorio físico del Área de Ventania[6]. Dentro de los políticos se incluyen aquellos que nominan a los distritos y sus localidades. En este sentido, forman parte de este grupo aquellos topónimos que designan a la trama urbana de las localidades de Puan (Bordenave, Darregueira, Felipe Solá, Puan, San Germán, Diecisiete de Agosto, Villa Iris); Saavedra (Arroyo Corto, Colonia San Martín, Dufaur, Espartillar, Goyena, Pigüé, Saavedra) y Tornquist (Chasicó, Saldungaray, Sierra de la Ventana, Tornquist, Villa Ventana). En el segundo conjunto (paisaje circundante), se incluyen los topónimos de accidentes geográficos, cuerpos de agua, rasgos del terreno, otros. Para el registro y descripción de ambos conjuntos se consideraron las siguientes variables:

1. **Topónimo:** Contenido semántico.
2. **Tipo:** Nominativo, descriptivo, otro.
3. **Localización:** Localidad y partido.
4. **Ubicación relativa de los topónimos urbanos:** Ubicación dentro del ejido (avenidas centrales, sobre la plaza principal, otros), localización en la periferia de la localidad (sobre calles secundarias, o los bordes).

5. **Coordenadas y/o ubicación relativa del topónimo del paisaje circundante**
6. **Localización del topónimo del paisaje circundante:** Si se trata de un accidente geográfico (montaña, cerro, valle, meseta, colina, loess, llanura, cuenca, otros); cuerpo de agua (río, arroyo, laguna, otro).
7. **Identificación étnica del topónimo** (Sí, ¿cuál? - no).
8. **Fuente:** Origen de donde se obtuvo el topónimo: mapa, crónica, *Google maps*, recolección en campo, folletos turísticos, otros.
9. **Comentarios:** Información adicional de la fuente, información acerca de la creación de topónimo, año de creación del topónimo, otro tipo de información relevante.

Subgrupo III: Sitios arqueológicos

Tal como se expresó en el Capítulo 1, el área de estudio posee numerosos sitios arqueológicos que atestiguan su reiterado poblamiento por diferentes grupos humanos desde hace más de 6.000 años antes del presente. Esta clase de registro es considerado como un tipo de soporte de memoria para las comunidades actuales. Principalmente debido a que los sitios arqueológicos se encuentran frente a colectivos sociales que los interrogan, habitan, construyen y asignan sentidos en torno a éstos. Con el fin de analizar las prácticas culturales que se desarrollan a partir de los usos actuales de los sitios arqueológicos y las representaciones edificadas a su alrededor, se decidió trabajar con una muestra, correspondiente a los tres municipios implicados en esta investigación. Estos fueron seleccionados de acuerdo a varios criterios. Por un lado, los sitios seleccionados son representativos en cuanto al conocimiento de su existencia por parte de las comunidades actuales locales. Este conocimiento se debe a su inclusión en circuitos de turismo cultural, la ejecución de visitas informales a los mismos, y/o por su puesta en valor por parte de organismos municipales, provinciales y/o nacionales. En este sentido, constituyen sitios arqueológicos reconocidos y "apropiados" por la comunidad. Asimismo, intervino en su elección que hayan sido extensamente investigados por la comunidad académica, motivo por el cual se cuenta con un importante corpus de información sobre los mismos. Estos son: el Sitio 1 localizado en la isla de Puan de la Reserva Natural y Cultural de Usos Múltiples de Puan (Puan); la Gruta de los Espíritus, emplazada en un campo de propiedad privada (Saavedra); y los sitios Cueva del Toro y Corpus Christi del Parque Provincial Ernesto Tornquist (Tornquist). Para su investigación se elaboró una ficha de relevamiento que incluyó las siguientes variables:

1. **Tipología del registro arqueológico:** Cuevas y aleros con pinturas, áreas formales de entierro, estructuras de rocas, sitios en estratigrafía, sitios en superficie, otros.
2. **Localización:** Localidad y partido; coordenadas.
3. **Ubicación:** Contexto urbano o rural.
4. **Se encuentra dentro de un circuito turístico:** Se fomenta o desalienta su visita, las visitas se encuentran a cargo de guías, existe límite de personas en el desarrollo de las visitas.

---

[6] Los topónimos del entorno y el paisaje se corresponden con nominaciones previas al establecimiento de las localidades y trazados urbanos. Sin embargo, son considerados por constituir soportes de memoria en vigencia.

5. **Estado de conservación de los sitios incluidos en circuitos de turismo cultural:** Registro de la integridad física de los sitios arqueológicos y los agentes de deterioro presentes.
6. **Acceso a los sitios:** Infraestructura (presencia de senderos, vallas, cartelería, explicación en algún tipo de soporte, centro de interpretación, museo de sitio, otros); institución que organiza la visita; se cobra entrada de ingreso.
7. **Contenido semántico:** Referencia cronológica del registro arqueológico, asignación étnica de la materialidad, otro.
8. **Actividades que se desarrollan dentro o en las inmediaciones del sitio arqueológico:** Recreativas (visitas, acampe, picnic), fiestas o actos oficiales municipales, peregrinaciones, otros.
9. **Marco jurídico:** Referencias a la ley de protección patrimonial de provincia y nación, existencia de ordenanzas municipales, se encuentra incluido en un plan de manejo o no.
10. **Tipologías de gestión:** Pública, privada, mixta.
11. **Posee un plan de manejo** (sí-no).

Subgrupo IV: Representaciones en las identidades visuales municipales

Finalmente, para registrar las representaciones del pasado oficiales se decidió trabajar con aquellos soportes que forman parte de las identidades visuales de los municipios. En este sentido, se analizaron las banderas, los escudos distritales y logos oficiales del área de estudio (Puan, Saavedra y Tornquist). Asimismo, se incluyeron las representaciones vinculadas al pasado regional presentes en banderas, escudos y/o logos de algunas localidades y otras instituciones en las que interviene el municipio en su gestión (e.g., museos municipales). De igual modo, se analizaron los portales web oficiales municipales, específicamente la información que alude al pasado regional. En virtud de lo expresado se detalla el corpus de observación de acuerdo al partido al que corresponde el referente implicado:

• Partido de Puan: Escudo y bandera distrital, logo municipal, logo del Museo Municipal Ignacio Balvidares y bandera de Recordación Histórica de Puan.
• Partido de Saavedra: Escudo y bandera distrital, logo municipal, escudo de la localidad cabecera Pigüé, escudo de la localidad de Dufaur.
• Partido de Tornquist: Escudo y logo distrital, bandera de la localidad de Saldungaray.

Para realizar la documentación y descripción de las representaciones consideradas en estos soportes, se construyó una ficha de relevamiento que incluyó por un lado el registro de las condiciones de producción de las representaciones y por el otro la descripción de su campo representacional. En este sentido, se consideraron las siguientes variables:

1. **Tipología:** escudo heráldico, bandera distrital, bandera de localidad, bandera institucional, logo municipal, logo de museo, otro.
2. **Autoría de la representación:** Persona o colectivo responsable de la creación de la representación.
3. **Año de creación.**
4. **Información del contexto de su producción**; Dónde y cómo surgió la propuesta de su constitución, otra información relevante.
5. **Contenido semántico**: Elementos que componen la representación.
6. **Usos de la representación**: Contextos de uso (en ceremonias comunitarias, actos oficiales, instituciones, otros).

Finalmente, en relación al relevamiento realizado en los portales web oficiales de los municipios considerados se tuvieron en cuenta las siguientes variables:

1. **Visibilización/Inclusión:** La mención de los pueblos indígenas que habitaron el área de estudio en el contenido presentado en la información sobre el distrito.
2. **Cronología:** La asignación temporal al poblamiento del área (¿Cuál?).
3. **Nominación:** La asignación cultural al origen de las localidades comprendidas en los municipios del área de estudio.
4. **Identificación:** La presencia de marcas de identificación con los grupos indígenas que habitaron el área (imágenes, fotografías del registro arqueológico, otras).
5. **Caracterización del registro arqueológico:** La identificación espacio-temporal de los sitios arqueológicos.
6. **Promoción:** La organización y promoción turística de los sitios arqueológicos.
7. **Marco jurídico**: La mención del marco normativo de protección del patrimonio arqueológico.
8. **Divulgación:** La difusión de ceremonias, eventos, hallazgos que involucren al registro arqueológico indígena, o a los pueblos indígenas del área de estudio.
9. **Inserción:** Si en el diseño de la página aparecen presentes elementos simbólicos vinculados a los pueblos indígenas.

Los relevamientos realizados a los diferentes referentes empíricos produjeron un diverso y amplio corpus descriptivo de las representaciones oficiales públicas del área de estudio.

3.4.3 Instrumentos y técnicas implementadas con los referentes de la comunidad

Toda sociedad posee sujetos "intelectuales" que han desarrollado un profundo cúmulo de conocimientos específicos, sobre temas que han buscado aprender por diversos medios formales e informales (Bartolomé, 2003). Estos actores son considerados por la comunidad como referentes, conocedores y expertos en determinadas temáticas, y pueden operar como interlocutores privilegiados en el transcurso de las investigaciones académicas. A través de relaciones dialógicas y el intercambio de saberes entre el investigador y estos actores en base a una relación social igualitaria de recíproco interés es posible generar un importante desarrollo y enriquecimiento de un problema de investigación dado (Hammersley y Atkinson, 1994). En el caso de la presente investigación se presta especial atención a aquellos integrantes de las comunidades locales que han desarrollado prácticas diferenciales en relación a su vinculación con el registro arqueológico y el pasado indígena. A causa de estas características, sus ideas han influido notablemente en las prácticas culturales colectivas de la comunidad de pertenencia, en torno al registro arqueológico. En este sentido, funcionaron como agentes sociales promotores de construcción de sentidos de identificación con el pasado indígena regional. Por esta razón, han sido las personas a las que la comunidad acuden ante posibles hallazgos y consultas sobre el pasado indígena regional. Asimismo, en algunos casos sus biografías se encuentran relacionadas con la creación de museos, la organización de actividades de educación patrimonial mediante el desarrollo de charlas y talleres en escuelas, la exhibición de colecciones privadas, entre otras acciones. Por este motivo, se considera un valioso aporte considerar las actividades en pos de la activación patrimonial del registro arqueológico y las representaciones que estos actores construyeron sobre el pasado indígena.

A los fines de la investigación se debe decidir bajo criterios adecuados dónde y cuándo observar, con quién conversar, así como qué información registrar y de qué manera hacerlo (Hammersley y Atkinson, 1994). En este caso, se consideran las representaciones sociales de aquellos referentes que asumen en su discurso y en sus prácticas cotidianas una vinculación directa con el pasado indígena y su materialidad. Los productores de estas representaciones constituyen un grupo heterogéneo y son denominados aquí como "referentes destacados". En esta investigación se consideran las representaciones del pasado expresadas y transmitidas por integrantes de Pueblos Originarios, trabajadores de museos y centros de interpretación, coleccionistas de objetos arqueológicos, aficionados y estudiosos de la historia regional, guías de turismo, guardaparques, entre otros.

Un eje central en la observación y descripción de las representaciones de los actores mencionados es la asignación de sentidos al registro arqueológico, en algunos casos a través de su puesta en valor. En este sentido, se propone registrar las significaciones otorgadas por estos actores, de modo tal que no se reduzca su accionar al papel de engranajes pasivos en la mecánica de estructuras sociales (Mattelart *et al.,* 2002). En otras palabras, para no realizar descripciones que estén por fuera del universo simbólico de los propios actores, se decidió incorporar su perspectiva respecto a sus acciones en relación al vínculo que establecen con el registro arqueológico y el pasado indígena del área de estudio.

La estrategia metodológica optada fue la realización de entrevistas en profundidad (Guber, 2005). Esta estrategia permitió registrar la historia oral de los entrevistados, a través de una cantidad de relatos de hechos no registrados por otro tipo de documentación (Pereira de Queiroz, 1991). Igualmente, se buscó explorar la autopercepción de los actores destacados, con el objetivo de trascender las categorías construidas a partir de la proyección de la academia, e identificar aquello que hace al otro ser lo que es sin necesidad de intentar traducirlo en términos que le son ajenos (Bartolomé, 2003). En este sentido, se coincide con que

> *"lo importante es que sean captadas las experiencias del entrevistado. Él es quién determina qué es relevante o no para ser narrado, él es quien tiene el hilo conductor. Nada de lo que relata puede ser considerado superfluo, pues todo se encadena para componer y explicar su existencia"* (Pereira de Queiroz, 1991, pp.7-8).

El relato de un narrador sobre su existencia a través del tiempo, intenta reconstituir los hechos que vivió y transmitir la experiencia que adquirió mediante la formulación de una narrativa lineal de los acontecimientos que se consideran significativos, hay una selectividad de lo que se desea recordar (Del Valle Aquino, 1998). De modo tal que se permite entrever las relaciones que el actor entrevistado establece con los miembros de su grupo, de su profesión, de su clase social, de su sociedad global. De esa forma, los relatos transmitidos por la historia oral siempre transcienden el carácter individual del sujeto entrevistado y se insertan en la historia de las colectividades a las cuales el narrador pertenece (Pereira de Queiroz, 1991). En virtud de ello, analizar la historia oral de los actores destacados es también identificar las relaciones que sus contemporáneos establecieron con el pasado y el patrimonio arqueológico.

Asimismo, trabajar con la memoria oral supone indagar en la memoria colectiva las formas de la identidad local, sus relatos y vaivenes; el imaginario social, sus representaciones y formas de construcción e institucionalización de lo social (Gili, 2016).

El relato oral ofrece la posibilidad de observar la estrecha relación que existe entre experiencia y narración de los hechos, ya que el relato es el registro de la experiencia que conjuga la elaboración con la transmisión de lo vivido. En el relato aparecen las visiones compartidas por un grupo de pertenencia, aquellas tradiciones y lecturas de la realidad que se acumulan y sedimentan en torno a las narrativas, y a las formas de autopercepción.

La memoria se apoya en recuerdos borrosos, en espacios delimitados, en imágenes y "cosas" tales como por ejemplo las fotografías, placas, cartografía, entre otros soportes (Candau, 2002). Entre éstos puede considerarse que, en el caso de estudio, forman parte de sus soportes de memoria los objetos y sitios arqueológicos.

En virtud de lo expuesto, resulta interesante retomar los aportes de los estudios biográficos, los cuales han sido considerados por la antropología desde sus inicios como disciplina (Buechler, 1999). Éstos constituyen una herramienta que permite conocer el universo de símbolos y formas de representación que elaboran las personas en sus interacciones sociales, económicas y políticas a lo largo de sus trayectorias vitales. Los modos de interacción de los individuos de una comunidad con determinados objetos, lugares y manifestaciones se relacionan intensamente con sus biografías. En palabras de Prats,

> "… *la memoria determina los referentes en que la comunidad va a fijar sus discursos identitarios, con un carácter casi totémico, pero también los contenidos mismos de esos discursos. La memoria compartida, antes que colectiva, es, por supuesto, una construcción social, como es una construcción también, de carácter más o menos individual, la memoria biográfica. La memoria es cambiante, selectiva, diversa, incluso contradictoria y relativa en todo caso a las situaciones, intereses e interrelaciones del presente…*" (Prats, 2005, p. 26).

Para investigar la construcción de representaciones y sentidos en torno al pasado indígena del Área de Ventania por parte de los referentes destacados, se registraron las prácticas y relaciones que establecen con el registro arqueológico. En este sentido, se consideraron las siguientes variables:

Tipologías de las relaciones establecidas entre los sujetos, el pasado indígena y el patrimonio arqueológico: Como se caracteriza el rol destacado en la comunidad por su vinculación con el pasado indígena. ¿En qué se manifiesta este vínculo? (en publicaciones, participación en actos públicos conmemorativos, si poseen colecciones arqueológicas, si son propietarios de museos privados o han trabajado en estas instituciones, otros).

Autopercepción identitaria del entrevistado: Descendiente de inmigrantes europeos, originario, criollo, otro.

1. **Vivencias de los referentes locales con la materialidad arqueológica:** Coleccionista, aficionado, saqueador, huaquero, propietario, custodio, otros.
2. **Historicidad de las vivencias:** Contexto espacial y temporal de las prácticas realizadas en torno al registro arqueológico (salvataje, coleccionismo, divulgación, otras).
3. **Tipo de relación y práctica con el patrimonio arqueológico:** Si comparte con integrantes de su familia el vínculo establecido con el patrimonio arqueológico; se relaciona con otros sujetos y colectivos que se vinculan con el patrimonio arqueológico (*e.g.*, participa de reuniones, intercambia piezas, otros); heredó bienes patrimoniales de sus antepasados; otros.

4. **Sentidos asignados a la práctica vinculante con el registro arqueológico:** Propiedad, salvataje, prevención, recreación, recurso turístico, otros.

Asimismo, las entrevistas en profundidad estuvieron organizadas en una serie de ejes para su posterior comparación en la etapa analítica. Éstas fueron semiestructuradas, y las preguntas formuladas se orientaron a relevar las trayectorias de los entrevistados, su historia personal y familiar, así como también registrar las relaciones que establecen con el pasado indígena del área de estudio en general y con el registro arqueológico en particular. Finalmente, la última batería de preguntas se orientó a indagar los usos del pasado y las prácticas de patrimonialización por parte de estos actores, así como a documentar la formulación de proyectos que involucran su intervención en el aprovechamiento y/o cuidado del registro arqueológico.

Por último, cabe destacar que fueron realizadas encuestas de relevamiento de opinión dirigida a guardaparques y operadores turísticos del área de estudio. Éstas fueron ejecutadas en el marco de un encuentro de capacitación sobre el rol del patrimonio arqueológico en los procesos identitarios, dentro del cual se participó como tallerista en septiembre de 2019. Estos relevamientos tuvieron por objeto indagar la valoración que posee este sector de la comunidad respecto al registro arqueológico y su inclusión en circuitos de turismo cultural. De igual modo, se buscó explorar y registrar, a través de la formulación de preguntas abiertas, los imaginarios en torno a los pueblos indígenas que habitaron el área de estudio.

Tanto las entrevistas como los relevamientos realizados mediante la implementación de encuestas permitieron registrar las representaciones del pasado indígena construidas por los referentes destacados de la comunidad.

3.5 Etapa analítica

La segunda etapa metodológica es la analítica, y tuvo por objeto llevar a cabo la comparación y sistematización de la información relevada en la fase previa. A tal efecto, para evitar caer en un plano puramente descriptivo se efectuó el análisis de los datos recogidos durante el trabajo de campo (registros y descripciones del corpus de la investigación). El procedimiento optado consistió en el análisis de las representaciones sociales sobre el pasado indígena y el patrimonio arqueológico del Área de Ventania[7].

---

[7] A modo operativo se mencionan en el desarrollo del libro a estas manifestaciones como "representaciones del pasado indígena", dentro de este conjunto se incluyen tanto las representaciones sobre grupos los grupos cazadores recolectores que habitaron el área de estudio en tiempo prehispánicos, como a las sociedades indígenas de momentos históricos que "convivieron" con los grupos euro-criollos. Éstas últimas se focalizan en las representaciones construidas acerca de cómo se desarrollaron los vínculos entre las poblaciones originarias y los grupos euro criollos, momento conocido como de contacto interétnico.

Tal como fueron definidas en el Capítulo 2, las representaciones aquí abordadas refieren a las prácticas culturales de construcción de imágenes, experiencias y conocimientos sobre los objetos arqueológicos y los "otros" (sociedades indígenas). Es a través de este universo simbólico que los grupos humanos construyen interrelaciones sociales cargadas de identidades y oposiciones con el "otro cultural" (Mazetelle y Sabarots, 1999). En este sentido, han sido investigadas desde diferentes disciplinas con objetivos variados, entre los cuales se pueden mencionar como fuentes de datos, como objetos de estudio, como evidencia de rasgos culturales y de imaginarios sociales. La orientación analítica aquí optada se centró en considerar a estas manifestaciones desde un enfoque procesual (Banchs, 2000). Los estudios procesuales se encauzaron a investigar los hechos particulares que dan lugar a la elaboración de una representación, donde los significados que se asignan a un hecho, persona u objeto están íntimamente ligados a la historia, contexto y cultura (Cuevas, 2016). Teniendo en cuenta el modelo metodológico establecido previamente, se decidió prestar especial importancia al contexto de producción de las representaciones relevadas en los diferentes corpus de observación. Asimismo, otro eje fundamental de análisis estuvo centrado en el campo de representación de los diferentes referentes considerados. A continuación, se detalla la estrategia analítica implementada en cada caso.

3.5.1 Técnicas de análisis en instituciones museísticas

El análisis de las representaciones del pasado generadas en las instituciones museísticas se dividió en dos partes. La primera de ellas se orientó a estudiar comparativamente los contextos de producción de las representaciones. La segunda parte estuvo dirigida al análisis del contenido de los campos representacionales en torno a la exhibición del registro arqueológico. En este sentido, la primera etapa se focalizó en las características de las instituciones relevadas, motivo por el cual se compararon los rasgos generales de las instituciones involucradas. En este aspecto, se optó por la sistematización de la información de los registros realizados mediante las *variables de tipo general* (tipologías, características edilicias, gestión, localización, antigüedad, objetivo de la institución, funciones, entre otras). En segunda instancia, para abordar el campo representacional se analizaron las *variables generales de la sala arqueológica* (año de montaje, origen de las colecciones, estado de conservación, entre otras) y *las variables específicas de las exposiciones del patrimonio arqueológico* en estas salas (tema y criterio predominante de ordenamiento, explicación de la materialidad, entre otras).

En ese marco, se procedió a identificar los **patrones de exposición del registro arqueológico** respecto a seis ejes analíticos. El primero de ellos, denominado *eje de posición* consistió en la identificación de los patrones de localización, identificando la ubicación de las salas donde se exponen los restos arqueológicos de los pueblos indígenas en relación al museo en su conjunto. El segundo, *eje de situación*, exploró la ubicación de los objetos arqueológicos en relación a sus colecciones de pertenencia, otras colecciones en exhibición y sus soportes. El tercero, *eje de demarcación*, buscó encontrar patrones en relación a la señalización que acompaña las colecciones arqueológicas exhibidas, las infraestructuras interpretativas y los recursos utilizados (gráficos, audiovisuales, sonoros, otros), la adecuación entre lo señalado en la exhibición y el registro arqueológico expuesto, y el tipo de información presentada (producto de investigaciones científicas, información de divulgación, otras). El cuarto, *eje de contextualización*, se focalizó en las dimensiones espacio temporal asignado al registro arqueológico exhibido y a las Sociedades Originarias, motivo por el cual se comparó la ubicación territorial y la profundidad temporal que les fue atribuida por la institución. El quinto denominado *eje del campo representacional* analizó los patrones de representación de las poblaciones indígenas en relación a su atribución étnica cultural, su caracterización descriptiva en los textos y recursos gráficos. En último lugar, el *eje discursivo*, tuvo por objeto identificar patrones discursivos hegemónicos referidos al relato histórico oficial. En este sentido, se analizó la presencia o ausencia de representaciones de la historia de formación del Estado nacional en el marco de las exposiciones de las colecciones arqueológicas.

3.5.2 Técnicas de análisis en el ámbito público

El análisis de las representaciones sociales oficiales se centralizó en la sistematización y clasificación comparativa de los casos relevados, con el fin de identificar recurrencias y patrones en los modos de representar el pasado indígena del área de estudio. En este sentido, se aplicaron estrategias analíticas diferenciales según el tipo de referente empírico investigado, ya sean éstos los soportes de memoria emplazados en la vía pública (placas, monumentos, murales, otros), los topónimos urbanos y del paisaje circundante del área, los sitios arqueológicos considerados y las identidades visuales municipales abordadas (banderas, escudos, logos y secciones específicas de las páginas web oficiales). En los siguientes incisos se detallan los procedimientos de análisis adoptados en cada caso.

a. Análisis de los soportes de memoria emplazados en la vía pública y de los topónimos urbanos y del paisaje circundante del área de Ventania

Para analizar las representaciones sociales presentes en los soportes de memoria y los topónimos relevados en esta investigación, se generaron una serie de agrupamientos de acuerdo a las descripciones semánticas realizadas durante la etapa previa. En este sentido, en primer lugar, se clasificaron los soportes de memoria emplazados en la vía pública acorde a la vinculación temática de su representación. Por consiguiente, les fue asignada una categoría en relación a la adscripción de la representación a un momento historiográfico determinado. A este respecto, se propone la siguiente agrupación:

1. **Representaciones del poblamiento indígena del área de Ventania:** Se incluyen aquellas representaciones que aluden a las sociedades indígenas en momentos previos a la ocupación eurocriolla. A este período se lo conoce como prehispánico.
2. **Representaciones del contacto intercultural:** Este conjunto comprende a las representaciones que presentan las relaciones del contacto intercultural entre poblaciones indígenas y eurocriollas. Estas se corresponden historiográficamente con el momento conocido como de contacto hispano indígena.
3. **Representaciones del avance y consolidación del Estado nacional**: Se incluyen aquellas representaciones de la primera y especialmente segunda mitad del siglo XIX.
4. **Representaciones del desarrollo de los pueblos:** Contiene a las representaciones sobre los acontecimientos y personajes vinculados a la "historia oficial regional", principalmente abordando las últimas décadas del siglo XIX y la primera mitad del siglo XX.

Los topónimos considerados fueron aquellos correspondientes a las delimitaciones políticas del territorio (distritos y sus localidades), así como aquellos relevados en los tejidos urbanos y el paisaje circundante. A causa de la cantidad de casos considerados y sus características semánticas, se realizó una primera operación clasificatoria que buscó organizar los datos en los siguientes conjuntos:

1. **Topónimos paisajísticos:** Refieren nominal o descriptivamente a rasgos del paisaje del Área de Ventania.
2. **Topónimos indígenas:** Se compone de nominaciones indígenas.
3. **Topónimos historiográficos locales:** Aluden a la historia oficial regional a partir de los momentos de contacto intercultural entre poblaciones indígenas y eurocriollas. Se incluyen en este grupo aquellos que hacen referencia al avance y consolidación del Estado Nación, y al desarrollo de los pueblos del área de estudio.
4. **Topónimos historiográficos nacionales:** Representan a la historia oficial de la República Argentina.
5. **Otros topónimos:** Se incluyen todos los topónimos que quedan por fuera de los conjuntos previamente descriptos.

En segunda instancia, se realizó un análisis de la localización espacio temporal de los soportes del ámbito público relevados y de los topónimos incluidos en la etapa analítica en el grupo de "topónimos indígenas". Para lo cual se utilizaron los resultados de las descripciones realizadas en relación a las variables de ubicación, año de creación y toda información relativa al origen de los topónimos. Al efecto se realizó la clasificación de los casos considerados en dos grandes conjuntos antagónicos. Por un lado, se encuentran agrupadas las representaciones de localización periférica, cuyos soportes se emplazan en los márgenes de las localidades, por ejemplo, calles y avenidas secundarias, caminos poco concurridos, rasgos

del entorno natural escasamente conocidos, entre otros. El segundo grupo lo componen aquellas representaciones de localización central, tales como los topónimos que señalan avenidas principales y los monumentos que allí se emplazan. Asimismo, se incluyen en este grupo aquellos soportes de memoria que se hallan en inmediaciones a la plaza principal de las localidades de estudio, así como también forman parte de este grupo los principales rasgos del entorno natural (cerros más altos, lagunas y ríos destacados, otros rasgos del paisaje frecuentados y conocidos por las comunidades del área).

b. Análisis de las representaciones presentes en los sitios arqueológico

Los sitios arqueológicos considerados fueron analizados comparativamente de acuerdo al municipio de pertenencia. A tal efecto se plantearon dos ejes analíticos que fueron aplicados a los casos del *Subgrupo III: Sitios arqueológicos*. Éstos son su valoración patrimonial y las prácticas de transformación material del registro arqueológico. El primer eje buscó comprender los mecanismos de reconocimiento social de los sitios arqueológicos y los procesos de su puesta en valor. Por esta razón, en primera instancia se identificaron y estudiaron los mecanismos de activación y reconocimiento de los bienes patrimoniales por parte de los municipios del área de investigación. Para lo cual, a partir de las descripciones realizadas en la etapa previa, se compararon las estrategias implementadas oficialmente para el aprovechamiento y difusión del pasado arqueológico. En este sentido, se prestó especial importancia a la señalización y marcación de los sitios arqueológicos, los cuales se encontraban fomentando su visibilización y divulgación a la comunidad. Asimismo, se hizo hincapié en el análisis de las condiciones de acceso y exhibición de los sitios considerados, sistematizando y comparando los resultados del relevamiento tipológico del registro arqueológico, su localización, las características del circuito turístico en el que se emplaza (en caso de situarse en uno) y el contenido semántico de las referencias escritas que acompañan el registro arqueológico.

El segundo eje analítico consistió en la evaluación comparativa de las prácticas culturales vinculadas a los procesos de patrimonialización de los sitios arqueológicos. Estas se manifiestan a través de la ejecución de diferentes prácticas de transformación de la materialidad arqueológica, sus efectos pueden ser analizados a partir de la evaluación del estado de conservación de los sitios y su transformación material (Grados I, II o III) (Sfeir *et al.,* 2013). Se considera que un sitio arqueológico presenta Grado I cuando se registran acciones de transformación marginal del sitio, no sobre el propio registro arqueológico. Por ejemplo, si se registra en la parte externa de una cueva expresiones rupestres[8] la presencia de basura, fogones, o la ejecución de *graffiti*, entre otros. Un sitio presenta Grado II cuando los factores se encuentran en

---

[8] Refiere tanto a las pinturas rupestres como a los grabados.

las inmediaciones del rasgo arqueológico, pero no lo modifican permanentemente, por ejemplo, la presencia de un fogón dentro del sitio. Finalmente, un Grado III implica que se registran importantes prácticas de transformación material del registro arqueológico, modificándolo de manera permanente. Un ejemplo de ello es el lascado de la roca para la extracción de un motivo rupestre, la presencia de alambre sobre rocas erguidas o una estructura derrumbada por acción antrópica. Por otro lado, se incluyen las categorías de "Ausencia de transformación material", en otras palabras, no se identifican prácticas culturales que modifiquen la integridad física del registro arqueológico.

c. *Análisis de las representaciones del pasado indígena presentes en las identidades visuales municipales*

Finalmente, para analizar las identidades visuales de los municipios del área investigada (Puan, Saavedra y Tornquist), se optó por implementar dos estrategias diferentes según el tipo de referente considerado. Por un lado, se analizaron las representaciones presentes en banderas, escudos y logos que habían sido relevados y descriptos. Por otro lado, se analizó la información recabada en los sitios web oficiales de los municipios del área de investigación.

En primer lugar, se realizó un análisis comparativo del contenido semántico de las representaciones de las banderas y escudos relevados. En virtud de ello, se llevó a cabo la identificación de recurrencias en los elementos representados y se reagruparon estos elementos de acuerdo a una serie de categorías. Un primer subgrupo lo constituyen aquellas manifestaciones que construyen *personajes históricos "claves"* y estereotipos de los pobladores del área (tales como la figura prototípica del "indígena" y el "fortinero"), el segundo subgrupo se compone de las representaciones de *demarcaciones geográficas y políticas*; un tercer subgrupo lo constituyen aquellas representaciones vinculadas con los *rasgos del entorno natural y del paisaje*; un cuarto subgrupo corresponde a *la antropomorfización del paisaje* indicativa del avance y desarrollo de las localidades; un quinto subgrupo incluye la representación de *símbolos patrios*; un sexto subgrupo incluye la representación de *armamento* vinculada a la idea de conflicto (defensa y ataque) por la ocupación del territorio y finalmente, un séptimo subgrupo contiene aquellos elementos vinculados a la *actividad agrícola ganadera9*. En segunda instancia se llevó a cabo la comparación de las condiciones de producción de las representaciones analizadas, considerando el año de creación, su autoría, el motivo de su constitución, entre otra información relevante.

Por último, la información recabada en los sitios web oficiales de los municipios fue cotejada comparativamente según la presencia o ausencia de información respecto al pasado indígena del área de estudio. En este sentido,

se tuvieron en cuenta cómo son presentados los pueblos indígenas (asignación cronológica, filiación étnica, caracterizaciones generales, vinculación con el registro arqueológico), las marcas de identificación colectiva de la sociedad con estos grupos, y el posicionamiento del municipio respecto al registro arqueológico en el territorio que administra (divulgación de los hallazgos, la promoción de su visita, la mención del marco normativo que los regula, otros).

3.5.3 *Técnicas de análisis de las representaciones sociales de los referentes de la comunidad*

Para el análisis de las representaciones sociales del pasado indígena construidas por actores destacados en su relacionamiento con el pasado y el registro arqueológico de Ventania se decidió trabajar en dos niveles analíticos. El primero de ellos, se caracteriza por situar el foco en la escala geográfica. Este consistió en sistematizar y realizar una comparación por distrito de las prácticas de patrimonialización de los objetos arqueológicos en la que intervienen los diferentes actores destacados entrevistados. El segundo nivel de análisis, radicó en el estudio de las representaciones de cada grupo de entrevistados, a partir de su ordenamiento según las tipologías de las relaciones establecidas entre éstos, el pasado indígena y el patrimonio arqueológico. En este nivel de análisis se trabajó con los subgrupos de acuerdo a las tipologías de los entrevistados (autoadscripción identitaria, y vínculo con el registro arqueológico). En este sentido, se consideraron las diferentes manifestaciones simbólicas y materiales que dan cuenta de las relaciones que los sujetos establecen con el pasado en los procesos de construcción de memoria. Motivo por el cual se prestó especial importancia a los sentidos asignados a sus prácticas en relación al pasado, así como la autopercepción sobre el tipo de acciones realizadas sobre el registro arqueológico, y en sus vínculos con otros sectores de la sociedad. Se considera que el análisis de las entrevistas de estos actores permite rastrear de qué manera interviene la memoria de los entrevistados como evocadora de aprendizajes de la historia personal y colectiva, así como los sentidos atribuidos por un grupo a determinadas experiencias (Cardini, 2005) y objetos.

Posteriormente, se compararon e identificaron las recurrencias y diferencias entre las trayectorias de los personajes entrevistados, sus prácticas (materiales y simbólicos) en relación a los usos del registro arqueológico y el pasado, así como la construcción de sentidos del pasado indígena del Área de Ventania.

Por otra parte, esta información fue cotejada con aquella obtenida a partir de las encuestas realizadas a los guías, operadores turísticos y guardaparques del área de estudio. Específicamente se sistematizó la información sobre las visitas a los sitios arqueológicos incluidos en actividades de turismo cultural (modalidades y actores implicados). Asimismo, se analizaron los imaginarios construidos en torno a las primeras poblaciones indígenas del área y a los primeros grupos eurocriollos. Finalmente, se compararon

---

9   Estos aspectos son desarrollados en el Capítulo 5.

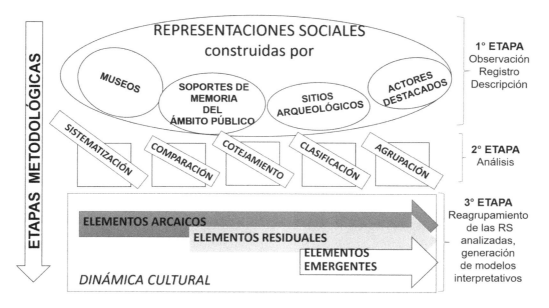

Figura 3.1 Esquema de síntesis de las etapas metodológicas.

los referentes patrimoniales (colecciones arqueológicas, objetos arqueológicos, sitios arqueológicos, otros) que estos actores escogieron proteger y conservar a las futuras generaciones y los motivos de su elección. A partir de los análisis previos se identificaron patrones de prácticas de patrimonialización de los objetos y sitios arqueológicos, los cuales sentaron las bases para la siguiente etapa interpretativa.

3.6 Etapa interpretativa

Finalmente, con posterioridad a la descripción y análisis del corpus de representaciones sociales relevadas en esta investigación, se llevó a cabo una tercera etapa metodológica caracterizada por la formulación de modelos interpretativos. Se considera que no existe una práctica cultural que no implique a su vez una representación, de modo que toda práctica cultural es simbólica (Reca, 2016). En este sentido, se abordan las diferentes prácticas comunicativas del corpus analizado (exhibiciones museísticas, discursos gráficos, entrevistas, entre otros), mediante la reflexión teórica definida en el Capítulo 2.

En virtud de lo expresado, se optó por considerar los conceptos desarrollados en el marco de los Estudios Culturales (Hall, 1996; Williams, 1996 [1958]). En este sentido, se utilizó el modelo comunicativo propuesto por Hall (1996), para interpretar los diferentes momentos de producción[10] y reproducción de las prácticas de representación del pasado y los universos de significación que acompañan éstas. De modo tal que, se llevó a cabo la construcción de modelos explicativos de la dinámica

cultural en torno a la significación social del pasado del Área de Ventania, por parte de los diferentes actores sociales de la comunidad implicados en esta investigación. Estos modelos se caracterizaron por ser construidos a partir de la metodología en estratos que propone Williams (1996, [1958].), dentro de la cual las representaciones analizadas pueden ser ordenadas a partir de tres ejes estructurantes. Estos son los elementos arcaicos, residuales y emergentes del pasado indígena presentes en las representaciones y prácticas analizadas en torno a la producción de sentidos sobre las sociedades indígenas y el registro arqueológico. En este sentido, se procuró identificar en el corpus de representaciones analizadas, por un lado, qué elementos forman parte de los discursos hegemónicos, y de qué manera se expresan estos discursos (Figura 3.1). Por otra parte, se registró qué elementos del campo representacional constituyen formaciones arcaicas (elementos arcaicos), cuales otros constituyen parte de las formaciones residuales que aún se hallan en actividad (elementos residuales) y cuales emergen en nuevos significados y prácticas de oposición a los elementos dominantes (elementos emergentes). Este aspecto se encuentra desarrollado con mayor profundidad en el Capítulo 7, el cual tiene por objeto discutir los resultados abordados y generar modelos explicativos.

La suma de los recursos metodológicos desarrollados en este capítulo permitió relevar, explicar y comprender las representaciones sociales construidas en torno al pasado indígena en el área de estudio, como parte de los procesos de memoria e identidad que se encuentran operando en la actualidad. Los resultados del registro, descripción y análisis del corpus abordado pueden leerse en los capítulos 4, 5 y 6. Por su parte, la interpretación de los análisis realizados se presenta en el capítulo 7.

---

[10] El modelo comunicativo de Hall (1996) incluye la producción, circulación, distribución y consumo. Este libro se focaliza únicamente en los momentos de producción. Estudiar el circuito comunicativo completo incluye realizar estudios de público, los cuales serán realizados en etapas posteriores de la investigación.

El pasado indígena en instituciones museísticas

"Yo siempre digo que el origen del museo está en un manojo de llaves que guardó mi abuelo (...)"
(Nora Cinquini, comunicación personal octubre de 2017).

4.1 Abstract

This chapter presents results obtained in the surveys of the social representations of the indigenous past built by the museum institutions of the research area (Buenos Aires municipalities of Puan, Tornquist and Saavedra). In this framework, exhibitions of indigenous archaeological collections and their associated representations were analyzed in nine institutions of different management levels (public and private). The production contexts of these exhibitions were considered, including an institutional historiographical analysis which considered their location (rural or urban), spatial characteristics of the building, collections in custody and functions of the institution, among other aspects. Specific analysis was carried out on the rooms where archaeological collections are exhibited, considering museographic aspects such as the types of supports used, the graphic, textual, and audiovisual resources and interpretation artifacts implemented in the exhibition. The exhibited collections were analyzed paying special attention to their contextual references and their link with archaeological sites in the research area. Through this work, it was possible to analyse the social representations built within the framework of these exhibitions. The analysis performed allowed a regrouping of the exhibition patterns based on the position of the archaeological rooms in relation to the museum as a whole, as well as from the location of the archaeological pieces in relation to their collections of origin and their spatio-temporal contextualization. Demarcation patterns were identified, related to the interpretive infrastructures and the resources used in the exhibitions and their representational field, analyzing the ethnic attributions and the characterizations of the archaeological indigenous societies in the textual and graphic aids. Finally, the link between representations of the indigenous past and the official historical account was analyzed. The results obtained showed scarce identification of the indigenous archaeological collections in their exhibition contexts, which contributes to the decontextualization of the Original Peoples in the present. In this sense, the museum exhibitions are generating adverse effects in the processes of collective belonging since indigenous past is not incorporated into the official historical process. The indigenous past is equated in museum representations to biological phenomena or geological events, and is unrelated to the history of the recent settlement of the region. Thus, there is a reduction in the interpretation of the cultural aspects of indigenous societies and they are placed in a position or time that hinders their integration into the collective identities of the area.

4.2 Introducción

Es de amplio conocimiento que las instituciones museísticas realizan un recorte de la realidad a través de la exhibición de colecciones de objetos (Moscardi y Oliva, 2019; Oliva *et al.*, 2015; Oliva y Panizza, 2015; Reca, 2016; Tarragó y Calvo, 2019; Zapata, 2016). En este ámbito se desarrollan estrategias de significación en torno a la historia y al presente de las comunidades, cuyo análisis pone a la vista las diferentes prácticas y representaciones que denotan el carácter ideológico institucional. La construcción de sentidos implica una necesaria toma de decisiones respecto a la elección de qué hechos exhibir en su discurso y mediante qué materialidad. En este sentido, la institución debe decidir cuáles colecciones de piezas son expuestas y cuáles otras son resguardadas en depósitos, qué objetos de las mismas ocupan un lugar primordial y por qué, qué sentidos se construyen en torno

a estas materialidades. De modo que los objetos exhibidos evocan historicidades concretas, acontecimientos y hechos que se buscan visibilizar en el discurso institucional. Este discurso sobre el pasado constituye *la memoria discursiva* de la institución, y forma parte de un proceso histórico resultante de la disputa de interpretaciones posibles sobre los hechos del pasado (Mariani, 1996). Analizar esta memoria permite reconstruir el trasfondo que justifica las decisiones de exhibir ciertas parcialidades del pasado que se destacaron y además posibilita visualizar y relacionar el recorte del pasado expuesto con el presente y el futuro de las sociedades (Courtine, 1981; 1994). Concretamente, las colecciones arqueológicas presentadas son enseñadas como una narración para la comunidad. Éstas producen sentidos y construyen representaciones sobre el pasado y el presente, aportando elementos que constituirán parte de los imaginarios sociales del público visitante. La creación de colecciones arqueológicas y la patrimonialización de

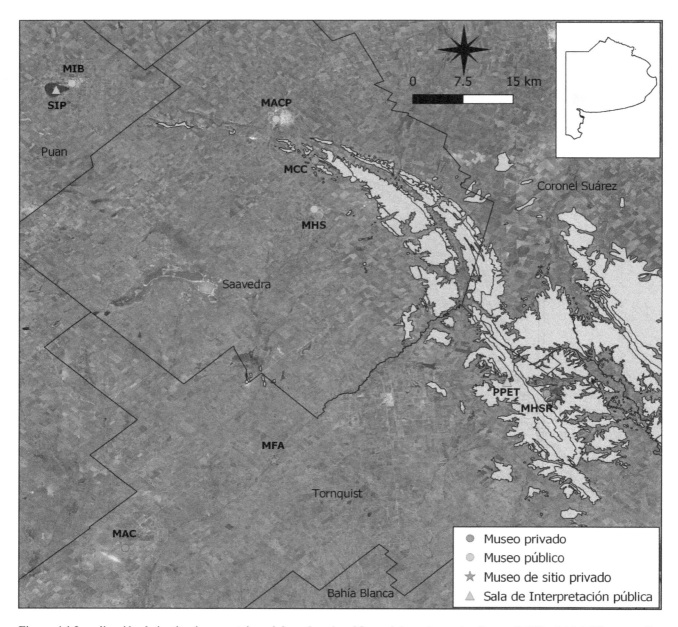

Figura 4.1 Localización de instituciones patrimoniales relevadas. Mapa elaborado en el software QGIS v.3.16.6 "Hannover" (http://www.qgis.org/es/site/).

ciertos objetos por sobre otros, ha permitido la construcción de memorias históricas específicas de la alteridad étnica en las instituciones museísticas. Estas construcciones fueron realizadas a partir de los parámetros propios de la institución y de los actores que eligen conservar determinados objetos por sobre otros[1]. En este sentido, los museos seleccionan determinados referentes materiales, los cuales se exponen en el marco de una trama de significaciones institucionales dentro de la cual cobran sentido.

Los datos que a continuación se presentan son producto del relevamiento de una muestra representativa y heterogénea

de instituciones patrimoniales del Área de Ventania (Figura 4.1). Se decidió incluir instituciones tanto públicas como privadas, emplazadas en el ámbito urbano y rural. Estos museos preservan importantes colecciones de objetos arqueológicos provenientes de diversos contextos socio-históricos que atestiguan la prolongada historia del poblamiento del área de estudio. Los relevamientos efectuados fueron realizados entre diciembre de 2012 y septiembre de 2019[2]. Es importante señalar que en uno de los casos relevados (Sala de interpretación ambiental y cultural de la Isla de Puan) se nos informó sobre la existencia proyectos de remodelación institucional a realizarse a corto plazo, lo cual expresa una dinámica

---

[1] En la provincia de Buenos Aires se promovió la creación de museos municipales a partir de la década de 1950. Este proceso estuvo destinado principalmente a organizar colecciones privadas de bienes arqueológicos, que a partir de este momento fueron custodiados por los municipios implicados (Pupio, 2005).

[2] Con posterior en Julio de 2021 se volvió a visitar el Museo Arqueológico de Chasicó, Tornquist. Institución que se encuentra actualmente cerrada.

Figura 4.2 Instituciones patrimoniales de Puan. Museo Municipal Ignacio Balvidares de la localidad de Puan (MIB) (izquierda). Sala de interpretación ambiental y cultural de la Reserva Natural y Cultural de usos múltiples de la Isla de Puan (derecha).

significativa y un interés por la renovación de los modos expositivos.

4.3 Etapa de recolección y descripción de datos

De acuerdo a lo detallado en el capítulo precedente, los datos descriptivos considerados en este trabajo son producto del relevamiento de variables generales de las instituciones consideradas, y de sus salas arqueológicas indígenas. Los resultados de estos relevamientos pueden ser observados sintéticamente en las Tablas A1.1, A1.2 y A1.3 en el Apéndice 1. A continuación, se presentan los resultados de los relevamientos realizados de acuerdo a su municipio de pertenencia.

4.3.1 Resultados en el municipio de Puan

En este apartado se presentan los relevamientos realizados en el partido de Puan al Museo Municipal Ignacio Balvidares y a la Sala de interpretación ambiental y cultural de la Reserva Natural y Cultural de usos múltiples de la Isla de Puan (Figura 4.2).

4.3.1.1 Museo Municipal Ignacio Balvidares (MIB)

El museo Ignacio Balvidares de la ciudad de Puan es una institución municipal ubicada en la localidad homónima. Fue creado el 8 de diciembre del año 1973 a partir de la donación al municipio de colecciones arqueológicas e históricas pertenecientes al Sr. Ignacio Balvidares. Originalmente, las colecciones se encontraban exhibidas en un museo privado, propiedad de la familia Balvidares ubicado en el campo "El Ñacurutú", emplazado en las proximidades de la localidad de Bordenave (Puan). Luego del fallecimiento del Sr. Ignacio Balvidares, su familia cedió las colecciones arqueológicas e históricas al museo. Las mismas fueron expuestas en un primer momento, dentro de un recinto del Palacio Municipal donde comenzó a funcionar el museo, hasta que inició la última dictadura cívico militar en Argentina. En el año 1984 se impulsó la reapertura del museo en la Sociedad Española, la cual dio en préstamo parte de su emblemático edificio.

Finalmente, en el año 1994 el museo fue trasladado a su actual sede, el edificio histórico del Mercado Histórico Regional[3], el cual había dejado de funcionar como tal en el año 1985. Este último data de 1906, era un edificio estructurado en torno a un gran patio, con un molino y a su alrededor estaban ubicados distintos locales. Si bien la edificación es histórica, no conserva actualmente su fachada original, ya que fue remodelado en el año 1936 y posteriormente en el año 1969. Al presente luce un estilo arquitectónico *art decó* muy bien conservado. Cabe hacer un paréntesis para mencionar como fue el proceso mediante el cual se le otorgó al museo su sede definitiva. Esto fue en el marco de la ordenanza municipal N°492 sancionada en el año 1986, a través de la cual comenzaron a ejecutarse reuniones para que el edificio del Mercado funcionara como un Centro Cultural. En este contexto, mediante la intervención del entonces director del museo Néstor Baglioni, se trasladó el museo primero a una oficina del Palacio Municipal y luego finalmente a su sede definitiva en el Mercado (Iturrios, 2008).

En la actualidad el museo cuenta con cuatro salas amplias bien iluminadas en las cuales se exhiben colecciones históricas, arqueológicas indígenas, paleontológicas y una sala de menor tamaño para muestras rotativas. La institución tiene un único acceso de ingreso sobre el frente del museo, a través de la cual se accede a la sala histórica. Adyacentemente a esta sala, separada por una arcada se halla la sala paleontológica, y posteriormente las arqueológicas indígenas. Éstas últimas se denominan "Sala Dr. Francisco Yanarella" y "Sala Néstor Baglioni"[4]. Finalmente, se halla el espacio destinado a muestras

---

[3] Se trata de un edificio emblemático declarado Bien de Interés Histórico con Valor Arquitectónico por la Ordenanza 5426/2011.
[4] Francisco Yanarella y Néstor Baglioni fueron dos emblemáticos investigadores aficionados del pasado indígena regional, ambos oriundos de la localidad de Puan. Dedicaron gran parte de su vida al estudio del registro arqueológico y a la conformación de colecciones arqueológicas que donaron parcialmente al museo municipal. Sus aportes se traducen en sus reconocidas trayectorias y en publicaciones tales como (Yannarella, 2003; 2010). En el Capítulo 6 de este libro se encuentran los resultados de las representaciones construidas por María Cecilia López Quintana de Baglioni, esposa de Néstor y compañera en la práctica de estudio y recolección de los objetos arqueológicos.

temporarias, las cuales suelen responder a una suerte de agenda de efemérides, y fechas conmemorativas reconocidas localmente. Si bien lo primero que el visitante observa cuando ingresa a la institución es la sala histórica correspondiente a las campañas militares de finales del siglo XIX, según la información obtenida en la entrevista con la encargada del museo, las visitas guiadas comienzan en la sala arqueológica indígena, construyendo una narración en el cual prima un criterio cronológico para mencionar a las sociedades que habitaron la región (Figura 4.3).

El guion museológico focaliza la existencia de las poblaciones indígenas que ocuparon la región en momentos previos a la llegada de los europeos. En esta línea aproximadamente el 50% de la superficie del museo se encuentra destinada a la exhibición de colecciones arqueológicas. El recorrido institucional es guiado y se encuentra a cargo de la directora de la institución. Este se inicia en la sala arqueológica donde se les informa a los visitantes a modo de introducción que en la sala histórica se encuentran los orígenes del pueblo pero que la historia tiene más de 12.000 años. En referencia a las nociones espaciales, el museo cuenta con un único mapa ubicado en la sala histórica. Éste expone la Provincia de Buenos Aires, y está titulado "La estrategia de frenar al indio por el Dr. Alsina 1876" representando a los "campamentos indios" y la ubicación del ejército oficial. El mismo se encuentra muy próximo a la entrada de ingreso al establecimiento. En cuanto a las referencias temporales en la sala arqueológica se encuentra una línea temporal de los últimos 10.000 años, en la cual se indica que los primeros

Figura 4.3 Primera sala del MIB, se observan un cartel que señala "*Tierra de nómades, indios, campamento militar, pueblito de frontera, voy a adentrarme en tu pasado*", **artillería utilizada por el Ejército nacional durante las campañas militares de fines del siglo XIX y armas correspondientes a los primeros pobladores eurocriollos (arriba). Sala histórica del MIB (abajo).**

Figura 4.4 Sala de arqueología (MIB). Soportes cerrados y abiertos donde se exhiben las colecciones arqueológicas regionales (izquierda). Soporte cerrado donde se exhibe el reservorio riolítico del Sitio Laguna de Puan 1 (derecha).

cazadores recolectores llegaban en esa cronología a la región pampeana.

Por su parte, las salas donde se exhiben las colecciones arqueológicas indígenas, se hallan integradas entre sí, pudiéndose considerar ambas a los fines descriptivos como una misma unidad. Esta sección del museo presenta una serie de infraestructuras interpretativas consistentes en soportes expositivos para las colecciones arqueológicas indígenas. En este sentido, se observaron dos soportes en las paredes cerrados dentro de los cuales se muestran puntas líticas. Otros dos soportes de este tipo contienen fragmentos de huesos de guanaco con presencia de marcas de corte realizadas por sociedades prehispánicas. De igual modo, un conjunto de siete columnas pequeñas sostiene manos y morteros líticos (Figura 4.4, sección izquierda). Por último, un estante grande abierto soporta otro conjunto de morteros Se trata de un conjunto expositivo amplio y exhaustivo en relación a las diversas actividades asociadas a estas evidencias.

De la misma forma, la institución cuenta con cuatro vitrinas cerradas, las cuales poseen un patrón diverso en cuanto a tamaño, señalética y colecciones en exhibición. En dos de los casos se tratan de vitrinas con objetos aislados, los cuales son considerados por su excepcionalidad objetos fetiches del museo. Se trata del *cache* o reservorio de 12 piezas de materia lítica hallado en el sitio Laguna de Puan 1 (Figura 4.4 sección derecha) y de una urna de la cultura Santamariana correspondiente a la región del noroeste argentino, esta vitrina se encuentra espacialmente apartada de los otros soportes expositivos. Las otras dos vitrinas cerradas constituyen grandes estructuras que contienen mayoritariamente herramientas líticas, observándose además en una de ellas una escultura de una figura masculina indígena tallando, junto a un ñandú embalsamado proveniente de la Isla de Puan. Cabe destacar que, si bien hay un criterio de exclusividad de exposición

de piezas arqueológicas indígenas de las comunidades que habitaron la región, se observan junto a éstas, piezas ajenas al área de estudio (boleadoras provenientes de la Patagonia y puntas de flecha, entre otras).

Con respecto a los recursos museográficos, se destaca un importante despliegue gráfico, específicamente ilustraciones murales sobre las paredes donde se aprecian escenas de caza de guanaco y otra de un hombre tallando una herramienta lítica. A excepción de los siete soportes abiertos pequeños y una vitrina cerrada, en todos los casos las piezas se encuentran identificadas y señalada su procedencia. Asimismo, se señala si la pieza en exhibición procede de un préstamo o de una donación al museo, y quien es la persona responsable de ésta. Por otra parte, uno de los soportes de exposición exhibe diversos artefactos arqueológicos donde se hace referencia específicamente a sus posibles usos y funciones y se los compara con herramientas contemporáneas.

En el caso de este museo los textos vinculados al material arqueológico expuesto fueron elaborados con el asesoramiento de profesionales. Se trata de señalética específica de características acordes a la exposición para el público. Las vitrinas son cerradas por lo cual las piezas expuestas se encuentran fuera del alcance de los visitantes. Sin embargo, como ya se mencionó algunas piezas tales como morteros y manos, se ubican en soportes abiertos. Por último, cabe señalar que esta sala tiene dos carteles específicos en relación al objetivo de la arqueología como disciplina científica, la concepción del patrimonio arqueológico, sus cuidados e importancia social. Por otra parte, en la información brindada en la cartelería de la sala se ofrece una explicación detallada de las características del poblamiento en la región pampeana, las costumbres y modos de vida de los grupos cazadores recolectores, y en particular de los hallazgos en la localidad de Puan (Figura 4.5).

Figura 4.5 Soportes de exhibición de las colecciones arqueológicas en las cuales se destaca la señalética y/o soportes de exhibición del MIB.

4.3.1.2 Sala de interpretación ambiental y cultural de la Reserva Natural y Cultural de usos múltiples de la Isla de Puan (SIP)

La Sala de interpretación ambiental y cultural localizada en la isla de la Laguna de Puan, consiste en un espacio diseñado para la recepción a los visitantes a la isla. Esta sala fue inaugurada en el año 2019, en una antigua edificación construida por el municipio como edificio administrativo. Exhibe en su interior colecciones biológicas y arqueológicas tanto correspondiente a las ocupaciones en momentos prehispánicos como históricos (Figura 4.6). En este sentido, puede observarse una gran cantidad de material arqueológico que incluye desde placas grabadas, manos y morteros hasta fragmentos de loza y vidrios introducidos en tiempos coloniales. Un aspecto importante a señalar es que todo el material expuesto proviene de la propia Isla de Puan.

La sala posee dos vitrinas cerradas, una de las cuales exhibe material arqueológico histórico de la casa de Rómulo Franco, primer intendente del distrito de Puan. La otra vitrina cerrada contiene piezas arqueológicas prehispánicas. Asimismo, la sala presenta algunos soportes abiertos que sostienen piezas arqueológicas indígenas, además muchas piezas arqueológicas se encuentran directamente apoyadas sobre el suelo de la sala (Figura 4.7).

En relación a sus referencias espaciales la sala contiene un mapa de la isla donde se señalan los caminos a transitar, y el sitio arqueológico datado en 3.300 años, que llamativamente aparece incorrectamente mencionado

como "restos fósiles". Asimismo, cuenta con una serie de tres carteles informativos tipo posters (no asociados a las vitrinas), elaborados por profesionales del campo arqueológico. Uno de ellos se titula *"Arqueología en el partido de Puan"* brinda información respecto a una serie de sitios arqueológicos del distrito, incluidos los cinco sitios arqueológicos de la Isla. El segundo cartel, se titula *"El sector sur del Área Ecotonal Húmedo Seca Pampeana"* y muestra las características naturales del ambiente en el cual se incluye el partido de Puan. Finalmente, un tercer póster se encuentra dedicado a *"Las materias primas locales"*, dentro del cual se expresa el tipo de alimentación de las sociedades cazadoras recolectoras y sus herramientas de roca. Bajo este último, se encuentra colocado un cartel impreso en una hoja A4 con una explicación respecto a las rocas locales utilizadas por las sociedades indígenas en la confección de sus herramientas. A pesar de la cartelería presente en la sala, la totalidad de los materiales en exhibición -tanto aquellos que se encuentran en soportes abiertos, así como sobre el suelo y en las vitrinas- no se encuentran identificados ni señalizados.

En el interior de la vitrina junto a los materiales arqueológicos se encuentran cinco fotografías de la excavación del sitio 1 Laguna de Puan realizada en el año 1988. Asimismo, hay una referencia titulada *"restos óseos faunísticos"* que no se corresponde con el material en exhibición (artefactos líticos tales como siete manos, un mortero, media boleadora, un conjunto de al menos 16 puntas y lascas). Cabe señalar, por último, que en esta vitrina se encuentra otro cartel titulado *"Esqueleto humano"*. Este brinda información acerca de los restos esqueletales de un individuo masculino, cuya datación

Figura 4.6 Sala de interpretación ambiental y cultural de la Reserva Natural y Cultural de usos múltiples de la Isla de Puan (SIP).

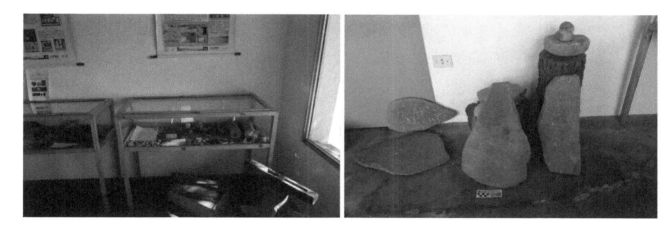

Figura 4.7 Soportes de exhibición de las colecciones arqueológicas en la SIP.

se remonta a los 3.300 años. Asimismo, se encuentran señaladas las características particulares del hallazgo (deformación craneal) y una fotografía de las piezas óseas extraídas (Figura 4.8).

4.3.2 Resultados en el municipio de Saavedra

En este apartado se presentan los relevamientos realizados en el partido de Saavedra al Museo y Archivo de la Ciudad de Pigüé, el Museo Histórico de Saavedra y el Museo privado Arqueológico y Paleontológico "Coyug Curá"

(Figura 4.9). Se trata de dos museos que dependen del Municipio y un establecimiento privado ubicado en una estancia rural.

4.3.2.1 Museo y Archivo de la Ciudad de Pigüé (MACP)

El Museo y Archivo de la Ciudad de Pigüé, es una institución municipal inaugurada el 3 de diciembre de 1959. Se encuentra ubicada en el Parque Municipal Fortunato Chiappara de la localidad de Pigüé, partido de Saavedra en la Provincia de Buenos Aires. Desde el año 1963 su

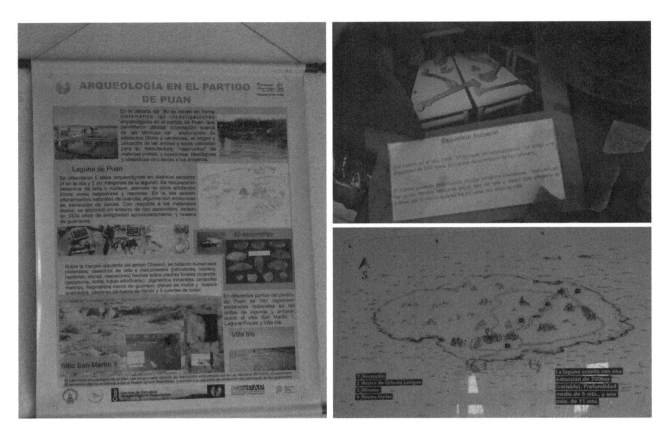

Figura 4.8 Recursos expositivos de la SIP. Se observa Póster informativo (izquierda); fotografía del esqueleto hallado en el Sitio 1 Laguna de Puan en la vitrina donde se exhiben las colecciones arqueológicas (derecha arriba) y mapa de la Isla donde se incluyen los "restos fósiles" (izquierda abajo).

Figura 4.9 Instituciones patrimoniales del distrito de Saavedra. De izquierda a derecha: Fachada del Museo y Archivo de la Ciudad de Pigüé de la localidad de Pigüé, Museo Histórico de Saavedra de la localidad de Saavedra y Museo privado Arqueológico y Paleontológico "Coyug Curá" en el establecimiento La Montaña.

sede se estableció en una vivienda histórica que data del año 1890. Esta había sido propiedad de Mary Gorman una de las primeras maestras norteamericanas convocadas por Sarmiento en 1869 a ingresar al sistema educativo formal argentino. En 1937 la Municipalidad compró el predio para instalar el Parque Municipal y la casa se utilizó para diversos fines. Entre éstos pueden mencionarse que fue sede del Sanatorio Pigüé, de LU 34 Radio Pigüé, también fue utilizada con fines gastronómicos (restaurantes y confiterías) y administrativos (oficinas estatales).

Finalmente, la edificación fue restaurada y puesta en valor durante el año 2011, llevándose a cabo una reinauguración

del museo en el año 2012. Para tal fin se contó con un elevado presupuesto y la participación de profesionales de vanguardia, arquitectos y museólogos. En este sentido, se destacan la presencia de diversas herramientas tecnológicas, especialmente tecnologías de la información y la comunicación (TICs), y soportes expositivos favorables para la adecuada conservación del patrimonio arqueológico. Por esta razón, puede afirmarse que esta institución constituye la más moderna de su tipo dentro del área de estudio. Entre otras funciones se destacan las visitas educativas, turísticas y las consultas realizadas por el archivo, hemeroteca, pinacoteca, biblioteca, videoteca, mapoteca que el museo posee.

Este establecimiento de carácter público, es administrado por el gobierno municipal y cuenta con trece salas donde se exponen colecciones arqueológicas indígenas, coloniales y de la fundación del pueblo. El recorrido propuesto institucionalmente se encuentra orientado a mostrar la historia de Pigüé a través los cambios en los "modos de vida", comenzando con la evidencia material de finales del siglo XIX y comienzos del XX correspondientes a la historia fundacional del pueblo, continuando con las evidencias de la cultura gaucha regional, para finalizar con los materiales arqueológicos indígenas del período prehispánico y de la época de contacto intercultural hispano-indígena.

El museo cuenta con una superficie de 517 m² aproximadamente de exposición museológica, de los cuales

330 m² corresponden a la planta baja y 187 m² a la planta alta. La superficie de la sala donde se exponen materiales arqueológicos indígenas, la cual se ubica en la planta baja, es de 7, 54 m² y representa el 1,46 % del total de superficie destinada a la exposición museológica. En relación a la ubicación de esta sala en particular, denominada por la institución como "Pueblos Originarios", se sitúa en el extremo opuesto al ingreso de la institución (Figura 4.10).

La sala Pueblos Originarios se encuentra ubicada al final del trayecto propuesto por la institución, precedida por una antesala que exhibe a "la cultura gauchesca". De manera previa a su acceso se exhibe un ejemplar taxidérmico de ganado vacuno con dos cabezas. Posteriormente, la sala se caracteriza por poseer pequeñas dimensiones y presentar en su interior tres vitrinas cerradas. Dentro de éstas

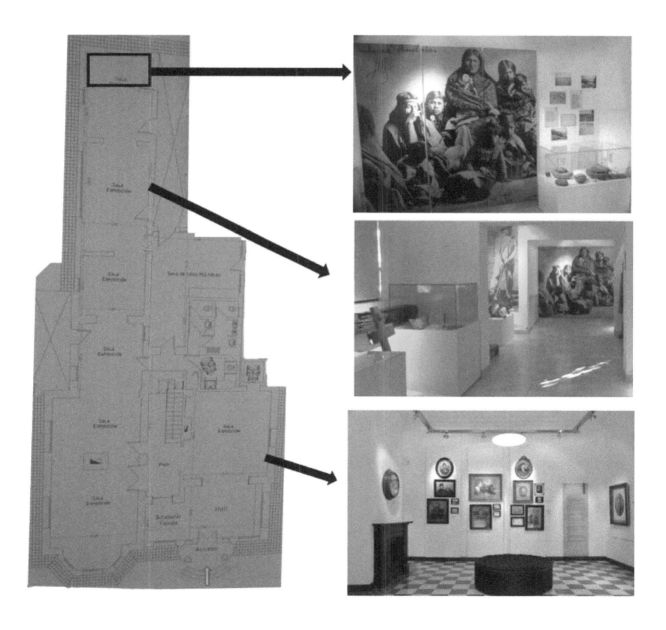

Figura 4.10 Museo y Archivo de la Ciudad de Pigüé. Plano de la planta baja del Museo, sombreado en rojo se señala la sala Pueblos Originarios (abajo). Vistas generales de la sala Pueblos Originarios, sala religiosa y sala histórica (derecha).

Figura 4.11 Sala Pueblos Originarios del Museo y Archivo de la Ciudad de Pigüé. Secciones A (arriba) y B (abajo).

últimas se exhiben colecciones arqueológicas indígenas prehispánicas y del período de contacto hispano-indígena regional, así como también, piezas arqueológicas no pertenecientes a la región con restos vegetales también originalmente ajenos al área tales como granos de maíz y condimentos andinos. Asimismo, es exhibido dentro de morteros arqueológicos pimentón rojo, a los fines expositivos de aparentar ser los pigmentos utilizados por las sociedades indígenas para realizar las pinturas rupestres. Estos elementos no se relacionan con los Pueblos Originarios del área de Ventania (Figura 4.11).

A fines descriptivos se dividió esta sala en dos secciones (a y b). La primera de ellas, se caracteriza por la predominancia expositiva de artefactos líticos en una única vitrina, dentro de la cual se presentan dos morteros grandes correspondientes a culturas arqueológicas del noroeste argentino, un mortero local, una boleadora, un canto rodado y tres manos de molienda. Estos elementos se encuentran acompañados por seis fotografías del paisaje serrano del área de estudio. Igualmente, a modo de cartografía indicativa, hay un mapa de la Región Pampeana extraído de publicaciones científicas en blanco y negro. Asimismo, se encuentran en esta sección dos soportes textuales de pequeñas dimensiones que narran las características y recursos ofrecidos por el ambiente serrano y destacan los antecedentes en materia de investigaciones arqueológicas para esta área. A su vez, forman parte de esta sección una gigantografía de un joven indígena de asignación étnica desconocida, junto a un cartel de mayor tamaño denominado "Pueblos Originarios". En este último puede leerse que *"Las tierras del sudoeste bonaerense pertenecieron a los pueblos originarios hasta 1850 aproximadamente (...)"* luego de esta afirmación inicial, detalla las batallas de Pi-hué y Cura Malal entre los grupos indígenas y el Estado nacional. La primera batalla se desarrolló entre las fuerzas de Nicolás Granada y el Cacique General Juan Calfucurá en 1858 y la segunda mencionada entre las tropas del Coronel Salvador Maldonado y el Cacique Juan José Catriel en 1876.

La otra sección de la sala se compone de dos vitrinas cerradas, una contiene materiales arqueológicos indígenas correspondientes a tiempos prehispánicos (dos morteros, uno de ellos típico de las culturas arqueológicas del noroeste argentino, seis manos de moler y un núcleo), los otros objetos datan del contacto intercultural (dos hebillas de hierro, cuatro manos de morteros, un collar de cuentas proveniente del ajuar de un contexto fúnebre, un fragmento de cerámica y un núcleo). Esta sección también se ve acompañada de seis fotografías. Tres de ellas aluden a los motivos rupestres del sitio arqueológico Gruta de los Espíritus del partido de Saavedra, particularmente a los *graffiti* presentes en este lugar. Este sitio se encuentra emplazado en proximidades a la localidad de Pigüé y constituye un espacio simbólico destacado para la comunidad local, tal como se verá en el próximo capítulo (Capítulo 5). Las otras tres fotografías exhiben restos óseos humanos en sus contextos arqueológicos. Asimismo, forman parte de la muestra un busto de una figura femenina realizado con arcilla roja[5], y una pieza típicamente mapuche realizada en plata. Finalmente, esta sección posee dos carteles, uno de ellos indica la existencia de diversos sitios arqueológicos en la región y el otro se centra en una suerte de revisión histórica de las investigaciones realizadas en el sitio Gruta de los Espíritus. Cabe señalar que tanto en la sección A como B ninguna de las piezas expuestas se encuentra identificada ni señalizadas sus especificidades materiales, funcionales, históricas, patrimoniales, entre otras características. En cuanto a la contextualización temporal no hay menciones cronológicas a excepción de una única línea de tiempo gráfica en la "Sala Histórica" que representa los eventos fundacionales de la ciudad de Pigüé, que comienzan con la mención a la finalización de la Campaña del Desierto en 1879-1880.

Es importante destacar que este museo cuenta con vitrinas cerradas que ayudan a la preservación del material arqueológico en exposición y posee condiciones óptimas para su apreciación por parte del público (*i.e.* manejo de luz adecuada). Las colecciones expuestas corresponden a donaciones de particulares, si bien no se encuentra especificado esto en su exposición. Se trata de un tipo de muestra permanente, cuyo estado de conservación es muy bueno. Cabe subrayar que los artefactos líticos constituyen el registro predominante de la Sala Pueblos Originarios, y no se observa ningún objeto "fetiche" que se destaque del conjunto de la colección. Finalmente, se considera que en esta institución las sociedades indígenas aparecen narrativamente en el conjunto del museo con una débil

vinculación con el resto de las temáticas, identificándose una predominancia hacia un discurso histórico nacional y regional (época fundacional de Pigüé).

4.3.2.2 Museo Histórico de Saavedra (MHS)

El Museo Histórico de Saavedra es una institución municipal, de la localidad de Saavedra (partido homónimo), inaugurada en el año 1988, en el marco de los festejos del centenario de esta localidad. Se emplaza en un sector del edificio histórico que corresponde al Teatro Español de la localidad, declarado Bien Histórico Patrimonial. Ésta fue su única sede, actualmente allí funciona con horarios restringidos, a cargo de una empleada municipal en conjunto con la Asociación de Amigos del Museo.

La institución posee tres salas, cuyo principal criterio de ordenamiento es el temporal. Pueden observarse en exposición colecciones arqueológicas indígenas, paleontológicas e históricas (principalmente compuestas por objetos y documentos vinculados a la época fundacional de Saavedra). La sala en la cual se exhiben las colecciones arqueológicas presenta otras de naturaleza paleontológica y biológica (animales conservados en formol), así como una colección numismática. Un sector de esta sección también se encuentra destinado a guardar en cajas con colecciones que no se encuentran expuestas, las cuales fueron conformadas en la década del sesenta por Roberto Gilardoni (coleccionista y naturalista local). Las colecciones creadas por Gilardoni, quien fue un profesional formado en el área de geología, tenían como objeto reivindicar la historia indígena en el área (Figura 4.12).

El establecimiento posee un criterio heterogéneo en relación a la exposición de sus colecciones, en el caso específico de las de tipo arqueológico indígena se encuentran de forma minoritaria en dos de las salas de la institución. Se trata de colecciones que el museo adquirió tanto por la donación de particulares (los cuales son mencionados en soportes textuales en las vitrinas), así como colecciones producto de excavaciones arqueológicas en yacimientos del partido de Saavedra. La primera sala que el visitante observa al ingresar a la institución tiene por objeto narrar el proceso fundacional del partido de Saavedra a partir de la Colonia Ester (fines del siglo XIX). En esta sala inaugural se exhiben mayoritariamente colecciones históricas, objetos y documentos. Se destaca un mapa de la provincia de Buenos Aires cuya referencia señala *"Referencias cartográficas de la Conquista del Desierto"*, planos del partido de Saavedra, y una única vitrina con materiales arqueológicos indígenas. Asimismo, presenta un busto de un indígena asignado como *"picunche"* (Figura 4.13).

La presencia de los materiales arqueológicos en la primera sala resulta llamativa, ya que las colecciones arqueológicas correspondientes a las sociedades indígenas se encuentran expuestas en la tercera sala del museo al final del recorrido institucional. En esta última se las observa dispuestas sobre dos soportes abiertos y en el interior de dos vitrinas cerradas, las cuales contienen dos estanterías cada una.

---

[5] La arcilla de pasta colorada es asociada tradicionalmente con las culturas arqueológicas originarias.

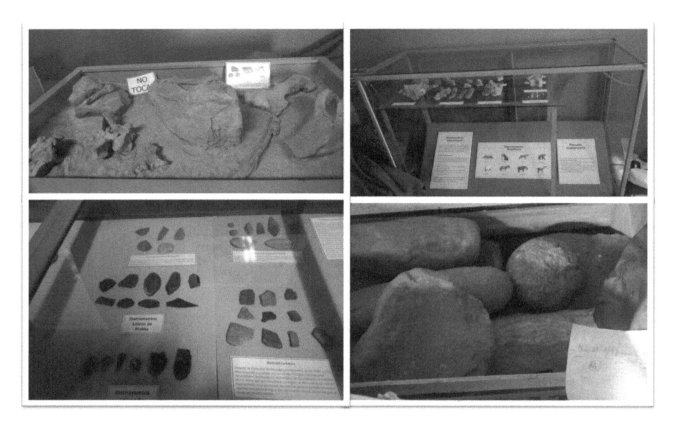

Figura 4.12 Exposición de colecciones paleontológicas del Museo Histórico de Saavedra (arriba). Colecciones arqueológicas en exhibición y en depósito (abajo).

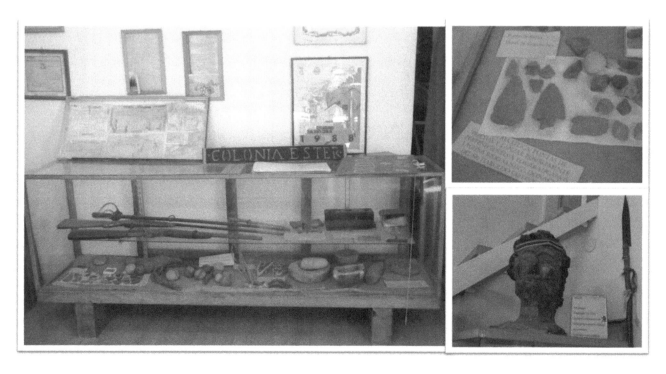

Figura 4.13 Exposición en la primera sala del Museo Histórico de Saavedra. En detalle, colecciones arqueológicas indígenas y busto alusivo a los Pueblos Originarios.

Simultáneamente, adyacente a las vitrinas cerradas, se observa un mortero y mano de moler directamente colocados sobre el suelo.

Los soportes abiertos se sitúan en una esquina opuesta al ingreso a la sala, y no se encuentran señalizados ni poseen soportes textuales que los acompañen. Uno de ellos enseña exclusivamente objetos líticos (siete boleadoras completas y cuatro fragmentadas), el otro contiene tanto materiales arqueológicos líticos como paleontológicos (placas óseas dérmicas correspondientes a un Gliptodonte, un mortero fragmentado y una mano de moler).

Por su parte, en relación a las vitrinas cerradas, una de ellas exhibe únicamente colecciones arqueológicas líticas las cuales se encuentran identificadas de acuerdo a su lugar de origen y se asocian a un soporte textual denominado *"Materiales arqueológicos en las proximidades de Saavedra"* que indica que las colecciones exhibidas son producto del trabajo de recolección del naturalista Roberto Gilardoni. En este sentido, se observan diferentes tipos de objetos: 40 artefactos y desechos de talla; trece boleadoras completas, dos de las cuales presentan surco; dos mitades de boleadoras; tres morteros y tres manos de moler. Estos proceden de diferentes localizaciones arqueológicas del distrito de Saavedra y partidos aledaños, tales como el Fuerte Argentino, el Cerro Cortapié, el Valle de las Grutas, y los Paraderos Reguera e Issaly.

Dentro de la segunda vitrina cerrada, se observan colecciones tanto geológicas foráneas (oriundas de Neuquén), como biológicas (exoesqueletos de equinodermos procedentes de contextos marítimos) y arqueológicas indígenas del área de estudio. Respecto a estas últimas, ubicadas en el estante superior se muestran varios conjuntos ordenados e identificados de acuerdo a su composición. Por un lado, se exhiben instrumentos líticos de diferentes materias prima tales como cuarcita (trece), riolita (nueve), así como de rocas silíceas (seis). Por otra parte, también se observan en esta vitrina diez fragmentos de cerámica, asignadas a sociedades indígenas que habitaron la región entre los 3000 y 500 años antes del presente. Asimismo, se presentan cuatro fragmentos de guanaco con marcas antrópicas, acompañados por un soporte textual que brinda información de la dieta que los cazadores recolectores que habitaron el territorio de Saavedra poseían. Finalmente, se hallan de manera adyacente un conjunto de siete objetos líticos acompañados por tres soportes textuales denominados *"Artefactos confeccionados por tallado y retoque"*, *"Materias primas presentes en el Sistema Serrano de Ventania"*, y *"Secuencia de producción lítica"* los cuales dan cuenta del proceso de elaboración de herramientas de roca por parte de las sociedades cazadoras recolectoras locales. Por su parte, el estante inferior contiene sin señalizar otro conjunto de artefactos líticos de mayor tamaño (dos bloques tipo nódulos, una placa grabada, seis manos de moler y un mortero). En otras palabras, las colecciones arqueológicas exhibidas mayoritariamente no se encuentran contextualizadas (Moirano, 1999).

Resta señalar que esta sala además presenta colecciones paleontológicas en dos vitrinas (una abierta y otra cerrada), las cuales son consideradas uno de los principales atractivos del museo. En este sentido, puede considerarse al *Glossotherium sp.* hallado en el año 2010, en un camino vecinal que cruza al Abra al Hinojo próximo a la localidad de Saavedra, como el objeto museable fetiche de la institución.

En relación a los recursos museográficos implementados por la institución, se observa la presencia de cartelería específica colocada en las paredes de la sala. Tres de estos soportes textuales se denominan *"Patrimonio Paleontológico Recurso No Renovable"*, *"Glossotherium robustum"*, *"Hallazgo Paleontológico Abra del Hinojo Pigüé Saavedra 2010"* y aluden a las colecciones paleontológicas que la sala alberga, vinculando en una línea cronológica a la megafauna del cuaternario con los grupos culturales que poblaron el territorio de Saavedra. Igualmente, otros tres soportes se articulan con las colecciones arqueológicas indígenas. El primero de éstos nombrado *"Estudios Arqueológicos en el partido de Saavedra"* muestra los tipos de sitios arqueológicos presentes en este distrito (campamentos, canteras, cuevas y aleros con arte rupestre entre otros) y se menciona la *"... notable profundidad temporal de la ocupación humana en la región..."* así como los diferentes grupos étnicos que la poblaron. El segundo cartel lo constituye una fotografía de un motivo rupestre de una cueva del partido de Saavedra. Por último, hay un cartel de grandes dimensiones nominado *"Investigaciones en la Laguna de las Encadenadas"* el cual alude al sitio arqueológico Laguna Los Chilenos 1, un sitio arqueológico excavado en la década de 1990 en el cual se hallaron 2034 restos óseos humanos, los cuales fueron datados por carbono 14 en 1500 años antes del presente.

De acuerdo a lo expresado, se observa que las colecciones arqueológicas no poseen una sala propia y son exhibidas junto a colecciones de otra naturaleza, como paleontológicas, biológicas e históricas. En su totalidad los materiales arqueológicos expuestos se corresponden a donaciones que realizaron aficionados, coleccionistas y vecinos del distrito, las cuales se encuentran mayoritariamente en buen estado de conservación. La muestra se encuentra ordenada de acuerdo a la materialidad de los elementos que componen las colecciones arqueológicas, siendo predominantes las manos de moler y los morteros. Las explicaciones que acompañan las colecciones son adecuadas en relación a su contenido, sin embargo, se consideran insuficientes ya que una gran proporción de materiales no se encuentran identificados ni contextualizados en el relato museográfico. Asimismo, la mayor parte de los materiales se encuentran identificados solo por su lugar de procedencia y/o su colección de origen, ofreciendo los datos de la persona responsable de su donación. Por otra parte, en la cartelería de la sala se ofrece información aislada sobre las investigaciones arqueológicas del área. Tal es el caso del cartel con el motivo rupestre y la identificación del sitio Las Encadenadas, los cuales no son relacionados con las colecciones arqueológicas indígenas en exposición.

4.3.2.3 Museo privado Arqueológico y Paleontológico *"Coyug Curá"* (MCC)

El Museo privado Arqueológico y Paleontológico "Coyug Curá" es una institución ubicada en la Estancia Rural La

Montaña, a 11 km de la localidad de Pigüé, próximo a las sierras de Cura Malal en el partido de Saavedra. Se trata de un establecimiento rural privado que cuenta con unas 300 HAS. Este es gestionado por sus dueños, la familia Méndez desde el año 1968. Al presente se caracteriza por constituir un importante atractivo turístico, el cual es promovido por la municipalidad de Saavedra, así como también por otras organizaciones y emprendimientos privados regionales. Además, es ampliamente reconocido por la comunidad local.

Dentro de la estancia se llevaron investigaciones arqueológicas en al menos tres sitios arqueológicos, estudiados por profesionales desde la década de 1990 (Catella, 2014; Oliva, 1991; Oliva *et al.*, 2000). Cabe destacar que estos yacimientos no se encuentran incluidos en circuitos de turismo cultural. Por otro lado, sus propietarios han recuperado en el predio una gran cantidad de piezas arqueológicas dispersas, algunas procedentes de contextos próximos a los yacimientos. Los objetos arqueológicos indígenas recuperados en el campo forman parte de las colecciones exhibidas en el museo.

Igualmente, este establecimiento posee la Pulpería Don Francisco, edificación del casco de la estancia restaurada en el año 2017 por los propietarios, la cual constituye uno de los principales atractivos del lugar. En este marco, a la par del museo, el establecimiento brinda un conjunto de actividades complementarias tales como servicio de restaurante, cabalgatas y senderismo por el predio (Facebook Oficial del Establecimiento La Montaña).

En relación a su contextualización historiográfica, la recolección de objetos arqueológicos comenzó en el año 1968 y fue realizada principalmente por Francisco Méndez. En el año 1985 se decidió exhibir estas piezas e inaugurar el museo en un garaje de la propiedad. Hacia el año 1992 las colecciones fueron trasladadas por la familia Méndez a un galpón reacondicionado para facilitar la exhibición. Esta edificación constituyó la sede definitiva del museo. La institución cuenta actualmente con colecciones arqueológicas prehispánicas procedentes de la Estancia La Montaña, así como algunas piezas de la Patagonia, del litoral argentino y de otras regiones bonaerenses (*e.g.,* San Blas). Asimismo, posee colecciones históricas eurocriollas, colecciones biológicas (exoesqueletos, animales embalsamados y conservados en formol), geológicas y paleontológicas (fragmento de caparazón de gliptodonte, extraído de la Laguna de las Encadenadas). Todas ellas son exhibidas en una única sala, cuyo objetivo es dar a conocer la historia de poblamiento humano y caracterizar el ambiente regional (Figura 4.14). Es un establecimiento cuyas actividades se orientan principalmente al turismo rural, siendo su principal público particulares o contingentes de personas.

El museo al momento no cuenta con declaratorias de interés ni con un área formal destinada a depósito. En relación a las características de la sala expositiva, si bien presenta colecciones de diferente naturaleza (hibridación expositiva), son mayoritarias las colecciones arqueológicas indígenas prehispánicas principalmente provenientes del Establecimiento La Montaña. Se trata de una muestra permanente, de tipo tradicional al que se le han ido incorporando nuevas colecciones con el paso del tiempo. En términos contextuales, solo algunas piezas se encuentran señalizadas y/o rotuladas. Cabe destacar en este sentido que las visitas se realizan en compañía con los propietarios del establecimiento quienes amablemente brindan las contextualizaciones/explicaciones de

Figura 4.14 Museo privado Arqueológico y Paleontológico "Coyug Curá"; Francisco Méndez con piezas arqueológicas en sus manos y artefactos procedentes de La Montaña en exhibición. Fotografías gentileza de Fernando Oliva y María Victoria Cleppe.

Figura 4.15 Instituciones museísticas relevadas del partido de Tornquist. A. Museo Arqueológico de Chasicó (MAC); B. Museo el Sendero de los Recuerdos (MHSR); C. Sala de Interpretaciones del Parque Provincial Ernesto Tornquist (PPET). D. Fuerte Argentino (MFA).

los objetos en exhibición. Las piezas arqueológicas indígenas se encuentran colocados en soportes abiertos, estanterías que recorren la sala de un extremo al otro, a las cuales el visitante puede tener acceso directo. En este mobiliar también se presentan las colecciones históricas, principalmente orientadas a mostrar las costumbres de las sociedades rurales de principio del siglo XX (*e.g.,* objetos correspondientes a almacenes de ramos generales). Asimismo, se encuentran en exhibición fotografías históricas enmarcadas y colgadas de las paredes. Entre ellas, se destaca por su componente biográfico el retrato del casamiento los tíos de Francisco Méndez.

Con respecto al estado de conservación las colecciones, se encuentran en términos generales un buen estado de preservación. Esto se demuestra por la integridad física de las piezas expuestas, fenómeno que se ve facilitado por las características materiales de las mismas (principalmente roca). Además, cabe destacar que no reciben luz solar directa. Sin embargo, a causa de las limitaciones espaciales dentro de los soportes expositivos, se identificó que muchas piezas se encuentran apoyadas directamente sobre el suelo. Por otro lado, no se identificó un patrón claro del orden de las diferentes colecciones dentro de la sala, aunque sí se observó como tema predominante el desarrollo de la historia de poblamiento local. En este marco, se observaron agrupamientos por materialidad y tipología de las piezas arqueológicas indígenas en exhibición. En otras palabras, algunos sectores de las estanterías se encontraban destinados a exhibir boleadoras, otro sector manos y morteros, mientras que otro espacio fue destinado a la exposición de restos óseos.

En algunos casos por proximidad se identificó la asociación del patrimonio arqueológico con otros materiales con fines expositivos y/o complementarios. Son ejemplo de ello, la

presencia del fruto de una Lagenaria *siceraria* (calabaza), algunas vasijas cerámicas contemporánea y dos máscaras antropomorfas de procedencia desconocida (posiblemente andinas). Si bien no se observaron asignaciones culturales y/o temporales al registro en exhibición, la asociación de las colecciones regionales con estos elementos expositivos resulta confusa. Entre los recursos utilizados en la exhibición se registró un mapa de América del Sur en asociación con elementos de molienda y boleadoras en exhibición.   Algunas pocas piezas arqueológicas se encuentran acompañadas por referencias escritas de pequeño tamaño. Por último, el museo exhibe, en asociación las colecciones arqueológicas, un cráneo humano histórico [6], con una marca de arma de fuego en la parte media del hueso frontal que funciona como atractor y /o "objeto fetiche" para los visitantes durante la exposición.

4.3.3 Resultados en el municipio de Tornquist

En este apartado se presentan los relevamientos realizados a una muestra heterogénea de instituciones museísticas y patrimoniales del partido de Tornquist. Éstas son el Museo Arqueológico Chasicó, la Sala de Interpretación del Parque Provincial Ernesto Tornquist, el Museo del Fuerte Argentino y el Museo Histórico el Sendero de los Recuerdos (Figura 4.15). Se trata de tres instituciones privadas y una pública, cuyas tipologías institucionales incluyen un museo (MHSR), un museo de sitio (MFA), un museo actualmente cerrado (MAC) y una sala de interpretación (PPET).

---

[6] Por el momento no se dispone de mayor información de este resto esqueletal, ya que no ha sido identificado ni fechado. En este libro, se decidió de acuerdo a la complejidad y sensibilidad de este registro no exhibir fotografías de restos óseos humanos.

Figura 4.16 Vista actual del Museo Arqueológico de Chasicó (arriba) y sus colecciones arqueológicas en exposición (abajo).

4.3.3.1 Museo Arqueológico Chasicó (MAC)

El Museo Arqueológico de Chasicó es una institución privada ubicada en la estancia Don Natalio, a pocos kilómetros de la localidad de Chasicó, partido bonaerense de Tornquist. Se trata de un establecimiento rural histórico, creado en el marco del poblamiento de las primeras colonias agrícola-ganaderos en la región, en cuyo predio se construyó una casa chorizo[7] que data de 1910, y que funcionó como sede del museo. Cabe destacar que la edificación en sí misma, dadas sus características, forma parte del registro arqueológico histórico. A causa de sus condiciones de conservación fue declarada sitio de interés Histórico Cultural por la Provincia de Buenos Aires en el año 2006.

El origen del museo se relaciona con los establecimientos educativos formales de la localidad de Chasicó, ya que se fundó el 12 de octubre de 1971 con el propósito de reunir fondos para las escuelas regionales, en ese momento sólo existía el nivel básico y las cooperadoras escolares. Si bien posee mayoritariamente colecciones arqueológicas indígenas conformadas por la familia Cinquini, la institución cuenta con colecciones de otra naturaleza tales como históricas, geológicas, paleontológicas y biológicas. Éstas se exhiben en tres salas, siendo predominante en su exposición las arqueológicas indígenas. En muchos casos los diferentes conjuntos se encuentran exhibidas simultáneamente, observándose una hibridación respecto a los temas mostrados (Figura 4.16).

Las colecciones arqueológicas de este museo se encuentran conformadas por conjuntos de objetos provenientes tanto de la región de Ventania como de áreas foráneas (noroeste argentino y Patagonia), producto de las diversas recolecciones superficiales efectuadas en el marco de viajes realizados a otras áreas geográficas del país. En julio de 2021 se realizó la contabilización de los referentes

---

[7]   La sede del museo se trata de una edificación de adobe construida con las técnicas tradicionales de alambre, barro y paja trenzada.

Figura 4.17 Soportes expositivos abiertos y cerrados del Museo Arqueológico de Chasicó.

arqueológicos de este museo alcanzando un número total de 21.483 elementos. Estos proceden principalmente algunos yacimientos del área de investigación tales como La Escondida, Sauce Chico, Bastán, San Martín, Darregueira, Médanos Fuerte Argentino, Arroyo Ventana, Napostá, Pirihueico e Ybarra, entre otros. Este último se destaca dentro de la institución ya que Nora Cinquini tuvo una participación activa en su descubrimiento y excavación. La colección Ybarra se compone de un conjunto de aproximadamente 5000 piezas, provenientes del sitio arqueológico que lleva el mismo nombre, ubicado en el margen derecho del río Sauce Chico en la provincia de Buenos Aires. Este conjunto se encuentra integrado por fragmentos de cerámica, cuentas de collares, restos óseos, placas grabadas, manos de molinos, morteros, instrumentos de roca y desechos de talla, entre otras piezas (Panizza y Gavilán 2008), las cuales están expuestas en la institución casi en su totalidad. Los objetos arqueológicos se encuentran distribuidos en las tres salas del museo, ubicados tanto en soportes abiertos -tres estanterías grandes y una repisa con dos estantes-, como cerrados -dos vitrinas tradicionales con tres estantes en su interior-

y soportes planos (abiertos) colocados en las paredes y sobre el suelo de las salas (Figura 4.17).

En términos generales, el estado de conservación de las piezas en exhibición es bueno. En relación a la señalética de la sala, la mayor parte de éstas no se encuentran señalizadas, así como tampoco se observan mapas ni escalas cronológicas que contextualicen la exhibición. Sin embargo, sí se identificaron explicaciones de tipo general en carteles que acompañan parte de las colecciones arqueológicas, especialmente el registro cerámico se encuentra acompañado de dibujos y datos sobre la persona responsable del hallazgo y su procedencia.

Por último, resta señalar que los artefactos líticos constituyen una mayoría con respecto a otras materialidades. En este marco, las puntas de proyectil ocupan un lugar destacado en relación a su ubicación relativa respecto al resto del conjunto artefactual, evidenciado en su alta visibilidad (sobre soporte de Telgopor, ver figura 4.17). Cabe mencionar que algunas de las piezas se encuentran intervenidas con pegamento para la reconstrucción de su forma original (por ejemplo, artefactos cerámicos). Esto conlleva a la formación de una costra residual que resulta nociva para la conservación del registro arqueológico.

Finalmente, resta mencionar que la desvinculación histórica y actual producto de la falta de políticas públicas de contención y articulación entre el municipio y la institución privada, entre otras condiciones, produjeron que primero ante la imposibilidad de agencia por problemas de salud de la propietaria del establecimiento, éste se encuentre actualmente cerrado.

4.3.3.2 Museo Fuerte Argentino (MFA)

El Fuerte Argentino constituye uno de los establecimientos históricos más emblemáticos del área de estudio. Es una propiedad privada ubicada sobre el margen del río Sauce Chico en el partido de Tornquist. Se la conoce históricamente como el "Paso de los Chilenos", nombre asignado debido a la presencia de grupos indígenas transcordilleranos en el sitio. Desde el año 1871 constituyó parte de los territorios ocupados por el ejército nacional. Un año después, en 1872 se construyó un fortín en este lugar. Hacia 1876, como consecuencia del avance de la frontera proyectado por Alsina, se llevó a cabo la reconstrucción de este fortín el cual se encontraba en malas condiciones de conservación. Posteriormente a estas modificaciones, se asignó este establecimiento como el nuevo asentamiento de la comandancia de la División Bahía Blanca (Thill y Puigdomenech, 2003). En virtud de lo expresado, puede afirmarse que se trató de un Fuerte y Comandancia que formó parte de los puestos de avanzada de la frontera sur del Estado Nación en formación. Por su territorio llegó el extremo más austral de la zanja de Alsina, así como también las primeras líneas del telégrafo nacional (las cuales continuaban hasta Nueva Roma), que mantuvieron a este sector del territorio comunicado con la ciudad de Buenos Aires.

Es preciso detenerse brevemente a mencionar las estructuras edilicias que allí se edificaron y forman parte del complejo museable. Según registros históricos, el edificio principal se construyó sobre un fortín que fue utilizado para la Comandancia en 1876. Este edificio consistía en una casa para el comandante jefe, de treinta y tres metros de longitud por diez metros de ancho. Esta cuenta con dos calabozos incorporados en su estructura edilicia. Igualmente, en esta época se construyó un galpón para la tropa, cuyas dimensiones eran de cuarenta y dos metros por diez metros de ancho. Asimismo, se erigió otro galpón que funcionó como depósito y polvorín (de treinta y dos metros por ocho metros de ancho) y las caballerizas. El conjunto de edificaciones descriptas previamente, fueron dispuestos en cuadro con una plaza de armas en el centro. Finalmente, hacia el año 1878 se llevó a cabo también la construcción de un hospital de casi diez metros de largo por cinco metros de ancho, una botica, una cocina y un Cuartel espacioso para el Batallón 8° de Infantería de Línea. Cabe mencionar que en el año 1886 el establecimiento pasó a formar parte de las propiedades de Ernesto Tornquist,

persona responsable del proceso colonizador del partido que lleva su nombre (Thill y Puigdomenech, 2003).

Por sus características historiográficas, su biografía y su excelente estado de conservación fue declarado Monumento Histórico Nacional por decreto N° 1792 del año 1968. En este sentido, se considera que todo el complejo forma parte de un museo de sitio (Figura 4.18).

Conjuntamente, en el edificio de la casa del comandante se encuentran organizadas tres salas expositivas, a modo operativo son denominadas como salas 1, 2 y 3. La Sala 1 se encuentra orientada a exhibir elementos criollos y símbolos patrios, tales como representaciones de gauchos montando a caballo, y objetos que dan cuenta de la cultura gauchesca: herramientas para el trabajo agrícola ganadero, vestimenta, restos esqueletales de ganado vacuno y de caballos, gramíneas secas, una salamandra y leña, banderas argentinas, entre otros (Figura 4.19).

La Sala 2 presenta colecciones biológicas e históricas asociadas, también pueden observarse representaciones gráficas de los pueblos indígenas en tiempos históricos en el momento de consolidación del Estado nacional. Esta sala se encuentra orientada a narrar el proceso histórico de la expansión del límite sur del Estado, y la vida en la frontera. En este sentido, se exhiben cinco mapas de los fuertes y fortines que formaron parte del avance del ejército nacional y de la zanja de Alsina (Figura 4.20). También se puede observar una línea del tiempo que abarca desde el año 1515, con la llegada de Solís al Río de La Plata, hasta el año 1874, momento en el que gobernaba Avellaneda y Alsina era el ministro de Guerra. Esta línea de tiempo culmina con el comienzo de la construcción del Fuerte Argentino en el marco de la construcción de la zanja de Alsina.

Finalmente, un último espacio, Sala 3, muestra colecciones arqueológicas indígenas (artefactos líticos), históricas (objetos en hierro, cerámica, ladrillo, tejas, vidrios y loza, cencerros, campanas, faroles, piezas de marroquinería, teléfonos, ollas de cobre, entre otros), y biológicas (nidificaciones, panales, gramíneas secas, partes esqueletales de ganado vacuno, cuernos, plumas, huevos, otros). Asimismo, se exponen objetos pertenecientes a la familia de la propietaria del establecimiento (por ejemplo, fotografías familiares, monturas, muñecas antiguas, una máquina de coser).

Esta sala exhibe las colecciones arqueológicas en soportes abiertos (estanterías, caballetes, soportes colgantes, troncos que operan a modo de estante, entre otros) y cerrados (vitrinas). En relación a la representación de las sociedades indígenas, se halla relacionada a través de su exposición con las otras colecciones (biológicas e históricas), tratándose de una sala híbrida, en la cual ninguna pieza se encuentra identificada. Asimismo, los objetos arqueológicos se ubican tanto en soportes abiertos como cerrados.

En el centro de la sala se ubica una vitrina cerrada de grandes dimensiones, que contiene tres estantes en

Figura 4.18 Vista actual de algunas de las edificaciones históricas del Fuerte Argentino (galpones, interior de caballeriza y casa de suboficiales), partido de Tornquist.

Figura 4.19 Elementos gauchescos en la Sala 1 del Fuerte Argentino, partido de Tornquist.

Figura 4.20 Recursos gráficos y textuales junto a objetos exhibidos que muestran el avance y consolidación del Estado nacional y de la vida en la frontera en la Sala 2 del Fuerte Argentino, partido de Tornquist. En su sección izquierda entre los mapas de la frontera se observa la representación de un indígena estacado.

Figura 4.21 Colecciones arqueológicas expuestas en vitrina cerrada, Sala 3 del Fuerte Argentino, partido de Tornquist.

los cuales se observan abundante cantidad de objetos correspondiente a distintas colecciones (históricas, biológicas y arqueológicas). En esta vitrina pueden observarse objetos de loza (botellas históricas), vajilla de cerámica, cubiertos, restos de ladrillos, herramientas de hierro (*e.g.,* una plancha, martillo), botellas de vidrio, plumas, caparazones de mulitas, gramíneas secas, junto a conjuntos de artefactos líticos (especialmente boleadoras y núcleos) (Figura 4.21).

Figura 4.22 Exposición de artefactos líticos en soporte abierto colgante de la Sala 3 del Fuerte Argentino, partido de Tornquist.

Asimismo, otros dos soportes abiertos presentan colecciones arqueológicas indígenas. Se trata de un soporte colgante (tipo cuadro) con puntas de proyectil y un conjunto de objetos arqueológicos (manos y morteros) junto a objetos históricos (planchas de hierro, morteros históricos) (Figura 4.22). Ninguna de estas piezas se encuentra identificadas ni acompañadas por recursos textuales ni gráficos.

En concordancia con las otras salas del museo se destacan los elementos patrios (tres), tales como banderas de la República Argentina. En relación a los recursos que acompañan a las colecciones arqueológicas, no se observan soportes textuales que las contextualicen y acompañen. Sí se observa una fotografía de una familia indígena dentro de la vitrina donde se presentan los artefactos líticos. Por otra parte, se registraron cuadros típicos de la cultura gauchesca, tales como pinturas de Molina Campos, así como también fotografías de escenas de la vida rural (personas trabajando con maquinaria agrícola, y/o montando a

caballo) y retratos de los antepasados de la familia de la propietaria del establecimiento. De igual modo se hallan fotografías históricas del momento de avance del ejército nacional a fines del siglo XIX (Figura 4.23). En esta línea, se observa un plano del Fuerte Argentino donde se señala que posee 425 hectáreas. Por último, en relación al origen de las colecciones todas son producto de la recolección de la dueña del establecimiento, las cuales se encuentran en buen estado de conservación.

4.3.3.3 Sala de Interpretaciones del Parque Provincial Ernesto Tornquist (PPET)

El Parque Provincial Ernesto Tornquist (PPET) constituye una reserva natural localizada a las afueras de la localidad de Tornquist, creada a partir de la donación de tierras de la familia Tornquist a finales de la década de 1930. Al presente se compone de 6.700 hectáreas, que dependen institucionalmente del Organismo Provincial para el Desarrollo Sostenible (OPDS). Esta área representa el último

Figura 4.23 Fotografías históricas exhibidas en la sala del Fuerte Argentino en alusión a las campañas militares y las sociedades indígenas del área de estudio en el siglo XIX.

reducto del pastizal pampeano serrano, en cuyo interior se encuentra el Monumento Natural Cerro de la Ventana (declarado en el año 1959), así como también numerosas especies vegetales y animales endémicas (http://www. opds.gba.gov.ar). De igual modo, conserva numerosos restos arqueológicos patrimoniales, que posicionan como uno de los focos turísticos más importantes de la provincia de Buenos Aires. Entre estos se encuentran cuevas y aleros con arte rupestre, recintos de rocas y rocas erguidas, entre otros yacimientos arqueológicos correspondientes al poblamiento prehispánico del área (ver Capítulo 5).

Dentro del edificio administrativo del parque se localiza una única sala expositiva denominada Sala de Interpretaciones, abierta al público visitante. Si bien la construcción data del año 1937 fue inaugurada en 1970. Se trata de un espacio que el visitante del PPET recorre obligatoriamente, ya que es allí donde se cobra el ingreso a la reserva. En la misma hay una fuerte representación de la biota regional y muestras geológicas de la formación serrana local. De este modo, la sala tiene una orientación netamente biologicista. El registro arqueológico exhibido es escaso, se trata de una única pieza arqueológica, un mortero colocado sobre la chimenea de la sala. Esta pieza se encuentra instalada allí de manera permanente, próxima a ejemplares de la biota (caparazón de peludo y víboras conservadas en formol), y a fotografías que caracterizan el ambiente serrano. Si bien los elementos expuestos pueden variar, se trata de la exposición de ejemplares biológicos junto a recursos gráficos ambientales y la pieza arqueológica indígena (Figura 4.24).

En relación a los recursos gráficos y textuales, la pieza no se encuentra identificada ni señalizada. Sin embargo, la sala expone cartelería y afiches con información general sobre las poblaciones indígenas que habitaron el área en el pasado, ubicados estratégicamente para que el público que visita la institución pueda leerlos cómodamente. Asimismo, puede observarse la presencia de dos reproducciones de pinturas rupestres locales (Figura 4.25). La información

presente en los recursos gráficos y textuales no se encuentra específicamente orientada a contextualizar la pieza arqueológica expuesta ni a las reproducciones de los motivos rupestres colocados sobre soportes colgantes, pero sí señala la profundidad temporal que posee el poblamiento humano en la región.

4.3.3.4 Museo Histórico El Sendero de los Recuerdos (MHSR)

El Museo Histórico el Sendero de los Recuerdos es una institución privada inaugurada en la década de 1990. Se encuentra emplazado en un edificio moderno, en uno de los bordes lindantes de la localidad de Villa Ventana, partido de Tornquist. Esta institución se compone de tres salas expositivas. La primera de ellas, denominada "Generalidades de la Comarca", denota un discurso amplio y diverso sobre las características climáticas, ambientales, biológicas y humanas del área de Ventania. La segunda sala titulada "Historia del Club Hotel de la Ventana (1904)" se dedica exclusivamente a la caracterización de dicho establecimiento, a través de la exhibición de sus muebles y vajilla, entre otros elementos. Por último, la tercera sala denominada "Historia de Villa Ventana" se vincula con la historia reciente de dicha localidad.

El museo se destaca por poseer un guion muy trabajado en relación a la bibliografía y fuentes documentales consultadas. En este sentido, se estructura en soportes textuales (posters y afiches), elaborados con información abundante y heterogénea procedente de múltiples procedencias, tales como artículos periodísticos, enciclopedias, Internet, además de recursos visuales entre los que se encuentran fotografías, mapas, ilustraciones y esquemas. Es la fuerte presencia gráfica y textual lo que marca el ritmo y orientación del recorrido del museo. En este marco, en la sala Generalidades de la Comarca, se exhiben cuatro infografías que hacen referencia al pasado indígena y al período de contacto intercultural hispano-indígena. La primera, titulada *"La pampa prehistórica"*, se menciona

Figura 4.24 Mortero arqueológico expuesto junto a colecciones biológicas en el Parque Provincial Ernesto Tornquist.

Figura 4.25 Sala de Interpretaciones del Parque Provincial Ernesto Tornquist, donde se observa la reproducción de motivos rupestres presentes en cuevas del área (izquierda abajo) e infografía alusiva a la historia de poblamiento local (derecha).

la fauna de megamamíferos que habitó la región, y se brinda información acerca del yacimiento Arroyo Seco 2, el cual se encuentra en un área arqueológica de otro sector de la región pampeana. También se ofrece información sobre los sitios arqueológicos de tipo monumental del área de Ventania, donde se hace referencia a la existencia de los erróneamente denominados "menhires", las rocas erguidas.

La segunda se titula "Primitivos habitantes de nuestra comarca" está orientada a describir a los nominados en este soporte como "*pampas primitivos*". Dentro del mismo se observan dos artículos periodísticos de divulgación, referidos a los grupos prehispánicos nativos locales. El público visitante puede leer acerca de la araucanización de los pampas, enunciando en varios apartados la desaparición de los pampas que habitaron la región.

Al mismo tiempo, se exponen fotos e ilustraciones donde se observan cuevas con motivos rupestres, integrantes actuales de comunidades mapuches, representaciones de individuos de una comunidad indígena bailando alrededor de un fuego en una cueva con motivos rupestres, la figura de un indígena montando a caballo con una lanza, entre otros elementos. Las representaciones sobre los pueblos indígenas son escasamente precisas en cuanto a las diferencias de los grupos culturales mencionados y su cronología.

La tercera infografía se titula "*La vida en la frontera, fuertes y fortines de nuestra región*" contiene dos artículos periodísticos publicados en una revista de difusión masiva, diez fotografías sobre los fortines y tres dibujos representando, en dos casos a un indígena con lanza, y el último caso al Ejército Nacional en batalla. Aparecen también referenciados los primeros exploradores europeos en la región desde 1746 a 1833 y cómo se fueron creando los diferentes fortines, entre otros el Fortín Pavón, Fuerte Argentino, Fortín Nueva Roma, Fortín Chaco y Fortín Ivanowsky.

Finalmente, la última se titula "La Conquista" y es el único soporte del museo que posee mapas. Se trata de tres representaciones cartográficas denominadas: "*Primera conquista frente al indio*", "*Estrategia de frenar al indio*" y "*La avanzada definitiva*".

En esta misma sala, Generalidades de la Comarca, se hace referencia a las características naturales de la región y su historia geológica, incluyendo una explicación de la formación del Sistema Serrano de Ventania, la biota local y un apartado especial para los recursos hídricos del área. Junto a las infografías descriptas, se exhiben elementos del ambiente regional tales como rocas, animales conservados en formol, "cueros" de yarará -ofidio característico de la región-, entre otros. Asimismo, se encuentran expuestos materiales arqueológicos indígenas prehispánicos, junto con otros objetos correspondientes a las sociedades que habitaron el área en momentos del contacto intercultural hispano-indígena.

Se trata de una única vitrina cerrada, compuesta por tres estantes, en los que se observan artefactos arqueológicos junto a materiales históricos (binoculares, objetos de cuero), muestras geológicas y artículos actuales (remera con estampado alusivo al Fortín Pavón). Dentro del mismo soporte también se disponen ejemplares conservados en formol de fauna local (Figura 4.26). En relación a los materiales arqueológicos exhibidos, se trata exclusivamente de artefactos líticos -nueve boleadoras completas junto a dos mitades, un mortero, tres, manos de moler y decenas de lascas y puntas de proyectil- los cuales se hallan agrupados de acuerdo a su tipología morfológica. Las condiciones de la sala son adecuadas y las colecciones arqueológicas se encuentran en buen estado de conservación.

Sin embargo, cabe destacar que las piezas arqueológicas indígenas en exhibición no se encuentran referenciadas, a excepción de la nominación de la persona responsable de su donación al museo. Por último, se destaca que se hallan en exhibición afiches que representan la profundidad temporal de la ocupación humana en el área y pautas para la conservación del patrimonio arqueológico local. Ambos se encuentran en una sección de la sala donde se expone la fauna y flora local.

4.4 Etapa analítica

De manera posterior a la descripción de las instituciones museísticas consideradas[8], se llevó a cabo el análisis de las representaciones del pasado generadas por estas instituciones. Este estudio se divide en dos partes, la primera de ellas enfocada a la comparación de los contextos de producción de las representaciones, y una segunda parte dirigida a la indagación del contenido de los campos de representación del pasado indígena en torno a la exhibición del registro arqueológico. En este sentido, se llevó a cabo la identificaron patrones de exposición los cuales son desarrollados en apartados posteriores.

4.4.1 Contextos de producción de las representaciones del pasado en museos del Área de Ventania

Las instituciones museísticas constituyen lugares situados desde los cuales se producen sentidos. Por esta razón, se considera que otorgan vida nueva a lo ya acontecido por medio de estrategias narrativas en las exposiciones de objetos (Morales Moreno, 2010). Para comprender los contextos desde los cuales se producen las representaciones en torno al pasado indígena del área de investigación,

---

[8] Resulta pertinente señalar que a modo operativo las instituciones consideradas serán como:
- MIB: Museo Ignacio Balvidares de Puan
- SIP: Sala de interpretación ambiental y cultural de la Isla de la Reserva Natural y Cultural de usos múltiples
- MACP: Museo y Archivo de la Ciudad de Pigüé
- MHS: Museo Histórico de Saavedra
- MAC: Museo Arqueológico de Chasicó
- MCC: Museo privado Arqueológico y Paleontológico "Coyug Curá"
- MFA: Museo del Fuerte Argentino
- PPET: Sala de Interpretación del Parque Provincial Ernesto Tornquist
- MHSR: Museo Histórico El Sendero de los Recuerdos.

Figura 4.26 Colecciones arqueológicas en exhibición en el Museo el Sendero de los Recuerdos.

es necesario señalar las diferencias y similitudes de los establecimientos considerados en relación a sus perfiles institucionales.

Se trata de un conjunto disímil en relación al tipo de institución y a los diferentes niveles de gestión intervinientes. Tres de ellos constituyen museos municipales (MIB, MHS, MACP), otros cuatro establecimientos son privados (MAC, MFA, MHSR, MCC) y finalmente dos corresponden a salas de interpretación de gestión pública, municipal (SIP) y provincial (PPET).

Los casos considerados fueron inaugurados en distintos momentos históricos, que abarcan un amplio lapso de tiempo desde fines de la década de 1950 hasta la actualidad. En este sentido, pueden observarse diferentes objetivos institucionales acorde a los proyectos en el marco del cual surgieron como institución. Las características mencionadas se encuentran interviniendo de manera directa sobre las representaciones en torno al pasado generadas por los establecimientos. Como puede observarse en la Tabla 4.1, las instituciones relevadas persiguen fines diversos. Algunos de ellos imbricados

de miradas patrimonialistas, los cuales se inclinan por la protección y divulgación de las colecciones que el museo alberga (MIB, MACP). Otros se encuentran orientados a reforzar discursivamente la importancia del lugar visitado, ocupando lo arqueológico y patrimonial un segundo plano (MFA, PPET, MHSR), y un tercer grupo intenta construir una suerte de introducción a la historia local (MAC, SIP, MHS, MCC).

Salvo un caso (MHS), estas instituciones operan como agentes atractores y promotores del turismo regional. En relación a sus funciones, puede advertirse que en todas las instituciones han desempeñado programas de educación patrimonial dirigidos especialmente a la comunidad educativa, estableciendo fuertes lazos con ésta. Asimismo, tanto el MIB, el MHS como el MACP, de gestión municipal, funcionan como archivos históricos.

Asimismo, cabe señalar que a excepción de la Sala del PPET y del MFA, sus orígenes se vinculan con el acto de crear colecciones arqueológicas e históricas y, por consiguiente, a la necesidad de contar con una sede para su resguardo y protección. Esto quiere

Representaciones sociales, registro arqueológico y patrimonialización del pasado indígena

Tabla 4.1 Cuadro comparativo de variables generales de las instituciones museísticas relevadas.

Institución / Variables	MIB	SIP	MACP	MHS	MCC	MAC	MFA	PPET	MHSR
Tipologías	Museo	Sala de interpretación	Museo	Museo	Museo	Museo	Museo de sitio	Sala de interp.	Museo
Gestión	Pública, municipal	Pública, municipal	Pública, municipal	Pública, municipal	Privado	Privada	Privada	Pública, provincial	Privada
Localidad, partido	Puan, Puan	Puan, Puan	Pigüé, Saavedra	Saavedra, Saavedra	Pigüé, Saavedra	Chasicó, Tornquist	Fuerte Argentino, Tornquist	PPET, Tornquist	Villa Ventana, Tornquist
Ubicación	Ejido urbano (Av. San Martín y Garay)	Isla de Puan	Parque Municipal Fortunato Chiappara	Ejido urbano (Av. Belgrano entre Rondeau y 25 de Mayo)	Estancia rural La Montaña	Estancia rural Don Natalio	Fuerte Argentino	Parque Provincial Ernesto Tornquist (Tornquist)	Ámbito rural (Calle Las Piedras S/N)
Fundación	8 de diciembre de 1973. Cerrado durante la última Dictadura Cívico Militar. Reabrió en 1991	Año 2019	3 de diciembre de 1959. Desde 1963 en vivienda histórica de 1890. Reinaugurado en el año 2012	Año 1988	Año 1985, con sede propia a partir de 1990	Edificio de 1910. Fundación como museo el 12 de octubre de 1971	Año 1876 Abierto como museo año 2016 (¿?)	Año 1937. Inaugurada década de 1970)	Década de 1990
Historiografía	En 1973 funcionó en recinto del Palacio Municipal, en1984 en la Sociedad Española. Desde 1991 en el Mercado Municipal	Edificio recuperado	Emplazada en un edificio patrimonial restaurado por el municipio	Creado con motivo de la celebración del centenario de la localidad de Saavedra	Galpón del casco de la estancia restaurado en el cual se exhiben colecciones formadas desde 1968	Rancho histórico readaptado como museo para guardar colecciones	Sitio histórico. Adaptado como museo en el marco de programa del INTA	Reserva natural	Institución creada para la preservación del registro material recuperado del Club Hotel de la Ventana
Objetivo	"(...) ofrecer a los puanenses herramientas para interpretar su patrimonio a través de la investigación de su historia y la comunicación de sus valores... Nuestra finalidad es elaborar un discurso museológico que brinde a los visitantes las herramientas para que cada uno, pueda interpretar con sentido crítico la historia de Puan y para que se apropie de su patrimonio. (...)" Fuente: Facebook MIB	Recepcionar a los visitantes de la Isla y brindar un marco interpretativo del lugar	"Preservar su patrimonio histórico, teniendo presentes las necesidades de la población y respetando la pluralidad cultural para propiciar la conformidad de la identidad local." Fuente: Facebook oficial de la institución	Exhibir la historia del distrito de Saavedra	Exhibir la historia de pobla-miento regional	"Documentar la vida del hombre prehistórico y el proceso de colonización de Chasicó". Fuente: Nora Cinquini	"Lo invitamos a revivir la Campaña al Desierto y la historia de nuestros antepasados a través de una visita al museo histórico, la plaza de armas y los calabozos donde se entregó Juan José Catriel y su tribu en 1878." Fuente: Facebook oficial de la institución.	Reconstruir la historia natural del Sistema Serrano de Ventania	Contextualización histórica de Villa Ventana y del Club Hotel de la Ventana

76

Colecciones exhibidas	Históricas, paleontológicas arqueológicas prehispánicas y muestras temporales	Arqueológicas indígenas, históricas y biológicas	Arqueológicas prehispánicas, arqueológicas del periodo intercultural de contacto hispano indígena e históricas (época fundacional y vinculadas a la Primera Conscripción Argentina); hemeroteca, fototeca, videoteca y archivo del juzgado de paz.	Arqueológicas, paleontológicas e históricas.	Arqueológicas prehispánicas, históricas, biológicas, geológicas y paleontológicas	Arqueológicas prehispánicas históricas (época fundacional de Chasicó), geológicas, paleontológicas, y biota regional	Arqueológicas, históricas y biológicas	Biológicas, geológicas y arqueológica	Históricas del Club Hotel de la Ventana (1904), biológicas y arqueológicas
Caract. espaciales	Edificio histórico, Mercado Regional	Edificio moderno en área protegida	Edificio histórico, vivienda de Mary Gorman	Edificio histórico, anexo al Teatro Español	Edificio histórico	Edificio histórico, rancho de adobe	Edificio Histórico, Fuerte y Comandancia	Edificio moderno en área protegida	Edificio moderno lindante con el campo y las sierras.
Funciones	Educativa, turística, investigación y archivo	Turística	Educativa, turística, archivo, hemeroteca, pinacoteca, biblioteca, videoteca, mapoteca	Educativa, Archivo	Turística	Educativa, turística	Educativa, turística	Educativa, turística	Educativa, turística
N° salas	5	1	13	3	1	3	6	1	3
Depósito	Sí	No	Sí	No	No	Sí	No	No	No
Marco jurídico	Registro completo	Aún no se registraron las colecciones	Aún no se registraron las colecciones	Registro de las colecciones paleontológicas	Aún no se registraron las colecciones	Registro parcial	Aún no se registraron las colecciones	Aún no se registraron las colecciones	Aún no se registraron las colecciones
Criterio de orden del guion museológico	Criterio temporal	Criterio temático historia regional	Criterio temático	Criterio temático	Criterio temático historia regional	Criterio temático historia regional	Criterio historiográfico de la propietaria y temático	Criterio temático	Criterio temático

decir que la práctica de conformar colecciones a partir de la recolección de objetos en sitios arqueológicos prehispánicos y de momentos de contacto intercultural del Área de Ventania es anterior a la institucionalización de estos establecimientos, sean de carácter público o privado. En este sentido, se puede observar el rol de los museos en su relación al resguardo de colecciones originalmente privadas, constituidas mayoritariamente de manera previa al marco normativo actual. Sus orígenes se remontan mayoritariamente a momentos previos a la sanción y reglamentación de la Ley Nacional 25743/03. Ésta prohíbe la comercialización de piezas, el saqueo de sitios y la recolección de materiales arqueológicos; y, por lo tanto, la conformación de nuevas colecciones por parte de particulares. Dentro de las similitudes halladas, en todos los casos las colecciones fueron conformadas por actores de la comunidad, entre los que se encuentran tanto investigadores aficionados, diletantes y coleccionistas (ver Capítulo 2). En este sentido, se trata de instituciones tradicionales, caracterizadas por haber ido creciendo a medida que lo hacía las colecciones que custodian (Pomian, 1990). Sin embargo, se observa una diferencia importante en relación al origen de las colecciones arqueológicas indígenas exhibidas, debido a que, en el MIB, el MHS, el MACP y MHSR proceden de donaciones de múltiples actores locales, pertenecientes a los distritos de Puan, Saavedra y Tornquist respectivamente. A excepción de un único caso (MACP), en el cual se conoce

la procedencia de las colecciones pero se decidió no visibilizar al coleccionista que dio origen a los materiales exhibidos, todas las instituciones hacen explícita la identidad del donador del objeto en exposición. De este modo, funcionan marcas identitarias plasmadas sobre los objetos, tal es así el caso de las colecciones arqueológicas del MHSR, el MHS y el MIB (Figura 4.27). Por el contrario, tanto en el MAC como en el MCC y el MFA se exhiben solo colecciones producto de la recolección de los propietarios de los respectivos establecimientos y sus familiares más directos. De este modo, se produce una exaltación de las valoraciones personales tanto del orden expositivo como de los sentidos en torno a estos objetos, ya que participaron directamente de su obtención y recolección dentro del sitio y/o campo de su propiedad. Se observa que esta clase de objetos no se encuentran en la mayoría de los casos identificados ni acompañados por soportes textuales, ya que se apela a la memoria de estos actores para contextualizar las características de su hallazgo (época y lugar).

Finalmente, cabe mencionar que, si bien las localizaciones institucionales difieren considerablemente, ya que se encuentran en el ámbito urbano (MIB, MHS), en un parque municipal (MACP), en reservas y áreas protegidas (SIP, PPET), y en contextos rurales (MAC, MCC, MFA, MHSR); pueden encontrarse semejanzas en relación a la importancia social de sus edificios o lugares donde se

Figura 4.27 Identificación de las colecciones arqueológicas en exhibición del MIB, Puan. Nótese la presencia de donaciones de diferentes coleccionistas en un mismo soporte expositivo: César Pablo Michelutti, José Villegas y Jorge Luis Tome.

encuentran emplazados. En este sentido, en casi todos los casos corresponden a construcciones edilicias históricas y/o emblemáticas con declaraciones de interés patrimonial. Constituyen la excepción el SIP, la sala del PPET y el MHSR que se encuentran en edificios más modernos y modestos, ubicados en espacios altamente atractivos por sus características paisajísticas. En este sentido, son frecuentemente visitados por un importante flujo turístico. Por su parte, el MIB se emplaza en la edificación donde funcionó el Mercado Histórico Regional (Bien de Interés Histórico con Valor Arquitectónico, Ordenanza 5426/2011); el MHS en el Teatro Español declarado Bien Histórico Patrimonial (N.° 81.683/2014); el MACP en la vivienda de Mary Gorman (una de las primeras maestras norteamericanas convocadas por Sarmiento); el MAC en el rancho de adobe declarado Sitio Histórico de interés cultural (Resolución del Honorable Consejo Deliberante de Tornquist 25/06), el MFA es un Monumento Histórico Nacional y el SIP se emplaza en una reserva declarada patrimonio público municipal (Ordenanza Municipal N° 2988-02).

4.4.2 Patrones de la exposición del registro arqueológico indígena

A continuación, se desarrollan los patrones hallados en la exposición del registro arqueológico en las instituciones relevadas del Área de Ventania.

4.4.2.1 Eje de posición

En los relevamientos realizados se identificaron dos patrones de posición respecto a la ubicación de las salas donde se exponen las colecciones arqueológicas indígenas, en relación con el museo en su conjunto. El primero de ellos, se caracteriza por presentar una primera sala del recorrido dedicada a temas históricos. Sean éstos de la época correspondiente al contacto intercultural hispano indígena (MFA), o se encuentren dedicados a narrar la época y los procesos de la fundación de las actuales localidades (MIB, MACP, MHS). En ambos casos, se caracterizan por exhibir objetos de procedencia eurocriolla, en los cuales se destaca la cultura gauchesca/criolla. En estas instituciones las colecciones indígenas arqueológicas ocupan un lugar secundario y/o periférico dentro del recorrido museográfico.

Un segundo patrón de posición se define por ubicar la sala arqueológica indígena en el inicio del recorrido. En estos casos, se exhiben las colecciones arqueológicas indígenas junto a elementos muy diversos (ambiente, fauna y flora local). Tal es el caso de las salas de interpretación (SIP y PPET), el MHSR, el MAC y el MCC. En este sentido, se señala que en ninguna de las instituciones relevadas se observó que las representaciones en torno al pasado indígena ocupen un lugar relevante en el discurso institucional, ya que las colecciones arqueológicas no poseen un lugar privilegiado en cuanto al recorrido propuesto por la institución.

4.4.2.2 Eje de situación

En relación a la ubicación de las piezas arqueológicas indígenas exhibidas, en casi la totalidad de las instituciones relevadas (MAC, PPET, MHSR, MHS, MFA), se observó su asociación directa con la naturaleza. Esto se evidencia en la relación discursiva establecida entre los objetos colocados en el mismo soporte expositivo. De modo que puede observarse colecciones arqueológicas indígenas junto a colecciones biológicas, tales como ejemplares de animales conservados en recipientes con formol (observado en el PPET, MSHR), piezas taxidérmicas (MIB, MAC, MACP), partes esqueletales de ganado (MFA), huevos (MFA), plumas de diferentes aves (MFA), caracoles, entre otros (MAC, MHS).

En algunos casos se trata de exposiciones adecuadas que vinculan a los pueblos indígenas con el consumo de recursos faunísticos locales, o bien se relaciona a las sociedades humanas con la confección de herramientas a partir de la materia prima animal. Un ejemplo de ello es la exhibición de restos óseos de guanaco con marcas de corte arqueológicas (MIB). En otros casos, si bien la fauna es autóctona no hay una vinculación con el registro arqueológico o los pueblos originarios, tales como la exposición de cueros de víboras, plumas de aves, huevos, caparazones de mulita entre otros (MAC, MFA, PPET, MHSR).

Finalmente, un tercer grupo exhibe fauna alóctona a la región junto a los materiales arqueológicos, se trata de ejemplares de equinodermos (estrellas de mar y dólares de mar), caparazones de moluscos (caracoles), cangrejos, entre otros (MAC, MHS, MACP). Por su parte, en la SIP si bien las características ambientales y biológicas son un tema predominante, lo indígena e histórico se encuentra diferenciado y exhibido en diferentes soportes expositivos (Figura 4.28).

Resulta llamativa la exposición de colecciones arqueológicas indígenas procedentes de otras áreas geográficas en asociación con las colecciones locales. Por ejemplo, en el MACP se expone en la misma vitrina un mortero del NOA conteniendo granos de maíz (vegetales ajenos al área) junto a manos y bases de morteros arqueológicos de la región.

Este tipo de morteros se observan también en el MAC, institución que también tiene en exhibición cerámica procedente de Ushuaia y artefactos líticos de variadas regiones de la Patagonia. El MCC también se caracteriza por poseer colecciones procedentes de la Patagonia en exhibición junto a objetos regionales. El MIB, por su parte, exhibe artefactos líticos procedentes de Patagonia y una urna funeraria procedente del noroeste argentino. Estos materiales se encuentran identificados, la urna se colocó en un soporte aislado separado del material arqueológico local. Si bien en la mayoría de los casos se señalan las diferencias en relación a la procedencia, no hay una

Figura 4.28 Ejemplares taxidérmicos exhibidos junto a colecciones arqueológicas. Izquierda: exposición en el Museo Arqueológico de Chasicó. Derecha: Exposición en el Museo Ignacio Balvidares de Puan.

diferenciación en cuanto a las características culturales de los grupos ni sus cronologías, presentando una suerte de homogeneización en el relato arqueológico.

4.4.2.3 Eje de demarcación

Las instituciones relevadas se caracterizaron por poseer una escasa contextualización de las colecciones arqueológicas en exhibición. En muchos casos se destaca la ausencia de referencias textuales ni gráficas que acompañen la muestra y expliciten sus ámbitos de origen, funciones e información relativa a los pueblos productores de esta materialidad (MCC, MFA, MAC, SIP, MHS, MHSR, PPET, MACP). De igual modo, algunas instituciones ofrecen al público visitante solo información del lugar de procedencia de la colección o del coleccionista que obtuvo el material (MHS).

Por otra parte, en relación a la señalética en algunos casos las referencias de señalización escritas resultaron inadecuadas en cuanto a su soporte y tipografía, en general de un tamaño muy pequeño, pero sí en cuanto a su contenido (MAC, MCC). En otros la señalización presenta características óptimas para ser legibles por el público, pero la información es escasa, confusa o no se corresponde con el material que está siendo exhibido (MACP). Es importante destacar que las fotografías e ilustraciones exhibidas en las salas donde se expone el material arqueológico indígena presentan un tamaño demasiado pequeño para ser utilizadas como referentes contextuales (MACP), o se identificaron fotografías e ilustraciones que no corresponden a las sociedades indígenas locales (MHSR, MAC). En ninguna de las instituciones relevadas se utilizan referencias audiovisuales.

4.4.2.4 Eje de contextualización

En cuanto a la contextualización espacio temporal de las sociedades originarias del área de estudio, se observa un patrón heterogéneo en relación a las representaciones ofrecidas por las instituciones relevadas. Respecto a la ubicación territorial, sólo en tres de los casos se explicita de modo directo mediante mapas representativos la localización de los grupos que habitaron la región en el pasado. Tal es el caso del MACP, que cuenta con un mapa (en blanco y negro de pequeñas dimensiones) en la sala arqueológica donde se señala a grandes rasgos el área ocupada por las sociedades indígenas precedieron a la ocupación de origen europeo. Asimismo, tanto el MIB como la SIP presentan un mapa de la Isla de Puan que señalan la ubicación de los sitios arqueológicos prehispánicos presentes en este lugar. De igual modo, en la sala arqueológica del MIB en asociación con los materiales arqueológicos locales (*cache* de riolita) se observa un mural donde aparece representado el Sistema de Ventania. Esta sala presenta una serie de murales -dos escenas de una figura masculina con atributos indígenas una de las cuales lo muestran cazando y otra tallando- que contextualizan el área y sus recursos.

Por su parte, el MCC presenta un mapa de América del sur en asociación con artefactos líticos en exposición. Sin embargo, resulta llamativa la ausencia de cartografía específica del área de Ventania, que represente la ocupación de las sociedades indígenas. Sí se observan, por el contrario, los emplazamientos de estos grupos en relación a las estrategias oficiales de expansión territorial durante la llamada "Conquista del Desierto". En este sentido se destaca la presencia de mapas del avance de la frontera del Estado nacional, de la zanja de Alsina y de la instalación de fuertes y fortines (dos en el MIB, uno en el MHS, cinco en el MFA y tres en el MHSR) (Figura 4.29).

La representación de la profundidad temporal de la ocupación humana del área se observa en cinco de las instituciones relevadas. En tres casos se manifiesta en forma de línea de tiempo, dos de las cuales incluyen diez mil años de historia de poblamiento humano para la región pampeana (MHSR, MIB). La tercera línea de tiempo relevada se ubica en la sala 2 del MFA. Ésta señala la incidencia del ejército nacional en el área de estudio, desde las exploraciones en 1826 de Rauch a Sierra de la Ventana, las campañas militares a la región y la construcción del Fuerte Argentino (Figura 4.30). Las otras menciones que aparecen a la cronología indígena en la región son la señalización del fechado del sitio 1 de la Laguna de Puan en el SIP (3300 años AP) y el fechado arrojado en el sitio Los Chilenos (1500 años AP) en cartelería presente en el MHS. En ambos casos se trata de señalética que caracteriza a la sala en general, no se encuentra acompañado las colecciones arqueológicas exhibidas.

Finalmente, en un caso (MACP) se observa en un cartel titulado "Pueblos Originarios" la siguiente afirmación: *"Las tierras del sudoeste bonaerense pertenecieron a los pueblos originarios hasta 1850 aproximadamente."*. Éste deja entrever una cronología previa al siglo XIX y a la ocupación eurocriolla por parte de los grupos indígenas en el área de estudio. Asimismo, denota su "desaparición" en el presente (aspecto que se desarrolla en el inciso siguiente).

4.4.2.5 Eje del campo representacional

Se analizaron también los patrones de representación de las poblaciones indígenas en relación a su atribución étnica cultural, así como también en su caracterización descriptiva. Se registró este tipo de información en los textos presentes en la cartelería y referencias de las colecciones arqueológicas, así como también en los gráficos (imágenes y representaciones) de los museos relevados. En este sentido, el MIB (Puan) cuenta con diversos soportes que hacen alusión directa a los pueblos

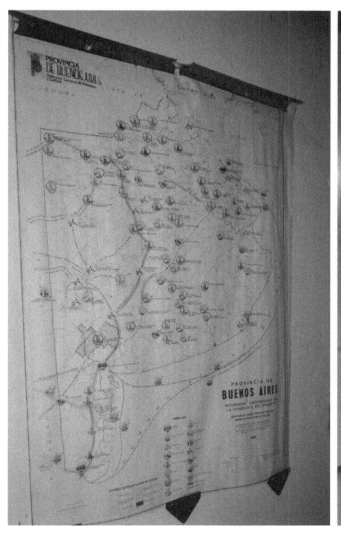

Figura 4.29 Recursos contextuales espaciales de las exposiciones museísticas. Representación de la Zanja de Alsina en la provincia de Buenos Aires (MFA, Sala 2) y representación del Sistema Serrano de Ventania (MIB, Puan).

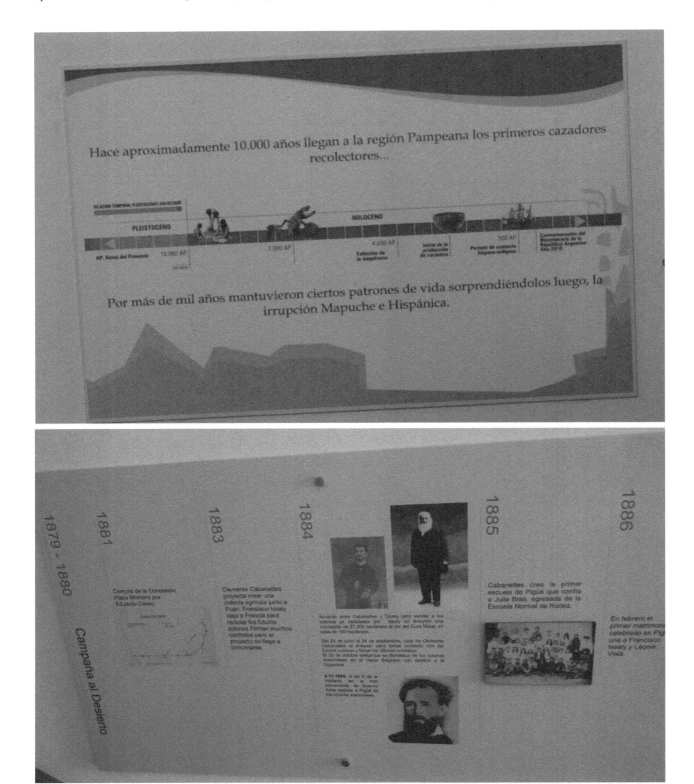

Figura 4.30 Recursos contextuales temporales de las exposiciones museísticas. Línea de tiempo que destaca el poblamiento indígena en el área de estudio del Museo Ignacio Balvidares de Puan (izquierda) y línea del tiempo que comienza en 1879 del Museo y Archivo de la Ciudad de Pigüé (derecha).

indígenas prehispánicos. Entre éstos puede mencionarse a cuatro murales presentes en dos de sus salas (que son abordados en el Capítulo 5), y algunas referencias escritas que acompañan las colecciones arqueológicas indígenas. En estos soportes textuales son nombrados los pueblos indígenas como "*seres humanos*", "*sociedades cazadoras recolectoras*", "*bandas de cazadores recolectores*", y "*aborígenes*". En relación a las adscripciones culturales, algunos elementos líticos son identificados como pertenecientes a "*los tehuelches*", también puede leerse

Figura 4.31 Fotografías históricas del área de investigación exhibidas en el Museo Ignacio Balvidares de Puan.

en la línea cronológica que refiere a los más de diez mil años de poblamiento regional, así como también que hubo una "*irrupción mapuche e hispánica*". Por otra parte, en la sala histórica del MIB se registraron cuatro fotografías históricas de familias mapuches. Se trata de retratos grupales donde los representados se encuentran posando para las tomas. Una de ellas constituye una imagen reconocida del Cacique Namuncurá con su familia, la cual fue tomada el 24 de marzo de 1884 según el Archivo General de la Nación. Asimismo, acompaña a este conjunto una ilustración de una toldería con al menos quince personas reunidas conversando entre ellas. Se trata también de la representación de la comunidad mapuche (identificado por el *kultrun*[9] presente en la obra) (Figura 4.31). De igual modo en otro sector de la sala histórica del MIB se encuentran en exposición piezas típicas de la platería mapuche y elementos para tejer en telar junto a textiles. Éstas se acompañan de dos fotografías, una de ellas descontextualizada ya que no se observan referencias de la misma, es histórica en blanco y negro, y retrata a un hombre con los rasgos característicos de los americanos originarios. La otra fotografía es de una mujer de edad avanzada, según la cartelería presente, autopercibida como indígena quien habría sido la autora de los objetos para tejer. Por su parte, la SIP hace referencia a los pueblos indígenas como "*cazadores recolectores*" y "*pueblos originarios*",

en un cartel que fue elaborado por profesionales de la disciplina arqueológica.

En cuanto a las instituciones relevadas en el partido de Saavedra, el MACP también posee tanto recursos textuales como gráficos para realizar menciones y descripciones. En este sentido, posee un cartel que los nomina como "*pueblos originarios*", "*cazadores*", "*nómades*" en la sala donde se exhiben las colecciones arqueológicas indígenas. Asimismo, se presentan las gigantografías descriptas en el apartado específico del MACP, se trata de representaciones de una familia y un joven de áreas australes (identificados por sus vestimentas) que no se corresponden con los grupos que poblaron el área de estudio. Por su parte, el MHS nomina una única vez a los grupos indígenas prehispánicos como "*sociedad indígena*". De igual modo, el busto de madera ubicado en la primera sala del museo (ver Figura 4.13) es identificado como "*Picunche. Pueblo prehispánico. Su nombre significa gente del norte. Sedentarios. Hablaban igual que los mapuches pero culturalmente eran más desarrollados*". Esta afirmación se basa en la idea de desarrollo y progreso, de pueblos más y menos "desarrollados", la cual responde a una perspectiva evolucionista. Este aspecto es discutido en mayor profundidad en el Capítulo 7.

La sala del PPET, del partido de Tornquist, posee una única mención a las sociedades indígenas en un cartel que expresa "*La provincia de Buenos Aires fue poblada por sociedades cazadoras recolectoras*". Cabe destacar

---

[9] El *kultrun* es un instrumento de percusión característico de los Mapuches.

que éste fue realizado por profesionales del ámbito de la arqueología. El MAC y el MCC no poseen referencias escritas explícitas sobre los grupos indígenas. Sí se observaron, por el contrario, fotografías de pobladores actuales del noroeste argentino y objetos actuales tales como un charango e instrumentos de percusión en el caso del MAC; máscaras y piezas cerámicas modernas en el MCC. Estos objetos contemporáneos si bien permitieron establecer lazos entre el presente y el pasado de las poblaciones, su relación con las colecciones arqueológicas del área de Ventania resultó problemática. De igual modo, en el MFA no se observó ninguna referencia escrita alusiva a la historia de poblamiento indígena local, pero sí se registró una fotografía (en blanco y negro) de integrantes de pueblos originarios que habitaron la región en tiempos históricos. En ésta aparece representada una figura femenina junto a cuatro niños en la puerta de una vivienda de adobe[10]. De fondo puede observarse el paisaje serrano y que esta construcción se encuentra alejada de otras posibles edificaciones. Por las características de los sujetos que figuran en la imagen, se asume que podría tratarse de una familia indígena. Igualmente, cabe destacar que la fotografía se halla expuesta en la misma vitrina donde se exhiben las colecciones arqueológicas indígenas, de modo que discursivamente se refuerza esta asociación.

Finalmente, el MHSR posee tanto recursos gráficos como escritos para describir a los pueblos indígenas del área. Esta institución hace alusión en sus referencias escritas a los pueblos indígenas nominados como los *"primitivos habitantes de nuestra comarca"*, *"dueños de estas tierras"*, *"los pampas"*, *"Los Pampas primitivos"*, *"tribus llanistas"*, *"tribus serranas"*, *"los serranos"* y *"los araucanos"*. Un aspecto discursivo a destacar es que la institución intenta expresar la complejidad étnica que habitó el área de estudio. Por consiguiente, rompe con el estereotipo que homogeniza las representaciones de "lo indígena" en tiempo y espacio. De este modo que fueron nominados diferentes grupos culturales, sus relaciones a lo largo del tiempo, y los territorios que ocuparon. Sin embargo, en varios apartados se dejó entrever la cuestión de la propiedad de la tierra y la *"extinción de los primitivos habitantes"* luego de la *"Campaña al Desierto"*. En esta línea puede observarse en la cartelería cuyo título es *"La Conquista del Desierto"* un apartado referenciado con el interrogante *"¿Para quién fue el desierto?"*. En éste se exponen los nombres de las personas que recibieron parcelas de territorio como forma de pago por su participación en las campañas militares, quienes se convirtieron en propietarios de grandes estancias agrícolas ganaderas. En esta línea también puede leerse que *"A partir de 1880 sobrevino un fenómeno notable en la sociedad porteña: todo el mundo quería tener una estancia. Los argentinos habían entendido su negocio desde hacía algunos años, pero ahora la terminación del problema del indio (...)."*. En otras palabras, se hace hincapié en la cuestión espacial y de ocupación "legítima" del territorio.

Por otra parte, el museo cuenta con la exhibición de frases textuales de diferentes personajes -como Julio Roca, Rubén Beneitez, Susana Vappert y Amanda Paltrieneri- que buscan presentar diferentes visiones en torno a las campañas militares realizadas en la región. En este sentido, se cita a las declaraciones de Roca quien expresó que *"Hay que arrojar a los indios a los campos y no dejar uno solo a la espalda. Me comprometo a realizarlo en dos años: uno para prepararme y otro para efectuarlo"* así como en contraposición a Amanda Paltrieneri quien habla de un *"genocidio de los pueblos aborígenes"*. En ambas visiones se asocia a los pueblos indígenas con la idea de extinción (Figura 4.32).

En relación a los recursos utilizados en su representación gráfica, puede observarse la presencia de dos fotografías y diez ilustraciones que aluden a los pueblos indígenas. Como se mencionó en el apartado específico en la etapa descriptiva del MHSR, estas fotografías a color fueron tomadas recientemente. Se trata de un retrato de una mujer mapuche y la misma persona tocando el *kultrún* ante la presencia de algunas personas. En relación a las ilustraciones en términos generales se encuentran muy asociadas a los malones y enfrentamientos bélicos con el Ejército Nacional. En una ilustración puede distinguirse un enfrentamiento explícito entre pueblos indígenas armados con lanzas y soldados uniformados peleando con sables. Dos ilustraciones muestran una figura masculina semi desnuda con una lanza en la mano; otras dos muestran en la misma escena a dos figuras masculinas una caracterizada como un soldado fortinero y el otro como un integrante de los pueblos originarios a caballo y armado con lanza. Por otra parte, en otra ilustración se observa la silueta de un indígena montando a caballo con la lanza en mano contemplando el paisaje serrano. Una situación parecida se hace presente en otro caso, en el cual se grafica a un grupo de indígenas armados mirando el horizonte en un paisaje desolador. Por último, se observa la representación de un malón y de un rito en donde aparecen figuras bailando en torno a un fuego. Si bien se trata de un conjunto heterogéneo, cabe destacar que en todas ellas solo aparecen representadas figuras masculinas, asociadas en la mayoría de los casos a armas (lanzas).

Finalmente, cabe señalar que en la mayoría de los casos analizados (MIB, SIP, MACP, MHS, MAC, MFA, PPET y MHSR), las referencias sobre los pueblos indígenas fueron escritas en tiempos verbales pasados. De este modo, se desvincula del presente tanto a las colecciones arqueológicas como a los pueblos indígenas que aparecen en las fotografías.

4.4.2.6 Eje discursivo: En relación al relato histórico tradicional

De acuerdo a lo observado en el inciso anterior, las instituciones relevadas se posicionaron a través de sus exposiciones de manera muy estrecha con el relato histórico de la consolidación del Estado nacional. Tal como se expresó en el capítulo 1, el área de estudio se caracterizó

---

[10] Este tipo de construcción es típica de los primeros asentamientos con los avances de la frontera nacional en la región.

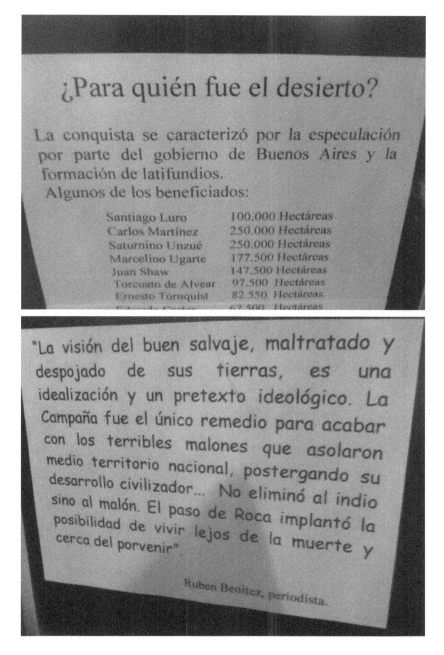

Figura 4.32 Soportes textuales que aluden a los pueblos indígenas y el área de Ventania en el MHSR.

desde mediados del siglo XIX por la implementación de políticas oficiales destinadas al exterminio de las poblaciones indígenas, en las denominadas "Campañas del Desierto" (Rosas 1833-34, Roca 1878-1885). Este eje busca observar patrones en relación a cómo se escenifica la historia oficial a través de los objetos museográficos y el lugar que ocupan las sociedades indígenas en estas representaciones.

En este sentido, en relación al enfrentamiento bélico entre el ejército nacional y los pueblos indígenas, se observa la exhibición de diversos tipos de armas de fuego (MHS, MIB). Así como también se encuentran expuestos sables del ejército (MHS, MIB, MACP). De igual modo forman parte de las colecciones históricas materiales de la época

de la "Conquista del Desierto" tales como botones, balas, uniformes, herramientas (picos), entre otros. Resulta llamativo la ausencia de este tipo de objetos en el MFA. Tampoco se encuentra este tipo de exposiciones en el MAC, el SIP y la sala del PPET. No obstante, una importante sección del MIB, el MHSR y del MFA se hallan destinadas explicar aquellas políticas de desplazamiento y aniquilamiento indígena (con mapas, ilustraciones y diferentes escritos históricos).

Igualmente, algunas instituciones presentan otras marcas materiales que las vinculan con la historia oficial. Tal es el caso del MFA, el cual presenta una placa conmemorativa colocada sobre el ingreso a la edificación principal, que dice "*1879 Fuerte Argentino 1979. La Armada Argentina*

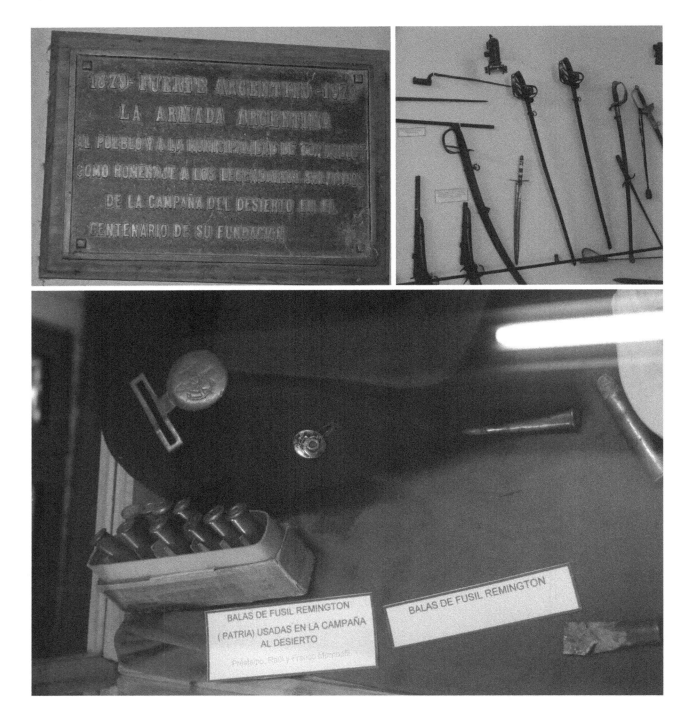

Figura 4.33 Exposición alusiva al relato histórico de la consolidación del Estado nacional. Sables históricos y fusiles *Remington* **con bayoneta utilizados en la "Campaña al Desierto" por el Ejército argentino, en exhibición en el MIB (arriba derecha); Placa conmemorativa a la Campaña del Desierto del MFA (arriba izquierda) y balas de fusil** *Remington* **y uniforme oficial exhibidos en el MIB (abajo).**

al pueblo y a la municipalidad de Tornquist como homenaje a los legendarios soldados de la Campaña del Desierto en el centenario de su fundación" (Figura 4.33).

4.5 Recapitulación

Se considera que la escasa identificación de las colecciones arqueológicas indígenas en sus contextos expositivos en las instituciones patrimoniales consideradas, aporta a la descontextualización de los Pueblos Originarios en el presente. En este sentido, genera efectos adversos para los procesos de pertenencia colectivos, en tanto que no se encuentra el pasado indígena incorporado al proceso histórico general oficial. Aquel pasado es equiparado, muchas veces, a fenómenos de la Biología, o incluso más lejanos en el contexto de las ciencias naturales, a eventos geológicos y, por ende, del todo desligados de la historia reciente del poblamiento de la región. Es decir, se lo sitúa en un lugar o en un tiempo que hace difícil su integración a una identidad colectiva general. Se considera que la exhibición en conjunto de la fauna local y objetos arqueológicos de las poblaciones indígenas, narrativamente produce una reducción en la lectura de los aspectos culturales de las sociedades originarias. De este modo en algunas de las salas relevadas se destaca un discurso biologicista, donde se presentan a las sociedades indígenas en asociación con la fauna y ambiente regional (MHRS, MHS, MFA, PPET). Desde el punto de vista del discurso, las sociedades humanas también tienen un papel secundario denotado en su ubicación dentro de la institución.

En base a lo descripto, se identificaron diferentes dispositivos materiales que hacen referencia a una vinculación lejana de las poblaciones actuales con respecto al pasado indígena regional. Las instituciones relevadas que no poseen referencias temporales o espaciales relacionadas a las sociedades indígenas nativas, presentan a éstas discursivamente como entidades distantes o incluso "extintas". Este aspecto es de importancia, ya que una adecuada contextualización espacio temporal conllevaría un cambio de perspectiva en el sentido de dejar de lado la imagen de las sociedades originarias como "algo" lejano y no cotidiano.

En cuanto al orden expositivo del discurso museológico, en términos generales se posiciona en un lugar preponderante lo referente a las Campañas del Desierto y la post ocupación regional, es decir las colonias agrícola-ganaderas (principal actividad económica) y la fundación las localidades que perduran en la actualidad, si se lo compara con la temática de las poblaciones prehispánicas. Esto se observa en relación al lugar que ocupan dentro del conjunto del museo el patrimonio histórico post-contacto, a la cantidad de comparativa de piezas exhibidas, y a la mayor correspondencia de la señalética del patrimonio arqueológico histórico exhibido.

No obstante, se reconoce un enorme esfuerzo y el profundo interés de los actores responsables de los museos regionales por enriquecer la historia de sus comunidades y llevar adelante dichos proyectos, en muchos casos con recursos exiguos.

5

Construcción de sentidos del pasado indígena en el ámbito público

*"(...) en la idea de felicidad late inalienablemente la idea de salvación. En la representación del pasado, que es tarea de la historia, se oculta una noción similar. **Hay un secreto acuerdo entre las generaciones pasadas y la nuestra.** Hemos sido esperados en la tierra. A nosotros, como a las generaciones que nos precedieron, nos ha sido dada una débil fuerza mesiánica sobre la cual el pasado tiene un derecho."*

(Benjamín Walter, 2007:66)
(Las negritas son propias).

5.1 Abstract

This chapter presents the results of the surveys and analysis carried out on the social representations of the indigenous past in the public sphere in the Buenos Aires municipalities of Puan, Saavedra and Tornquist. The public sphere is a collective social construction, which stands out for constituting scenarios of disputes where the representativeness of cultural groups is fought through their appropriation and symbolic signalling. The national State, through its government agencies, has selected a set of symbolic references that are used in the public sphere as anchors of the official and dominant memory. These are reflected in various material supports, among which we can include murals, monuments, commemorative plaques, posters, urban and rural toponymy, district shields and flags. The research consisted of formal characterization of the material dimensions of these supports and the critical analysis of their semantic connotations. A total of 123 memory supports located on public roads in the research area were considered, as well as 632 place names, four archaeological sites considered as spaces of memory and included in cultural tourism circuits, and 12 official supports involved in the visual identities of the municipalities. The results obtained in this analysis provided routes to better understand the processes of identity construction and collective memory in the area. In this sense, it was observed that the indigenous populations occupy a peripheral place in the representational field of the public sphere, which is closely linked to the recognition of their rights at present. In this context, a preponderance of monuments linked to the historiographical moment known as Hispanic-indigenous contact or intercultural contact (19th century) was observed. These are materialities whose representations reactivate tributes to characters and recent historical events considered important in the official historical account whose protagonist is the "Conquest of the desert" and the Euro-criolla consolidation of current localities. There is a clear absence of chronologies that exceed two centuries of antiquity and allude to the temporal depth of the indigenous settlement in the area of Ventania. Likewise, representations linking the local archaeological record with today's society were also missing, as well as an absence of references to the laws surrounding the protection of archaeological heritage and to the current indigenous peoples.

5.2 Introducción

Este capítulo tiene por objeto abordar las representaciones del pasado indígena del ámbito público. De acuerdo a ello, un concepto importante a considerar es el de espacio público, en su relación directa con la comunicación social (Sinópoli, 2005). Lo público existe en tanto se desea comunicar algo, es entendido como una construcción colectiva, diversa y abierta que posee tres propiedades semánticas: lo visible, lo abierto y lo común (López, 2017). Los espacios públicos constituyen uno de los principales escenarios de disputas, por medio del cual diferentes colectivos pugnan su representatividad a través de mecanismos de apropiación y marcación simbólica del lugar que ocupan. En los procesos de significación de estas áreas el Estado, a través de los organismos oficiales de gobierno, selecciona referentes simbólicos. Éstos son visibilizados y utilizados como anclajes de la memoria oficial y dominante, respecto a otras posibles subalternas (Pollak, 2006). En esta línea puede mencionarse la utilización de símbolos patrios (*e.g.,* bandera nacional, provincial, distrital), bustos y monumentos de actores considerados próceres en el relato histórico oficial, placas conmemorativas, entre otros ejemplos. De acuerdo a lo expresado, las identidades colectivas se encuentran intervenidas por numerosos referentes de significación plasmados en soportes materiales de diversa naturaleza dentro del ámbito público. Estos inciden en los procesos de construcción de memoria colectiva, siendo a la vez considerados espacios de memoria[1]. Se puede definir un lugar de memoria como toda unidad significativa, de orden material o ideal, de la que la voluntad de los individuos o el trabajo del tiempo ha hecho un elemento simbólico constituyente de la memoria de una comunidad (Nora, 1997). En este sentido, los lugares de memoria pueden ser eminentemente simbólicos (banderas, himnos, entre otros), funcionales (asociaciones, diccionarios, leyes, manuales escolares) o materiales (monumentos conmemorativos, museos, archivos, edificios patrimoniales, así como paisajes). En esta línea, Maurice Halbwachs definió a la memoria colectiva como un conjunto de representaciones del pasado, producidas, conservadas y transmitidas dentro de los grupos sociales (Halbwachs, 2004 [1925]), dentro del cual las imágenes espaciales desempeñan un papel fundamental en la memoria colectiva, otorgando la sensación de estabilidad aún en contextos de crisis sociales. En este capítulo son abordados diversos tipos de soportes de memoria y las representaciones del pasado asociadas a éstos.

5.3 Las representaciones sociales del pasado en el ámbito público

En esta sección se organizaron cuatro subgrupos de soportes de memoria. El primero de ellos, caracterizado por abordar las representaciones emplazados en la vía pública (monumentos, murales, soportes planos, placas y esculturas entre otros). Se incluye dentro de un segundo conjunto a los topónimos urbanos y paisajísticos del área de estudio. Por su parte, la tercera agrupación consiste en una muestra de sitios arqueológicos correspondiente a las sociedades indígenas que habitaron la región en tiempos prehispánicos, y que son actualmente reconocidos por la comunidad. Finalmente, el cuarto subgrupo corresponde a las identidades visuales oficiales de los municipios abordados en este estudio. Las intervenciones culturales plasmadas en los soportes mencionados (subgrupo I a IV), fueron constituidas y aprobadas por los gobiernos municipales del área estudiada y en este sentido portan un carácter oficial. En este sentido, forman parte de la cultura material de las comunidades, cuya doble naturaleza material y simbólica encarnan los modos de ver y concebir el orden institucional como parte de un colectivo más amplio. Asimismo, producen efectos sobre la realidad

social, lo cual permite hablar de la materialidad de los signos (Santander, 2011).

5.3.1 Subgrupo I. Soportes de memoria emplazados en la vía pública

En el área de investigación, se relevaron 123 soportes materiales de memoria ubicados en la vía pública (Oliva, 2020b). El número de casos considerados resulta similar tanto para los distritos de Puan (58) y Saavedra (50). En el distrito de Tornquist, durante los trabajos de campo desarrollados se registraron solo 15 casos, tratándose de una baja considerable en relación a la presencia de estas manifestaciones en el espacio público. Por otra parte, en relación a la tipología de la muestra se observa una predominancia de los monumentos por sobre otro tipo de manifestaciones (Tabla 5.1 y Figura 5.1).

A los fines descriptivos de esta etapa se decidió abordar cada tipo de soporte de memoria por separado.

5.3.1.1 Soportes planos y murales

Se trata de un conjunto de 26 murales plasmados en muros públicos y soportes planos, dispuestos para tales fines,

Tabla 5.1 Cantidad de soportes de memoria relevados distinguidos por tipo y municipio.

Distrito/Soporte	Puan	Saavedra	Tornquist	Total
Mural/soporte plano	13	11	2	26
Monumento	22	25	4	51
Otros	7	5	1	13
Cartelería	16	9	8	33
Total	58	50	15	123

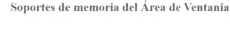

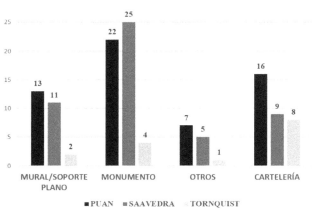

Figura 5.1 Soportes de memoria relevados en el Área de Ventania.

---

[1] A nivel mundial, el concepto de espacio de memoria se utiliza en relación a eventos históricos traumáticos y violentos, tal como el holocausto judío, así como también al caso de la represión franquista en España (Mir Curcó y Gelonch Solé, 2013). En el marco de las dictaduras cívico-militares que se desarrollaron en Sudamérica, se ha implementado esta noción en referencia a los centros de detención clandestinos (Fabri, 2013). Desde una definición amplia de este concepto, se entiende el espacio de memoria como el resultado de procesos sociales en los que interactúan las diversas perspectivas de los actores intervinientes en el diseño de estrategias de gestión del pasado y su puesta en escena. En otras palabras, constituye el ámbito donde se construye, intercambia y yuxtaponen memorias (Guixé Corominas, 2013). En esta oportunidad es utilizado para el abordaje del análisis de las representaciones actuales de las sociedades indígenas que habitaron el área de Ventania en tiempos precoloniales.

Figura 5.2 Variabilidad de murales y expresiones gráficas relevadas. Mural en paredón de un puente en el ingreso a la localidad de Pigüé (arriba); mural ubicado en el Museo Ignacio Balvidares de Puan sobre muro de yeso (abajo izquierda) y representación gráfica sobre soporte plano de hierro ubicado en el bulevar de una avenida de la localidad de Puan (abajo derecha).

que portan expresiones gráficas. A excepción de un único caso dispuesto en la Reserva Natural y Cultural de usos múltiples de la Isla de Puan, se encuentran situados en los tejidos urbanos de las localidades del área investigada. Se ubican en espacios públicos específicos, encontrándose un patrón en la selección de su emplazamiento: cinco se hallan dentro de instituciones museísticas (MIB y Casa de la Historia de Tornquist[2]); tres en los playones de estacionamiento de las terminales de ómnibus de larga distancia (dos en Pigüé (Saavedra) y uno en Tornquist (partido homónimo), dos a la vera de caminos y rutas anexas al ingreso a las localidades del área y finalmente, 16 en plazoletas y bulevares de avenidas principales de las localidades comprendidas en el área de investigación. En relación a su cronología fueron realizados en

distintos momentos posteriores a la década del noventa, específicamente en el período que comprende los años entre 1990 y 2017 inclusive. De las 26 manifestaciones relevadas se consta que 23 continúan en vigencia en diferentes grados de conservación (Figura 5.2).

Respecto a su contenido semántico, son preponderantes las representaciones de paisajes naturales -por ejemplo, la serranía de Ventania y el ámbito rural campestre- y las intervenciones culturales que se dieron en el proceso histórico de poblamiento del área. Dentro de estas últimas, se observan construcciones edilicias tales como ranchos de adobe, mangrullos y cuarteles, la zanja de Alsina, las pilastras del Fuerte y Comandancia de Puan, campamentos militares históricos, y tolderías (Figura 5.3). Por otra parte, se registraron representaciones cartográficas, entre las que se destacan la ubicación de los fortines de la zanja de Alsina (MIB); el mapa de la región de Aveyron en Francia (región

---

[2] Esta institución no fue considerada en el Capítulo 4 por no poseer en exhibición colecciones arqueológicas indígenas.

Figura 5.3 Representación gráfica sobre soporte plano de hierro colocado en avenida de la localidad de Puan. Se puede observar la figura del fortinero, junto a la zanja de Alsina y el mangrullo. Asociado a este se exhibe en su parte trasera la siguiente frase titulada Conquista del Desierto *"¿Avance civilizador o destino natural de nuestra pampa? Conquista, campaña, epopeya, estupenda conquista según los vencedores, genocidio, exterminio, usurpación por parte de los vencidos… (Michelutti César. Cronología para la historia de Puan III)***"**.

Figura 5.4 Murales con representaciones asociadas a las corrientes migratorias que dieron lugar al surgimiento de las localidades actuales. A. Representación en soporte público en Puan. B. Mural sobre pared ubicada en una plazoleta de Pigüé. C. Mural creado por R. C. Tisera y R. Camandon para la terminal de ómnibus de Pigüé. Es una composición dividida en dos partes, en el cuadrante inferior se observa un campo agrícola, en el cuadrante superior se observa a la izquierda la bandera francesa y la silueta de migrantes; a la derecha la bandera argentina y el monolito que señala el lugar donde fue la batalla del Pigüé. Este último a su vez separa por un lado a un soldado y por otro a una figura indígena, la cual se asocia a su vez con las sierras. D. Barco de migrantes, mural realizado por la Comisión del Museo Histórico Regional de Saavedra.

de donde provienen los primeros pobladores de la colonia de Pigüé, ciudad cabecera del partido de Saavedra); y un mapa de la localidad de Pigüé. Igualmente, se identificaron representaciones de símbolos patrios (banderas de la República Argentina), en asociación a banderas de países europeos (Italia, Alemania, Francia) y la representación de embarcaciones marítimas (Figura 5.4).

Cabe señalar que el 35% de los murales presentan elementos vinculados al pasado indígena. En este marco, se observa la representación de figuras humanas caracterizadas como indígenas, fortineros y gauchos. En todos los casos constituyen representaciones masculinas, no hay mujeres y/o niños representados. Se enfatiza el conflicto entre grupos indígenas y eurocriollos mediante

Figura 5.5 Representaciones de figuras masculinas indígenas armadas con lanzas y boleadoras, partido de Puan. Mural sobre pared de una de las salas arqueológicas del MIB (izquierda); representación gráfica sobre soporte de plano de hierro en la Isla de Puan (centro) y representación gráfica sobre soporte de plano de hierro ubicado en un bulevar en la localidad de Puan (derecha).

la representación recurrente de armas, tales como lanzas para las poblaciones originarias, fusiles tipo *Remington* para los militares fortineros, y tanques de guerra para los militares que participaron de la Primera Conscripción. Por otra parte, también aparecen representados los pueblos originarios asociados a la naturaleza, por ejemplo, en escenas vinculadas a la caza utilizando boleadoras y puntas de flecha (Figura 5.5).

Finalmente, algunos murales hacen referencia a eventos conmemorativos, tales como el Mural del Centenario de la Primera Conscripción en Argentina 1896-1996 de la localidad de Pigüé; los murales en alusión al 12 de octubre, día del Respeto a la Diversidad Cultural (ubicado en los ejidos urbanos de Puan y Pigüé) y el mural de la Sociedad Italiana al Centenario de la Fundación de Pigüé 1884-1994 ubicado en dicha localidad.

5.3.1.2 Esculturas y monumentos

Este conjunto se compone de dos esculturas y 49 monumentos, e incluyen manifestaciones realizadas desde la primera década del siglo XX hasta la actualidad. En relación a sus localizaciones, se observó una preponderancia hacia los contextos urbanos, hallándose en este ámbito un total de 34 expresiones. Fueron registradas 12 en el municipio de Puan, dos en Tornquist y 20 en Saavedra. Asimismo, sobre un total de 16 casos localizados en contextos rurales, diez se ubican en el distrito de Puan, uno en Tornquist y cinco en Saavedra.

Entre las **ubicaciones**[3] más frecuentes, se hallaron 11 en las veras de los caminos rurales vecinales, adyacentes a campos y estancias rurales; cinco sobre las rutas de acceso a las localidades del área (en la RN33, RN64 y RP67); seis en las plazas principales de las localidades cabeceras

-cuatro en la Plaza de la Patria de Puan, uno en la Plaza Adolfo Alsina de esta localidad, otro en la plaza Ernesto Tornquist de dicha localidad-; tres en parques municipales -uno en el parque Municipal de Saldungaray, uno en el parque Municipal Fortunato Chiappara de Pigüé, otro en el parque municipal de Dufaur- y el resto se encuentran situados sobre plazoletas, calles y avenidas principales, y en asociación a las terminales de ómnibus de las localidades del área de investigación.

En relación a su **cronología** se hallan representadas todas las décadas del siglo XX. Entre los monumentos más antiguos en el ámbito urbano, se destacan el de Ernesto Tornquist en la plaza que lleva su nombre en dicha localidad que data de 1911 (Figura 5.6). Asimismo, forma parte de los registros más antiguos el monumento a Adolfo Alsina edificado en 1914 (Puan) y el monumento a Clement Cabanettes (1910-1925).

El monumento a Adolfo Alsina fue elaborado por Emilio T. Andina, en el año 1914 en la ciudad de Buenos Aires. Posteriormente fue colocado en la plaza llamada desde el año 1896 Augusto Ibarzabal en honor al ese entonces intendente del distrito, luego plaza Rivadavia y finalmente Alsina. Se destaca la representación de diferentes elementos simbólicos como las hojas de laurel emblema de la victoria, en su mano izquierda un conjunto de papeles que rezan "DESIERTO" en relación a la construcción de un territorio vacío y su apropiación; en su mano derecha el sable, arma utilizada en los enfrentamientos bélicos entre los pueblos originarios y el ejército nacional. Se observa también en detalle la indumentaria típica del ejército oficial. Asociado a su figura se encuentra un sobrerrelieve de bronce con una escena compleja. En un extremo aparecen dos hombres uno de los cuales sostiene la rueda de la industria y el otro el arado (elementos asociados a la idea de progreso). Una tercera figura femenina representa a la victoria, sostiene con una mano el laurel de la victoria y en la otra señala al malón de indios desplazado por la civilización. Asimismo, se encuentra señalando a los personajes masculinos el

---

[3] Las variables propuestas en el capítulo metodológico (Capítulo 3), presentadas aquí fueron resaltadas en negrita para facilitar su identificación al lector.

Figura 5.6 Monumento a Ernesto Tornquist en la plaza que lleva su nombre, localidad de Tornquist, partido homónimo.

campo para su trabajo, al lado tiene al sol resplandeciente (un amanecer) que ilumina el destino de la patria. En el extremo opuesto del sobrerrelieve se observa al ejército embistiendo contra el enemigo el cual no es representado en la placa. Cabe destacar que este monumento se encuentra acompañado por un conjunto de placas conmemorativas de bronce, colocadas con posterdad a la inauguración al monumento, que expresan "*Provincia de Buenos Aires en el Centenario de la Campaña Expedicionaria al Desierto 1879 Puan 1979*" y "*Homenaje de Puan nos une 10 de octubre de 1953*" (Figura 5.7).

Por su lado, la construcción de monumento a Clemente Cabanettes se inició en 1910 y culminó con su inauguración en la localidad de Pigüé en 1925[4] (Figura 5.8). Se compone, en la cúspide una estatua de bronce que muestra a la figura de Cabanettes de pie vestido con su redingote orientando su mirada hacia la estación de trenes, alzando su mano en señal de bienvenida a los colonos que llegan a Pigüé. Se destaca en su base placas de bronce en las que puede leerse

escrito en francés el año de su nacimiento y el año en que se fundó Pigüé. Asimismo, se observa la presencia de un cofre colocado a posteriori (en el año 1960) que contiene tierra de Aveyron, Francia.

Si bien se considera que no se puede realizar una relación directa entre lo que pudieron expresar dichos referentes en sus contextos históricos particulares de emplazamiento, con lo que enuncian en la actualidad, los municipios cumplen con las tareas de su mantenimiento, preservación y difusión. Igualmente, estos soportes constituyen los escenarios donde se despliegan importantes actos públicos y ceremonias locales[5]. En este sentido, se sostiene que las representaciones que portan son reactivadas, con la posibilidad generar nuevas significaciones, y por tanto continuar vigentes en el contexto actual.

Por otro lado, se tuvieron en cuenta los monumentos emplazados en el ámbito rural, entre los más antiguos se

---

[4] Este monumento se encuentra entre los primeros realizados en la localidad de Pigüé por el reconocido artista franco argentino Numa Camille Ayrinhac. Artista consagrado que nació en Espalión en el año 1881 y formó parte de una de las familias fundadoras que migró en 1884 para constituir la colonia Pigüé. Se lo conoce, entre otras obras por los retratos que realizó a Juan Domingo Perón y Eva Duarte. En la localidad de Pigüé, confeccionó también el monumento a la figura de Eduardo Casey (1934), el monumento de los hijos a los padres (1934) y el monumento de la mujer a los primeros pobladores (inaugurado en la década de 1930).

[5] Por ejemplo, en el monumento a Clemente Cabanettes se colocan flores en el marco del día Nacional de Francia (14 de julio) en la que se conmemora la Toma de la Bastilla. Desde el año 1999 en la localidad de Pigüé se celebra el mes de Francia. Esta ceremonia que se inicia con el reconocimiento a los fundadores de la localidad, incluye un amplio abanico de actividades que varían anualmente. Entre otras prácticas culturales pueden mencionarse a los actos oficiales, conferencias, muestras fotográficas, obras de títeres, cursos de gastronomía francesa, seminarios sobre vinos, espectáculos de música Celta Bretona, grupos de jazz y danzas folclóricas aveyronesas, y espectáculos. Éstas son organizadas por la Alianza Francesa, el Amicale de Intercambios, la Sociedad Francesa y la Municipalidad de Saavedra (Zuccarini, 2014).

Figura 5.7 Monumento a Adolfo Alsina en la plaza que lleva su nombre, Puan. Vista general del monumento, de fondo se observa la torre de la Municipalidad de Puan (izquierda). Detalle de los laureles que simbolizan la victoria y los papeles de "propiedad" sobre el "Desierto" (centro arriba); caracterización del vestuario y armamento del ejército nacional (centro abajo). Escena de figuras que representan la idea de progreso. Además de una figura femenina simbolizando a la victoria, quien señala al malón de indígenas corrido por la civilización (izquierda arriba). Ejército criollo galopando al amanecer, representa el avance civilizatorio embistiendo contra el enemigo el cual no es representado en la placa (izquierda abajo).

Figura 5.8 Monumento de Clemente Cabanettes en Pigüé, cuya autoría corresponde al artista Numa Ayrinhac, inaugurado el 29/03/1925 (izquierda). Cofre con tierra de Aveyron (centro) y detalle en bronce que destaca el año de nacimiento de la figura reconocida (derecha).

Figura 5.9 Elementos indígenas representados en soportes de memoria públicos. A. Monumento que representa a un fortinero y un indígena de espaldas en acceso a la localidad de Saldungaray, Tornquist. B. Escultura realizada en madera de una figura antropomorfa con rasgos indígenas en Pigüé (Saavedra). C. Monolito con placa "Pichihuinca 28-07-65" (Puan). Se trata de un soporte en honor al oficial del Ejército Nacional quien optó por la identidad indígena pese a que registros históricos lo señalan como de origen criollo (cuyo nombre era Manuel Ferreyra). Estuvo a cargo de un contingente de lanceros indígenas que sirvieron a los propósitos del gobierno nacional. D. Capilla en agradecimiento a Ceferino Namuncurá, ubicada dentro del predio del Hospital Municipal de Puan. Cabe destacar que esta figura fue un joven mapuche convertido y aspirante al sacerdocio, considerado un beato por la iglesia católica.

encuentra el monolito a la Primera Conscripción Argentina colocado en el cerro Cura Malal Chico en 1936 (Saavedra).

Respecto a los **materiales empleados** para la constitución de los monumentos relevados, se observó el uso de bronce para bustos y figuras de personas históricos; hormigón para los monolitos de señalización de lugares emblemáticos y estructuras encofradas; adobe para reconstrucciones de fortines y ranchos; así como hierro, ladrillo y madera en menor medida.

En relación al **contenido semántico** de los casos relevados se observó la preponderancia de la representación de un conjunto de elementos que a continuación se detallan:

Elementos indígenas: Se observaron por un lado figuras humanas masculinas -*e.g.,* en el monumento de acceso a la localidad de Saldungaray (Tornquist); en el monumento a Ceferino Namuncurá en Puan y en un sobrerrelieve de una placa que acompaña al monumento del Coronel Salvador Maldonado de Puan. Asimismo, también se registró un caso de figuras antropomorfas (*e.g.,* monumento con

rasgos indígenas en plaza de Pigüé) (Figura 5.9). Un segundo grupo de monumentos referidos a los Pueblos Originarios se encuentra caracterizado por un monolito conmemorativo al Cacique Pichihuinca (Puan), una placa conmemorativa al Cacique Lorenzo Calpisqui de Saldungaray y en último lugar la presencia de guarda pampa presente en el monumento al ingreso de la localidad de Puan y en la plaza Alsina de dicha localidad (Figura 5.7).

• Figuras vinculadas a las campañas militares del área, al avance de la frontera sur y la consolidación del Estado Nación. Por ejemplo, el monumento al Sargento Juan Bautista Cabral (año 1813), al comandante de San Lorenzo y el Monumento al Coronel Nicolás Granada (vencedor de la Batalla de Pihüé 1858 en Pigüé). Forman parte de este grupo también, el monumento descripto a Adolfo Alsina y a Salvador Maldonado[6] (Figuras 5.7 y 5.10).

---

[6] Salvador Maldonado fue una importante figura militar, quien fue participe de las campañas militares conocidas como "Conquista del

Figura 5.10 Monumento a Salvador Maldonado, ubicado frente a la antigua estación de ferrocarril y actual estación de ómnibus de Puan (izquierda). Sobrerrelieve en el cual se observa de izquierda a derecha tres figuras masculinas. Estas se encuentran caracterizadas como un soldado fortinero, un gaucho y un indígena (los personajes de la gesta histórica). Este último a diferencia de los otros dos personajes se encuentra descalzo y sin ropa en su parte superior. De fondo se encuentran representadas las pilastras de ingreso al Fuerte y Comandancia y una vivienda (derecha arriba). Sobrerrelieve de la vista de la localidad de Puan siendo observada por tres personajes. Uno de ellos con una antorcha iluminando la escena (representando la iluminación), otro con un báculo y un niño con la Biblia en la mano. Representan los colonizadores con la antorcha que ilumina al futuro con el fondo urbano, la ciudad como símbolo de civilización (derecha abajo).

- Figuras históricas responsables del proceso colonizador de la zona: monumentos a Francisco Issaly, Clemente Cabanettes, Eduardo Casey para Pigüé y a Silvano Dufaur (Saavedra); monumento a Ernesto Tornquist (Tornquist).
- Fechas conmemorativas: Monumentos "*A la primera Conscripción Argentina 1896*" (Saavedra); a "*los 500 años del descubrimiento de América*" (Puan); Al "*Centenario de la creación de Pigüé*" (Saavedra).
- Señalamiento de espacios históricos: En este grupo se incluyen ocho monolitos que señalan el lugar de emplazamiento de los fortines que formaron parte de la frontera sur a fines del siglo XIX. Asimismo, forman parte de este grupo las réplicas y reconstrucciones de fortines -*e.g.,* Fortín Pavón de Saldungaray en Tornquist; cuartel, zanja y mangrullo de camino vecinal en Puan; reconstrucción de mangrullo en Plaza de la Patria de Puan-. Por último, también son incluidos los monumentos a lugares de batalla tales como el

Monolito de la Batalla Curamalal Grande (año 1877) y el Monolito de la Batalla de Pigüé (año 1858) ambos ubicados en el distrito de Saavedra (Panizza y Oliva, 2020a).

Asimismo, cabe destacar la presencia de monumentos análogos en las localidades cabeceras del partido de Puan y Saavedra. Tal es el caso de dos monumentos dedicados al Coronel Salvador Maldonado y al Soldado desconocido, soportes de memoria en honor a todas las personas que perdieron la vida durante la "Campaña al Desierto" (Puan y Pigüé). Finalmente, se registró la presencia de dos cofres en los ejidos urbanos de estas mismas localidades, Una de ellas, contiene tierra de Aveyron y lo acompaña una placa que dice "*Cofre conteniendo tierra de Aveyron. Suelo natal del contingente fundador. Recogida por el senador nacional Dr. Augusto Bayol. 4/12/1960*". La otra, conserva objetos de los pobladores actuales colocados en el año 2007 para su apertura en el año 2032. En ambos casos se trata de nexos entre pasado, presente y futuro, en el cual el monumento constituye un espacio de encuentro y

---

Desierto" y responsable de la instalación del Fuerte y Comandancia de Puan en 1876.

Figura 5.11 Reconstrucción del Fortín Pavón de Saldungaray (Tornquist). Fotografía gentileza de Gimena Devoto.

convergencia espacio-temporal entre las comunidades que habitan un mismo territorio.

Entre las **motivaciones** se destacan los reconocimientos oficiales a las campañas militares desarrolladas en el área a fines del siglo XIX. Particularmente, ocho monumentos buscaron reproducir la ubicación real que tuvieron los fortines de la División Costa Sud desde el norte del partido de Puan, en lo que actualmente es la localidad de Erize, hasta el sur de las lagunas Las Encadenadas en el actual límite entre los partidos de Saavedra y Tornquist. En el año 1986 un grupo de vecinos de la localidad de Puan -César Michelutti, Carlos Castello Luro, Armando Nervi y Carlos Moscardi- relevaron su ubicación y colocaron monolitos de cemento junto a una placa de bronce para señalar estos espacios de memoria. La marcación de estos lugares se desarrolló bajo la circunstancia de la elaboración de un film documental (*La Incomprendida*), el cual narró la historia del distrito de Puan en su centenario. En este marco, se confeccionó también un mapa de la línea de frontera, y se fotografiaron las localizaciones de los fuertes y fortines. A partir de este antecedente histórico, se formó en el año 1986 el Grupo de Recordación Histórica, quienes estuvieron a cargo de las futuras intervenciones en estos espacios en ceremonias como la Marcha Evocativa por la línea de fortines (Oliva, 2020a).

En virtud de lo expresado, se considera que una de las motivaciones consistiría en la búsqueda de la recreación de la arquitectura militar de fines de siglo XIX. En este sentido, se reconstruyeron cuarteles, mangrullos y fosos aludiendo a la zanja de Alsina, por ejemplo, la reconstrucción del Fortín Pavón en Saldungaray partido de Tornquist, entre otros casos relevados (Figura 5.11). Una cuestión importante a considerar es que las representaciones presentes en estos soportes de memoria son activadas por ceremonias y peregrinaciones a estos espacios (Oliva, 2020a) y por la promoción mediante políticas municipales de turismo cultural (*e.g.,* visitas a fortines reconstruidos, entre otros). Igualmente, entre las intenciones de los monumentos se destaca el señalamiento de los lugares de batalla entre el Ejército nacional y los grupos indígenas (monolito de la batalla del Pigüé) (Panizza y Oliva, 2020a); así como también las celebraciones del origen de las localidades actuales (monumento a la ciudad de Pigüé en el 75° Aniversario y monumento por el Centenario de Pigüé en el partido de Saavedra).

Finalmente, un último aspecto a considerar fue el **marco jurídico** que interpela a los monumentos relevados. En primera instancia aquellos monumentos que poseen valor historiográfico con una antigüedad igual o superior a los cien años pueden ser interpretados por la Ley Nacional

Construcción de sentidos del pasado indígena en el ámbito público

25.743/03 como parte del patrimonio arqueológico en contexto. Desde esta perspectiva, los monumentos más antiguos mencionados como el de Ernesto Tornquist (1911), Adolfo Alsina (1914) y Clément Cabanettes (inició su construcción en 1910) se consideran bienes patrimoniales. Asimismo, otros casos poseen propias declaratorias de interés patrimonial. Por ejemplo, la Plaza de la Patria del partido de Puan[7], dentro de la cual se hallan cuatro monumentos históricos-al Soldado Desconocido, la reconstrucción de un mangrullo, una réplica de la zanja de Alsina y el escudo de la República Argentina- fue declarada Monumento Histórico Nacional. Esto se debió a causa de que, en el año 1968, en el transcurso de trabajos efectuados en esta plaza, fue descubierto un conjunto de entierros humanos que aún presentaban restos de vestimentas, de calzado (botas), botones, hebillas, además de observarse restos de clavos y maderas (Panizza y Devoto, 2018; Panizza *et al.*, 2019). Indagaciones en el área arrojaron como resultado que se trató del antiguo cementerio de la Comandancia y Fuerte de Puan datado de fines de siglo XIX. Algunos de los materiales recuperados en esa ocasión se conservan en el Museo Ignacio Balvidares de Puan y en el monumento y monolito emplazado en la misma Plaza de la Patria. Las investigaciones realizadas por la Dirección de Asuntos Históricos del Ejército contabilizaron 29 sepulturas, de las cuáles 16 habrían pertenecido a soldados y 13 corresponderían a indígenas de Pichi Huinca quienes habrían perdido la vida en combate (Rodríguez 1968; Panizza y Oliva, 2020b).

Igualmente, el campo donde se desarrolló la batalla de Pigüé en 1858 -terreno en el cual según las fuentes oficiales se quebrantó el poderío del cacique Calfucurá- posee un monumento que fue declarado Monumento Histórico Nacional en el año 1945. Así como también dentro del partido de Saavedra, el monolito a la Primera Conscripción Argentina, ocurrida en las sierras de Curamalal (Pigüé) en 1896, posee una declaración de Sitio Histórico Nacional (Decreto 4314/51) (Figura 5.12).

5.3.1.3 Otros soportes de memoria del ámbito público

Esta categoría incluye otros soportes de memoria del ámbito público emplazados tanto en contextos urbanos como rurales (nueve y cuatro casos respectivamente). Se trata de un conjunto de 13 manifestaciones materiales, muy heterogéneas en cuanto a su materialidad, que se encuentran vinculadas a la representación de los primeros pueblos indígenas que habitaron la región y a estos grupos

durante el contacto intercultural (indígena-eurocriollo). Entre los casos relevados se encuentran referentes materiales del siglo XIX que son exhibidos en la vía pública. En el partido de Puan, pueden mencionarse el cañón Aker del año 1834 que se localiza en un bulevar de una avenida céntrica de la localidad de Puan; un mojón del año 1882 mandado a colocar por Dardo Rocha; carros y galeras históricas; herramientas de tracción a sangre utilizadas para las actividades agrícolas, entre otros ejemplos. Una situación similar es observada en el partido de Saavedra, donde se exhiben cañones militares, uno junto al monolito a la Primera Conscripción tanto en el cerro Cura Malal (lugar de batalla) y otros dos en el monumento a la Primera Conscripción emplazado dentro de la localidad de Pigüé (Figura 5.13). De igual modo, se registró la presencia de carrocería del siglo XIX exhibida en el Parque Municipal Fortunato Chiappara de esta localidad. Asimismo, en todos los partidos se destacó la presencia de placas conmemorativas en espacios de memoria, dirigidas a figuras emblemáticas de la historia oficial regional.

En relación al contenido semántico de este grupo, se trata de representaciones, en algunos casos, caracterizadas por las apropiaciones de símbolos indígenas plasmados en la arquitectura pública. Un ejemplo de ello es la presencia de la guarda pampa en la vereda de la Plaza Alsina de Puan y en otros soportes públicos (*e.g.,* cartelería de *wifi* municipal *epu antu* de Puan) (Figura 5.14). Asimismo, como se mencionó previamente se destaca la exhibición de artillería correspondiente a las campañas militares desarrolladas en área de estudio; de herramientas y carros de época, así como también de placas conmemorativas (Homenaje a los legendarios soldados de la Campaña del Desierto 1879 del Fuerte Argentino; a Lorenzo Calpisqui en la localidad de Saldungaray). Asimismo, en este grupo se incluyó a un Caldén histórico (planta nativa vinculada a las sociedades indígenas), el cual fue declarado árbol simbólico del partido de Puan.

Cartelería

Por último, se abordan las representaciones presentes en la cartelería pública oficial. Se trata de un conjunto compuesto por 33 soportes emplazados tanto en los tejidos urbanos -nueve en el partido de Saavedra, once en Puan y seis en Tornquist- como en contextos rurales (cinco en Puan y dos en Tornquist). Estos últimos se ubican en los márgenes de las rutas de acceso a las localidades y dentro de las reservas naturales del área (PPET y la Reserva Natural y Cultural de usos múltiples de la Isla de Puan). Los soportes relevados fueron colocados por los municipios durante las últimas cuatro décadas, hasta la actualidad. Mayoritariamente se encuentran vinculados a hitos históricos que se buscan referenciar, así como al señalamiento de espacios considerados relevantes para la memoria colectiva de las localidades del área investigada.

Se trata de un conjunto heterogéneo, entre los que se observan:

---

[7]   En Puan se constan con las siguientes Declaratorias Municipales:
Zona fundacional de Puan: Incluye a la Plaza de la Patria y manzanas circundantes y fue declarado Bien Cultural de Interés Municipal (Ordenanza 4053/06)
- Plaza Adolfo Alsina: Declarada Bien Cultural de Interés Municipal (Ordenanza 4053/2006).
- Zanja de Alsina y réplica construida en la Plaza de la Patria: Declaradas de Interés Municipal (Ordenanza 2739/2001)
- Mojones que señalan lugar de emplazamiento de los fortines de la zanja de Alsina: Declarados de Interés Municipal (Ordenanza 6176/2015).
- Monumento de Adolfo Alsina Plaza de Puan: Declarado de Interés Municipal (6048/2014).

Figura 5.12 Soportes de memoria públicos con Declaratorias de Interés Histórico. Monolito a la Primera Conscripción Argentina inaugurado el 15 de abril de 1936 (arriba). Réplica a las pilastras del Fuerte y Comandancia de Puan, reconstrucción de un mangrullo y monumento al soldado desconocido en la Plaza de la Patria de Puan (abajo).

En Puan referencias directas a sitios arqueológicos y a los pueblos indígenas. Por ejemplo, la referencia que señala los cinco sitios arqueológicos de la isla de Puan; otros dos carteles que indican el hallazgo de un esqueleto humano en el Sitio 1 y de un escondrijo de materia prima de la Isla de Puan y de los afloramientos cuarcíticos de la Isla de Puan; otro cartel que indica el área restringida del sitio arqueológico en la Laguna de Puan.

• Referencias a construcciones donde lo indígena no figura explícitamente. Por ejemplo, el cartel que señala al Rancho de Barro de Dufaur (Saavedra, Bien Patrimonial Ordenanza N°6722/2018) donde vivió una familia indígena en tiempos históricos, aunque este aspecto no es mencionado; otro cartel que indica la existencia de una cueva con arte rupestre en el PPET)[8].

• Soportes dirigidos a representar los momentos de contacto intercultural entre las sociedades indígenas y las eurocriollas en el marco del avance del Estado nacional.

Estos últimos alusivos al contacto intercultural son mayoritarios. En uno de ellos puede leerse por ejemplo

---

[8] El análisis de la cartelería en sitios arqueológicos indígenas es abordado en mayor profundidad en el inciso referido a sitios arqueológicos de este capítulo.

Figura 5.13 Soportes de memoria históricos militares del área de estudio. Cañón Aker 1834, dispuesto en un bulevar de Puan en el año 2000 luego de ser hallado próximo a la Zanja de Alsina, entre los fortines Díaz y Escudero (izquierda arriba). Cañón militar exhibido en Parque Municipal Fortunato Chiappara (izquierda abajo). Monumento a la Primera Conscripción Argentina de la localidad de Pigüé, en el cual puede observarse a ambos lados la presencia de dos cañones (derecha).

Figura 5.14 Otros soportes de memoria emplazados en el ámbito público. Vereda en Plaza Alsina con guarda pampa representada (Puan); carro de transporte del Parque Fortunato Chiappara (Pigüe) y mojón de la Gobernación de Dardo Rocha de 1882 (Puan).

que *"El 5 de junio de 1876 llega el Coronel Salvador Maldonado e instala su campamento militar con rango de Comandancia. Esta fue la Plaza de Armas fotografiada por primera vez por el italiano Antonio Pozzo quien formó parte de la comitiva del General Roca en el año 1879. Una curiosidad hasta 1885 estuvo rodeada por un alambrado y a principios de 1886 por cadenas sostenidas por palos de caldén".*

Otro ejemplo en el partido de Puan, lo constituye un cartel colocado sobre la ruta de acceso a la localidad (RP67). En este puede observarse el siguiente mensaje plasmado:

" Al pasar el Gral. Roca en 1879 por aquí, se hallaba establecida, detrás del arroyo Pichincay la toldería del cacique pampa Pichihuinca, quien tenía 50 lanceros al servicio de la guardia nacional". El mismo, da cuenta

de la localización de una toldería indígena asentada ahí porque los lanceros formaban parte de las fuerzas oficiales pertenecientes al Fuerte y Comandancia de Puan desde su instalación en 1876. El encuentro con J. A. Roca, se desarrolló como parte del movimiento del ejército en la campaña al desierto de 1879. En este contexto el cacique Pichihuinca se encontraba al servicio de la guardia nacional y como se expresó previamente se trataba de un cacique blanco que adoptó un nombre propio de las comunidades indígenas junto a las que vivía (Michelutti, 2009; Salomón Tarquini, 2011) (Figura 5.15)[9].

---

[9] Recientemente este cartel fue reemplazado a causa de su destrucción por la acción de fuertes vientos. En el marco de su reemplazo se reactualizó su contenido dando un mayor énfasis a la biografía del Cacique Pichihuinca. En este puede leerse *"Referencia Histórica. Espacio de asentamiento del Cacique Pichihuinca y su tribu. Llegó a Puan en 1876 junto al Coronel Salvador Maldonado y permaneció en el lugar hasta 1881. Intervino en los combates de la Tigra, Horquetas del*

Figura 5.15 Cartelería de marcación histórica del espacio público en el Área de Ventania. Referencia Histórica en contexto urbano (Puan). Señala sitio en el cual se estableció la división costa sur del Ejército, así como las pilastras que daban acceso a la Comandancia (izquierda). Referencia Histórica sobre RN 67 que indica la ubicación de la toldería del cacique Pichihuinca (centro). Referencia Histórica sobre laguna de Puan, señala la campaña militar desarrollada en 1833, donde se observó a "la indiada". Asimismo, este cartel da cuenta de las características geológicas de la Isla de Puan, de los sitios arqueológicos e históricos que allí radican y la ordenanza que la declara una Reserva Natural Municipal de usos múltiples (derecha).

Otra referencia colocada en la Plaza Alsina junto a otros tres carteles, señalan las características del Fuerte y Comandancia de Puan, y la presencia en el área primero del Coronel Salvador Maldonado, y luego de Antonio Pozzo y J.A. Roca. Un tercer ejemplo de las referencias que dan cuenta del contacto intercultural, lo constituye aquella colocada por la Comisión de Reafirmación Histórica Bahía Blanca sobre la Ruta 76 próximo a la localidad de Tornquist que expresa " *Referencia Histórica. Próximo a este lugar, hallo la muerte en manos de los indios el 25 de marzo de 1785, a los 45 años de edad, el primer piloto de la Real Armada y de las Costas Patagónicas Don Basilio Villarino y Bermúdez, adjunto a la expedición de estudio del Rio Negro comandada por el superintendente de Carmen de Patagones Don Juan de la Piedra, fallecido el día anterior".* En este caso, la representación de lo indígena y del vínculo con la población europea es negativa, ya que se señala el espacio donde se dio muerte a un marino español de la Real Armada Española.

En otras palabras, se eligió recordar una muerte, y no que los indígenas realizaron tal acción como represalia a un hecho anterior, y que además el cacique Chanel o Negro le perdonó la vida al resto del grupo y los mandó de vuelta solicitando respetar los tratados firmados (De Marco, 2013; Hux, 2004; Raone, 1969).

Otras referencias registradas son aquellas que mencionan los atributos de los fortines del siglo XIX (*e.g.,* dos carteles se encuentran señalando las características del Fortín Pavón en Saldungaray). Además, se registró en Puan una

referencia histórica adyacente a la réplica de un fortín que expresa *"Réplica en escala natural de fortín de los que se levantaban a la vera de la zanja de Alsina en 1876. Un zanjón circular servía de cerco y en el centro un rancho de refugio para el vigía".* En estos casos se encuentran orientadas a caracterizar las estructuras edilicias del fortín.

De igual modo, también son preponderantes las señalizaciones y marcaciones en el trazado urbano que formaron parte del proceso fundacional de las localidades del área de estudio. Por ejemplo, en la localidad de Puan se encuentra referenciada la Calle del Comercio que abastecía el campamento militar de 1876, la manzana fundacional donde se asentó la Comandancia (Figura 5.15 A); la histórica plaza Alsina; así como también se informa la localización de la Escuela N°1 Domingo Faustino Sarmiento (Bien Cultural de Interés Histórico, Ordenanza 4986/2010) y la Sociedad Española de Socorros Mutuos que funcionaron en esta localidad desde el año 1886. En el partido de Saavedra se registró un conjunto de carteles dentro de la ciudad de Pigüé que hacen alusión a las principales instituciones que dieron lugar al proceso de colonización del área. Estas son las referencias históricas a la Primera Cooperativa Agrícola de Seguros contra Granizo de Latinoamérica (año 1898), la Casa de Mary Gorman (año 1884), la Sociedad Francesa (año 1891, declarada Bien Patrimonial ordenanza N°6238/2014), la parroquia de Pigüé (año 1900, Bien Patrimonial ordenanza N° 5819/2010). Asimismo, en la localidad de Dufaur se registraron otros dos sitios históricos recientemente referenciados (año 2019), correspondientes a fines de siglo XIX. Éstos son el sitio arqueológico la fonda de Doña Ana S. XIX y el embarcadero de hacienda (año 1883). Por su parte, en el distrito de Tornquist otras señalizaciones públicas importantes son aquellas que dan cuenta del

---

Sauce y Paraguil apoyando al Ejército Nacional. Falleció en General Acha el 10/09/1900". De modo que la nueva cartelería coloca el foco sobre Pichihuinca y no sobre la figura de Julio A. Roca.

trazado Histórico del Tren Trocha Angosta que une la Estación Ferrocarril Sud (1913-1920) con el Club Hotel de la Ventana (1911), ya que dan cuenta del proceso de poblamiento de la región.

5.3.1.4 Análisis de murales, esculturas y monumentos

Para analizar las representaciones detalladas en la etapa descriptiva, se procedió a realizar un nuevo agrupamiento comparativo de los casos considerados. Este se basa en la formación de conjuntos en base a la vinculación temática de su representación en relación a un momento historiográfico determinado. De acuerdo a lo expresado, se proponen cuatro conjuntos. El primero de ellos compuesto por los casos que remiten al poblamiento indígena en momentos previos a la ocupación eurocriolla. En este grupo se ubican 14,65 % de las representaciones relevadas, hallándose mayoritariamente en el distrito de Puan (Tabla 5.1). Asimismo, se destaca que se encuentran emplazadas principalmente en soportes planos, murales y cartelería. Son ejemplo de este conjunto en Puan las referencias a la ocupación indígena próximas a la Laguna e Isla de Puan; la pintura de una toldería ubicada en una de las avenidas principales de la localidad de Puan; el nombre de Ceferino Namuncurá inscripto en la entrada del Parque Municipal; en Saavedra la reconstrucción de un rancho de adobe localizado en Dufaur, en el cual se tiene conocimiento que vivió una familia indígena en tiempos históricos. El segundo grupo incluye a las representaciones que refieren al contacto intercultural producido entre las sociedades indígenas y las eurocriollas. Forman parte de este conjunto el 12,9 % del total (Tabla 5.2). De forma semejante al conjunto anterior son mayoritarias estas representaciones en los monumentos del distrito de Puan (Tabla 5.1). Pueden mencionarse como ejemplos de representaciones donde se muestran en interacción integrantes de pueblos

indígenas y eurocriollos, algunos murales presentes en los ejidos urbanos de las localidades de Puan y Saavedra, y en el interior del MIB (ver figura 5.5).

El tercer grupo contiene a las representaciones alusivas a la primera y especialmente segunda mitad del siglo XIX, cuya principal temática es el avance y consolidación del Estado nacional. Corresponden a este conjunto el 40,65% del total de casos relevados, plasmándose principalmente en monumentos ubicados en el distrito de Puan y murales en el distrito de Saavedra (Tabla 5.1). Son ejemplo de este conjunto, los monolitos que señalan la ubicación original de los fortines que formaron parte de la avanzada del Estado nacional (en el partido de Saavedra y Puan); el monumento al Soldado Desconocido de la localidad de Puan, bustos y monumentos a personaje militares históricos destacados (*e.g.,* Adolfo Alsina, Coronel Salvador Maldonado, Coronel Nicolás Granada), urna donde se encuentran resguardados los restos óseos hallados en el cementerio militar de fines de siglo XIX hallado en la Plaza de la Patria de Puan, entre otros ejemplos (Figura 5.16).

Finalmente, un último agrupamiento corresponde a las representaciones que expresan acontecimientos del desarrollo de los pueblos. En otras palabras, aquellas expresiones que refieren a hitos y personajes de la historia oficial regional de la última década del siglo XIX y la primera mitad del siglo XX. Constituyen este grupo el 32,52 % de los casos, siendo mayoritarias las representaciones plasmadas en monumentos del partido de Saavedra. Entre otros ejemplos, puede mencionarse en Puan la exhibición de carros históricos y de herramientas propias de las labores agrícolas de la época fundacional, así como referencias a edificaciones históricas como la de la Sociedad Española de Socorros Mutuos (1886);

Tabla 5.2 Clasificación temática de las representaciones relevadas en los soportes públicos de los municipios del Área de Ventania.

Partido	Tipo de soporte	Campo de representación			
		Poblamiento indígena pre contacto	Contacto intercultural	Avance y desarrollo del Estado Nación	Desarrollo de las localidades
Puan (N=58)	Mural y soporte plano	4	4	3	2
	Monumento	2	3	17	0
	Otros	3	0	2	2
	Cartelería	4	1	5	6
Saavedra (N=50)	Mural	2	0	3	6
	Monumento	2	2	11	10
	Otros	0	0	3	2
	Cartelería	0	1	2	6
Tornquist (N=15)	Mural	0	0	0	2
	Monumento	0	1	1	1
	Otros	0	1	1	0
	Cartelería	1	2	2	3
Total		18	15	50	40

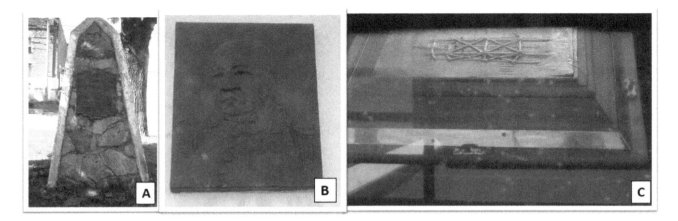

Figura 5.16 Soportes de memoria alusivos al avance y consolidación del Estado nacional. A. Monolito de la "Avanzada civilizadora" colocado el 10/11/1946 en la localidad de Puan (Puan). Contiene una placa que dice "Homenaje de la Municipalidad, inspectores y maestros a la avanzada civilizadora que en estos parajes levantó el fuerte de Puan". B. Monumento al Coronel Nicolás Granada colocado el 4/12/1965 en Pigüé (Saavedra). Posee una placa que expresa "Coronel Nicolas Granada Vencedor de la Batalla de Pigüé 15 y 16 de febrero de 1858". Autor, Escultor Ángel María de Rosa. C. Urna que contiene restos óseos exhumados del Cementerio Militar de Puan.

Figura 5.17 Soportes de memoria alusivos al desarrollo de las localidades actuales y el proceso migrante eurocriollo. A. Placa de bronce colocada en el monumento Homenaje de la Mujer a los Primeros Pobladores Pigüé (Saavedra), obra de Numa Ayrinhac. B. Mural colocado por la Asociación Italiana en la localidad de Pigüé (Saavedra). C. Cartelería presente en el Hotel de la Ventana (1911) (Villa Ventana, Tornquist), referente al ferrocarril Trocha Angosta.

en Saavedra referencias históricas como a la Primera Cooperativa Agrícola del año 1898, murales que muestran las actividades agrícolas ganaderas, o que dan cuenta del proceso de migración europea a la región, y en Tornquist la cartelería alusiva al Trazado Histórico del Tren Trocha Angosta 1913 a 1920 (Figura 5.17).

Respecto a la ubicación de los soportes de memoria analizados, cabe destacar que aquellos dedicados a evocar hitos y personajes del avance y consolidación del Estado nacional en la región, así como los alusivos al desarrollo de las localidades actuales, ocupan un lugar central dentro de los trazados urbanos. Se trata principalmente de monumentos (por sobre otro tipo de soportes), colocados estratégicamente en las principales plazas y parques de las localidades cabeceras -*e.g.,* monumento a Adolfo Alsina en Puan; a Tornquist en Plaza Tornquist; reconstrucción de Fortín en Parque Municipal de Saldungaray (Tornquist); monumento al soldado desconocido (Puan), entre otros-. Por el contrario, los soportes de memoria vinculados al pasado indígena -*e.g.,* placa al Cacique Lorenzo Calpisqui en Saldungaray (Tornquist); escultura de figura antropomorfa indígena en Pigüé (Saavedra)- se encuentran en locaciones periféricas y plazas secundarias de menores dimensiones.

5.3.2 Subgrupo II: Las representaciones del pasado indígena en la toponimia del Área de Ventania

Complementariamente, se observaron otros elementos de significación relacionados con la representación del pasado indígena, considerados marcas identitarias que se expresan a través de la toponimia oficial. La toponimia alude al análisis y el significado de los nombres propios que denominan lugares, también se conoce como onomástica geográfica (Tort, 2003). Se considera que nombrar un sitio de determinada manera implica conceder la existencia de algo y su apropiación real o simbólica (Bourdieu, 2000). Además de las categorías físicas y culturales, el habla popular, expresada en los nombres propios de los lugares, proporciona saberes retrospectivos de situaciones del pasado de esos sitios. En este grupo se incluyen tanto las toponimias del territorio político, como del paisaje circundante y el territorio físico del Área de Ventania. En virtud de lo expresado se relevaron un total de 570 topónimos urbanos y 34 correspondientes al paisaje del área de estudio.

5.3.2.1 Topónimos del territorio político

Respecto a las denominaciones de los municipios aquí considerados, uno de ellos (Saavedra) posee un topónimo nominativo vinculado a la historia independentista nacional y latinoamericana (Cornelio Judas Tadeo de Saavedra y Rodríguez); otro se vincula con la historia fundacional del distrito (Ernesto Tornquist) y el restante constituye un vocablo indígena de origen mapuche (Puan). El primero de éstos (Saavedra) es un epónimo, que indica el partido creado en el año 1891 en torno a la estación Alfalfa de la línea del Ferrocarril del Sud. Respecto al segundo se trata del epónimo ligado a la figura de Ernesto Tornquist[10].

Personaje emblemático, que participó activamente en el desarrollo del proyecto de Estado nacional de la República Argentina. Esta nominación se instituyó en 1910 momento en que reemplazó a Las Sierras -partido creado en 1905 cuya localidad cabecera era el pueblo de Tornquist situado sobre la estación de tren homónima del Ferrocarril del Sud- (Pilia, 2003).

Finalmente, en el caso de Puan existen diferentes versiones acerca de su significado, todas ellas concuerdan que se trata de un topónimo indígena correspondiente al mapudungun. Entre otras traducciones se ha postulado que se trata del nombre de un cacique valeroso que se traduce como ir/llegar; otra propuesta sostiene que su traducción es los fantasmas/espíritus; también se cree que constituye una derivación de *epu-an (tü)* traducido como dos soles (tratándose de un topónimo nominativo del nombre de alguien); un derivado de *pu-(yi) man* que significa muchas gamas (la gama es la denominación criolla para la hembra del venado o ciervo de las pampas típico de la región motivo por el cual se trataría de un zoónimo); otra posibilidad es que sea una derivación de *epu anü,* traducido como dos bomberos/vigías, o dos cerros asentados en referencia a las formaciones rocosas del área (cerro chico y cerro grande, en este sentido se trataría de un fisiotopónimo); finalmente otra traducción es sol entre dos cerros, corral detrás de los cerros, dos caras, dos ancas y llamar a los muertos (Casamiquela *et al.*, 2003; Pilía, 2003). La traducción más aceptada hasta el momento es la que postula que deriva de *Epu Anu* cuya etimología es *dos para sentarse/dos sentados* y refiere a los cerros (Casamiquela *et al.*, 2003).

En cuanto a las localidades y parajes, se repiten los nombres de los partidos de Puan y Tornquist a las localidades cabeceras en estos distritos. De igual modo, se registraron denominaciones vinculadas a acontecimientos y epónimos relacionados a personajes de la historia regional. Entre estos últimos puede mencionarse a Dufaur (epónimo que alude a Silvano Dufaur responsable de la fundación del pueblo que lleva su nombre en el partido de Saavedra); Saldungaray (epónimo que refiere a Pedro Saldungaray, figura que compró las parcelas de tierra sobre las que se erigió la localidad que lleva su nombre en el partido de Tornquist), Erize (es un epónimo que debe su nombre a Francisco Erize de los terrenos donde se halla instalada la estación de ferrocarril), López Lecube (epónimo vinculado a Ramón López Lecube, propietario del campo donde se estableció la estación del ferrocarril), Estela (epónimo alusivo a la única hija mujer de López Lecube, la localidad se ubica dónde estaba el campo de su propiedad "La Escondida"), Felipe Solá (epónimo vinculado a Felipe Solá figura que donó las tierras para construir la estación ferroviaria), San Germán[11] (nombre del hijo de una de las primeras mujeres colonas de Puan, Doña Juana B. De Berraondo) y Bordenave (epónimo en referencia a Juan Bautista Bordenave, propietario de los terrenos sobre los

---

[10] Ernesto Tornquist fue un empresario argentino, propulsor de empresas de gran escala y financista cuyo impacto puede rastrearse en los pilares de la configuración política financiera nacional de finales del siglo XIX principios del siglo XX. Nació en Buenos Aires en 1842 y murió en 1908, dos años antes de que se lo homenajeara con el nombre del partido bonaerense.

[11] Información obtenida de la carpeta de planos N° 1, folio 20 del Partido de Puan. En esta aparece un propietario de nombre Germán F. Berraondo.

Tabla 5.3 Topónimos urbanos del Área de Ventania.

Trazado urbano/partido	Puan	Saavedra	Tornquist	TOTAL
Topónimos indígenas	9	4	14	26
Epónimos de personajes históricos contacto intercultural S.XIX y otros topónimos vinculados a este momento	18	22	8	46
Fisiónomos, fitónimos y geónimos vinculados al área	2	1	8	12
Otras denominaciones sin vínculo local (sacros, epónimos de próceres nacionales, fitónimos alóctonos, nombres de provincias, entre otros)	181	186	117	486
Total	210	213	147	570

que se erigió la localidad). También se observaron epónimos de personajes históricos denominados extraregionales, quienes se destacaron en importantes eventos históricos de otras áreas. Tal es el caso del epónimo Goyena (en mención a Pedro Goyena, político argentino de la segunda mitad del siglo XIX) y Colonia San Martín (en honor al prócer patrio) en el partido de Saavedra; en el partido de Puan se halla la localidad de Azopardo (epónimo en alusión a Juan Bautista Azopardo, militar de la armada argentina siglo XIX), José Darregueira (epónimo que refiere a José Darregueira, diputado que participó de la declaratoria de la independencia Argentina), y el topónimo descriptivo 17 de Agosto (en alusión al aniversario de la muerte del General San Martín). Por otra parte, se registró el uso de topónimos sacros para algunas localidades entre los cuales se pueden mencionar: Colonia San Pedro (Saavedra) y Colonia San Martín de Tours (Saavedra). Los nombres de las localidades que pueden clasificarse en su vinculación a la naturaleza son: Espartillar (por la abundancia de Esparto, un tipo gramínea) el cual es un fitónimo, por hacer referencia a plantas y Arroyo Corto en el partido de Saavedra; Sierra de la Ventana, Villa Ventana, Tres Picos y Villa Serrana La Gruta, los cuales hacen referencia al Cerro Ventana, Cerro Tres picos y una gruta del partido de Tornquist (geónimos). Por último, tres localidades presentan topónimos indígenas: *Puan* (partido homónimo), *Pigüé* (Saavedra); y *Chasicó* (Tornquist)[12]. El primero de ellos fue descripto para la denominación del distrito de igual nombre. En el caso del segundo topónimo indígena se trata de un fitónimo derivado de *piwü-we* que se traduce como "donde hay *piwü*" el *piwü* es un tipo de especie vegetal nativa que crece como un yuyo en esta región y habría sido utilizada para la elaboración de harina (Casamiquela *et al.*, 2003). Otras interpretaciones posibles para este topónimo son "secadero"; "arroyo de la frontera" el cual derivaría de *pihuepül;* derivado de *piwé* o *pihué* se propone que significa "tierra seca" (siendo un fitónimo) y "lugar de parlamento" el cual se correspondería con la época de Calfucurá. Se considera que la traducción más acertada es la de "secadero/tierra seca" o "lugar donde hay *piwü*" tratándose en el primer caso de un fisiotopónimo o en el segundo un fitónimo (Pilía, 2003). Por su parte,

Chasicó es un fisiónimo mapuche que quiere decir "agua salada", y hace alusión a la salinidad que caracteriza a la laguna de esta localidad (Cinquini y Beneitez, 2016).

5.3.2.2 Topónimos urbanos

Por otra parte, respecto a las toponimias del trazado urbano se realizó un relevamiento de calles y avenidas en el trazado urbano de las localidades comprendidas en el área de investigación. Este dio como resultado un número de 570 unidades observadas (ver Apéndice 2). A los fines descriptivos se agruparon los topónimos en indígenas, topónimos de eventos y epónimos vinculados a personajes del proceso de contacto intercultural en el siglo XIX y topónimos (fisiotopónimos, fitónimos y geónimos) relacionados a las características del área y el poblamiento indígena (Tabla 5.3). Asimismo, se registró la distribución y ubicación relativa de las calles y avenidas asignadas a los topónimos indígenas.

En Puan (N=210), los nombres de los personajes históricos relevantes regionalmente son Juan Manuel de Rosas, Tte. García, Teniente Daza, José Silvano Daza, comandante Maldonado (presente en tres localidades, Villa Durcudoy, Puan), Tte. Caza, Alsina (presente en tres localidades: San Germán, Darregueira, Felipe Solá y en la plaza principal de Puan), Julio Roca (presente en dos localidades, Villa Iris y Darregueira), Stroeder y Lucio V. Mansilla. Mientras que entre las referencias indígenas puede mencionarse a Catriel, Calpisqui, Guaminí, Namuncurá, Calfucurá, Araucanos, indios ranqueles, y Cacique Pincen (en dos localidades, Villa Durcudoy y Bordenave). Los fitónimos son el ceibo y los caldenes.

En Saavedra (N=213) entre las referencias a personajes y acontecimientos históricos locales se cuenta a Luis María Campos, Wenceslao Paunero, Aveyron, Alexis Domergue, 4 de Diciembre (fecha de fundación de Pigüé), E. Conesa, Lasalle, Av. Primera Conscripción Argentina, Conesa, Sargento Cabral, Conesa Norte, Conesa Sur, Av. Casey, Avenida Alsina (en Pigüé, Goyena), T. Carrique, Monterrastelli, Fortín Sandes, 8 de Noviembre (fecha de fundación de Espartillar), Av. Eduardo Cassey, Pedro Minich, General Roca. Las referencias y topónimos indígenas son Namuncurá, Cacique Callvucurá y Ceferino Namuncurá; el nombre del rasgo del paisaje local es Curamalal.

---

[12] El partido de Tornquist posee a su vez dos parajes con topónimos indígenas: Choique y Pelicurá. En este acápite no son incluidos los parajes y puestos.

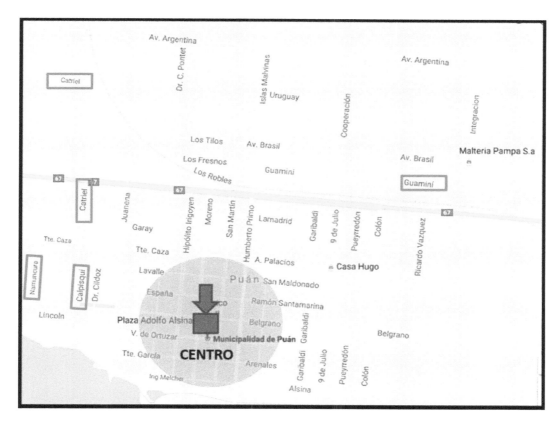

Figura 5.18 Plano de la localidad de Puan (partido homónimo). Se encuentra marcada la plaza principal y un área buffer de tres cuadras a la redonda, lo que es considerado el centro de la localidad. En recuadros rojos se encuentran marcados los topónimos indígenas del trazado urbano. Modificado de *Google maps*.

En Tornquist (N=147), se observan varios nombres vinculados a la historia regional, como Av. Tornquist (Tornquist, Sierra de la Ventana), Rosa A. de Tornquist, Juan Manuel de Rosas, Av. Julio Argentino Roca (Sierra de la Ventana, Saldungaray), y Pavón. Entre los topónimos indígenas puede mencionarse a Namuncurá, Calfucurá, Pillahuinco (también puede ser considerado un fisiotopónimo) Lipum, Mahuida, Namuncurá, Cacique Catriel, Malleco, Cacique Yahatí, Cacique Cañumil, Liuquenco, Ailinco, Maunco, Pireco y Lolenco. En cuanto a las nominaciones vinculadas a rasgos del paisaje regional son: Tres Picos, Napostá, Curamalal (presentes tanto en el trazado urbano de Sierra de la Ventana como de Villa Ventana), Cuatro Picos y Cerro de la Carpa.

En relación a la ubicación relativa de los topónimos, en el caso de los de etimología indígena, a excepción de dos casos (Chasicó y Sierra de la Ventana, Tornquist) en ninguna de las localidades relevadas se encuentran en el centro del trazado urbano. Este sector queda reservado para avenidas nominadas como los personajes históricos vinculados a la fundación de las localidades -por ejemplo, Av. E Casey, Av. Clemente Cabanettes en Pigüe (Saavedra) y Av. Tornquist en la localidad homónima- o a próceres patrios y fechas conmemorativas vinculadas a la historia nacional -entre otros, Av. San Martín en Puan, Felipe Solá, Villa Iris, y Villa Durcudoy (Puan); Av. Leandro N. Alem en Puan (Puan); Av. General Belgrano en Felipe Solá (Puan), Tornquist, Sierra de la Ventana y Saavedra;

Av. Bartolomé Mitre en Pigüé y Saavedra (Saavedra), Av. Sarmiento en Saavedra, Sierra de la Ventana y Tornquist; Av. Independencia en Saavedra; Av. 9 de Julio y 25 de Mayo en Tornquist-. Por el contrario, las calles con topónimos indígenas se encuentran ubicadas en la periferia respecto a la plaza central y/o en los bordes de los poblados (Figura 5.18 y 5.19).

En el caso de Chasicó, se trató de una modificación posterior de sus nombres a partir de la demanda local realizada en el año 2006 en oportunidad de la celebración del Centenario del 12 de Octubre (Día Nacional del Respeto a la Diversidad Cultural). Fue a partir del proyecto que iniciaron alumnos de una institución educativa local con el apoyo de la comunidad, quienes presentaron la propuesta al Honorable Consejo Deliberante (Ordenanza N°1019/94 expediente 5083/94). De este modo, se modificaron nueve de las trece cuadras que posee el pueblo, estando todos los nombres compuestos por topónimos indígenas mapuches relacionados con el agua. Asimismo, se estableció la autorización para nominar una calle a abrirse próximamente con la nominación de Liuquenco (que significa *agua limpia*) (Figura 5.20).

De igual modo, en el caso de la localidad de Sierra de la Ventana se considera que la presencia de topónimos indígenas responde a una revivificación vinculada a consumos culturales actuales. Esta localidad se caracteriza por ser el principal foco de atracción turística a nivel

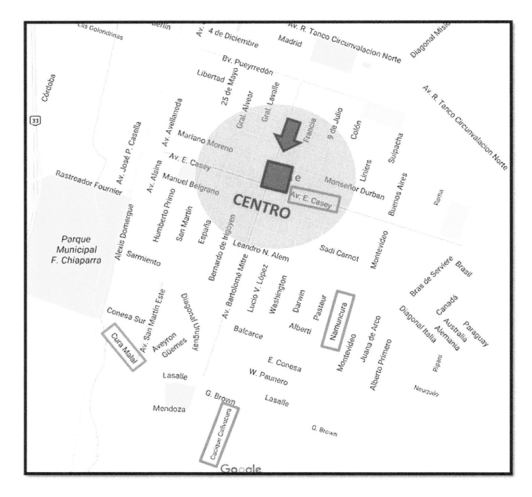

Figura 5.19. Plano de la localidad de Pigüé (partido de Saavedra). Se encuentra marcada la plaza principal y un área buffer de tres cuadras a la redonda, lo que es considerado el centro de la localidad. En los recuadros verdes y rojos se encuentran los topónimos indígenas, el primer color para designar a fisiotopónimos y el segundo para marcar otras nominaciones indígenas. Modificado de *Google maps*.

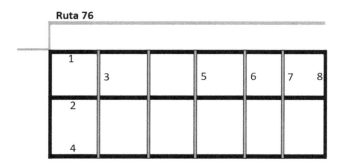

1. **Cacique Catriel**
2. **Cacique Yaatí**
3. **Malleco**
4. **Cacique Cañumil**
5. **Liuquenco**
6. **Ailinco**
7. **Maunco**
8. **Pireco**

Figura 5.20 Plano de la localidad de Chasicó, partido de Tornquist, luego de la modificación en la nominación de sus calles.

regional. En este sentido su urbanización se encuentra en la actualidad en ascenso, motivo por el cual muchas de las calles relevadas fueron nominadas recientemente (Figura 5.21). En ambas localidades (Chasicó y Sierra de la Ventana del partido de Tornquist) se trata de fenómenos de revisionistas donde se busca poner en valor a los Pueblos Originarios a través de la nominación en todo su trazado urbano con topónimos indígenas.

5.3.2.3 Topónimos del paisaje

Este conjunto de topónimos correspondientes al paisaje y territorio físico del área de Ventania son producto del relevamiento a través de la plataforma *Google maps*, el trabajo de campo efectuado en el área, la búsqueda en documentos históricos de la IGN (https://www.ign.gob.ar/cartografia-historica), la recopilación y consulta de trabajos diacrónicos de otros investigadores y naturalistas (Casamiquela *et al.*, 2003; Fernández, 1960; Tello, 1958; Zeballos, 1986 [1878], 2005), así como también la consulta a las investigaciones de los actores de la comunidad locales (Cinquini y Beneitez, 2016; Michelutti, 2009).

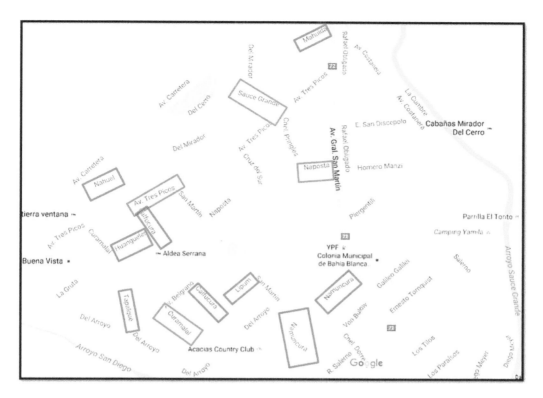

Figura 5.21 Plano de la localidad de Sierra de la Ventana (partido de Tornquist). En los recuadros verdes y rojos se encuentran los topónimos indígenas, el primer color para designar a fisiotopónimos y fitónimos del área, y el segundo para marcar otras nominaciones indígenas. Modificado de *Google maps*.

Tabla 5.4 Topónimos indígenas presentes en el paisaje del Área de Ventania.

Topónimos indígenas del paisaje	Puan	Saavedra	Tornquist	Total
Nominativos	4	0	4	**8**
Descriptivos	8	11	7	**26**
Total	**12**	**11**	**11**	**34**

Se relevaron **34 topónimos indígenas, 12 en Puan, 11 en Saavedra y 11 en Tornquist** (ver Apéndice 2 y Tabla 5.4).

En éstos se observó una preponderancia de los topónimos descriptivos, registrándose 26 nominaciones de este tipo frente a 8 nominativos[13]. Entre los del primer tipo son mayoritarios aquellos que hacen referencia a rasgos morfológicos del paisaje (fisiotopónimos), los cuales fueron registrados en los tres distritos (Tabla 5.5). En el segundo grupo se encuentran nominaciones a caciques reconocidos por el relato histórico oficial o familiares directos de ellos. Por ejemplo: *Pincén, Manuel Leo/ Mamuel/mamül, Ceferino, Pichihuinca*, entre otros y a lugares (*Pelicurá, Cudum Curá, Pillahuinco*).

Por otra parte, los fitónimos y zoónimos fueron prácticamente igualmente representados, hallándose tres fitónimos en el partido de Puan (*Chapelauquen*: Laguna de las zampas o matorros; *Trome Lauquen*: Laguna de los juncos o de las totoras; *Sanquilcó*: Aguada de los carrizos), uno en Tornquist (*Naposta* proviene de *Napur* planta silvestre similar a los nabos, traducción: donde hay nabos silvestres), y otro en Saavedra (*Linaguelque*). Por su parte se registraron dos zoónimos en Tornquist (*Maraco* (laguna donde hay maras); *Choiqué Lauquén*: deriva de *lünar weiki* sauce blanquecino*)*, y dos en Puan (*Loan laquen*: laguna de los guanacos; *Nahuel-co*: aguada del tigre). Se destaca la ausencia de esta categoría de topónimos para el distrito de Saavedra.

5.3.2.4 Análisis de los topónimos del Área de Ventania

El análisis de los topónimos relevados constó de dos etapas. Una primera que consistió en la clasificación temática de acuerdo al contenido evocativo de los casos relevados (N total=633). Para lo cual, se abordaron conjuntamente los topónimos urbanos (N=570), los del paisaje circundante (N=34), y las delimitaciones políticas de los partidos comprendidos en el área de estudio (N=3) y sus localidades (N=26). De acuerdo a lo expresado previamente, se conformaron cinco grupos vinculados a un campo temático (Tabla 5.6).

El primer grupo se encuentra compuesto por topónimos que evocan nominal o descriptivamente a los rasgos del paisaje del Área de Ventania, formando parte del mismo

---

[13] Se llaman topónimos nominativos a los que dan nombre a un lugar geográfico con un nombre propio, frente a los descriptivos, que son los que describen alguna particularidad del lugar mediante términos comunes que tienen significado (Alcázar González y Azcárate Luxána, 2005).

Tabla 5.5 Ejemplo de una muestra de los fisiotopónimos indígenas relevados para el Área de Ventania.

Partido	Topónimo	Significado	Rasgo paisajístico/constructivo
Puan	*Puan*	Dos soles (en relación a enclave de dos cerros)	Laguna
Puan	*Ruca Lauquen*	Laguna de los toldos o casas	Laguna
Saavedra	*Quetreleufú*	Arroyo cortado	Arroyo en la zona de la localidad Arroyo Corto
Saavedra	*Coyug Cura*	Prominente, saliente, elevado, puntudo, afilado	Cerro
Saavedra	*Cique-Hueique*	Arroyo cortado o pantanoso	Arroyo
Saavedra	*Concheleufú/Coche Leufú/ Cochen Leufú*	Río/arroyo dulce; río arroyo potable/ río arroyo sabroso	Dos arroyos (grande y chico)
Saavedra	*Curamalal*	Corral de piedra	Dos cerros (grande y chico)
Saavedra	*Loo Lauquén*	Laguna entre médanos/de los médanos	Laguna
Saavedra	*Inguley Mahuida leufú*	Deformación de *üngkü-lei mawida* significa Sierra erguida/derecha	Cerro
Tornquist	*Chasicó*	Agua salada	Laguna
Tornquist	*Casuhati*	Deriva de *atuk*: sierra *atuk*: piedra casi blanca	Cerro
Tornquist	*Catan Lil*	*Katan*: orificio, agujero y *Lil* peñasco. Traducción: Risco agujereado/ Sierra de la Ventana	Cerro

Tabla 5.6 Tabla de clasificación temática de los topónimos relevados en los municipios del Área de Ventania.

Ubicación del topónimo	Campo temático					Total
	Paisaje	Indígena	Historiografía local	Historiografía nacional	Otros	
Urbano	12	26	46	144	342	**570**
Paisaje circundante	3	31	0	0	0	**34**
Distrital	0	1	1	1	0	**3**
Localidades	5	3	9	6	3	**26**
TOTAL	**20**	**61**	**56**	**151**	**345**	**633**

un pequeño porcentaje (3,159 % del total). Como puede observarse en la Tabla 5.6 se hallan mayoritariamente en el nombramiento de las calles y avenidas que componen los ejidos urbanos relevados. El segundo conjunto representa casi el 10% (9, 636%) del total, y está dado por las nominaciones propiamente indígenas o vinculadas a los Pueblos Originarios. Se observa una clara tendencia al nombramiento del paisaje del área de investigación (principalmente en cerros, ríos y lagunas). El tercer agrupamiento se halla constituido por un conjunto amplio de topónimos, el 8,846% del total, los cuales evocan a la historia oficial local. En otras palabras, se vinculan con el relato histórico regional desde los momentos de contacto intercultural indígena-eurocriollo hasta el establecimiento de los pueblos y aldeas agrícolas ganaderas. Si bien son mayoritarios en los trazados urbanos, representan un conjunto menor en comparación con los topónimos que evocan a próceres y acontecimientos del relato histórico a nivel nacional. Estos últimos son ampliamente predominantes en los ejidos de las urbes del Área de

Ventania, componiendo un 23,854% del total de los casos relevados. Finalmente, se agruparon bajo la categoría "Otros" todos los topónimos que quedan por fuera de los conjuntos previamente descriptos los cuales forman parte de un grupo mayoritario representando un 54,502 % del total de casos analizados (Figura N° 5.22).

En relación a la variabilidad temática en el interior de cada grupo, se observa que los topónimos del paisaje del área de investigación constituyen el grupo en cual las nominaciones indígenas son predominantes (Figura 5.23).

La segunda etapa se enfocó en la determinación de patrones espacio-temporales de los topónimos urbanos clasificados como "indígenas". Se trata de un conjunto de 26 casos (nueve en Puan, cuatro en Saavedra y 14 en el distrito de Tornquist), siendo poco frecuentes en relación al total relevado (N=570). De acuerdo a su ubicación dentro de los trazados urbanos, se observó en los distritos de Saavedra y Puan que se encuentran ubicados en la

Análisis topónimos del Área de Ventania

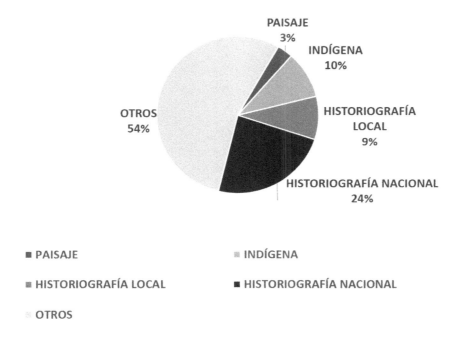

Figura 5.22 Distribución de topónimos por campo temático.

Porcentaje de topónimos indígenas por lugar de relevamiento

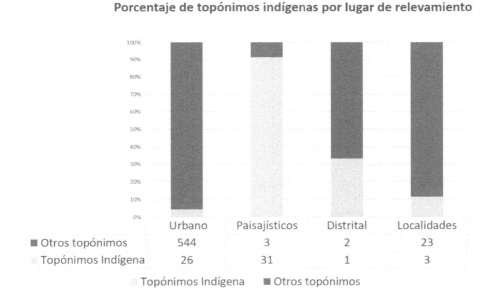

	Urbano	Paisajísticos	Distrital	Localidades
Otros topónimos	544	3	2	23
Topónimos Indígena	26	31	1	3

Figura 5.23 Porcentaje de topónimos indígenas relevados según su ámbito (urbano, paisajístico, distrital o localidad).

periferia respecto a la plaza central y/o en los bordes de los poblados. A diferencia del municipio de Tornquist, donde se registró una resignificación de lo indígena, en función del reconocimiento al pasado indígena regional (Chasicó) y a la actividad turística local (Sierra de la Ventana). En ambas localidades se observa una distribución uniforme de los topónimos indígenas en relación al centro y periferia. En relación a su cronología, la incorporación de

estos topónimos responde a fenómenos recientes. En este sentido, tal como se mencionó en la etapa descriptiva, en Chasicó su inclusión en el trazado urbano fue realizada en el 2006.

Respecto a los topónimos indígenas del paisaje circundante, se observa una mayor visibilización demostrado en el mayor número de casos (N=31) en relación al total relevado (N=34) . Sin embargo, a diferencia de los casos relevados en contextos urbanos vinculados a resignificaciones contemporáneas, aquellos presentes en el paisaje cuentan con una larga tradición que se remonta a las nominaciones que figuraban en los relatos de viajeros, crónicas y cartografías oficiales[14] de los Siglos XVIII y XIX (Falkner, 2008 [1774]; García, 2002 [1822]; Holmberg, 2008 [1884]; Zizur, 1781 en Vignati, 1973).

5.3.3 Subgrupo III: Las representaciones del pasado indígena en los sitios arqueológicos del Área de Ventania

Este subgrupo se encuentra conformado por una muestra de sitios arqueológicos, los cuales han sido referidos en las instituciones museísticas relevadas en el Capítulo 4. Estas instituciones presentan en exposición piezas arqueológicas provenientes de estos yacimientos, así como también en las salas expositivas arqueológicas hacen mención directa a los hallazgos provenientes de estos espacios. Asimismo, forman parte de los escenarios frecuentados por muchos de los actores destacados entrevistados en el Capítulo 6, y por tanto de sus imaginarios con respecto al pasado indígena. Por último, cabe destacar que en términos generales son ampliamente reconocidos por las comunidades locales.

5.3.3.1 Sitio 1 (Puan)

Los habitantes de la localidad de Puan han manifestado a través de diferentes prácticas culturales (*e.g.,* conformación de colecciones arqueológicas) que el territorio donde habitan fue ocupado por sociedades indígenas en el pasado. Esto se manifiesta en su conocimiento respecto a la existencia de la materialidad arqueológica en la Reserva Natural y Cultural de Usos Múltiples de la Isla de Puan. Este conocimiento resultó previo a la intervención arqueológica realizada por profesionales en el distrito a partir de la década de 1980. Durante mucho tiempo diferentes actores, algunos de ellos aficionados a la historia regional, recolectaron material arqueológico de la isla, hecho que resultó en la creación de numerosas colecciones particulares, algunas de las cuales se encuentran actualmente en el MIB (*e.g.,* colección Yanarella ver Capítulo 4) (Oliva *et al.,* 2006). Particularmente, el Sitio 1 cobró mayor relevancia entre los puanenses, a partir del año 1988 momento en que fue "descubierto" e investigado. Se trata del yacimiento que más información arrojó sobre los grupos cazadores recolectores que habitaron la isla de Puan y la región. Tipológicamente se corresponde con un sitio en estratigrafía, en el que se detectó un entierro primario[15], junto a un amplio conjunto de herramientas

líticas[16]. Asimismo, cabe mencionar que este registro fue datado por radiocarbono en una edad de 3330 ± 100 años 14C AP (LP-253) (Barrientos, 2001; Oliva *et al.,* 1991).

A pesar de que el municipio de Puan se caracteriza por una escasa promoción turística de los sitios arqueológicos prehispánicos ubicados en su distrito, en oposición a los sitios de interés religioso e histórico, el Sitio 1 constituye una excepción. Sobre un total de seis sitios arqueológicos descubiertos en la isla de la reserva, el Sitio 1 constituye el único caso en el que se realizaron excavaciones arqueológicas (ejecutadas entre los años 1988 y 1990). Actualmente, los restos arqueológicos recuperados se encuentran en el MIB[17]. Además, el yacimiento es evocado en el discurso municipal a través de su señalamiento por medio de cartelería específica que promueve su divulgación.

En relación al contenido semántico presente en este, se observa información relativa al esqueleto acompañado de dos fotografías ilustrativas de sus características y otra de la excavación en el año 1988; a la par en el mismo cartel se señala la importancia del hallazgo del escondrijo/ *cache* de riolita acompañado de tres fotografías de su descubrimiento en contexto (Figura 5.24). Cabe destacar que este sitio constituye un importante espacio de memoria para la comunidad puanense, a través del cual se activan mecanismos de evocación del pasado indígena regional. A modo de ejemplo cabe señalar que el día 6 de octubre de 2019 se celebraron los 30 años de este hallazgo, fecha conmemorativa que fue recordada mediante la elaboración de un video de difusión masiva. Asimismo, este evento quedó registrado en los medios de comunicación gráficos regionales.

Dentro de la Isla se organiza su visita desde un sendero turístico para su contemplación a una distancia prudente para no comprometer su integridad física. Sin embargo, es de muy fácil acceso por otras vías que no se encuentran reguladas formalmente. Entre las actividades que se desarrollan en sus inmediaciones pueden mencionarse a la pesca, caminatas, actividades deportivas náuticas, entre otras. En este sentido, en los relevamientos realizados se registró la presencia de restos de fogones contemporáneos, plomadas, residuos plásticos, fragmentos de vidrios, huesos de animales carbonizados, botellas, alambre, vandalismo, pozos de sondeo y recolección de objetos. A partir de información obtenida en entrevistas con empleados municipales cuyas actividades se encuentran orientadas al resguardo de esta reserva es un problema frecuente la ejecución de visitas fuera del marco oficial pautado por el municipio, así como también la presencia

---

[14] Los topónimos de los rasgos del paisaje registrados en estas fuentes responden a nominaciones vigentes de la época. Sin embargo, en muchos casos su origen es previo y fue dado por las poblaciones indígenas locales.

[15] Se entiende por entierro primario a aquellos restos óseos que son encontrados en el contexto en el que fueron sepultados. Se caracterizan por conservar la relación entre las partes anatómicas y la articulación de las partes esqueletales. Los huesos hallados correspondientes al entierro de un individuo fueron analizados morfométricamente y se determinó la presencia de un tipo de deformación circular craneana, la cual constituyó

un indicador de su antigüedad característica de poblaciones anteriores al 3000 A.P.

[16] Las herramientas líticas halladas consisten en un conjunto de 110 productos de talla y un núcleo. Se destaca en este conjunto el hallazgo de un nódulo de riolita junto a ocho artefactos, actualmente exhibidos en un lugar preponderante dentro del MIB (ver Capítulo 4).

[17] Cabe destacar que por la sensibilidad del registro los restos óseos humanos no se encuentran exhibidos.

Figura 5.24. Infografía del Sitio 1 de la Reserva Natural y Cultural de Usos Múltiples de la Isla de Puan.

Figura 5.25. Inmediaciones del Sitio 1 de la Reserva Natural y Cultural de Usos Múltiples de la Isla de Puan. Se observa presencia de residuos plásticos (izquierda), remoción de materiales y reagrupamiento (centro) y desechos metálicos (un motor de lancha) (derecha).

de basura que es desechada en la orilla opuesta ubicada en la localidad de Puan y que arriba a la isla (Figura 5.25).

En relación al marco jurídico que se encuentra interpelando al Sitio 1 cabe mencionar la existencia de una serie de Ordenanzas Municipales que promueve la protección del patrimonio cultural y natural de la Isla. Estas son: la Ordenanza N°1072/92 que versa sobre la detección, registro, protección, conservación y aprovechamiento de los bienes culturales de Puan; la Ordenanza N°2847-01 que manifiesta la creación de la Reserva de Uso Múltiple

Isla de Puan y por último la Ordenanza N°2988-02 que declara patrimonio público municipal y de protección prioritaria a los sitios arqueológicos, así como a las piezas o bienes hallados. Asimismo, como parte del patrimonio arqueológico de la provincia de Buenos Aires se encuentra mediado por la Ley 25.743/03 y su decreto reglamentario N°1022/04 (ver Capítulo 1)

Como se expresó previamente, se trata de un sitio de gestión pública municipal. En este marco, a pedido del Poder Ejecutivo de dicho municipio se elaboró en el año

2006 un plan de manejo y gestión. Este fue constituido por profesionales del área arqueológica, geológica y biológica para el aprovechamiento sustentable de la isla y el cuidado del patrimonio arqueológico (Oliva *et al.*, 2006). En el marco del plan se proponen pautas de uso de los recursos naturales y culturales de la reserva, indica las actividades permitidas y potenciales a desarrollarse, el personal necesario para la protección y manejo de la isla y las necesidades edilicias para el buen funcionamiento de la Reserva en la Isla. Actualmente, se destaca la presencia de un cuidador de la isla que habita en la reserva siguiendo los lineamientos del Plan de Manejo (ver Capítulo 6).

5.3.3.2 Gruta de los Espíritus (Saavedra)

En el distrito de Saavedra la promoción y aprovechamiento como recurso turístico de los sitios arqueológicos se encuentran principalmente en manos del sector privado. Dentro de este conjunto se incluye la Gruta de los Espíritus, una cueva con motivos rupestres indígenas, localizada en el cerro Curamalal a unos 650 msnm de altura, a 20 km de la localidad de Saavedra (Holmberg, 1884; Oliva, 2013). Su acceso requiere el ingreso a la Estancia Las Grutas, la cual ofrece el servicio de hospedaje y caminatas por la estancia al pie del cerro Curamalal.

El sitio arqueológico considerado se define por presentar un conjunto de pinturas rupestres caracterizadas por sus motivos figurativos (mascariformes) de grandes dimensiones. Estas representaciones fueron registradas por primera vez por Holmberg en 1884, quien relevó doce figuras, de las cuales actualmente solo se observan parcialmente cinco. Este tipo de registro no cuenta con precedentes dentro de la Región Pampeana (Oliva, 2013; Panizza, 2015). Cabe destacar que esta cueva posee un amplio reconocimiento social y es frecuentemente visitada por las poblaciones de las localidades del área de investigación, si bien no presenta una infraestructura para su exposición (senderos y/o cartelería específica). La mayor parte de las visitas se producen dentro de un marco informal y han traído aparejadas el deterioro de las pinturas con arte del lugar. En el sitio se han documentado 664 *graffiti*[18], así como la presencia de basura, fogones, y elementos sacros (Figura 5.26 y 5.27). En este sentido, se deduce una amplia gama de actividades por parte de los usuarios contemporáneos de estos espacios (Oliva *et al*, 2016; Oliva, 2017; 2019). Por último, resta señalar que el sitio posee un plan de manejo que aún no ha sido implementado (Oliva *et al.*, 2016). Respecto al marco jurídico la Gruta de los Espíritus se encuentra atravesada por la Ley 25.743/03 y la Ordenanza Municipal 1580[19].

5.3.3.3 Alero Corpus Christi y Cueva del Toro (Tornquist)

El Parque Provincial Ernesto Tornquist (PPET) constituye una reserva natural localizada a las afueras de la localidad de Tornquist, creada a partir de la donación de tierras de la familia Tornquist a finales de la década de 1930. Al presente se compone de 6.700 hectáreas, que dependen institucionalmente del Organismo Provincial para el Desarrollo Sostenible (OPDS). Esta área representa una relicto de biodiversidad compuesto por pastizal pampeano serrano y el Monumento Natural Cerro de la Ventana declarado en el año 1959 (http://www.opds.gba.gov.ar). De igual modo, conserva numerosos restos arqueológicos patrimoniales, que lo posicionan como uno de los focos turísticos más importantes de la provincia de Buenos Aires (*e.g.* estructuras de roca y rocas erguidas; sitios con pinturas rupestres). Puntualmente, el distrito de Tornquist se caracteriza por una alta promoción municipal de los sitios arqueológicos indígenas prehispánicos presentes en el PPET. El Alero Corpus Christi y Cueva del Toro forman parte de este conjunto, cuya gestión es pública. Se trata de sitios arqueológicos correspondientes al período prehispánico, en los cuales se hallan plasmados motivos con pintura rupestre. Un aspecto importante a considerar es su proximidad geográfica de 8 km, respecto a la localidad turística de Villa Ventana (Tornquist). En este sentido, ambos sitios son fuertemente promocionados y aprovechados como recurso económico cultural. Las visitas se realizan junto al acompañamiento de guías y/o guardaparques, y se encuentran incluidas en un único sendero señalizado. En este sentido, ambos se encuentran incorporados en la misma excursión, cuya duración se estima en cuatro horas. Ésta consiste en el recorrido de 8 km desde la base del Cerro Bahía Blanca mediante un vehículo y luego una caminata hasta avistar el alero y la cueva. Cabe señalar que, no se halla ningún tipo de cartelería específica ni de infraestructura (vallas, cestos de basura, entre otros) en el recorrido planificado ni en las inmediaciones del sitio. El primero de ellos, Alero Corpus Christi, posee un acceso sin dificultades. El visitante puede observar las representaciones rupestres en los diferentes sectores del alero (en las paredes y en el techo). Por su parte, el acceso a la Cueva del Toro es más complejo, y los motivos se encuentran desvaídos dificultando su observación a simple vista. Respecto al estado de conservación de ambos sitios, se identificó la presencia de múltiples *graffiti* (seis en Corpus Christi y diez en Cueva del Toro) (Oliva *et al.* 2016). Llama la atención en Cueva del Toro la variabilidad del tamaño y campo de representación de los mismos. En este sentido, se observaron *graffiti* verbales y figurativos, entre los que se encuentran la reproducción de un motivo rupestre y la representación de una iglesia católica (identificada por una cruz en la parte superior), mientras que en Corpus Christi son preponderantes los *graffiti a*bstractos (rayas y garabatos) y de menor tamaño (Figura 5.28). Asimismo, en este último sitio se observaron desechos de basura considerado otro agente de deterioro antrópico.

---

[18] Al año 2014 se contabilizaron y analizaron 664 graffiti, pudiéndose encontrar un mayor número en la actualidad. De este total 661 constituyen firmas con una asignación cronológica, las cuales llamaremos *graffiti* fechados.
[19] Sancionada en 1986 indica en su primer artículo que queda limitada en el distrito de Saavedra la destrucción, demolición, reforma o transformación de los bienes culturales, sean estos públicos, privados o rurales.

Figura 5.26 Sitio arqueológico Gruta de los Espíritus, Saavedra. Gentiliza de F. Oliva.

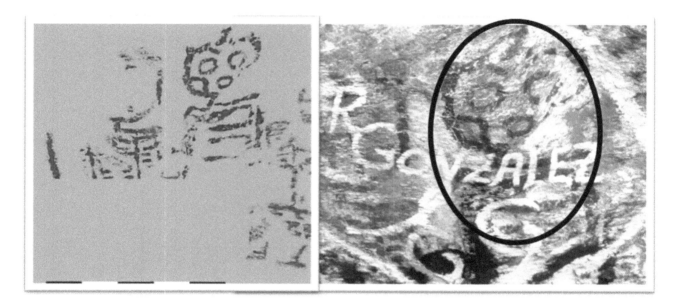

Figura 5.27 Pinturas rupestres del sitio Gruta de los Espíritus, Saavedra. A. Reconstrucción del motivo pintado original (imagen producida por limpieza virtual). B. Superposición de *graffiti*, **señalamiento del estado actual de la visibilidad del motivo rupestre. Modificado de Oliva, F. 2013.**

5.3.3.4 Análisis de las representaciones presentes en los sitios arqueológicos

El análisis de las representaciones de los sitios arqueológicos se estructuró en dos etapas. La primera destinada a comprender los mecanismos de reconocimiento social de estos yacimientos arqueológicos y los procesos de su puesta en valor. En esta línea se identificaron los mecanismos de activación y reconocimiento de los bienes patrimoniales por parte de los municipios del área de investigación. En el caso de Puan, la conformación de colecciones arqueológicas por parte de aficionados de la arqueología y actores interesados en el pasado da cuenta de la asignación de valoraciones problemáticas por su ilegalidad a la apropiación del registro arqueológico indígena de la Isla de Puan. Por el contrario, la práctica

de efectuar sondeos y recogida de material no acontece en los sitios considerados del distrito de Saavedra (Gruta de los Espíritus) y Tornquist (Cueva del Toro y Alero Corpus Christi).

En relación al reconocimiento social en las comunidades locales, se destacan tanto el Sitio 1 de la Isla de Puan como la Gruta de los Espíritus (Saavedra). Aspecto que se ve manifestado en la elevada frecuencia de visitas tanto formales como informales a estos espacios. Otro tópico a considerar son los mecanismos por medio de los cuales los municipios reconocen a los sitios. En este sentido, tanto en Puan como Saavedra en sus museos municipales son evocados dentro de las salas donde se narra el pasado indígena regional. En el primer caso además se exponen colecciones arqueológicas producto de la excavación

Figura 5.28 Señalización y *graffiti* de los sitios arqueológicos relevados en Tornquist. Señalética en la base del cerro Bahía Blanca que indica la ubicación de los sitios Corpus Christi y Cueva del Toro (arriba) y vista Cueva del Toro, señalados en círculos se muestran los *graffiti* del sitio (abajo).

del yacimiento. En este marco, se destaca en las inmediaciones al Sitio 1 la Sala de Interpretaciones (SIP), uno de cuyos objetivos es contextualizar a este yacimiento dentro de la isla. De modo que, en estos espacios de transmisión se construyen sentidos de valorización histórica que incrementan las apreciaciones positivas de los sitios arqueológicos. Por su parte, cabe mencionar que el municipio de Tornquist no cuenta con un museo o institución patrimonial con estas características.

Si bien todos los sitios considerados se encuentran incluidos en senderos recomendados por sus respectivas administraciones, en ninguno de los casos se observó la presencia de infraestructura para su manejo y protección (pasarelas, vallado, cestos de basura, entre otros). El Sitio 1 a diferencia de los otros casos abordados, sí presenta cartelería adecuada en cuanto a contenido y dimensiones para su observación en las inmediaciones del yacimiento.

Ésta da cuenta de la profundidad temporal del sitio, de sus hallazgos y de la excavación.

La segunda etapa analítica aborda las prácticas culturales de transformación del registro arqueológico de los sitios investigados. Éstas se desenvuelven en el marco de diversas actividades desarrolladas en los propios sitios o sus cercanías (*e.g.,* acampe, pesca, celebración de ceremonias y festividades, caminatas, fogones, otras) (Oliva, 2017). Como consecuencia de la ejecución de acciones de uso y apropiación de estos espacios se registraron modificaciones en la materialidad arqueológica, las cuales fueron analizadas. En todos los casos se observó la presencia de objetos que no correspondían al contexto original del sitio y que se encontraban alterando a los mismos (*e.g.,* elementos religiosos en Gruta de los Espíritus y desechos residuales en los otros casos). En este contexto, el nivel de transformación del registro arqueológico difirió en cada caso de acuerdo al impacto sobre el mismo. El Sitio 1 (Puan), presenta un grado 1 ya que, si bien antes de su "descubrimiento" e investigación por parte del equipo de investigadores fueron recolectadas piezas de sus inmediaciones, actualmente se registra una transformación marginal del sitio. Por ejemplo, la presencia de basura, pero no sobre el propio registro arqueológico. Por su parte, la Cueva del Toro (Tornquist) fue catalogado como perteneciente a Grado II ya que, si bien presenta en el interior de la cueva 10 *graffiti*, ninguno de ellos se ubica sobre el sector donde se emplazan las pinturas rupestres. Por último, tanto Gruta de los Espíritus como el Alero Corpus Christi fueron determinados como de Grado III, ya que las acciones culturales sobre el sitio implicaron importantes cambios de transformación material del registro arqueológico modificándolo de manera permanente. Tanto en uno como en otro, presentan *graffiti* sobre las pinturas rupestres alterando su preservación.

5.3.4 Subgrupo IV. Las representaciones del pasado indígena en las identidades visuales de los municipios

En este subgrupo se incluyen aquellas representaciones vinculadas a las identidades visuales de los municipios. Estas se encuentran relacionadas a la historia de poblamiento del área de investigación, y se plasman sobre soportes tales como banderas, escudos y/o logos de las localidades e instituciones municipales y en los portales web oficiales de los organismos de gobierno de los distritos considerados.

Para el distrito de Puan se seleccionaron cinco casos de estudio: el escudo y bandera distrital, el logo municipal, el logo del Museo Municipal Ignacio Balvidares y la bandera de Recordación Histórica de Puan. A continuación, se describe cada uno de ellos.

El *escudo distrital de Puan* fue creado en el marco de un concurso por Ordenanza N° 567/87 de la Dirección de Cultura, Deportes y Turismo del municipio de Puan. En este contexto se presentaron 67 propuestas que fueron sometidas a evaluación por una comisión creada para estos fines compuesta por diferentes actores de la comunidad puanense. La autora de la obra ganadora fue la arquitecta Lilian Noemí Marcos oriunda de la ciudad de Trenque Lauquen, partido homónimo. En relación a su contenido semántico se encuentra representada una lanza de color plata con dos penachos anaranjados que divide al escudo. Representa a la lanza de caña de colihue enfrentada a una alabarda. La alabarda se continúa en un mangrullo que se encuentra dentro del rostro de una figura indígena de perfil. Esta figura humana se encuentra mirando el atardecer/amanecer con rayos rectos, naranja sobre fondo azul, es la única representación antropomorfa presente. En el sector izquierdo del escudo se halla Bandera Nacional. Completan el escudo, la representación de las sierras, y el contorno de cabeza de ganado blanco, que es a su vez, la forma invertida de la Zanja de Alsina. Finalmente, aparece representada sobre el sol una espiga de cebada (Figura 5.29).

Por su parte, la *Bandera distrital de Puan* fue creada en el marco de un concurso por Ordenanza N.° 2592/00 en el año 2001. Sus autores son Germán Rausch y Maximiliano Peña ambos estudiantes secundarios puanenses en ese momento. La misma fue sometida a evaluación por parte de un jurado integrado por el historiador y poeta Carlos Castello Luro; el Sr. Nelson Malal y la Srta. Jorgelina Walter (actual directora del Museo Ignacio Balvidares de Puan). En relación a su contenido semántico se observa la Bandera Nacional, y en su centro en la banda blanca se encuentra representado un caldén (considerado un árbol simbólico en el distrito). A ambos costados del caldén se ubican las pilastras del Fuerte y Comandancia de Puan, que daban entrada y salida al Campamento en Puan, levantado en 1876. Asimismo, en el sector izquierdo se halla el contorno del Partido de Puan en color verde simbolizando la esperanza. Sobre el mapa están insertadas 17 estrellas de color plata que representan la ubicación de cada una de las delegaciones municipales actuales y otros poblados dentro del distrito (Figura 5.30). Esta bandera es utilizada en los colegios públicos del distrito y se la observa también en festividades y ceremonias organizadas oficialmente por el municipio, tales como conmemoraciones y aniversario del distrito.

Otra bandera considerada es la que alude al *grupo de Recordación histórica partido de Puan*. En el año 1986

Figura 5.29 Escudo de representación distrital de Puan. Gentileza Municipalidad de Puan.

Figura 5.30 Bandera distrital de Puan.

un grupo de vecinos interesados en el estudio de la historia regional, César Michelutti, Carlos Castello Luro, Armando Nervi y Carlos Moscardi conformaron un grupo con el objetivo de elaborar un documental para el festejo del centenario de la localidad de Puan. En este marco, relevaron veintiséis fortines de la línea correspondiente a la zanja de Alsina de la División Costa Sud, desde el norte del partido en lo que actualmente es la localidad de Erize (partido de Puan) hasta el sur de las lagunas Las Encadenadas en el actual límite entre los partidos de Saavedra y Tornquist. En este mismo año se fundó la Agrupación de Recordación Histórica, quienes organizaron la primera Marcha Evocativa recorriendo los fortines relevados. En el marco de una charla dictada por la Sra. Silvia Bousquet de Michelutti en una institución educativa del distrito de Puan, un grupo de estudiantes crearon junto a Angelina Grecco la bandera aquí considerada (Figura 5.31). Esta fue utilizada por primera vez en la edición N° 25 de la Marcha

Evocativa por la línea de fortines, y desde entonces es utilizada anualmente en esta ceremonia. En relación a su campo semántico, se destaca sobre una base de color rojo diferentes elementos composicionales. De izquierda a derecha: en gris el mapa político del partido de Puan, el Cerro Chico y el Cerro Grande o de la Paz donde en el pasado estuvo emplazado el Fortín Riobamba, y por detrás un sol. En el centro se ubica una cabeza de toro (ganado vacuno introducido por las poblaciones eurocriollas en la región). Detrás del contorno de la cabeza vacuna se encuentran representados de modo enfrentados y cruzados un sable y una lanza. El color elegido para el fondo es el rojo, el cual podría vincularse a la representación de la unión por sangre al territorio. Asimismo, esta bandera se encuentra enmarcada en sus extremos superior e inferior por la guarda pampa, símbolo indígena re significado posteriormente por la cultura gauchesca.

Finalmente, para el partido de Puan se consideraron las representaciones presentes en los logotipos de las instituciones municipales. En este sentido, se observó que el del municipio contiene un *Kultrún* verde representado en su centro. Asimismo, en el logo del Museo Ignacio Balvidares, se encuentran representadas las pilastras del Fuerte y Comandancia de Puan junto a tres unidades de vivienda correspondiente a este campamento militar de fines del siglo XIX (Figura 5.32). Si bien el primer caso es considerablemente utilizado y por tanto visible para la comunidad local, por ejemplo, en cartelería presente en el ámbito público, aquel que corresponde al MIB se encuentra en desuso.

Para el distrito de Saavedra se consideraron tres casos, el escudo distrital y los escudos de dos de sus localidades: Pigüé (ciudad cabecera) y Dufaur (pueblo agrícola).

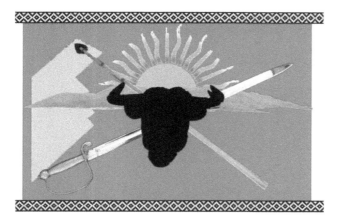

Figura 5.31 Bandera del Grupo de Recordación Histórica de Puan. Gentileza Angelina Grecco.

Figura 5.32. Logo municipio de Puan (derecha). Logo Museo Municipal Ignacio Balvidares (izquierda). Todos los casos fueron relevados en la cartelería pública de la localidad de Puan.

El primer ejemplo seleccionado, el escudo del distrito de Saavedra, fue creado en el año 1986, por Ordenanza Municipal N° 1548. En su campo de representación se observan sobre un fondo rojo representadas en anillos dorados las seis localidades del partido (Pigüé, Arroyo Corto, Espastillar, Goyena, Saavedra, Dufaur) dispuestas formando un círculo; el anillo superior, destacado sobre el resto, simboliza a la cabecera del partido: la ciudad de Pigüé. Asimismo, en su parte superior lleva una cinta con los colores nacionales y la frase *"Res, non verba"* que significa "Hechos, no palabras". Otro escudo similar que responde a esta lógica es el de la localidad de Dufaur. Este fue creado en el marco de un concurso abierto a la comunidad, siendo el diseño escogido el de Magalí Balut. En relación a su contenido semántico representa a la localidad de Dufaur en un lazo rojo en el centro, unido a otro lazo naranja oscuro que alude a la Colonia San Martín y el naranja claro a la Colonia San Pedro. Estas Colonias se encuentran territorialmente muy próximas a la localidad de Dufaur, siendo esta última la más grande de las tres localidades mencionadas. La unión de los lazos involucra una interrelación que existe entre las diferentes localidades, la cual se denota en los círculos de colores. El círculo amarillo sugiere la actividad agrícola, el azul a la ganadería y el verde en palabras de su autora *"la esperanza, la fe y las ganas de seguir trabajando, pensando en el crecimiento y en mejorar día a día el bienestar de las distintas localidades"* (Facebook oficial Dufaur Pueblo Turístico) (Figura 5.33).

Asimismo, el escudo de Pigüé fue creado el 29 de marzo de 1960 por Ordenanza Municipal N° 320/60. Su contenido semántico se caracteriza por manifestar en el centro de la composición al monumento a Aveyron[20], acompañado de un paisaje de sierras en el cual se observan los pastizales

nativos del área (pastizal pampeano), y ganado ovino y vacuno (introducido por las colonias euro criollas). Asimismo, en su parte inferior se observa en un primer plano una mazorca de maíz junto a dos espigas de trigo. Mientras que en su parte superior se distinguen dos ramos de hojas de laureles unidas por un moño, junto a la bandera de Argentina (Figura 5.34) (Panizza, 2015).

Finalmente, en el distrito de Tornquist se relevaron las representaciones de cuatro soportes oficiales. El primero de ellos es la bandera de la localidad de Saldungaray. Esta fue creada en el marco de un concurso organizado desde el Instituto Fortín Pavón en el año 2013 que se llamó "Una Bandera para mi pueblo". Fue elegida de un total de nueve diseños la representación de Betina Blanco (estudiante de secundaria). En relación a su contenido semántico se encuentra compuesta por una base de dos bandas de color celeste y blanco en alusión a la bandera nacional. En el centro se halla un círculo amarillo cuyos bordes son rojo, azul y verde, colores que aluden a la bandera Bonaerense. Dentro del círculo se representa al cerro de los Cuatro Picos, las vías del ferrocarril, un indígena y un fortinero de espaldas. En el medio de los personajes se alza la bandera de la República Argentina (Figura 5.35). Igualmente, fue considerado el escudo distrital de Tornquist, en el cual aparecen representados el sol y la bandera nacional como símbolos patrios, el sistema serrano de Ventania con el hueco característico del Cerro Ventana representada; por debajo figura una vaca junto a otros animales domésticos (una oveja y un caballo), un ciervo y un pez (vinculado a la fauna autóctona), y dos espigas de trigo junto a la representación del contorno cartográfico del municipio (Panizza, 2015; Enrique, 2018).

Finalmente, los logos oficiales de las tres últimas gestiones municipales presentan a las sierras características del área como el principal elemento de representación. Se destaca en uno de ellos, la presencia del hueco, en insinuación al

---

[20] Alude al origen de la localidad a partir de la migración de cuarenta familias averonesas (Francia).

Figura 5.33 Escudo de la localidad de Dufaur, partido de Saavedra.

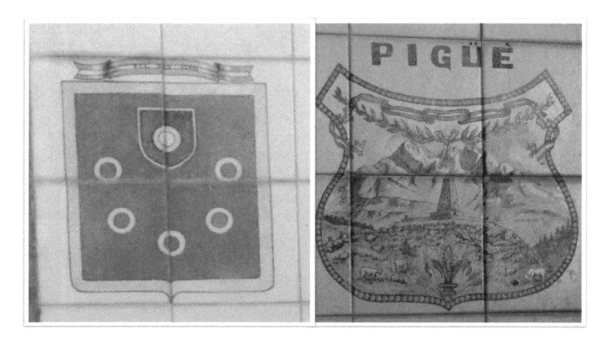

Figura 5.34 Mural de bienvenida a la localidad de Pigüé, donde se observa el escudo del Distrito de Saavedra (izquierda) y de la localidad de Pigüé (derecha).

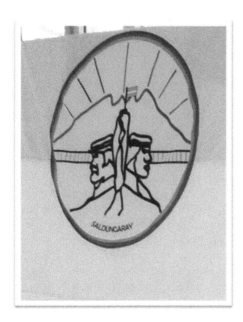

Figura 5.35 Bandera de la localidad de Saldungaray colocada en la Oficina de Turismo de Saldungaray, partido de Tornquist.

cerro Ventana. Asimismo, en esta se hace presente la torre (en alusión a la torre del reloj ubicada en la plaza principal estilo art decó) y un sol junto a la leyenda "Municipalidad de Tornquist" (Figura 5.36). Ambas representaciones son frecuentemente utilizadas en el marco de actividades promocionadas por el municipio.

5.3.4.1 Análisis de las representaciones de escudos, banderas y logos distritales

Los elementos representados son considerados trascendentales en la configuración política y cultural de los grupos actuales. Éstos hacen uso de su simbología para crear representaciones sociales que legitiman discursos y prácticas discursivas. En este apartado se analizan los casos de estudio descriptos en el apartado precedente de acuerdo a su contenido semántico y condiciones de producción. En relación al primer aspecto, se trata de un conjunto de representaciones, que, salvo dos casos excepcionales, evocan en su totalidad al período de relaciones interétnicas

y la posterior conformación del Estado nacional de la República Argentina. Las excepciones las constituyen el logo actual del municipio de Puan el cual se compone de un *Kultrún* (instrumento de percusión sagrado Mapuche, Figura 5.32) y la bandera del Grupo de Recordación Histórica de Puan que se encuentra enmarcada en una guarda pampa. En este marco, dentro del conjunto relevado se identificó una serie de signos distintivos que fueron utilizados en las identidades visuales de los municipios. A partir de ellos se generaron siete agrupamientos que estructuran el análisis de este acápite.

El primer grupo representacional se caracteriza por la identificación de ***personajes históricos "clave"*** del proceso de poblamiento del área. Dos de los casos abordados presentan figuras humanas en sus representaciones. Se trata del escudo distrital de Puan y la bandera de la localidad de Saldungaray (Tornquist). De acuerdo a lo observado en ambos casos, los protagonistas históricos escogidos son masculinos, aparecen de perfil y se destacan por la ausencia de atributos gestuales. En el primer caso (Puan) es un semblante, que posee una coloración marrón – misma tonalidad utilizada para las sierras y la tierra también allí representadas- y una bincha con el motivo guarda pampa. Es llamativo que en el interior del rostro aparece representado un mangrullo, elemento distintivo de la frontera y la ocupación eurocriolla (Figura 5.29). En el segundo caso (Saldungaray), figuran de espaldas un fortinero y un indígena observando extremos/horizontes opuestos de la bandera (ver Figura 5.35).

El segundo grupo de elementos examinados constituyen las representaciones de ***delimitaciones geográficas y políticas*** que aluden al territorio conquistado en el avance del Estado nacional. El poblamiento del área de investigación comprendió una serie de procesos históricos que involucraron el desplazamiento de fronteras y límites por parte de los diferentes grupos culturales que la poblaron. Tal como se vio en el Capítulo 1, estos procesos involucraron el corrimiento de los Pueblos Originarios, la instalación de fuertes y fortines con la consecuente ocupación eurocriolla y la definitiva instalación de colonias agrícolas ganaderas. De la composición de fronteras y delimitaciones que se desarrollaron a lo largo de la historia regional, en los casos

Figura 5.36 Logos del distrito de Tornquist presentes en cartelería pública.

analizados se identificaron sólo delimitaciones políticas de la demarcación de los distritos actuales. En algunos casos se trata de la reproducción del territorio ocupado, mediante la representación del contorno cartográfico del municipio - *e.g.*, bandera distrital de Puan, bandera del Grupo de Recordación Histórica de Puan y escudo distrital de Tornquist-, así como también del señalamiento geográfico de sus localidades (*e.g.*, bandera distrital de Puan). En otros casos, se visualizan simbólicamente las relaciones entre las diferentes localidades de un municipio (*e.g.*, escudo distrital de Saavedra y escudo de la localidad de Dufaur Saavedra).

El tercer grupo representacional lo constituyen los *rasgos del entorno natural y del paisaje del Área de Ventania*. Resulta significativo señalar que en la mayoría de los casos analizados se encuentran representados rasgos del paisaje, simbólicamente provistos de sentidos colectivos. En el caso del escudo de Puan y de la bandera del grupo de Recordación Histórica se encuentran representados el Cerro Grande -sitio donde estuvo emplazado el fortín Riobamba a fines del siglo XIX- y el Cerro Chico –sitio histórico donde se cuenta con documentación fotográfica de que en tiempos históricos vivía una familia indígena-. Actualmente, ambos cerros están bajo dominio de la iglesia católica apostólica romana, en la cumbre del Cerro Grande se construyó el mirador *Millenium* y en el predio del Cerro Chico se encuentra el Monasterio de Las Hermanas Santa Clara de Asís. Asimismo, en el escudo de Puan se encuentra representada la laguna de dicha localidad, espacio que como se mencionó en apartados previos, se trata de una reserva que posee numerosos sitios arqueológicos indígenas prehispánicos señalizados y conocidos por los puanenses. Simultáneamente, aparece representado en la bandera distrital de Puan un caldén, árbol nativo autóctono del área de estudio. Este árbol podría simbolizar un recurso utilizado ampliamente por los pueblos cazadores recolectores indígenas que habitaron este territorio, sin embargo, se eligió representarlo sin follaje aludiendo a que la Creación del Partido de Puan ocurrió en pleno invierno (28 de junio de 1886). Por su parte, en la totalidad de las representaciones oficiales de Tornquist se representan las sierras en alusión al Sistema Serrano de Ventania. En la bandera de Saldungaray aparece al Cerro Tres Picos con las cuatro prominencias que los caracteriza.

En uno de los logos del municipio y en el escudo distrital de Tornquist se simboliza la "ventana" que caracteriza al cerro de igual nombre (Figura 5.36), así como también figuran las lagunas encadenadas, principales focos turísticos de la región. Por último, en el escudo distrital de Pigüé (Saavedra), se representa un paisaje serrano, posiblemente aludiendo al Cerro Cura Malal, escenario histórico de las batallas de Pigüé en el año 1858 y de Curamalal Chico en el año 1876, ambas con la victoria oficial del ejército nacional y de la Primera Conscripción Argentina (Figura 5.34).

El cuarto grupo se encuentra constituido por las representaciones que aluden a la *antropomorfización*

del paisaje, en otras palabras, a las intervenciones humanas sobre el territorio. Se trata de paisajes culturales simbólicamente construidos, asociados a la idea de progreso y "avance civilizatorio". Un claro ejemplo lo establece la representación de la zanja de Alsina (*e.g.*, escudo distrital de Puan), así como también la presencia de otros elementos de este período de contacto hispano indígena. Entre otros pueden mencionarse a los mangrullos, cuarteles, y otras construcciones militares elementos constituyentes de los fortines tipo de finales del siglo XIX - *e.g.*, escudo distrital de Puan; la representación de las Pilastras del Fuerte y Comandancia de Puan en el escudo y bandera distrital de este partido, también presente en el escudo municipal del Museo Ignacio Balvidares-. Otra característica representada de la antropomorfización del territorio es la aparición de las vías del ferrocarril incorporado a finales del siglo XIX, las cuales se observan en la bandera de Saldungaray (Tornquist).

Simultáneamente, en el conjunto de representaciones analizadas se observa un alto grado de reproducción de *símbolos patrios*, los cuales conforman un quinto grupo. Estas representaciones poseen connotaciones que unen e integran a las comunidades del área de estudio a un conjunto más amplio, el Estado nacional de la República Argentina. Entre éstos puede mencionarse al sol, presente en la bandera del grupo de Recordación Histórica, en el escudo de Puan y la bandera de Saldungaray. Así como también se observó la bandera nacional en las representaciones de todos los distritos. En Puan se hace presente tanto en su escudo como bandera distrital; en Saavedra en su escudo, el de la localidad de Dufaur y de Pigüé; en Tornquist en la bandera de Saldungaray y el escudo distrital.

Un sexto grupo se encuentra conformado por la representación de diversos tipos de *armamento*. Este tipo de elementos se observaron sólo en el partido de Puan, en el cual se escogió representar las armas características del período de contacto intercultural hispano indígena. Se trata de la bandera del Grupo de Recordación Histórica, en la cual se representa un sable, instrumental típico utilizado por el ejército en las denominadas "Campañas al Desierto", y de forma cruzada una lanza asociada a los Pueblos Originarios. Igualmente, en el escudo de este distrito aparece otra clase de armamento, una alabarda vinculada a los fortineros y una lanza indígena. En ambos casos la representación de las armas es cruzada, imprimiendo una clara intencionalidad de representación del conflicto y enfrentamiento entre ambos grupos culturales.

Finalmente, un séptimo grupo se encuentra conformado por la representación de elementos que refieren a la *actividad agrícola ganadera*. En este sentido, se identificó la representación de diversas especies animales y vegetales alóctonas, introducidas con la ocupación eurocriolla, la cual tuvo entre otros objetivos la explotación del recurso tierra para la instalación de colonias agrícolas y la exportación ganadera. Se halló como signo representativo la cabeza de ganado vacuno en el centro de la bandera del grupo de Recordación Histórica de Puan (de ahora en más mencionado como RHP) y del escudo de Puan (el cual visto a la inversa representa la zanja de Alsina). Asimismo, en el escudo de Tornquist aparece la figura de una vaca junto a otros animales domésticos (una oveja y un caballo), de un ciervo y un pez (vinculado a la fauna autóctona), y dos espigas de trigo. Por su parte, en el distrito de Saavedra sólo en el escudo de Pigüé se observaron estos elementos representados (ganado vacuno, mazorca de maíz y espigas de trigo).

En cuanto a las condiciones de producción, tal como se expresó en la etapa descriptiva, las representaciones fueron construidas desde la década de 1960 (escudo de la localidad de Pigüé) hasta la actualidad (logo municipal de Tornquist y Puan). Si bien abarcan un lapso temporal de medio siglo, en el cual los contextos de sus usos y consumos fueron diversos, mayoritariamente fueron elaboradas en el marco de ordenanzas municipales que implicaron concursos públicos para la creación de representaciones colectivas identitarias. En este sentido, constituyen representaciones oficiales constituidas por la participación de distintos actores de la comunidad, entre los que se destaca la comunidad educativa, específicamente estudiantes secundarios (*e.g.,* bandera de Saldungaray y escudo de Dufaur), estudiosos y aficionados de la historia (*e.g.,* bandera Grupo de Recordación Histórica de Puan), entre otros. Finalmente, se destaca que el 50 % de los casos analizados evocan en sus representaciones al pasado, concretamente a la historia de poblamiento. Desde las más antiguas creadas en la década de 1980, en vigencia y uso -*e.g.,* el escudo y distrital de Puan, la bandera de Recordación Histórica de Puan y el logo del Museo Ignacio Balvidares- como en representaciones elaboradas en fechas más modernas (primera década del 2000) -*e.g.,* bandera distrital de Puan y de Saldungaray- coinciden en la selección de rememorar al contacto hispano indígena como tema principal. Por su parte, sólo un caso seleccionó como tema primordial a los Pueblos Originarios (logo municipal de Puan), el cual fue construido recientemente durante la última gestión municipal.

5.3.4.2 Relevamiento y descripción de los portales web oficiales de los municipios del Área de Ventania

En este apartado son considerados los portales web oficiales de los municipios del área de investigación en relación a las representaciones construidas en torno a la historia de poblamiento y su pasado indígena. El portal web del municipio de Puan (https://puan.gob.ar/) se caracteriza por presentar múltiples menciones al pasado arqueológico e indígena regional. En la página de inicio se presentan las noticias, entre las cuales se destaca la actualización de las investigaciones arqueológicas regionales. Por ejemplo, el día 15 de septiembre de 2020 el municipio publicó en esta sección "Arqueólogos brindaron una charla sobre los hallazgos del Cementerio Militar Puan". Además, cuenta con una sección "Historia" que expresa que *"El territorio que hoy ocupa el Partido de Puan estuvo bajo dominio indio y era asiento de sus tolderías en el siglo pasado. Tras el plan del Ministro de Marina y Guerra, Dr. Adolfo*

Alsina, consistente en una zanja, se fundan pueblos con la finalidad de detener el avance de los indios. En 1876 llega a Puan el Coronel Salvador Maldonado e instala su campamento militar con rango de comandancia." De modo que da cuenta del poblamiento indígena previo a la instalación del Fuerte y Comandancia. Asimismo, expone en un apartado denominado identidad distrital, que se buscó representar en el logo del distrito "(…) *una nueva identidad basada en nuestras raíces que representa participación y equidad a lo nuestro. Participación, equidad, unión, conocimiento. En la búsqueda de un elemento que represente a todo el distrito de manera igualitaria y rescatando referentes que compartimos, surgió la idea de plasmar nuestra identidad distrital (como sociedad) a la identidad municipal. El Kultrun es el instrumento más importante de la cultura Mapuche, nuestras raíces. Representa a la naturaleza, a la región, al clima, a la cosmovisión."* En este sentido, se observa la incorporación discursiva del pasado indígena como las "raíces" de las identidades del presente del distrito.

Por su parte, el portal oficial del municipio de Saavedra (https://saavedra.gob.ar/) no cuenta con información sobre la historia de poblamiento del distrito, pero sí presenta una sección de edificios históricos a partir de la instalación de las primeras colonias a finales del siglo XIX. En este apartado no se hace mención a los sitios arqueológicos indígenas del área. Sin embargo, desde este portal se puede acceder al área de turismo (http://turismo.saavedra.gov.ar/), la cual posee una sección "Aspectos Históricos" que menciona a la batalla de Pi-hué y al Campo de Curamalal como lugares históricos nacionales (declarados por decreto N° 30895 del 10/12/45 y N° 4314 del 01/03/51 respectivamente). Ambos espacios son mencionados en otros acápites de la página, sin embargo, más allá de estos ejemplos históricos no aparece mencionado el pasado indígena regional ni el registro arqueológico que da cuenta del mismo. Cabe destacar, que las localidades de Arroyo Corto, Dufaur, Pigüé y Saavedra cuentan con circuitos de turismo autoguiados, los cuales tienen por objeto presentar la historia de poblamiento de las localidades. En ninguna de ellas, se incluye al poblamiento indígena como parte constituyente de la historia regional.

El portal del municipio de Tornquist, a diferencia de los portales previos, se diferencia por su dinamismo en la información que brinda. En este sentido, se trata de una página de contenido muy cambiante y contextual. Sin embargo, las referencias en torno al pasado indígena y el registro arqueológico resultaron estables en relación a su escasa aparición. Se identificó una única entrada que mencionaba la existencia de pinturas rupestres en el Parque Provincial Ernesto Tornquist. Esta noticia se encuentra acompañada de un video del PPET, donde se destacan las características de la biota regional y en el cual no aparecen incluidas las cuevas con pinturas mencionadas, ni ningún otro tipo de registro arqueológico. Cabe destacar, que es posible dentro de la página ampliar la información del PPET (http://sierrasdelaventana.tur.ar/news/302/ consulta 28/09/2020), a pesar de ello no se encuentran mencionados en esta sección los sitios arqueológicos emplazados en este establecimiento, ni la historia de poblamiento del lugar. De igual modo, es posible ampliar la información de otra reserva del área, la Reserva Natural Sierras Grandes (privada). En este apartado sí se observa la identificación de una historia de poblamiento que incluye al pasado indígena en el área. En esta puede leerse *"La Reserva resguarda paisajes imponentes y fundamentales para la vida, con cerros que sobrepasan los 1000 metros de altura y que presentan ambientes de gran importancia biológica, geológica, antropológica, arqueológica e histórica."* Esta sección destaca tanto las características naturales como culturales de la región. Asimismo, promociona la excursión a la cueva Florencio, sitio arqueológico destacado por sus pinturas rupestres, sosteniendo que se trata de *"las huellas de los primeros pobladores"*.

De igual modo, en el portal de este municipio se promociona en la sección *Turismo Histórico y Museos* el Fortín Pavón de la localidad de Saldungaray; el Fuerte Argentino *"Donde la Historia se pone de pie"*; el Museo de la Casa de la Historia (el cual no incluye colecciones arqueológicas indígenas); el museo ferroviario; el museo del mate y el Museo El Sendero de los Recuerdos de Villa Ventana (ver Capítulo 4). Más allá de la promoción de estos espacios, no se identificaron asignaciones cronológicas ni culturales a los grupos indígenas que habitaron el distrito en tiempos precoloniales. Por último, cabe señalar que en ninguno de los portales se identificó información respecto al marco jurídico que interpela al registro arqueológico bonaerense (Ley 25.743/03).

5.3.4.3 Análisis de los portales web de los municipios del Área de Ventania

Por último, fueron analizadas las representaciones de la historia del poblamiento y del pasado indígena en particular proporcionadas por los portales web de los municipios del Área de Ventania. Tal como se observa en la Tabla 5.7, el pasado indígena es escasamente

Tabla 5.7 Presencia/Ausencia de atributos considerados en los portales web de los municipios investigados.

Atributos	Puan	Saavedra	Tornquist
Mención sociedades indígenas	✓	✗	✓
Asignación cronológica	✓	✗	✗
Filiación étnica	✓	✗	✗
Caracterización	✓	✗	✗
Vinculación con el registro arqueológico	✗	✗	✗
Marcas de identificación	✗	✗	✗
Divulgación de hallazgos arqueológicos	✓	✗	✗
Promoción turística del registro arqueológico	✗	✓	✓
Marco normativo	✗	✗	✗

considerado en la información ofrecida. A este respecto se observó una mayor visibilización de las sociedades indígenas en los portales web de Puan y Tornquist. En el primer caso, vinculado con la representación de la historia del distrito en un apartado descriptivo permanente del sitio, en el cual se hizo hincapié en el *"dominio indio"* del *"siglo pasado"*, siendo *"la cultura Mapuche, nuestras raíces"*. En este sentido, se ofrece una cronología corta del poblamiento indígena, obviando la evidencia arqueológica que arroja para la región más de 3000 años de historia. De este modo, son referidos los pueblos indígenas a partir del contacto con los grupos eurocriollos. Sin embargo, contrariamente a la información ofrecida en su apartado histórico, se destaca en la página principal de noticias de este portal la actualización permanente y divulgación de las investigaciones arqueológicas realizadas en el área, aspecto que no se observó en los otros casos analizados.

En el segundo caso (Tornquist), la mención se vincula con el aprovechamiento de los sitios arqueológicos como recurso turístico, dentro del ámbito de las reservas y áreas naturales del distrito. Por su parte, el municipio de Saavedra menciona indirectamente a las sociedades indígenas a través de la evocación a la batalla de Pi-hué y al Campo de Curamalal, como parte de los aspectos históricos turísticos de este distrito.

Resulta llamativo que en ninguno de los casos se aluda al marco legislativo de gestión y protección de la materialidad arqueológica, aspecto que se encuentra estrechamente relacionado con las prácticas de transformación material de este registro. Asimismo, no se observaron marcas de identificación de las comunidades actuales con las sociedades indígenas, ni vinculación identitaria y de memoria con la materialidad arqueológica correspondiente a estos grupos.

5.4 Recapitulación

Los casos analizados permitieron observar elementos clave para comprender los procesos de construcción identitaria del área de investigación. Se trata de representaciones plasmadas en diversos soportes del ámbito público que remiten al pasado y a la historia del poblamiento en la región. Éstas son utilizadas como anclajes de eventos históricos seleccionados para formar parte de los procesos de memoria colectiva. En este marco, se observó dentro de los soportes de memoria emplazados en el espacio público, la presencia mayoritaria de monumentos vinculados al momento historiográfico conocido como de contacto hispano indígena o de contacto intercultural (siglo XIX). Se trata de materialidades cuyas representaciones reactivan homenajes a personajes y/o sucesos históricos considerados importantes en el relato histórico oficial que tiene como protagonista a la "Conquista del desierto" y la consolidación del origen de las localidades actuales. Entre otros, pueden mencionarse en Puan la reconstrucción de las pilastras del Fuerte y Comandancia de Puan, la reconstrucción de mangrullos e instalaciones militares como cuarteles y fortines (Puan y Tornquist), la exhibición de artillería militar (Puan y Saavedra) y los monumentos a los "padres fundadores" (Ernesto Tornquist, Eduardo Casey, Clemente Cabanettes, Francisco Isaaly, entre otros).

Otro referente analizado fue la toponimia del área de investigación, en la cual también se observó una predominancia hacia las nominaciones vinculadas al relato histórico oficial. En este contexto, dentro de los trazados urbanos se identificó una correlación entre la antigüedad de las localidades y el número de topónimos indígenas, siendo más numerosos en las localidades más modernas. En Puan, ciudad cabecera cuya fecha de origen es 1876, hay cuatro; dentro del partido de Tornquist se encuentran once en la localidad de Sierra de la Ventana (1908) y Villa Ventana (1947). Por otra parte, se consideraron de forma complementaria los topónimos indígenas del paisaje circundante a las localidades investigadas. Éstos cuentan de una larga tradición, ya que fueron documentados por primera vez en crónicas y mapas topográficos de fines de siglo XIX y principios del siglo XX. Estos documentos permiten corroborar la permanencia de vocablos indígenas para denominar lugares, como Cura Malal, Puan, Pigüé, Chasicó, Napostá, Casuhati, Pillahuinco, Quiñihual, Sanquilcó, Pelicurá, entre otros. En este sentido, se postula una continuidad en la asociación establecida entre la naturaleza y las sociedades indígenas, siendo el elemento indígena originario como una parte constituyente del paisaje regional.

A partir de estos datos, se propone una posible explicación relacionada con un resurgimiento y apropiación del elemento indígena motivado, entre otras causas, por el creciente turismo cultural en la región en las últimas dos décadas. La apropiación de significantes vinculados al elemento indígena se observa en diversos emprendimientos comerciales, en algunos productos elaborados para su venta (vestimenta, cerámica, gastronómicos, entre otros) y en establecimientos hoteleros. En este marco, son aprovechados los sitios arqueológicos incluidos en circuitos de turismo cultural públicos y privados. El análisis en estos espacios ha demostrado que el municipio de Puan es el que presenta mayores procesos de evocación y revalorización del pasado indígena, manifestado en el señalamiento y representación del Sitio 1 en instituciones patrimoniales. Asimismo, es el único que presenta un grado 1 de transformación material sobre el registro, en otras palabras, existen políticas de gestión como el Plan de Manejo y las ordenanzas municipales que garantizan su preservación y aprovechamiento sostenido.

Por su parte, el análisis de los logos municipales, escudos y banderas distritales demostró que éstos aluden mayoritariamente a la ocupación eurocriolla del área. Asimismo, el elemento indígena se hace presente, a excepción del logo municipal de Puan constituyente en un *Kultrún*, únicamente en asociación al momento de contacto intercultural. Finalmente, el análisis en los portales web demostraron que la información sobre la historia de poblamiento es insuficiente, destacándose la ausencia de cronologías que aludan a la profundidad temporal,

así como de representaciones que vinculen el registro arqueológico con las comunidades del presente. En este sentido, se observó un vacío en cuanto a la legislación y problemáticas que insertan el registro arqueológico y a los pueblos indígenas en la actualidad, estando las representaciones proporcionadas ligadas a un pasado reciente (un siglo en Puan) o a la naturaleza a través de su incorporación en circuitos de turismo en parques y reservas naturales.

6

Patrimonialización del registro arqueológico y representaciones del pasado indígena de actores destacados

6.1 Abstract

This chapter presents analysis of the social representations of the indigenous past built by members of local communities, considered agents of the cultural field that have developed differential practices with the archaeological record and the past of the Ventania Area. These are social actors who assume in their speech and in their daily actions, notions of the past through which they create meanings that legitimize discourses of belonging. In-depth interviews were conducted with 18 local referents, noted for their knowledge and link with the history of local settlement. Some of them were selected by virtue of their employment relationship with the archaeological record (personnel of museums and interpretation rooms, cultural guides, among others), while others were chosen due to their role as amateur researchers and for being material authors of large archaeological collections that they currently guard. In other cases, the interviewees were selected by identity ascription, for example, members of Native Peoples. Surveys were conducted with park rangers and guides of protected areas where archaeological sites included in cultural tourism circuits are located. Both survey methods aimed to inquire about the recognition and cultural assignment of the identity of the interviewees, their experiences related to the indigenous archaeological record and the representations associated with it. In some cases, the custodial role of the interviewees was highlighted, where they had an active role in the care and preservation of the archaeological record. The interviews also inquired about the temporal dimension of their experiences, and the meanings assigned to binding practices with the archaeological record. Finally, the practices of patrimonial appropriation were analyzed. These were addressed to different archaeological referents, among which the enhancement of collections composed of lithic artifacts predominated. In this context, the archaeological record is understood by the interviewees as the support of various representations of the past and the present, which are part of the processes of collective memory.

6.2 Introducción

Este capítulo aborda las representaciones sociales del pasado indígena construidas por integrantes de las comunidades locales, considerados agentes del campo cultural que han desarrollado prácticas diferenciales con el registro arqueológico y el pasado del Área de Ventania. En este sentido, asumen en su discurso y en sus acciones cotidianas nociones del pasado a través de los cuales crean sentidos que legitiman discursos de pertenencia.

Tal como se expresó en el capítulo metodológico (Capítulo 3), se llevaron a cabo entrevistas en profundidad con una muestra heterogénea de actores. En el partido de Puan se entrevistó a Jorgelina Walter (directora del Museo Ignacio Balvidares de Puan), José Luis Strack (empleado municipal a cargo de la Isla de Puan y de la Sala de Interpretaciones en la Isla) y María Cecilia López Quintana de Baglioni (aficionada estudiosa de la historia, propietaria de una importante colección arqueológica, la Colección Baglioni). En el partido de Saavedra, a Ariel Mattiozzi (presidente de la comisión amigos del Museo Histórico de Saavedra); Valeria Moglie (encargada municipal del Museo Histórico de Saavedra); Carlos Eckardt (propietario de la Estancia Cerro Áspero) y Mariana Walter (directora del Museo y

Archivo de la Ciudad de Pigüé). Finalmente, en el partido de Tornquist, se entrevistó a Juan José Navarro (profesor de educación física, guía de turismo y operador turístico privado de la localidad de Sierra de la Ventana; Nora Cinquini (Propietaria de la Estancia Don Natalio y del Museo Arqueológico con sede en la estancia); Facundo Ernesto Casalle Pintos (director de la Oficina Técnica Parque Provincial Ventania y de la Reserva Sierras Grandes dependientes del Organismo Provincial para el Desarrollo Sostenible), Jorgelina Cárdenas Millapi (integrante de la comunidad mapuche de Sierra de la Ventana); y Gabriel Allende (perito forense, aficionado comunicador y encargado de un parador turístico de Sierra de la Ventana).

Asimismo, se incluyeron en el análisis a guías y guardaparques de este distrito que trabajan en el Parque Provincial Ernesto Tornquist. Para este colectivo se realizó un relevamiento de opinión a través de encuestas anónimas, cuyo objeto consistió en registrar los imaginarios y sentidos en torno a los Pueblos Originarios, el registro arqueológico, sus usos y conservación.

A los fines expositivos se agruparon las entrevistas y relevamientos en dos grupos descriptivos. El primero de ellos compuesto por las representaciones sociales de actores que se vinculan laboralmente con el patrimonio arqueológico, tanto en instituciones museísticas como en áreas protegidas y reservas del área de investigación. El segundo grupo lo componen actores que establecen fuertes relaciones no laborales con el registro arqueológico local.

6.3 Trabajadores formales vinculados al patrimonio arqueológico

El primer grupo de entrevistados se encuentra integrado por empleados del Museo Ignacio Balvidares y de la Sala de Interpretaciones de la Isla de Puan del municipio de Puan; trabajadores y personal vinculado al Museo Histórico de Saavedra, el Museo y Archivo de la Ciudad de Pigüé del partido de Saavedra; y por guardaparques que trabajan en la Sala de Interpretaciones del Parque Provincial Ernesto Tornquist. Así como también se incluyeron a guías y operadores turísticos de este último distrito. Se trata de un conjunto de actores que poseen diversos modos de vincularse con el registro arqueológico, que incluyen cargos públicos de gestión municipal -*e.g.* directores y empleados de museos municipales de Puan, Pigüé (Saavedra), Saavedra-, provincial (guardaparques) y emprendimientos privados (guías). En sus diversos roles operan como mediadores del registro arqueológico con un público visitante heterogéneo, el cual asiste a los espacios donde desarrollan sus actividades profesionales. Tal es el caso de los sitios del PPET, la Isla de Puan, y las colecciones exhibidas en instituciones patrimoniales (museos y salas de interpretación de los tres municipios considerados). En todos los casos, los entrevistados y/o encuestados poseen un **vínculo con el pasado**[1] que se manifiesta laboralmente, en algunos casos poseen cargos designados oficialmente en instituciones públicas. En otros casos, se trata de emprendimientos privados, quienes deben contar con una autorización habilitante para realizar visitas turísticas a los sitios arqueológicos (*e.g.* guías del PPET).

Por otra parte, se discernieron **categorías autopercibidas** en relación a la definición de su lugar de pertenencia e identificación étnica. A este respecto, se reconocieron como locales, pertenecientes a diferentes lugares del Área de Ventania y sus distritos, en afirmaciones tales como[2] *"(…) yo soy nacido **acá** en **Saavedra** y volví a mi **tierra natal**"* (Ariel, presidente Comisión MHS); *"Soy nacida **acá** en Saavedra (...) volví a acá al **pueblo**"* (Valeria, encargada del MHS) *"nací **acá** en el ochenta y seis (...) vine a **Puan** a dedicarle mi tiempo a **este lugar** precisamente"* (José); *"Nací en el hospital de **acá** de **Pigüé**, mis abuelos paternos eran de acá, los maternos de **Goyena** pero viví mis primeros años en un **campo de Goyena**, dentro del **distrito de Saavedra** pero en el campo"* (Mariana, directora del MACP); *"Nací acá hace treinta y*

*ocho años y **siempre viví acá**"* (Jorgelina, directora MIB). Así como también se evocan las raíces transcontinentales (europeas), manifestando vínculos con las migraciones europeas, por ejemplo para el caso de Pigüé, Mariana (directora del MACP) expresó que *"**somos una colonia francesa** "* y que *" (…) la población más envejecida de cualquier manera me parece que **son los descendientes de los colonos aveyroneses** que ellos siempre tuvieron mucho más arraigado y presente la tradición de su cultura francesa y este orgullo por ser descendientes de los fundadores, de los **colonos fundadores**"*.

Otro eje descriptivo considerado fue el de las **vivencias relacionadas al registro arqueológico indígena**. Algunas de ellas corresponden al rol de "custodios" que cumplen los entrevistados. Este papel se encuentra legitimado institucionalmente y se evidencia en afirmaciones en las cuales indican encontrarse a cargo del *"(…) resguardo y el cuidado del material histórico* (Mariana, directora MACP)" y de *"(…) conservar las piezas, la historia del pueblo, y mostrársela a las nuevas generaciones (*Ariel, presidente comisión del MHS*)"*. En esta línea, se destaca el papel activo que poseen algunos de los entrevistados, quienes por fuera de sus actividades laborales visitan los sitios arqueológicos de su distrito y registran las posibles prácticas de transformación cultural sobre los mismos (*e.g.,* presencia de basura, pozos de sondeo, otros). En el caso de hallar registro arqueológico o alguna alteración del sitio informan de inmediato al equipo de investigación, cumpliendo un rol de colaboradores activos y siendo su presencia fundamental en el lugar. Por ejemplo, caminatas por la Reserva Natural y Cultural de la Isla de Puan (Puan) (Figura 6.1), visitas al Dique Paso de las Piedras (Tornquist) (Figura 6.2), entre otros. De igual modo, muchos de los entrevistados participan de forma activa en colaboración con las investigaciones desarrolladas en el área, constituyendo no meros informantes sino teniendo una participación activa en relevamientos de sitios arqueológicos, prospecciones y excavaciones (Cárdenas Millapi, *et al.,* 2013; Oliva *et al.* 2014 a y b, 2015 a y b; 2021).

Otra función destacada es la concientización y protección del registro arqueológico de los entrevistados, quienes se proponen *"concientizar a la gente sobre lo que es el patrimonio cultural o sea cuando hablamos de intangible y tangible* (Jorgelina, directora MIB), acentuando su labor profesional *"(…) orientado a cuidar sobre todo lo que está por desaparecer: un animal, una planta (...) vulnerable lo que fuere (...) les trato de hacer ver que lo cultural y sobre todo lo cultural no criollo porque bueno este lo criollo también tiene su valor pero el de los primeros habitantes de acá también se está por desaparecer*[3] (Facundo, guardaparque)"*. También se observan discursos críticos y reivindicativos, *"el objetivo principal es la reivindicación del lugar de que la gente de Puan principalmente empiece a reconocer la isla como un sitio importante no solo por*

---

[1] Las variables planteadas en el capítulo metodológico son resaltadas aquí en negrita, para mayor facilidad en su reconocimiento por parte del lector.
[2] Las negritas en los fragmentos de las entrevistas son propias y señalan algún aspecto o categoría que se desea destacar.

[3] Utiliza desaparecer en relación a la vulnerabilidad del registro arqueológico y las prácticas de transformación cultural sobre el mismo.

Figura 6.1. Relevamientos en la Reserva Natural y Cultural de Usos Múltiples de la Isla de Puan. Jorgelina Walter y José Luis Strack durante una caminata por la Isla de Puan (A). Observación de piezas halladas en la Isla de Puan, con Jorgelina Walter y María Cristina Bartolomé (B).

Figura 6.2. Relevamientos en el partido de Tornquist. En la fotografía se observa a Juan José Navarro en una caminata por el Dique Paso de las Piedras junto a integrantes del equipo de arqueólogos que investigan el Área de Ventania.

su belleza sino por eh por lo que es la conservación de la historia ¿no? de la historia a mí me interesa mucho los pueblos originarios principalmente eso, respetar y que la gente la empiece a valorar (José Luis, encargado SIP)" siendo el rol del entrevistado el de recuperar y visibilizar a la comunidad el pasado indígena.

La **dimensión temporal** de las vivencias vinculadas al registro arqueológico, otra variable considerada, incluye un lapso que abarca desde el año 2000 hasta la actualidad, momento en que comenzaron las funciones profesionales de algunos de los entrevistados. Con respecto al tipo de **relación establecida con el patrimonio arqueológico**, en este grupo se trata de prácticas laborales que los vinculan con el registro y el pasado indígena regional. Posicionándose como mediadores entre el pasado, los objetos arqueológicos y la población local, en este sentido reconocen su rol como actores reconocidos por la comunidad: " *(...) la gente como que al estar tanto tiempo en el museo nosotros y hacer tantas actividades para mostrar lo que es el museo ya nos reconocen en la calle y nos quieren traer cosas (...)* (Ariel, presidente Comisión MHS)", "*la semana pasada vinieron ciento veinte chicos del colegio Don Bosco de Bahía Blanca de cuarto grado, y bueno les di una charla general primero en ese salón grande y después nos fuimos pasando más o menos de a veinte, toquetearon todo (...) los dejamos para que los puedan manipular porque eso también de mirar y no tocar ya fue (...) la memoria esta presenta a través de, lo que noto acá en Puan es que con las propuestas que vamos generando desde el museo* (Jorgelina, directora del MIB)".

Respecto a los **sentidos asignados a la práctica vinculante con el registro arqueológico**, se registraron diferentes posicionamientos. Por un lado, se destaca un fuerte sentido de cuidado, salvataje y protección. Este se encuentra estrechamente vinculado con la labor profesional de los entrevistados. Algunos de ellos expresaron la importancia que posee el registro arqueológico como parte de las identidades colectivas. En este sentido, Facundo (guardaparque), afirmó que "(…) *no solamente me parece importante cuidar la naturaleza sino el testimonio de los primeros hombres que estuvieron por acá. Me parece super importante cuidarlo y lo mío pasa por **cuidar parte de nuestro pasado que entiendo que es parte también de nuestra identidad.** Entonces, pasa más por ese lado por cuidar porque no desaparezca el registro de nuestra historia que si bien nosotros somos criollos lo que hicieron los primeros hombres acá, somos todos humanos, es muy valioso y a mi entender hay que cuidarlo tambié*n (Figura 6.3).

José Luis (encargado de la isla de Puan) manifestó que ante la eventual posibilidad de que el visitante que encuentre material arqueológico "*hacemos también mucho hincapié en no levantar, si ven algo déjenlo ahí. Cosa muy complicada, muy complicada (...) cada pedacito de piedra es una muestra de que **alguien más hubo** y que no era un desierto*". Asimismo, se identificaron sentidos construidos en torno a la utilización del pasado con fines turísticos. Por ejemplo, en afirmaciones como que "*En lo personal yo tengo mi empresa en la cual trabajo con el patrimonio, alguno de los atractivos es el uso del patrimonio arqueológico a nivel turístico* (Juan José, guía

Figura 6.3 Relevamiento en la Reserva Natural Sierras Grandes, Tornquist. A. Facundo Ernesto Casalle Pintos director de la Oficina Técnica Parque Provincial Ventania y de la Reserva Natural Sierras Grandes. B. Reserva Natural Sierras Grandes, Tornquist.

de turismo)" destacando que "*los guías que trabajan con el patrimonio arqueológico, paleontológico, el patrimonio cultural histórico tienen que asegurar la conservación del sitio. Entonces, el uso turístico es un arma de doble filo. Yo personalmente lo apoyo, me parece que los sitios hay que visitarlos (...) el objetivo de un guía es en cuanto al patrimonio la conservación del sitio (...) yo antes de entrar a un sitio le pongo los parámetros, los límites, de que se puede y que no se puede a la gente (...) no se toca, no se saca foto con flash y en general en las cuevas con pinturas intento permanecer muy poco tiempo. Haber lo hago por dos razones, una porque me parece que hay que permanecer poco y la otra es para transmitirle a la gente, al cliente, al visitante ese* **sentimiento de fragilidad** (Juan José, guía de turismo)".

Simultáneamente, se observaron en los relatos ofrecidos por los actores considerados, diferentes **representaciones en torno al pasado**. Algunas de ellas, vinculadas a su concepción como soporte del presente "(…) *sin pasado no hay presente ¿no? Es diríamos es como un pilar, es lo que sostiene el presente el pasado (…) el pasado está siempre presente* (Jorgelina, directora MIB)", un espacio de aprendizaje para reflexionar respecto a las prácticas contemporáneas de construcción de identidad colectiva "*(...) yo creo que el rol del pasado justamente es por ahí es esa frase tan trillada "conocer el pasado para saber a dónde vamos" conocer que ha sido de nosotros que se ha hecho, que se ha podido avanzar en determinadas circunstancias y ver cómo estamos parados hoy, y a veces por ahí necesitamos recuperar muchas cosas del pasado muchas ideas, como para encarar el presente y el futuro (…)* (Valeria, encargada MHS)" "*(...) Tenés un sector de la sociedad está redescubriendo me parece el pasado, y que está redescubriendo las raíces y que esta bueno conocerlas, el por qué para qué sirve (...)* (Mariana, directora MACP)". Asimismo, también se observaron posturas críticas respecto al modo en que la población actual establece relaciones con su pasado. En este sentido, se expresó que "*en Puan creo que tenemos que pedir perdón por el derramamiento de sangre lo que se dice ¿no? Esta tierra estamos están prestadas acá te lo digo yo como descendiente alemán ¿no? Pero creo que estamos ocupando un espacio que... que no nos pertenece. Que hemos como invasores inmigrantes, hemos apropiado (...) Creo que la reconstrucción de la historia es muy importante para comprender donde estamos parados, que sitio estamos ocupando* (José Luis, encargado SIP)" y que el pasado indígena "*Es parte de nuestra historia y es la historia que quisieron callar a partir de la conquista del desierto, nos estamos olvidando de lo que pasó. De la conquista de América o de la campaña del desierto para atrás (...) pero que es parte de nuestra herencia* (Juan José, guía de turismo)".

En el estudio de las **prácticas de patrimonialización** en la que intervienen estos actores, se observó la selección y puesta en valor de diversos referentes materiales del pasado. En el partido de Puan, las prácticas estuvieron dirigidas hacia el registro arqueológico presente en la

isla, tanto histórico como indígena. El primero de estos representado por la casa histórica del primer intendente de Puan, Rómulo Franco y el segundo por el Sitio 1 (ver Capítulo 5). En este sentido, se expresó que "*(...) tratamos de potencializar el valor que tiene la reserva natural y cultural Isla de Puan, a través de diferentes acciones. En este caso ahora (...) desde el año pasado trabajamos en el armado de una pequeña sala de interpretación4 (...) todo lo que es cerámica está exhibido ahí, no todo porque no podemos tener todo pero bueno estuvimos escogiendo qué objetos. Y bueno ahora lo complementamos con las dos cartelerías que hicimos nuevas, una para la casa de Rómulo Franco, que contamos quién es Rómulo Franco la importancia de la vivienda, los estudios que se hicieron, la cerámica que se encontró en el lugar y el otro cartel que renovamos es el del sitio 1 donde se halló el esqueleto de 3300 años* (Jorgelina, directora del MIB)". De modo tal de que hay una selección específica sobre dos sitios considerados centrales en la construcción de la memoria histórica del distrito.

Los entrevistados del partido de Saavedra, a diferencia del panorama hallado en Puan, no demostraron realizar la selección de un sitio arqueológico en particular. Sin embargo, se detectó tanto en la localidad de Saavedra como de Pigüé un fuerte sentido evocativo hacia el pasado histórico del distrito y su materialidad asociada. Al pasado más reciente, se lo relacionó al inicio de las localidades modernas y su origen migrante, "*los abuelos y gente mayor*" y la llegada del ferrocarril. Durante las entrevistas fueron mencionados en varias oportunidades este sector de la población, con valoraciones positivas y como representantes de una identificación colectiva: "*muy pocas veces escuchamos a los abuelos, a la gente mayor (...) Entonces por ahí tiene que ver con eso, con lo social con establecer ese vínculo social más allá de lo que es el tiempo (...) los abuelos que vienen a recordar su época de ferroviarios, este es un pueblo netamente ferroviario, así que a recordar un poco eso, a vivir ese pequeño pedacito de historia viendo los trajes viendo maquinarias herramientas, relojes, faroles, réplicas hay máquinas hechas a una escala menor, viendo lo que era su época acá en el museo* (Ariel, director comisión MHS)", "*Viene gente de la tercera edad, vienen, pertenecieron a ellos a sus padres a sus abuelos y los vienen a traer* (Mariana, directora MACP)".

En el caso del distrito de Tornquist, de acuerdo a la información obtenida en las entrevistas, las prácticas de patrimonialización están dirigidas en primera instancia hacia las sierras y los sitios arqueológicos (*e.g.*, cuevas con pinturas) emplazados en sus adyacencias. Entre otras expresiones surgieron afirmaciones como "*me parece algo espiritual lo que son las sierras, lo veo como un humano de esa época lo vería como algo valioso muy valioso* (Facundo, guardaparque)", "*estamos visitando sitios sagrados desde el punto de vista de los pueblos*

---

4   Ver Capítulo 4.

originarios (...) es todo un gran escenario arqueológico (...) no es un sitio, es un espacio que fue utilizado, vivido por los pueblos originarios. Entonces en realidad hay que proteger todo (Juan José, guía de turismo)". De acuerdo a estas ideas, se identifica una concepción más amplia del patrimonio, no dirigida hacia un sitio u objeto en particular.

Igualmente, se prestó especial importancia a las prácticas y sentidos asociados en relación al pasado. Estas acciones se encuentran atravesadas por las propias biografías de los entrevistados. En este marco, en algunos casos durante las entrevistas surgieron anécdotas, sobre cómo habría sido su acercamiento al registro arqueológico. Por ejemplo, Jorgelina W. directora del MIB destacó que su interés por la disciplina arqueológica fue previo al inicio de sus actividades profesionales en el museo, *"mi vínculo con la arqueología nació con el taller que dio tu papá[5] cuando se estaba haciendo el plan de manejo de la isla en el 2000, 2001. Ese fue mi vínculo con la arqueología. La charla que tuvimos, eso que fueron esos tres cuatro cinco días de capacitación, después la salida a la cueva de los espíritus[6], el cruce a la isla, después empezar a trabajar acá en el museo, fue en sí, a mí me gusta más lo que es la arqueología y la paleontología (…) es lo que más me tira"*. En otros casos, el interés comenzó con el encuentro con la materialidad arqueológica, *"Cuando empiezo a tener contacto acá bueno es como que lo valoro de otra forma ¿no? y me empezó a llamar mucho la atención el tema de cómo los primeros habitantes de esta zona, de esta región empezaron, cómo utilizaban la piedra sobre todo y me empecé a preguntar por qué acá había tanto registro".* Estos interrogantes van más allá de las competencias laborales del entrevistado, por el contrario, dejan entrever un profundo interés en el pasado indígena de Ventania.

Otro eje analítico estuvo dirigido a las manifestaciones de **las relaciones que los sujetos establecen con el pasado en los procesos de construcción de memoria.** En este sentido, se reforzó la idea de patrimonio arqueológico como un testimonio de la historia y soporte de la memoria colectiva que debe ser custodiado y protegido, en expresiones como *"cuidar para que no desaparezca el* **registro de nuestra historia** *que si bien nosotros somos criollos lo que hicieron los primeros hombres acá, somos todos humanos* (Facundo, guardaparque)", *"****conservar las piezas, la historia del pueblo****, y mostrársela a las nuevas generaciones* (Ariel, director comisión MHS)", *"la gente sigue haciendo lo mismo de siempre, no lo levantamos nosotros pero lo levanta el que viene de atrás (...) hemos incorporado un folleto impreso y virtual que dice **que se puede hacer y que no** en la Reserva Natural* (Jorgelina, directora MIB).

Respecto a sus **representaciones de los pueblos indígenas** se observaron la utilización de diferentes categorías. Entre

otras *"pueblos originarios", "humanos", "primeros hombres"* frente a las categorías percibidas para los pobladores actuales como *"criollos", "descendiente", "el pueblo"," la gente".*

Por último, para abordar al colectivo de guardaparques y guías culturales que desarrollan su actividad profesional en el PPET y la Reserva Natural Sierras Grandes se realizaron encuestas anónimas[7]. Éstas fueron llevadas a cabo en el marco de un taller de arqueología[8], en el cual participaron nueve guardaparques, siete guías, un individuo que desempeña ambas funciones y dos empleados que cumplen otras funciones en el PPET (*e.g.,* administrativos), de entre 53 y 25 años de edad. En todos los casos se trata de pobladores del distrito de Tornquist.

Con el fin de relevar los imaginarios de este sector de la comunidad sobre el pasado indígena se diseñó un cuestionario, en el que se incluyeron preguntas relativas a la historia del poblamiento regional y el registro arqueológico que da cuenta de este poblamiento. El mismo se organizó en torno a tres baterías de preguntas ordenadas temáticamente. La primera de ellas orientada a las funciones profesionales del encuestado, se les preguntó por los usos de los sitios arqueológicos con fines turísticos y los sentidos otorgados a esta práctica. Otro segmento de preguntas buscó registrar las representaciones en torno a los pueblos indígenas y eurocriollos, así como los sentidos de identificación con estos grupos en sus propias biografías. Igualmente, se les consultó respecto a qué saberes, objetos y/o lugares consideran importante conservar para las futuras generaciones. Finalmente, el último conjunto buscó interrogar acerca de cuáles son las medidas que deberían optarse a favor de la preservación del registro arqueológico por parte de diferentes actores de la comunidad (municipio, provincia, universidad y ellos mismos).

Por otro lado, los resultados de las encuestas demostraron que el 100 % del colectivo de guardaparques y guías de turismo cultural (N= 19) respondió estar de acuerdo con la realización de visitas a los sitios arqueológicos. Sin embargo, manifestaron que sólo son susceptibles de su aprovechamiento turístico algunos de los sitios arqueológicos, cuyas condiciones de preservación lo admitiesen. En este sentido, sus **vivencias** con la materialidad arqueológica se vinculan al papel que cumplen como mediadores, proteccionistas y/o promotores de estos espacios y su "valor". Este aspecto queda evidenciado en expresiones que fueron escritas en las encuestas. Entre otras: *"Si bien todos los sitios son*

---

[5]   Se refiere a Fernando Oliva, arqueólogo director de proyectos de investigación arqueológica del Área de Ventania desde la década de 1980.
[6]   Sitio Gruta de los Espíritus (Saavedra), ver Capítulo 5.

[7]   Se decidió su anonimato para incentivar el desarrollo de las respuestas y que los actores no se vieran comprometidos en sus respectivos ámbitos laborales. En algunos casos los encuestados decidieron dejar sus datos personales para ser identificados y ampliar sus respuestas en conversaciones por fuera del taller.
[8]   El taller de arqueología consistió en una capacitación sobre identidad y patrimonio cultural dictado por integrantes del Centro de Estudios Arqueológicos Regionales de la UNR, entre los cuales esta investigadora se encontraba presente.

frágiles, considero que algunos pueden visitarse para poder **difundir su valor**", "es *importante transmitirle al visitante* **su valor** *y su cuidado*", *"Es importante poder* **comunicar el valor** *del patrimonio y transmitir el estilo de vida de los cazadores recolectores. Además de destacar el* **cuidado de los sitios** *argentinos"*, *"Considero que no siempre están las condiciones para que el lugar no se dañe o de no estar las garantías para su* **conservación**", *"No todos los sitios deben estar abiertos al turismo ya que eso entraña un riesgo para su* **preservación**" *"Considero que se deben visitar solo aquellos que las personas especializadas determinan que la actividad turística no atenta contra su preservación"*, *"Solo los sitios que* **NO puedan alterarse ni dañar** *pienso deberían visitarse con todos los recaudos necesarios"*. Asimismo, en algunos casos aseguran que algunos sitios no deben ser abiertos al público ya que se debe *"preservar la información de los sitios"* y se teme a las prácticas de transformación cultural sobre los mismos, *"a raíz de su delicadez e importancia para el estudio"*. Estas expresiones denotan la representación del registro arqueológico indígena como algo frágil que debe ser protegido, visión coincidente con la ofrecida por los equipos de investigación del campo arqueológico[9] (Oliva *et al.*, 2014; Oliva, 2017). En este sentido, los encuestados manifestaron haber participado alguna vez en actividades específicas vinculadas a la divulgación y/o a la conservación del patrimonio arqueológico. En 11 casos, se llevaron a cabo actividades divulgativas en el marco de un emprendimiento turístico cultural; 10 afirmaron realizar acciones de concientización en instituciones educativas; seis realizan estas acciones en medios periodísticos; 14 lo realizan informando a las autoridades municipales y/o provinciales de la aparición de patrimonio arqueológico; 12 asistieron a reuniones vecinales vinculadas con la implementación de acciones de protección patrimonial; nueve colocaron cartelería informativa y/o repartieron folletería; 12 afirmaron recoger basura en los sitios o en sus inmediaciones; dos manifestaron haber realizado inversiones económicas privadas vinculadas a la conservación del patrimonio arqueológico y cinco casos expresaron realizar otras acciones tales como el relevamiento de sitios, el dictado de charlas y capacitaciones, el diseño gráfico para la divulgación científica y material educativo para las escuelas y la participación en excavaciones junto al equipo de investigadores del Centro de Estudios Arqueológicos Regionales (FHUMyAR-UNR).

Las afirmaciones realizadas acerca de la vulnerabilidad del registro resultan llamativas, ya que más de la mitad (68,42%) de los encuestados realizan directamente visitas guiadas a sitios arqueológicos o próximos a ellos en el marco de sus ocupaciones profesionales. Entre los sitios más frecuentados se encuentran la Cueva Florencio de la Reserva Natural Privada Sierras Grandes y el Alero

Corpus Christi del PPET, los cuales han sido notablemente afectados en el pasado por prácticas culturales nocivas para su preservación (extracción de un fragmento de la roca con motivos rupestres y *graffiti* respectivamente). Estas visitas son articuladas, en siete casos así lo indicaron, con la autoridad provincial y en segunda instancia con los encargados de los establecimientos públicos (seis respuestas) y privados (tres respuestas). Cabe mencionar que 13, de los 19 encuestados, señaló incluir alguna explicación o dato arqueológico del lugar visitado.

Otro aspecto relevado fueron las medidas que los encuestados consideraban que deberían optarse a favor de la preservación del registro arqueológico. En relación a este aspecto, se indicó que los organismos universitarios deberían *"Hacer más relevamientos y dar a conocer al público la importancia de los diferentes sitios arqueológicos y su relación con la naturaleza y el presente."*, *"marcar los límites con un fundamento científico"*, así como promover la *"investigación y capacitación"*, la *"divulgación, conocimiento y gestión de los recursos"*, y *"divulgar la temática"*. Igualmente, se les asignó a los entes provinciales el rol de *"Fiscalizar el cuidado de los sitios en establecimientos"*, *"Implementar leyes de preservación"*, *"custodiar los sitios y divulgar"*, así como estar a cargo de la *"Difusión de la importancia de la preservación de sitios"*, la *"concientización poner en valor y conservación"*, *"la protección y control del lugar"*. En cuanto a los municipios se les concede el lugar de *"Regular concientizar"*, *""Poner en valor"*, realizar *"Campañas de difusión sobre el cuidado e importancia del patrimonio"*, ser el *"nexo entre instituciones y operadores"*, y estar a cargo de la *"conservación, interacción con universitarios, autoridades provinciales y operadores turísticos"*. Por último, en relación al propio rol en la protección del patrimonio asumieron estar a cargo de la *"Protección e información"*, *"Conocer, capacitarse y tomar las recomendaciones necesarias en su actividad"*, *"Ser el nexo entre conocimiento científico, el paisaje y el visitante respetando el entorno"*, *"colaborar con la protección y divulgación"*. En todos los casos, se refuerza un papel activo por parte de diferentes organismos en cuanto al cuidado y supervivencia de un registro que es considerado altamente vulnerable. Se destacan dos ideas principales, por un lado, la de protección/conservación y por el otro la de divulgación de la importancia patrimonial del registro.

Por otra parte, se registraron las representaciones e imaginarios sociales en torno a los pueblos indígenas que habitaron el área de estudio en momentos previos a la ocupación eurocriolla. En algunos casos fueron adjetivados positivamente como *"pacíficos y organizados"*, *"solidarios y creativos"*. Asimismo, en una suerte de identificación e igualación se identificaron expresiones como que los pueblos indígenas tenían *"la misma capacidad de razonar pero con otras condiciones de vida, además de usar una tecnología diferente"* y que eran *"familias realizando las tareas cotidianas del momento, con su relaciones con el medio donde se encuentran en*

---

[9] Cabe señalar que desde el Centro de Estudios Arqueológicos Regionales (UNR) se realizan campañas de concientización en el área de estudio bajo la consigna "Patrimonio Arqueológico Recurso No renovable" desde hace más de una década.

ese momento". Igualmente, también hubo casos donde se reforzaron estereotipos en cuanto a la romantización del pasado "pacífico" y la asociación de lo indígena con la desnudez. Por ejemplo, un encuestado expresó que *"vestían pocas prendas"*. Mayoritariamente, se trata de descripciones focalizadas en el tipo de subsistencia de caza y recolección y de movilidad *"nómades"* (presente en 6 casos). La centralización descriptiva en los aspectos económicos es coincidente con la terminología propuesta por la disciplina arqueológica. Por otra parte, prevalece el imaginario de que eran grupos pequeños, de poca cantidad de gente, idea presente en el imaginario de 7 encuestados. Este aspecto no encuentra sustento en la evidencia arqueológica, sino que por el contrario se aproxima al relato oficial del territorio vacío. Entre otras expresiones pueden leerse *"Grupos de **cazadores-recolectores, no muy grandes.**", "**Reducidos en número** de personas. De organización circular", "grupos nómades, cazadores recolectores", "grupos nómades, cazadores recolectores. No grupos muy numerosos" "**grupos chicos en número,** organizados estructuralmente.", "grupos cazadores recolectores, **reducidos en cantidad de personas**", "cazadores, ágiles", "**pequeños grupos** organizados adaptados al uso de los recursos naturales y al ambiente" "nómades y muy activos y dejaban todo registrado a través de pinturas"*. Otra característica que se destaca en una amplia mayoría es el vínculo y proximidad entre los pueblos indígenas conocedores del entorno natural con la naturaleza, presente en 13 descripciones. Entre otras puede leerse afirmaciones tales como que eran *"**Conocedores** de la flora regional y del clima. También de las rocas, su dureza y otras características", "Grupos de personas que interactuaban con otros grupos que se desplazaban por la región aprovechando los recursos que la naturaleza les proporcionaba. También creo que a estas sierras le asignaban un valor especial por sus características únicas", "**Muy conectados a la naturaleza**. En armonía con todo y todos, nómades (no viéndose por estaciones)", "conocedores de primera del lugar", "Imagino grupos organizados, **viviendo en relación a la naturaleza** y condiciones del lugar en cuanto alimentación, refugio, viviendas. **Más en contacto con el entorno**", "extremadamente respetuosos con la tierra y con toda su flora y fauna, puros, místicos y coexistiendo **en armonía con el entorno**", "personas realizando distintas tareas, planificando, buscando el recurso y **conectados con el lugar donde vivimos**", "utilizando de manera sustentable el entorno" y "**muy adaptados** al ambiente serrano de pastizal"*. En estas afirmaciones se observa una relación idílica entre los pueblos originarios y el ambiente.

En cuanto a los grupos eurocriollos, su caracterización estuvo muy vinculada a la idea de desarrollo. En este sentido se los describió como *"organizados con visión de avance social", "emprendedores con algo de experiencia en métodos de agricultura", "gente en un nuevo lugar con una visión de desarrollo agropecuario extensivo en campos aptos para la producción", "inmigrantes en su mayoría alemanes y suizos, dedicados a la agricultura y ganadería", "mestizos, con mezclas de distintas culturas,*

saberes y experiencias". Asimismo, se los caracterizó como *"un poco hostiles, cerrados", "muy rudos", "inmigrantes intentado de imponer su cultura", "irrespetuosos con otras culturas y también con la tierra", "cruza de tehuelches con alemanes, españoles, italianos. Con la rusticidad de los originarios y las costumbres europeas"*. Resultan llamativos los intentos de determinación de la identidad étnica de este poblamiento.

Respecto al vínculo establecido entre las sociedades eurocriollas e indígenas se supusieron relaciones positivas, como por ejemplo que *"observarían algunos usos de los nativos"* y que estarían *"**necesariamente conviviendo** con los primeros pobladores", "con **la necesidad de negociar con los primeros pueblos**. Tratando de replicar en el lugar las costumbres y paisajes de la Europa que dejaron atrás"* y negativas ya que también consideraron que estarían *"**distantes a la población originaria** y buscando instalar su cultura en muchos casos **imponiendo sus costumbres**"*. Se observan grandes contrastes en cuanto a la caracterización del vínculo con el ambiente entre los pueblos indígenas *"conocedores"* y *"en armonía con el entorno"* y los eurocriollos quienes habrían *tenido "algunas dificultades de integración al lugar", "con intención de modificar el ambiente", "desconocedores del entorno natural (clima, ambiente originario)", "familias aisladas adaptándose a un medio no tan conocido"*.

Por último, para comprender los sentidos colectivos de patrimonialización de determinados objetos que se escogen para formar parte de los procesos de memoria, se relevaron las materialidades que se consideran importantes preservar para las futuras generaciones. En este punto se destacaron diferentes formas de registro arqueológico indígena. Entre otros se resaltó la mención a *"sitios de **arte rupestre**" "para tratar de contar su historia a través de las mismas"* por *"la importancia que tienen para poder saber y entender cómo vivían los primeros pobladores",* y porque *"es el origen de la comunicación escrita del hombre"* que *"nos permite entender que lugares habitaban y elegían para dejar pasmado su arte de comunicar"*. En ese sentido, las representaciones se encuentran atravesadas por el componente biográfico de algunos de los encuestados. Por ejemplo, se escogió *"el **Alero del PPET** porque fue el primer lugar donde conocí y empecé a entender que antes de la colonización hubo grupos de personas que anduvieron por la región"*. Asimismo, se señalaron otros referentes arqueológicos para preservar como *"**todo un contexto**: lugar con objeto, paisaje", "todo aquel **material lítico/herramientas** que han utilizado los primeros pobladores",* a *"los cementerios" y "los **pueblos originarios** porque son la conexión con nuestras verdaderas raíces"*. Por otro lado, fueron preponderantes las respuestas que se focalizaron en elementos naturales de la región como *"el conjunto de Ventania", "el ambiente natural y todo lo que depende de este", "la naturaleza en su estado más natural porque en la naturaleza se guarda toda la información para la vida"*.

6.4 La mirada puesta en el pasado y el presente indígena

En este acápite se incluyen las entrevistas realizadas a aquellas personas cuyo vínculo con el pasado indígena regional no se encuentra en sus actividades laborales. Sus vínculos radican en el profundo interés dado por la historia, el reconocimiento en el campo, el registro de sitios arqueológicos y la conformación, en algunos casos, de colecciones arqueológicas. Igualmente, se presentan aquí las representaciones de una integrante de los pueblos originarios cuyo vínculo con el pasado radica en su identidad étnica, perteneciente a la comunidad mapuche (Jorgelina Cárdenas Millapi).

6.4.1 Actores conocedores e involucrados (no laboralmente) con el pasado indígena del Área de Ventania

En primer lugar, se llevó a cabo la descripción de la entrevista realizada a Gabriel, para comprender cuáles son las representaciones y sentidos que le otorga al pasado indígena del área de investigación. La primera variable considerada consistió en determinar el tipo de vínculo que se establece con la materialidad arqueológica indígena. Se trata de un vecino de la localidad de Sierra de la Ventana (Tornquist), que se dedicó voluntariamente a la búsqueda sistemática de diferentes formas de registro arqueológico (*e.g.*, cuevas, sitios en superficie, entre otros). Esta constituye una actividad informal que realiza por fuera de sus actividades profesionales como perito forense, **autopercibiéndose** como un investigador aficionado. En este sentido, expresó ante el recuerdo del hallazgo por su parte de un sitio histórico que "*como **aficionado** haberlo encontrado fue un orgullo porque esto es de aficionado, suerte de principiante (Gabriel)*". Con respecto a las **vivencias** se considera que posee un rol de explorador, bajo una mirada patrimonialista y conservadora del registro arqueológico. Este papel se visibiliza en afirmaciones como "(…) *todo lo que encontramos creo que la mejor forma es denunciarlo, porque creo que esto le pertenece al patrimonio cultural (…) esa es nuestra idea sino no estaríamos hoy acá*". Asimismo, atribuye valoraciones fuertemente positivas respecto al proceso de búsqueda del registro arqueológico. En esta línea expresó que "*con mi hijo cuando caminamos y encontramos, ese momento de encontrar es maravilloso*", equiparando el registro arqueológico a un suceso extraordinario que causa admiración y respeto.

Otra de las variables descriptivas fue la **historicidad de las vivencias**. Gabriel oriundo de la ciudad de Bahía Blanca, se mudó a Sierra de la Ventana (Tornquist) y comenzó a realizar caminatas por las sierras, en búsqueda de vestigios materiales de los primeros pueblos que habitaron el área en el pasado. Sus prácticas se encuentran relacionadas al patrimonio arqueológico y el pasado, y son compartidas familiarmente, ya que es junto a su hijo que las realiza. Durante la entrevista narró como su hijo realiza paseos explorando lugares y buscando "*cosas vinculadas al*

pasado", "*mi hijo Nico es un gran caminante y un gran observador (…) él tiene el don del solitario, caminante que observa, a él lo dejo caminar y me dice mirá lo que encontré, entonces allá voy (…) a él le gusta mucho lo que es caminar, camina todo el tiempo (…) y siempre me dice mirá lo que encontré, bueno la pintura la encontramos con él, por observador de él porque estábamos los dos ahí y él mira para arriba (…) y ahora anda caminando por sierra y ha encontrado otra vez, otras cosas nuevas, entonces yo lo dejo que camine*". Cuando se le preguntó por la fuente de información que utilizaban para saber dónde se encontraban los yacimientos arqueológicos, destacó que no contaban con tales fuentes, sino que "*salimos a caminar porque nos llama la atención el lugar y es como innato*". Respecto a los sentidos atribuidas a estas prácticas, en el caso de Gabriel considera que su accionar tiene un sentido proteccionista, investigativo y divulgativo ya que informa de manera inmediata a las autoridades competentes[10] (Figura 6.4).

Asimismo, involucra un importante componente emotivo en sus prácticas ya que "*es un trabajo muy solitario, es un trabajo donde vos tenés mucha soledad, no todo el mundo te va a acompañar a hacer esto porque no a todo el mundo le gusta hacer esto. Creo que la mejor etapa es la del descubrimiento, **cuando vos descubrís es una sensación única de encontrarlo que pocos lo viven** (…) yo creo que mi hijo aprendió, caminó mucho lamentablemente por mi laburo que me acompañó mucho yo creo que él sin tener estudios llegó a comprender esto, el amar, porque esto **lo tenés que amar**".

La segunda entrevista fue realizada a Jorgelina Cárdenas Millapi, cuyo vínculo con el pasado indígena radica en su constitución identitaria. A este respecto expresó "*Yo nací en Maquinchao[11], en lo que hoy por hoy se llama Río Negro, es en la línea sur (…) originalmente mi familia, lo que nosotros conocemos y parte del resto de mi familia es que éramos de esta zona. De la zona de Sierra de la Ventana y Tandil, bueno con el tema de la campaña del desierto nos fueron arrinconando arrinconando y terminamos ahí*". Si bien se estableció en la región junto a su familia hace aproximadamente una década, ella manifiesta una cronología larga con los pueblos indígenas que habitaron el área de Ventania, ya que sus antepasados estuvieron en la región desde los tiempos precoloniales. A la hora de definirse, vuelve sobre sus antepasados y cuenta que "*Mi mamá nació en Llama Niyeu[12] y mi abuela nació en Prahuaniyeu[13] (…) la familia está dividida, yo soy Cárdenas Millapi, Millapi es mi mamá, Cárdenas es mi papá, pero el apellido original de mi papá es*

---

[10] La autoridad competente de aplicación de la Ley 25.743/03 de Protección del Patrimonio Arqueológico y Paleontológico es el Centro de Registro Arqueológico y Paleontológico de la Provincia de Buenos Aires.
[11] Localidad del departamento de Veinticinco de Mayo en la provincia de Río Negro.
[12] Pequeña localidad próxima a Manquinchao en la provincia de Río Negro.
[13] Localidad del departamento de 9 de Julio en la provincia de Río Negro.

Figura 6.4 Relevamientos en el distrito de Tornquist. Gabriel guiando a un equipo de arqueólogos hacia una cueva con pinturas.

Shanka[14], *pero bueno como antiguamente iban a los campos y preguntaban ¿cuánta gente hay en el campo de los Cárdenas? ¿Cuánta gente tenés? Y no sé cinco, diez, quince, treinta, no sé son todos Cárdenas porque estos indios tienen esos nombres tan difíciles, así que eran todos Cárdenas* (Jorgelina)". A este respecto se observa la diferenciación entre indígenas y terratenientes, el sentido de propiedad en el que incluso los trabajadores eran nominados con el apellido del propietario de las tierras. Como se expresó previamente, hay una evocación de los antepasados para la definición de su adscripción identitaria, *"mi abuela había venido de Ngulumapu lo que hoy por hoy se conoce Chile, **era también mapu** pero mi abuelo era tehuelche, mapuche tehuelche"*. En el desarrollo de la entrevista, dio cuenta de cómo fue el proceso de traslado de su familia del campo hacia la ciudad y manifestó que *"La primera mujer que sale de mi familia es mi abuela que se viene a Bahía a visitar a mi abuelo, él vivía en Bahía con un hijo (...) en un barrio que se llama Millamapu (…) ella ve que hay otras posibilidades entonces vuelve, nos va a buscar a nosotros para que viniésemos a conocer (…) hasta que nosotros empezamos la escuela en Bahía Blanca (…) fue muy difícil todo porque era totalmente distinto a donde nosotros vivíamos (...) hoy por hoy creo que lo sigo sufriendo a pesar de que me crie en Bahía (...)*

se sufre mucho el desarraigo pero creo que hoy te puedo decir que me sirvió también haber vivido mucho tiempo en la ciudad". Su hoja de ruta de vida se encuentra cargada de marcas de identificación con su lugar natal, *"De hecho nosotros vivíamos en el barrio Millamapu que está del lado izquierdo, y el barrio Patagonia del lado derecho, cruza una ruta"*. Ambos nombres evocan al sur.

Como parte de sus **vivencias,** como representante de su pueblo, es portadora y guardiana de conocimientos y saberes, así como también junto a integrantes de su familia difunde y da a conocer el valor de su cultura. Entre otros aspectos, destacó la importancia de reconocer la identidad étnica y su legado, siendo que en su familia de nacimiento ella fue la única que reconoce su origen mapuche *"En mi familia, nosotros somos tres hermanos, y la única mapu que hay soy yo, como que ellos no, inclusive mi mamá no se reconoce (...) tiene que ver con los tiempos de cada uno y de **hacerse cargo de uno mismo, de nuestras historias** (...) es un tema todo eso, yo creo que **todos sabemos perfectamente de dónde venimos**, mi abuela siempre nos decía **ella siempre nos contaba quienes éramos** y para qué y porqué se hacían las ceremonias, por qué se le pedía a la planta permiso para sacarle que se yo una hoja, o sacar un fruto, ella siempre nos decía ustedes tienen que saber **quiénes son** porque así el día de mañana van a saber más o menos para dónde van (Jorgelina)"*. Respecto a la negativa de su familia natal con la cultura mapuche, expresó que de

---

[14] El apellido fue escrito de acuerdo a su sonoridad en la transcripción de la entrevista.

Figura 6.5 Ceremonia de retorno de los restos exhumados en el sitio arqueológico Toro Negro 2. Participación de Jorgelina Cárdenas Millapi en la ceremonia (derecha). La fotografía fue tomada en momentos antes de la ceremonia. Fotografía gentileza de Fernando Oliva.

esta manera su familia habría podido insertarse mejor en el mercado laboral, siendo *"uno más"*. Particularmente, con respecto a su madre mencionó que *"Muchas veces yo me preocupaba mucho porque yo decía como puede ser que a mí me interese tanto el tema de la cultura y como ella no, por qué no, si yo sé lo que sé con mucha más razón ella que lo vivió siempre"*. Estas vivencias recorren toda su vida (**historicidad de las vivencias**). En esta línea considera que *"si no tenemos pasado no podríamos tener presente (...) es importantísimo el pasado"*. Jorgelina comparte la filiación étnica junto a su esposo e hijos, asimismo como se mencionó previamente todos desarrollan prácticas culturas que refuerzan los sentidos de pertenencia con el área de Ventania y la cultura mapuche. Entre otros, dictan charlas difundiendo su cultura, cosmovisión y participan en diferentes ceremonias mapuches (como el año nuevo mapuche y rogativas). Asimismo, se destaca su participación en el re entierro de los restos humanos hallados en el sitio arqueológico Arroyo Toro Negro 2 (partido de Coronel Suárez)[15] (Figura 6.5).

Cabe destacar una anécdota mencionada durante la entrevista, en la cual durante un viaje por la ruta sintió una señal de su pueblo al ver a *"dos choiques que estaban casi en el alambre, y bueno nosotros siempre los saludamos, para nosotros es super importante, el mapu adopta al choique como símbolo de comunidad porque ellos siempre andan de a dos o de a más, los mapu también"*, en este sentido se refuerza el sentido colectivo de la identidad mapuche. Igualmente, manifestó que siempre *"busco estar vinculada con nuestra gente"* y *"participar en actividades"*. Además contó que ella intenta transmitir a sus hijos *"lo mismo que me decía mi abuela, ustedes tienen que saber quiénes son de donde vienen para saber a dónde van, ellos por más que sus papás y sus abuelos hayan sido mapuches, ellos sean mapuches, eso no quiere decir de que tengan que serlo porque yo se los digo, ellos saben quiénes son y ellos lo sienten, ellos participan en las ceremonias y lo hacen porque lo sienten no porque están obligados, el día que no quieran hacerlo más será una decisión de ellos (...) pero bueno saben quiénes son"*. Respecto a los **sentidos atribuidos a sus prácticas** de divulgación de la cultura mapuche, Jorgelina considera que se encuentran basadas en el respeto mutuo y permiten dar a conocer a la cultura mapuche, así como también *"darnos un tiempo para conocernos e intercambiar, no se trata de ver quién sabe más que quien, se trata de intercambiar y creo que uno puede ir construyendo un montón de cosas"*.

Estas entrevistas visibilizaron las diversas relaciones que los sujetos establecen con el pasado en los procesos de construcción de memoria. En el caso de Gabriel, el registro arqueológico es concebido como una huella material del pasado, importante por su rol constitutivo en la historia colectiva. En este sentido, expresó que *"es nuestra historia, es nuestro pasado. Nosotros tenemos poca historia en la Argentina, ¿cuánto tenemos de historia? Doscientos*

---

[15] Arroyo Toro Negro 2 es un sitio arqueológico ubicado en el camino a Peralta (localidad de Coronel Pringles). Se encuentra ubicado muy próximo a la localidad de Sierra de la Ventana (Tornquist) y Villa Arcadia (Coronel Suárez). Se caracteriza por la presencia de enterratorios humanos prehispánicos. Fue excavado por los grupos de investigación del área, junto a la comunidad local en el año 2013. Dos años después los restos fueron restituidos y re enterrados en mutuo acuerdo entre la población local, la patrimonio originaria como parte de ésta y el equipo de investigación. En este espacio se celebraron ceremonias, dentro de las cuales Jorgelina y su familia tuvieron un papel preponderante (Oliva *et al.*, 2021).

años. De ahí para atrás tenemos un montón de cultura que (...) forma parte de la historia nuestra". Asimismo, con respecto a los sentidos asignados a sus prácticas, considera el hallazgo de restos arqueológicos como el encuentro con el otro, un otro cultural lejano en el tiempo y diverso culturalmente. En este sentido, manifestó que *"(…) cuando encontramos las pinturas, los tipos fueron dejando una marca, todos fueron dejando marcas como para decir acá estuvimos, la sensación del encuentro es maravillosa"*. Respecto a la caracterización de los pueblos indígenas, los describió como *"recolectores, los imagino muy diferentes a nosotros completamente, y muy cerrados también pero también creo que subsistían más que vivir, el promedio de vida no era muy elevado tampoco. Sería loco encontrarse con esa cultura y poder...no sé si podríamos convivir con ellos porque éramos completamente diferentes y nos verían como bichos raros"*. En esta visión se observan algunas categorías utilizadas desde el campo arqueológico, como la referencia a su tipo de subsistencia (recolector) y la estimación del promedio de vida (corto por las enfermedades y ausencia de desarrollo de la medicina actual).

Asimismo, para Jorgelina el pasado y el presente se presentan como un continuo, donde el registro arqueológico forma parte de la cultura material de *"los abuelos"*. Mientras que Gabriel sitúa el registro arqueológico en el pasado, donde hay una *"pausa entre la historia indígena y después los primeros pobladores", "cuando encontramos la pintura te tenés que ir más lejos en el tiempo (Gabriel)"*. Jorgelina entiende al registro arqueológico en el presente (Jorgelina). De este modo, se refiere por ejemplo a los restos óseos humanos datados en 3000 años, como se mencionó, como *"los abuelos"* brindándole un sentido contemporáneo, pese a su antigüedad. Al respecto de esta circunstancia expresó que *"el 2015 fue muy significativo por la restitución de estos abuelos de tantos años (...) somos parte de esta gran historia, todos"*. Por este motivo se considera que sitúa los debates en torno al registro en la actualidad, afirmando que *"yo pertenezco a un pueblo, pertenezco a una cultura, pertenezco a un pueblo milenario"* en el cual no hay una diferenciación o "pausa" en la identificación de los pueblos del pasado y del presente. Asimismo, indicó que *"en nuestro caso no solo del pueblo mapuche sino de todos los pueblos originarios durante tantísimo tiempo fuimos aplastados y acallados, mucho mucho tiempo, igual creo que está en nuestro ADN la fuerza, y la fuerza joven y los que hoy por hoy se están levantando y están levantando al pueblo, están reivindicando"*. Esta afirmación caracteriza a los Pueblos Originarios en el marco de problemáticas y reivindicaciones contemporáneas, dentro de las cuales se encuentra también el registro arqueológico. En este sentido, Jorgelina señaló que *"un camino fue marcado, de hecho, está muy marcado porque acá hay muchas pinturas rupestres, hay muchas cosas, muchos lugares ceremoniales, que nosotros lo tenemos que volver a transitar, pero en el transitar tenemos que ir recuperando. Yo no sé si transitar el mismo camino, quizás al costado porque eso fue en otra época en otros tiempos, yo creo que hoy tenemos que ir haciendo un caminito al costado e ir recuperando de ese*

otro gran camino, ya sea espiritualidad, sabiduría para poder fortalecernos". Puede leerse que la materialidad arqueológica cobra otros sentidos, constituyendo una fuente de conocimiento que es resignificada, con respecto a los sentidos otorgados por sus antepasados productores de esa materialidad.

6.4.2 Coleccionistas ¿Productores de saberes o saqueadores?

El pasado es un producto actual del presente que acarrea sus propios problemas y dilemas (Hodder, 1984). Una de las maneras a través de las cuales se manifiestan los vínculos entre las comunidades del presente y el pasado es a través de la creación de colecciones. Estas son conformadas a partir de la recolección del registro arqueológico correspondiente a los restos materiales hallados en los sitios arqueológicos[16]. Este acápite tiene por objeto analizar la práctica de coleccionar, como parte de las formas en que las comunidades actuales construyen sentidos en torno a este registro y el pasado indígena. En este sentido, el coleccionismo como práctica no debe ser pensado sólo como uno de los factores que inciden en la conservación/transformación cultural de los sitios arqueológicos, sino como un fenómeno que permite visibilizar de qué manera otros agentes interactúan activamente con la cultura material e intervienen en la construcción de lo patrimoniable.

El marco jurídico, de la República Argentina, que interpela a las colecciones arqueológicas ha estado estrechamente vinculado a la regulación y legitimación de su estudio por parte de la comunidad científica. A comienzos del siglo XX, se decretó el 26 de febrero del año 1913 en la República Argentina la Ley de Ruinas y Yacimientos Arqueológicos, Ley Nacional N.º 9080, en la cual se contempló reglamentariamente por primera vez a los bienes arqueológicos. En el marco de la consolidación del Estado Nacional, esta ley promovió y habilitó la investigación del registro arqueológico con exclusividad a la academia. En este sentido, la mirada científica desempeñó un papel crucial en relación a los objetos arqueológicos y los procesos de activación patrimonial. En el año 2003, la Ley 9080 fue derogada en el art. 58 de la nueva Ley Nacional 25.743/03. Esta "nueva" Ley Nacional se focalizó en la conservación patrimonial, de acuerdo a su artículo 4º se sostiene que: *"Serán facultades exclusivas del Estado nacional: a) Ejercer la tutela del Patrimonio Arqueológico y Paleontológico. En orden a ello deberá adoptar las medidas tendientes a su preservación, investigación y a fomentar la divulgación."* (Artículo 4º Ley Nacional 25.743/03). En esta línea, la mirada de la comunidad científica hacia la práctica de coleccionar ha

---

[16] Generalmente las colecciones se conforman por la recolección de objetos sobre la superficie del terreno – *i.e.* fragmentos óseos faunísticos, piezas cerámicas, herramientas líticas pulidas y talladas, entre otros. Otras son producto de la excavación y búsqueda sistemática de aficionados en sitios reconocidos o no por la comunidad académica.

estado fuertemente planteada en términos de ausencia de legitimidad y legalidad.

Las colecciones arqueológicas abordadas son producto de la recolección, selección de determinados objetos, su ordenación y posterior interpretación (Prats, 2005). De modo que, en los próximos apartados, se presenta la descripción de las prácticas culturales llevadas a cabo por tres actores destacados en los procesos de patrimonialización del pasado a través de la conformación de colecciones arqueológicas.

6.4.3 La colección de María Cecilia López Quintana como caso de estudio en el partido de Puan

María Cecilia López Quintana de Baglioni, también conocida como Chelita, es una importante agente del campo cultural de la localidad de Puan (Puan). Maestra y profesora de geografía, custodia de una de las colecciones más importantes de su distrito. **Se autoadscribe** como puanense, descendiente de inmigrantes *"nací en Puan el 2 de junio de 1946 (...) los orígenes de la familia fueron inmigrantes (...) tengo mitad italiano mitad español, tengo mi abuelo paterno español y a mis bisabuelos maternos vascos y otra parte que es italiano y una criolla"*.

Con respecto a su **vínculo con el registro arqueológico**, señaló que sus primeros intereses estuvieron orientados a la paleontología. Recuerda un viaje que realizó hace 50 años a Zapala y cuando vio el registro fósil pensó *"acá tengo la verdad"*. Posteriormente, se inclinó por el registro arqueológico de manera fortuita. En este sentido expresó que *"mi mente venía con los fósiles, entonces vuelvo ya recibida de profesora, formo mi familia, empiezan a nacer los nenes, a mi marido le gustaba eso también, pero yo siempre con mi mente en los fósiles primero. Y no encontraba ningún fósil acá en Puan, o no sabía identificarlo. Entonces, bueno como no encontrábamos fósiles salíamos a caminar y encontrábamos puntas de flecha, salíamos a caminar y encontrábamos morteros, salíamos a caminar y encontrábamos bolas de boleadora, yo quería ver el fósil, lo más antiguo, y bueno, pero de lo más antiguo quedémonos con lo moderno, el hombre prehistórico (...) me encanta y lo hemos seguido"* **(vivencias)**.

Las caminatas y recolección eran familiares, un interés compartido con su esposo Néstor Baglioni, su hijo Javier Baglioni y sus amigos. Asimismo, destacó que su hijo tiene buena predisposición para los hallazgos, *"Javier lo identifica enseguida, a mí, así como hallazgos de piezas líticas, de puntas me llevó una excursión que habíamos hecho Néstor y Javier a la Laguna de Los Flamencos (...) íbamos caminando, yo no vi la primera ni la segunda (...) era hermosísimo"*. Su lugar como actores destacados de la comunidad se manifiesta en el rol activo que tuvieron para mantener abierto el museo municipal (MIB), así como también por las actividades educativas que ejercían desde esta institución. Esto, les trajo aparejado un importante reconocimiento social local. María Cecilia recordó que

"nosotros empezamos a trabajar en el museo porque el museo de Puan lo querían sacar porque tenían que usar lo que era la oficina del museo y no tenían lugar, entonces (...) queríamos salvar el museo para lo cual había que buscar un lugar ¿quién nos ofrece un lugar? La sociedad española, ofreció sus instalaciones, estuvieron muy bien colaboraron, nos ayudaron y trabajaron con nosotros, bueno nos llevamos el museo a la sociedad española (...) lo que hicimos lo hicimos con muchísimo gusto, pudimos nuclear a varios chicos de la escuela, ellos se acercaban, a ellos les gustaba venían con nosotros, bueno fue una cosa no impuesta, sino invitados y disfrutaban mucho, visitábamos con ellos a algunos lugares, ahí empezamos a ir a la isla que estaba ese señor Octavio (...) fue un período muy bueno y lo disfrutamos mucho". Desde el año 2013 una de las salas arqueológicas del MIB lleva el nombre de Néstor Baglioni en honor a las labores desarrolladas por esta importante figura del distrito de Puan.

Durante la entrevista María Cecilia relató una anécdota que implicó el tendido eléctrico de un campo vecino (La Segovia[17]) y como fueron dados de aviso ante la presencia de restos óseos humanos. Por otra parte, destacó un vínculo muy próximo con la comunidad *"quienes dentro de todo tuvimos gente muy responsable para avisarnos"*, y que además *"cuando nosotros estábamos responsables del museo la gente nos dio muchísimo material que lo llevábamos y lo teníamos de acuerdo a nuestros criterios de quien nos daba una cosa y quien nos daba otra"*. Asimismo, sostiene que la comunidad de Puan tiene que conocer su historia que implica un pasado indígena, *"Sí lo tienen que saber. Los chicos lo tienen asumido me parece, yo les diría que no son únicos y que acá los que vinieron, vinieron incorrectamente porque tendrían que haber respetado a los grupos humanos que había acá"*. En la entrevista se observó una representación crítica de las campañas militares por parte del gobierno *nacional "la campaña del desierto tuvo importancia y había y hay porque todavía quedan (...) armas, vestimenta, cosas de uso cotidiano, como fue la campaña del desierto o que cosas se usaron ahí las veo, no comparto la campaña del desierto para nada. Me parece que fue una barbaridad total, una falta de respeto avasallando lugares, en eso soy muy respetuosa de que se guarde lo de cada uno (...) ¿si vos me decís si estoy de acuerdo con la conquista del desierto? No. ¿Si estoy de acuerdo con la zanja de Alsina? No. Pero existió y es parte de lo que hay, que sirva para decir esto no lo hagamos más"*.

En cuanto a las representaciones de los pueblos indígenas y el contacto intercultural, señaló que los grupos eurocriollos *"vinieron para acá y estaba mal, Roca siguió con eso (...) está mal, no podés destruir a la gente[18], respétala, dales su lugar (...) no los destruyas si podemos convivir, superficie tierra y demás hay para sobrevivir"*. Igualmente, considera que en *"Puan debe haber habido*

---

[17] La Segovia constituye un sitio arqueológico investigado a causa del aviso de la familia Baglioni al equipo de investigadores.

[18] Se refiere a los Pueblos Originarios.

tanta gente, tanta gente (...) 10.000 años y yo creo que es más". En esta representación está presente la profundidad temporal del poblamiento indígena, asimismo se ve como ilegítima a la campaña del desierto y el accionar de Julio A. Roca y por tanto del Estado nacional argentino.

Respecto a los sentidos de la práctica, se le atribuye un valor de salvataje a la recolección de objetos arqueológicos. En este sentido, María Cecilia expresó que "*Sabíamos que si la recogíamos perdía el valor (...) pero era la cuestión así o lo levanto o lo pierdo porque no tengo otra alternativa, lo levanto o lo pierdo*". La colección de esta manera fue creciendo progresivamente a medida que se llevaban a cabo las caminatas y excursiones, y también por donaciones que los vecinos de Puan hacían debido a su rol destacado como investigadores aficionados "*algunas cosas hemos recibido*".

Por otra parte, cabe destacar que la familia Baglioni trabajó en conjunto con el equipo de arqueólogos en la región. En primer lugar, contactaron a arqueólogos del Museo de La Plata para que los ayudaran con la interpretación de su colección y posteriormente establecieron un vínculo en el cual comunicaban los hallazgos del distrito que la comunidad les informaba. De esta manera, cumplían una suerte de papel de mediadores.

El pasado y el registro arqueológico forma parte de la propia identidad de esta familia. Durante la entrevista, María Cecilia mostró un cuadro pintado a mano por ella en el cual se encontraba una cueva y cerros, y sobre éstas los positivos de las manos de toda su familia (hijos y nietos) rodeando las suyas. Esta representación se encuentra inspirada en el sitio arqueológico Cueva de las Manos en los Toldos[19]. A este cuadro en proceso María Cecilia tenía la intención de anexarle fotografías de su difunto marido, Néstor Blaglioni, específicamente de sus manos agarrando puntas de flecha halladas en el distrito.

6.4.4 La colección de Carlos Eckdart como caso de estudio en el partido de Saavedra

Carlos es propietario de la Estancia Cerro Áspero del partido de Saavedra. Es una estancia rural dedicada tradicionalmente a la actividad agrícola ganadera. Desde hace más de 15 años se destaca por su apertura al turismo, debido al atractivo de las sierras que allí se emplazan y el entorno natural del establecimiento. Este campo pertenece a su familia desde hace cuatro décadas. Sin embargo, él es oriundo de la provincia de Entre Ríos. Durante la entrevista, señaló su origen eurocriollo, como descendiente de migrantes alemanes **(autoadscripción)** y su hoja de ruta del litoral argentino hacia el Área de Ventania, "*mis abuelos ambos son alemanes, nacieron en Alemania, estuvieron allá y se vinieron después de la*

guerra. *Consiguieron trabajo en la marina y se vinieron a Punta Alta, ahí se instalaron y yo particularmente nací en Entre Ríos bastante lejos de acá. Mi viejo administraba campos, era mayordomo (...) Después conseguimos esto acá, vendió todo y nos vinimos para acá*". Su vínculo con la estancia y el ambiente serrano es muy fuerte, demostrado por su deseo *post mortem* de ser cremado y dejar allí sus cenizas, práctica que realizó también con su difunto padre.

La colección arqueológica en su posesión fue constituida a lo largo del trayecto de toda su vida. Su origen se remonta a su infancia, cuando trabajaba en el campo junto a su padre y hermano "*cuando nosotros pasamos de la agricultura a la ganadería se hacía pastura. Entonces había que juntar las piedras, para poder hacer una hélice desmalezando y que quede parejo, bueno entonces éramos chiquititos teníamos 10, 8, 9 años nos enganchábamos una bolsa a la cintura y caminábamos todo el cuadro ida y vuelta, limpiando piedras. Y viendo encontrando una piedra que era bonita iba a la otra bolsa del otro lado y la llevábamos para no dejarla tirada, entonces así juntábamos. No sé de ahí ya empezamos, juntábamos uh mira boleadora, boleadora. Bueno después siempre pasaba a la rastra el tractor, paraba y viste veías desde arriba veías una punta de flecha, siempre (...) Ahora cada vez que se rompe una pastura y se pasa otra vez y se mueve la tierra de nuevo otra vez estas atento*". Del mismo modo que juntaba de chico, continúa haciéndolo de adulto en las tierras aradas de su campo. Cabe mencionar, que si bien era una actividad que compartía con su padre y hermano, el criterio de selección de Carlos era más amplio que el de su familia. Mientras que su padre y hermano seleccionaban por belleza o entereza de la pieza, Carlos enfatiza en que él juntaba todo, por el mero hecho de ser evidencia de otra época. En este sentido expresó que "*mi papá juntaba, mi hermano juntaba las más lindas, pero digamos el más entusiasta en eso sí era yo, el que siempre le doy más importancia. Si son grandes, lindas redondas, por ahí juntaba mi hermano, pero básicamente en el resto de las piedras en la mayoría siempre fui yo el que más y mi viejo como que le daba bola. Mi viejo siempre juntó, pero yo era medio más entusiasta que todos...yo a todas les daba importancia. A todo pedacito, a todo todo le daba importancia. Por eso la cantidad que tengo*".

Actualmente, la recolección de piezas es una actividad que realiza solo **(vivencias)**, aunque reconoce visitar colecciones arqueológicas de otros coleccionistas de la región "*me interesa ir sabiendo un poco, cada tanto me consigo algún bibliorato , leo, pero después los guardo los libros, y me gusta más, miro la piedra y si no visito a alguno que tiene colecciones, con mejores piedras que yo y bien armadas las colecciones (...) Méndez, La Montaña[20], después la gente del Agua Blanca[21], Ducos[22] también*

---

[19] El sitio Cueva de las Manos se encuentra en el área del Alto Río Pinturas en la "Estancia Cueva de las Manos" y se encuentra fechado en 9.000 años antes del presente. Desde el año 1993 es Monumento Histórico Nacional y desde 1997 Patrimonio Mundial de la UNESCO.

[20] Coleccionista privado, propietario y director del museo "Coyug Curá" que posee en su establecimiento rural La Montaña en las sierras de Cura Mala del distrito de Saavedra.
[21] Estancia rural del distrito de Saavedra.
[22] Propietario de estancia rural del municipio de Saavedra.

tiene, porque tiene una cantera ahí muy linda. Entonces a ellos les pregunto y me intereso un poco (...) ahí hay gente que bueno, que ha juntado mucho antes que yo (...) estoy juntando desde hace 30 años que estoy y hay gente que ya vienen, el abuelo juntó". En esta afirmación se diferencia de otros coleccionistas que llevan más tiempo coleccionando piezas, al menos tres generaciones. Quienes a su vez las tienen de un modo "más ordenado" y las exhiben como el caso del museo privado Coyug Curá (Saavedra). En consecuencia, se reconoce como un coleccionista joven (**tipología de las relaciones establecidas con el pasado indígena y el patrimonio arqueológico**), con el deseo de armar un museo o sala expositiva en el futuro.

Respecto a **los sentidos de su práctica** como coleccionista expresó que *"me encanta todo lo que tiene que ver con cosas viejas de historia, porque me imagino esa piedra por donde pasó, quien la hizo, donde estuvo, y bueno todas esas cosas. Todo lo que tiene que ver con cosas viejas antiguas, a mí me encantan. Entonces por donde voy, al lugar que voy estoy siempre atento mirando, si encuentro algo que sea indígena (...) y cuando la veo me acuerdo del lugar, más o menos la zona, donde la encontré y me imagino al indio que la habrá hecho, que la ha usado y entonces, siempre fui juntando"*. Igualmente, contó que desea visualizarlas luego de ser recolectadas *"(...) para mí por ser una piedra tan vieja de historia le doy ya una importancia y las pongo en lugares para verlas (...) entonces me quedan a la vista, las veo y me gusta y ahí me acuerdo siempre donde están"*.

Cuando se le preguntó por las fuentes o estrategias de ubicación de los sitios arqueológicos, mencionó que *"en el campo hay puntos donde se hacía, donde había asentamientos porque eso, como dice la zona corral de piedra, vos en lugares típicos específicos sobre todo cuando tenían buenas salidas y buenos puntos de observación vos vas y están los asentamientos (...) Bueno las boleadoras, los morteros, las manos siempre, se siguen encontrando. Y después arriba de la sierra siempre se encuentran y bueno uno por curioso por llevársela las juntas, es donde cazaban los guanacos (...) si vos prestas atención siempre encontras, un pedacito, un cuarto, media, nunca una entera."*, *"o en el camino donde pasa la máquina cuando llueve que se lava vos ves que quedan todas las piedras entonces vas mirando y decís no esta piedra no es de acá. Ahí encontras las tizas que son para las pinturas, que son rojas, las violetas, piedras de una contextura verde que no hay en esta zona. Sabes que entonces esa tiene que ser de algún indio o algo entonces ya la estás juntando por más que es un pedazo y a veces no tienen forma pero vos sabes que la piedra no es de la zona es traída. Así que bueno, alguien la trajo entonces tuck a casa."*. Asimismo, le asigna un sentido de salvataje a la recolección en campo de objetos arqueológicos *"Normalmente la mayoría de la gente empleada no le da importancia, le pasan con las herramientas por arriba y no juntan las piedras (...) Es como que es algo que fue que, ya no está y como que no, es una piedra digamos sin sentido. Yo le doy un... no sé... como que tiene vida, entonces me da la importancia esa*

y sobre todo porque siempre me interesa lo de esa época. Por ahí puedo agarrar una piedrita y volverme para atrás (...) me encantan esas cosas. Soy de pensar **mira que linda esa época,** y después como los hacían, porque hay piedras que ni con las herramientas de hoy podés fabricar de la forma que ellos lo hacían con piedra y piedra. La perfección, digamos. No tenían herramientas ni nada y a mano con otra las formas perfectas de las piedras, si yo me pongo no saco una. Viste, no sé. La técnica de como fabricaban, y son duras, no es que es una tierra que la podías frotar con otra y se deshacía de blanda. Sí se nota que la piedra más dura no estaba perfecta porque se ve que le costaba formarla, pero las otras piedras la mayoría son perfectas (...) todo eso me da curiosidad entonces por eso las junto"*. En este fragmento de la entrevista se identifica un fuerte componente emotivo, ligado a la admiración y fetichización del pasado y los objetos como la encarnación material de las cualidades admiradas, por ejemplo, en relación a la técnica de elaboración de herramientas. Asimismo, hay una resignificación de los objetos, en el cual son interpretados de acuerdo a los marcos culturales actuales. En este sentido, Carlos expresó que *"nosotros le decimos las que están más o menos hechas las llamábamos las de la semana las piedras de la semana o las hechas el lunes a la mañana. Y las domingueras las que estaban perfectas, esas que eran para salir porque son perfectas. Vos las medís y son perfectas, la circunferencia, la forma, liso todo"* (Figura 6.6).

Con respecto a los sentidos atribuidos al pasado y los pueblos indígenas, reconoce prácticas de invisibilización y *"borrado"*. En este sentido expresó una fuerte autocrítica como criollo y "blanco", *"siempre estoy como pensando pobre al que borraron, pensando que por ahí eran mejores personas a las que borraron que las que vinieron después (...) con los pueblos que había antes, me da cosa que nosotros vinimos y los pateamos, los echamos. Ellos capaz que estuvieron más tiempo que nosotros (...) y defendieron, porque me gusta la naturaleza, veo que hacemos más daño nosotros y que a futuro le dejamos peores cosas que lo que estaba antes porque antes era por vivir, ahora es por ganar (...) antes cazabas para comer ahora cazas por placer, se producía para comer ahora producís por dinero"* *"a veces decís mira (...) si pudiera volver para atrás y limpiar a los que limpiaron a estos, pero no sabes lo que va a pasar después, capaz que si no estaban los otros no estaba uno, tuvieron que morir ellos para que estemos nosotros (...)"*. Este fragmento de entrevista denota un carácter crítico en las representaciones del proceso de poblamiento del área de investigación, dentro el cual los pueblos indígenas fueron sometidos a políticas de exterminio en el proceso de consolidación del Estado nacional.

Igualmente, enfatizó que en términos generales la población local no es atraída por estos temas, a los cuales *"no le dan valor, no le dan importancia (...) miran para adelante y no les importa lo que pasó atrás (...) piensan que los indígenas fueron los indios acá, los malones, los mataron y ya está. Todas las zonas de las batallas se suponen que están ahí (...) culturalmente no se les presta*

Figura 6.6 Relevamientos realizados en la Estancia Cerro Áspero, partido de Saavedra. Objetos recolectados por Carlos Eckdart en su estancia (izquierda arriba). Fragmento de boleadora parte de la colección (izquierda abajo). Estancia Cerro Áspero (derecha).

atención, como que es aburrido. Hay lugares en otros países que se marcan, se delimitan y son un atractivo más, se pone una explicación del lugar y se visita. Acá en algunos lugares figura que hubo un fortín, después los fortines que había se le pasaron topadoras (...) como que no tiene nada que ver con ellos". Esto se lo atribuye a la falta de políticas municipales, para quienes la puesta en valor del patrimonio arqueológico es solo "un gasto".

6.4.5 La colección de Nora Cinquini como caso de estudio en el partido de Tornquist

El rol destacado de Nora Cinquini de Gutiérrez en la comunidad del Área de Ventania y de la provincia de Buenos Aires se debió entre otros motivos[23] a su vínculo con el pasado indígena. Fue una importante investigadora aficionada, propietaria de la estancia rural "El Rancho de Don Natalio" próximo a la localidad de Chasicó, Tornquist. En este establecimiento conservó la colección arqueológica más grande del área de Ventania **(tipología de las relaciones establecidas con el registro arqueológico)**. Su profesión de maestra normal superior y licenciada en matemáticas la acercaron a las instituciones educativas y sus demandas. En este sentido, como docente de la Universidad del

Sur y Regente de Estudios de la E.E.M N°1 Tornquist y Anexo Secundario, orientó gran parte de sus actividades a la educación patrimonial, utilizando las colecciones arqueológicas como parte de los recursos didácticos para acercar el pasado a las comunidades locales. Fue premiada y reconocida en múltiples ocasiones por diferentes instituciones a causa de su labor en la investigación y difusión de la historia bonaerense. Obtuvo, entre otros premios, un reconocimiento del Honorable Concejo Deliberante de Tornquist por la "Labor Ciudadana" en el año 2006; el reconocimiento como "Mujer Innovadora" por la Honorable Cámara de Senadores de la Provincia de Buenos Aires en el año 2007; recibió el Premio "Mujer Destacada" por el Gobierno de la Provincia de Buenos Aires 2012 y el premio Trayectoria entregado por la Asociación de Mujeres Hispanistas de Bahía Blanca (año 1991). Asimismo, recibió un reconocimiento por la "Trayectoria en la Comunidad" de la Municipalidad de Tornquist en el año 2015 y una de las salas del Museo Casa de la Historia de Tornquist inaugurado en el año 2019 lleva su nombre.

Respecto a su **autopercepción identitaria**, se consideraba descendiente de los primeros colonos de la localidad de Chasicó (Tornquist), a quienes nominaba como "*los abuelos inmigrantes*". La colección arqueológica Cinquini se encuentra atravesada por la historia identitaria de Nora. Fue constituida por tres generaciones, la primera representada por Natalio Cinquini (nacido en 1871), migrante italiano de la provincia de Lluca (Toscana), quien llegó a Argentina a fines del siglo XIX. En el año 1888 Natalio trabajó como carrero en la Ciudad de Buenos Aires, luego de pocos años se trasladó a El Perdido -actual estación José Guisasola partido de Coronel Dorrego- para trabajar en actividades agrícola ganaderas en contextos rurales. Desde allí migró a la localidad de Saldungaray,

---

[23] Su reconocimiento social en las múltiples actividades que ha realizado. Este estatus la llevó a integrar la   Comisión Centenario de las Campañas al Desierto a nivel provincial y local (año 1979); la Comisión Centenario de la Ciudad de Tornquist (año 1983); la Comisión de traslado de los restos de Don Ernesto Tornquist y su esposa Doña Rosa Algelt de Recoleta a la Parroquia Tornquist y la Comisión de la creación Jardín de Infantes N° 904 Chasicó. Asimismo, trabajó en conjunto con organismos universitarios (UNS; UNLP; UNR) y provinciales. Participó en jornadas y congresos nacionales e internacionales; y realizó tareas de investigación como la determinación de la fecha fundacional de Tornquist (Exp. 4114-177/83), la definición de la fecha fundacional de la localidad de Chasicó (Exp. 4114-177/83) e investigó sobre el "Fuerte Argentino" contribuyendo a su declaración de Monumento Histórico Nacional (año 1975).

partido de Tornquist. Por las características geográficas que presentaba el lugar, similares a la región toscana de la cual procedía, decidió formar parte de un proceso de colonización regional por parte de migrantes italianos y daneses que ocuparon el partido de Tornquist de forma permanente, en primera instancia en Saldungaray y luego en la localidad vecina de Chasicó. En este sentido Nora cuenta, *"Mi abuelo conformó un proceso de colonización con colonos dinamarqueses e italianos, que los trajo aquí don Guillermo González. Don Guillermo González era un político de influencia en la provincia"*, y que él *"se une a una colonización (...) la dueña de las tierras que era María Elena Gómez Smith que las había heredado de su padre, Don Salvador Gómez, un buen día decide lotear para pueblo, y para los digamos los arrendatarios de los campos darles facilidades para que lleguen a la propiedad. Y bueno mi abuelo vivió todo ese proceso"*. De modo que destaca el origen migrante de sus antepasados. A partir del año 1910 se estableció su familia en dicha localidad, a este respecto Nora señaló que *"mi abuelo era inmigrante, sí sí, mi papá no"*. De este modo, una segunda generación familiar estuvo representada por Tomás Pedro Cinquini (nacido en 1909), hijo de Natalio y padre de Nora Cinquini (nacida en 1939). Luego de Nora continúan dos generaciones posteriores, su hijo y nietos, poblando el territorio. Sin embargo, no han dado continuidad a las actividades de divulgación de la colección arqueológica en el Museo Arqueológico de Chasicó que las alberga, ni tampoco perpetuaron las actividades de activación patrimonial que emergían de esta institución.

Las biografías de las primeras tres generaciones de la familia Cinquini están estrechamente vinculadas con la conformación de la colección arqueológica, la cotidianeidad con la materialidad arqueológica en inmediaciones del establecimiento donde vivían (la Estancia Don Natalio) y su interés por los pueblos que los precedieron en el tiempo los convirtieron en exploradores e investigadores aficionados **(vivencias)**. Nora expresó que *"Yo quería estudiar antropología, pero nunca se dio ni se da antropología en la Universidad del Sur. Porque la universidad buscó más carreras técnicas, por el ámbito donde está ¿no? (...) Después quería estudiar geología, tampoco estaba porque te estoy hablando de hace muchos años. Yo me recibí en el 55 (...) pero siempre era mi vocación me cuentan"*. Sus representaciones del pasado se encuentran atravesadas por un fuerte componente emotivo, ya que considera que *"el estudio del patrimonio arqueológico y la vocación van en una misma dirección (...) cualquier disciplina investigada con amor con paciencia con tesón con esas actitudes tan lindas que son propias del investigador y que es la trasmisión de ese conocimiento es maravilloso"*. En este sentido, el registro arqueológico constituye una fuente de conocimiento, los sentidos atribuidos se corresponden con la mirada académica del registro como recurso a ser investigado. Igualmente, las colecciones son el material idóneo para trabajar con las escuelas, actividad que Nora desempeñaba desde el museo, *"lo primero que hice cuando volví al campo fue dedicarme a los museos. Al museo que había en casa que*

era chiquito, organizarlo. Más ir a visitar las escuelas y había pedidos, muchos, del ámbito rural que en aquellos años". Con respecto a los sentidos atribuidos al pasado, éste es una fuente de aprendizaje y modelo de por ejemplo valores. En esta línea, señaló que *"yo creo que pasa por el mundo de los valores, porque vos en el pasado encontras muchos ejemplos (...) el hecho de tallar la piedra, y buscar un objeto como lo realizaban, con la perfección que lo realizaban, está indicándonos una voluntad de trabajo, cosa que hoy a veces con el tecnicismo, cuidado, nos olvidamos de la voluntad de trabajo. Que es un valor importante (...) Cuidado porque el ser humano se enfría si no piensa, si no tiene voluntad (...) así como hoy decimos todo tiene su forma de ser, ellos a su manera también la tenían. Y si analizamos en valores nos dan ejemplo"*.

Es importante destacar que la colección Cinquini precedió y condujo a la creación del Museo Arqueológico de Chasicó (ver Capítulo 4). Esta institución, de tipo tradicional, se caracteriza por haber ido creciendo a medida que lo hacía la colección que custodia (Oliva, 2019; Pomian, 1990). Por su parte, **la historicidad de las vivencias** refleja que a lo largo del tiempo desarrollaron al menos cuatro estrategias de obtención de piezas arqueológicas. Una primera dada por la recolección superficial autodidacta que fue llevada a cabo tanto por Nora Cinquini como por su padre en la estancia[24]. Estrechamente vinculada a esta primera estrategia, se encuentra la recolección de materiales del suelo que habrían sido hallados posteriormente a la remoción del terreno por máquinas asociadas a las actividades agrícolas desarrolladas en el predio (arado, cosechadora, entre otras) y una tercera estrategia se vincula a la relación de Nora con las Universidades Nacionales del Sur (con sede en Bahía Blanca), La Plata y Rosario. Desde los primeros hallazgos de material arqueológico Nora buscó vincularse con arqueólogos para el estudio de los sitios que ella había identificado, con el fin de producir conocimiento respecto a los pueblos indígenas que vivieron en el pasado en el sudoeste bonaerense. En este sentido, colaboró activamente en excavaciones arqueológicas llevadas a cabo por diferentes equipos que trabajaron la región, primero a cargo de Antonio Austral y luego de Fernando Oliva (Figura 6.7).

Se considera que el **sentido otorgado a sus prácticas** es de investigación y salvataje por un lado, y divulgativo cuando la colección ingresa a la institución museística (MAC, ver Capítulo 4). Asimismo, se encuentra fuertemente impregnado de un carácter colectivo, ya que por un lado compartía la práctica con sus familiares directos y por otra parte colaboró con las unidades académicas mencionadas. En este sentido, relató que *"...después que me casé que volví al campo era un poco mi deleite salir con un jeep y un perrito que tenía Choki, este salíamos. Siempre en la*

[24] Cabe mencionar que la colección Cinquini posee también piezas arqueológicas procedentes de la Patagonia, producto de la recolección particular de Nora en viajes realizados a esa área. Asimismo, la colección se encuentra compuesta tanto por materiales arqueológicos indígenas, como históricos y restos paleontológicos.

Figura 6.7 Entrevista a la profesora Nora Cinquini (izquierda). Puntas de proyectil de la Colección Cinquini en el Museo Arqueológico de Chasicó (derecha).

cuenca de los arroyos, del arroyo Chasicó y el Río Sauce Chico. Era época de sequía, entonces los médanos, con los vientos dejaban material, vos te dabas cuenta dónde estaban los sitios. Y había una cantidad de material... y fue cuando yo lo fui a ver al doctor Austral[25]*, porque ¿qué hacemos con tener diez cajas de zapatos llenas de material sino cumple una función cultural? Ya sea desde el punto de vista didáctico, o educativo".* Asimismo, en la creación del Museo arqueológico, su padre tuvo una fuerte incidencia. Nora señaló que *""Quedó mi padre a cargo de todo esto. Fue idea de él, Tomás Cinquini se llamaba mi padre, de hacer ese museo... esa casa que el abuelo pidió que hizo con sus manos, que nunca la deshicieran, y que sea guardada, sea digamos perdure en el tiempo, un día almorzando mi padre dice ¿por qué no hacemos un museo? Por los chicos de las escuelas. Tienen que ir a Bahía Blanca o a Santa Rosa para ver un museo. Tornquist ni tenía todavía museos. Entonces bueno, lo hacemos en el rancho. Así nació el museo en el rancho (...)".*

Finalmente, la cuarta estrategia por la cual la colección fue incrementándose a partir de donaciones se relaciona al lugar destacado que ocupa Nora en la región, no sólo dentro del partido de Tornquist, sino dentro de la Provincia de Buenos Aires como especialista y conocedora de la historia. En este sentido, por el reconocimiento otorgado por la comunidad hacia su persona fue convocada en numerosas oportunidades por vecinos de Chasicó y

de localidades aledañas cuando "aparecía" material arqueológico o paleontológico. Se puede citar el caso del hallazgo de un ejemplar de *Glyptodon* en un campo privado removido por un arado, en la década de 1970. En esta época el Estado no reglamentaba la extracción ni cuidado del patrimonio arqueológico y paleontológico, por lo cual los dueños del campo acudieron a Nora para que lo extrajera, tarea que fue llevada a cabo con gran esfuerzo y compromiso en pos de preservar el resto paleontológico.

Finalmente, cuando se le preguntó por los criterios que utilizaban para saber dónde se encontraban los yacimientos arqueológicos, destacó que se encontraban próximos y ya su abuelo había percibido que el registro arqueológico abundaba, *"cuando él llegó, porque nosotros vivimos entre la cuenca del Chasicó y la cuenca del Sauce Chico, en la planicie esa dicen que era... vos juntabas piedras de boleadora así...".* Asimismo, narró como desde el ámbito académico algunos investigadores reconocidos se vieron sorprendidos por su interés en la arqueología y su labor como aficionada. Entre otros, Carlos J. Gradin *"Gradin*[26] *dice como hizo usted para buscar esto, ¿cómo se le dio por juntar esto? No lo sé, es un instinto que tenés. Yo digo porque mi bisabuela fue una mujer cautiva*[27]*. Y yo digo*

---

[25] Reconocido arqueólogo argentino que trabajó en el Área de Ventania en la década de 1960 y 1970.

[26] Carlos J. Gradin fue un importante topógrafo y arqueólogo argentino, reconocido por sus investigaciones en la Cueva de las Manos en la década de 1960.

[27] Se considera a una mujer cautiva a aquella de origen eurocriollo capturada y trasladada a las tolderías por los grupos indígenas durante el contacto intercultural (siglo XIX). Con esta declaración Nora desea expresar que tal vez por sus venas corra sangre indígena debido a este suceso.

traigo el gen (risas) porque no es que digo voy a hacer, voy a juntar. De pronto, es como dijo mi padre ¿qué hacemos con todo esto?". En este fragmento de relato puede observarse, en primera instancia como vivió Nora como mujer y aficionada su vínculo con la academia y el registro arqueológico. Por otra parte, se deja entrever el volumen y cantidad de objetos arqueológicos que eran hallados por ella y su padre, los cuales llamaban la atención de la comunidad científica.

Con respecto a las prácticas de patrimonilización, la creación de colecciones arqueológicas se encuentra estrechamente vinculadas a la construcción de sentidos y valoración positiva de la materialidad arqueológica. Los objetos seleccionados y recolectados para constituir parte de las colecciones son variados. La colección Cinquini (Tornquist), tiene como foco poner en valor restos de los "pueblos prehistóricos" y a "los abuelos inmigrantes". Para Carlos (Saavedra) fueron principalmente las herramientas y artefactos líticos a quienes se les atribuía valoraciones patrimoniales, denominados por él como "las piedras" de los indígenas. Por su parte, María Cecilia (Puan) valorizó mayoritariamente restos paleontológicos de la megafauna que convivió con el hombre en primer lugar y todo el registro arqueológico del "hombre prehistórico". En este marco, en relación a los sentidos de los entrevistados hacia sus propias colecciones, Nora consideraba que había que "humanizar el objeto, asociándolo a un ser humano (...) todo el material lítico tenés que darle vida" de esta manera el objeto no tenía valor en sí mismo, sino que lo obtenía por su valor representacional de aquellos grupos humanos que habitaron en el pasado. Para Carlos el registro arqueológico es la prueba de que pueblos de otra época, considerados por él como "mejores personas" que cuidaban el entorno, formaron parte de la historia del lugar donde él habita hoy. En este sentido, manifestó que el registro arqueológico "es material que te da la certeza" de que estuvieron los pueblos indígenas. Para María Cecilia son el testimonio objetivo de la ocupación indígena en Puan, en este sentido expresó que "A mí me gustaba porque era el elemento en el que yo veía la verdad de la cosa, porque no era que me lo contaban, no era que lo leía, estuviste acá, hiciste esta punta, la usaste, dejaste el material, los escondrijos, por ejemplo, lo dejaste ahí porque vas a venir otro día y tenés la piedra entonces me muestra muy claramente cómo vivían, como sabían las cosas. Es la demostración, el testimonio de que no es cuento, yo quiero las cosas muy objetivas y muy claras, la fantasía no, mostrámelo los colores, las sierras acá con los dibujos[28] (...) no tengo duda de lo que pasó, no me hace dudar cuanto otras cosas desde el punto de vista religioso estoy medio mal, me lo cuentan lo leo pero no tengo una base tan sólida como para decir bueno pero estos muchachos que están en la cueva de las manos estuvieron ahí, no es una idea, me gusta que las cosas las pueda ver que sean bien concretas (...) yo no puedo dudar de que eso existió", "teníamos los testimonios de lo pasado (...)".

Por otra parte, respecto a las relaciones que los sujetos mantienen con el pasado en los procesos de construcción de memoria, Nora destaca al pasado como fuente de información de la identidad de los pueblos. En este sentido, expresó que "siempre parece que los pueblos chicos son olvidados, que no tienen historia, que esto que lo otro. Te pones a investigar y hay una riqueza". En esta línea, destacó también el rol de las instituciones museísticas en la promoción de valores positivos para el conjunto de la sociedad. "la acción de un museo sirve también, para crear conciencia de protección, de ayuda a las personas". Por su parte, Carlos considera que el registro no es considerado ni valorado como parte de la memoria colectiva en su distrito (Saavedra). A pesar de ello, rescata el aprovechamiento del registro arqueológico como recurso turístico como "la manera de rescatarlos, mantenerlos y hacer que se genere algo" con la comunidad local. Asimismo, María Cecilia considera que el pasado es una fuente de aprendizaje a partir de la experiencia para los pueblos del presente "el pasado son etapas que nos forman, para bien o para mal me permite saber qué cosas se pueden hacer y qué cosas no, cuales son y en que desencadenamos cuando emprendemos ciertas tareas, hasta donde puedo hacer el bien y el mal". En cuanto al destino de la colección reconoció que "de lo que hay acá está todo protegido, este todo cuidado (...) capaz me parece muy cerrado tenerlo todo en casa, lo abro y no lo voy a cuidar más yo, tengo esa incógnita.". Esta afirmación denota un sentido de responsabilidad sobre la preservación de la colección.

Respecto a los sentidos otorgados a sus prácticas, para Nora el objetivo de sus acciones era educativo ya que "había mucho interés (...) el gran público fueron las escuelas..." e investigativos. Para Carlos es la forma de acceder "a otra época" y "viajar para atrás". En este sentido, expresó que cuando recolecta material "yo me llevó un pedazo de historia". También se detectó un sentido de recuperación del registro arqueológico en su práctica, ya que manifestó que cuando recolecta piezas piensa que "si yo la dejo nadie le va a dar pelota, la van a destruir y va a desaparecer", proporcionado un sentido de salvación y protección para que "no se pierda".

Como se dejó entrever en la entrevista realizada a María Cecilia y a Nora el registro tiene un sentido testimonial, educativo, fuente de aprendizaje y por tanto la práctica de recolectar material persiguió estos fines. En este sentido, se destaca sus participaciones en los museos (el MIB de Puan y el MAC en Chasicó). Asimismo, ambas investigadoras aficionadas trabajaron colaborativamente con grupos de investigación (primero con Antonio Austral y luego Fernando Oliva). A este último respecto, María Cecilia aún conserva materiales con el fin de que se dé continuidad a su investigación, "por si hay que hacer nuevos fechados". Asimismo, ella posee problemas e incógnitas arqueológicas que no han sido respondidas aún con el estado actual del corpus de información producto de las investigaciones en el área.

---

[28] Se refiere a los sitios con pinturas rupestres del Sistema de Ventania.

Por todo lo expresado, se puede afirmar que las presentaciones en torno a la conformación de las colecciones dan cuenta del arraigo de los entrevistados, y de la construcción identitaria vinculada a los procesos históricos desarrollados regionalmente.

6.5 Recapitulación

Este capítulo presenta el resultado de la descripción y análisis de las entrevistas realizadas a diferentes actores destacados por los vínculos establecidos con el pasado indígena y la materialidad arqueológica que da cuenta de éste. Se propusieron variables guías, las cuales sirvieron para describir las representaciones de este colectivo en torno a sus prácticas culturales desarrolladas en relación al pasado.

En primer lugar, se registró un conjunto variado de categorías de adscripción identitaria, en base a su propia autopercepción. Estas incluyeron identificaciones vinculadas con los pueblos y localidades del área (*e.g., Saavedra mi tierra natal, el pueblo, el campo, Puan, Pigüé*), con sus orígenes inmigrantes como descendientes de los "*colonos fundadores*" y "*abuelos inmigrantes*" (*e.g.* colonos aveyroneses, alemanes, españoles e italianos), con la pertenencia a pueblos originarios (*mapu*) y con sus roles con el registro arqueológico (*e.g.* aficionado, coleccionista, investigador aficionado). Igualmente, fueron descriptas las vivencias relacionadas al registro arqueológico indígena. Algunas de ellas, se corresponden al rol de conservadores, custodios y proteccionistas de esta materialidad. En otros casos, se orientaron las prácticas a la educación patrimonial y el trabajo con instituciones museísticas y educativas. Asimismo, se hicieron presentes las representaciones críticas sobre el proceso histórico regional, puntualmente sobre las campañas militares sobre los pueblos indígenas. En este marco, las labores a favor de la conservación o "salvación" del patrimonio arqueológico se relaciona con la reivindicación hacia los pueblos indígenas que habitaron la región (*e.g.* en las representaciones de María Cecilia, Carlos, José Luis y Juan José).

Específicamente, las representaciones del registro arqueológico, denotan un carácter sumamente frágil del mismo, así como también constituye la prueba "objetiva" de los pueblos del pasado, una fuente de conocimiento, sabiduría y un lugar ejemplar en cuanto a sus valores. Por su parte, los pueblos indígenas fueron descriptos como: *el hombre primitivo, humanos, cazadores recolectores, nómades, de baja densidad poblacional* (a excepción de la representación de grupos numerosos que tenía María Cecilia)*, los primeros hombres, primeros habitantes y pueblos originarios*. Mientras que los pobladores actuales fueron caracterizados como *criollos, el pueblo, la gente, el blanco, inmigrantes y descendientes*.

Respecto a las prácticas de patrimonialización del registro arqueológico, estuvieron dirigidas hacia diferentes referentes. En algunos casos las valoraciones patrimoniales estaban orientadas a la totalidad del entorno natural, incluyendo en éste al registro arqueológico. En otros casos, se manifestó sólo hacia algunos sitios arqueológicos puntuales (Sitio 1 de Puan y Arroyo Toro Negro 2). Finalmente, algunos de los entrevistados asignaron valoraciones patrimoniales a las piezas arqueológicas, siendo predominante la puesta en valor de colecciones compuestas por instrumentos de piedra[29].

La selección de diferentes formas de registro arqueológico para su puesta en valor responde a los marcos de interpretación que los individuos tienen sobre éste. En este sentido, el registro arqueológico es entendido como el soporte de diversas representaciones del pasado y el presente, que forman parte de los procesos de memoria colectiva. En virtud de ello, los entrevistados señalaron que el registro arqueológico es "*la historia del pueblo*", "*nuestra historia*", "*la evidencia de otra época*" y "*el registro objetivo de la verdad*" asociado a la idea de "*nuestras raíces*". Todos estos elementos forman parte de la identidad de los entrevistados como parte de un colectivo social de pertenencia más amplio.

---

[29] La preponderancia por las colecciones de objetos de roca puede estar condicionado por sus características materiales. En este sentido, constituye el tipo de registro arqueológico más resistente al paso del tiempo y por lo tanto es el más frecuentemente hallado en la región.

7

Discusiones: Significaciones, identidades y poder en el Área de Ventania

"El registro arqueológico está aquí, con nosotros, en el presente.

(...) es una parte importante de nuestro mundo contemporáneo y las observaciones que hacemos sobre él están aquí y ahora, son nuestras contemporáneas."

(Lewis R. Binford,1991: 23)

"(...) se reconoce que el pasado está en el presente porque hay continuidades y discontinuidades entre las dos temporalidades (...)"

(Nattie Golubov, 2015 :14)

7.1 Abstract

This chapter develops the discussion of the results obtained in the analysis of the social representations of the past and the patrimonialization processes of the archaeological record of the Ventania area. In the first part, some specific considerations of the social representations analyzed in the empirical referents addressed are presented. First, the social representations of the indigenous past in museums are discussed, based on the distinctive characteristics of museum exhibits. Here we highlight the westernization of the cultures that produce the exhibited materiality and the essentialist reductionism of the archaeological pieces on display. Thus, the social representations in these institutions denote a distance between the collective identities of the current settlers and the first societies of Ventania. The social representations of memory supports and visual identities in the public sphere were organized based on contrasts observed between the characterization of indigenous societies and Euro-criolla peoples (*e.g.* nudity and clothing; activity and passivity; center-periphery; empty territory and populated territory). It is worth mentioning that, despite the axes of opposition identified, the archaeological and historical evidence has shown a complex range of relationships between the different cultural groups that inhabited the investigated area. Finally, the social representations of the indigenous past produced by prominent local actors are organized according to their link with the past, based on the different patterns of link between them and the archaeological record. A second part of this chapter develops two explanatory models of the analyzed corpus. The first of these identifies seven theoretically constructed representational types of the indigenous past, comprising romanticized, naturalistic, negative, peaceful, conflictive, absent and patrimonial representations of the indigenous past. The second proposed model explains the cultural dynamics related with the significance of the past based on the model of cultural formations. In this framework, social representations and associated communicative practices were ordered according to the concept of social formations (archaic, residual and emerging). This model interprets how a dissimilar incorporation of the Original Peoples and the indigenous archaeological materiality is produced in the representational field of the analyzed imaginaries and discourses.

7.2 Introducción

La presente investigación se inició a partir de la formulación de una serie de interrogantes respecto a los sentidos asignados por las comunidades contemporáneas del Área de Ventania a las sociedades originarias que vivieron en el pasado[30]. Estos cuestionamientos se encuentran estrechamente vinculados a la hipótesis de exploración presentada en la investigación (Capítulo 2),

la cual plantea que *los discursos y las representaciones sociales actuales en torno al pasado indígena se vinculan con las prácticas culturales asociadas a la identificación y apropiación del patrimonio arqueológico indígena y por tanto a su cuidado, divulgación y conservación.* De

---

[30] Interrogantes que guiaron la investigación:
• ¿Existe una negación sobre el elemento indígena en la memoria colectiva?
• ¿De qué manera se relaciona la idea de una sociedad homogénea en el marco de la formación de una identidad única y nacional frente a un "otro cultural"?
• ¿Cómo son las representaciones construidas de la imagen del "indio/indígena/originario" y el "blanco/eurocriollo" en los imaginarios locales? ¿Las representaciones del "indio" y el "blanco" se corresponden con las acciones de preservación o destrucción del patrimonio arqueológico?

acuerdo a este postulado, fueron abordadas las prácticas culturales de patrimonialización del registro arqueológico, así como también las representaciones del pasado indígena asociadas a diferentes prácticas comunicativas (Capítulos 4, 5 y 6). A tales fines, se consideraron las exhibiciones museísticas; las expresiones gráficas y textuales en soportes de memoria públicos (murales, monumentos, esculturas, cartelería pública, entre otros); la toponimia del paisaje y de los trazados urbanos; los yacimientos arqueológicos incluidos en circuitos de turismo cultural; las identidades visuales de los municipios (logos, banderas, escudos y portales web) y, por último, los imaginarios sociales de los agentes del campo cultural, valorados como actores locales destacados.

Este capítulo busca discutir e interpretar los resultados obtenidos en cada grupo de referentes empíricos investigados. Con este propósito son presentadas en primer lugar una serie de interpretaciones particulares que se desean destacar.

Una segunda parte del capítulo se destina a enunciar un modelo interpretativo global para el conjunto de los datos analizados - representaciones y universo de significación asociadas a éstas-. Se considera que las representaciones sociales forman parte de la dinámica cultural en torno a la significación social del pasado del Área de Ventania. De acuerdo a lo expresado, se presentan los elementos constitutivos de los discursos hegemónicos e instituidos vinculados al pasado regional, así como aquellos del campo representacional que componen formaciones arcaicas, formaciones residuales y elementos emergentes. Se destacan principalmente a éstos últimos, ya que cobran nuevos significados en las prácticas de oposición a los elementos hegemónicos del orden social dominante para el área de estudio (Williams, 1997).

7.3 Consideraciones de las representaciones sociales analizadas

En este apartado se presentan una serie de consideraciones que se desprenden del análisis de los diferentes referentes empíricos abordados en esta investigación.

7.3.1 Las representaciones sociales del pasado indígena en museos

Los discursos expositivos museísticos construyen representaciones en torno a la alteridad étnica, éstas a su vez forman parte de la memoria histórica de los pueblos. El análisis de los modos de exhibición del registro arqueológico indígena demostró un distanciamiento entre las identidades colectivas de los pobladores actuales y de las primeras sociedades de Ventania. Esto se expresa en la ubicación periférica de las salas con objetos arqueológicos en relación al relato museográfico propuesto por la institución, algunas de las cuales se encuentran al final de recorrido propuesto al público visitante (*e.g.,* MACP, MHSR, MIB). Simultáneamente, las colecciones arqueológicas se encuentran desvinculadas

discursivamente de las salas más contemporáneas, observándose una notable ausencia de referencias al mundo actual. En algunos casos, se observó la asociación de las colecciones arqueológicas con "objetos del presente", pero éstos correspondían a referentes materiales folclóricos de otras regiones del país (*e.g.,* Noroeste Argentino), que poco aportaban a la interpretación del registro arqueológico local (*e.g.,* MAC y MCC).

A la par, las colecciones arqueológicas expuestas se hallan en muchos casos descontextualizadas, sin referencias ni coordenadas espacio temporales y funcionales para su correcta compresión. Asimismo, tampoco se ofrece información respecto a su origen y área y/o yacimiento donde fueron recuperadas (*e.g.,* MACP, MHS, MFA, MAC). Esta representación atemporal y sin vinculación con el territorio, aporta en gran medida a los efectos de debilitar aquellos procesos de pertenencia de las comunidades del presente con el pasado indígena, en tanto que no está relacionado con el proceso histórico general del cual la sociedad actual forma parte (*e.g.,* línea de tiempo exhibida en el MACP que comienza con la Campaña del Desierto). Por otro lado, el pasado indígena es equiparado muchas veces a fenómenos de la Biología, o incluso más lejanos en el contexto de las ciencias naturales, a eventos geológicos (MFA, PPET, MHSR), y, por ende, del todo desligados de la historia reciente del poblamiento de la región.

En otras palabras, el poblamiento indígena y el registro arqueológico que atestigua al mismo es situado en un lugar o en un tiempo que hace difícil su integración a una identidad colectiva general. Cabe destacar que esto ocurre a pesar del enorme esfuerzo y el profundo interés de los actores responsables de los museos regionales por enriquecer la historia de sus comunidades y llevar adelante dichos proyectos con recursos económicos exiguos.

Posteriormente, como elemento comparativo se consideraron cinco características discursivas propuestas por M. Reca (2016), las cuales fueron observadas en las representaciones de los museos analizados en esta investigación. La primera de ellas es la *occidentalización de las culturas*, la cual consiste en la presentación de un relato expositivo unívoco y cerrado en el que predominan categorías "occidentales" que desdibujan la perspectiva del nativo, y donde se cosifica la identidad de los pueblos indígenas. En relación a este punto, no se observó en las salas analizadas la presencia de "la voz indígena" en la interpretación y contextualización del registro exhibido. De modo que no fueron consideradas las categorías indígenas en el armado de las propuestas expositivas.

La segunda característica es el llamado *reduccionismo esencialista* que alude al principio de considerar que las piezas hablan por "sí solas". Esta concepción de las colecciones arqueológicas en exhibición se observó en muchas de las instituciones relevadas, cuyas piezas expuestas carecían de contextualizaciones adecuadas o algún tipo de señalamiento y referenciación (MAC,

MHS, MCC, SIP, PPET, MACP, MHSR) (ver Capítulo 4, inciso 4. 3.B. *III*). La tercera característica es *el estatismo cultural* con el que son presentados los pueblos indígenas, rasgo que se vincula a su vez con la *dilución de los sujetos productores* (cuarta característica) y la *falta de referencias al mundo contemporáneo* (quinta característica). A este respecto, las sociedades indígenas y su registro arqueológico son representados en los museos relevados como entidades remotas en el tiempo y estáticas, en completa desarticulación con los pueblos actuales.

7.3.2 Las representaciones sociales del pasado indígena en el ámbito público

Las representaciones analizadas en los soportes de memoria e identidades visuales oficiales se organizaron en función de los contrastes observados en torno a los pueblos indígenas y aquellos de origen eurocriollo. Estos son expresados en la caracterización de los rasgos antagónicos asignados a ambos grupos culturales. En virtud de lo expresado se construyeron las siguientes duplas de oposición para facilitar su interpretación:

1. **Desnudez - Vestimenta:** Son frecuentes las representaciones de figuras masculinas indígenas con el torso desnudo -*e.g.,* placa que compone el monumento a Salvador Maldonado en Puan, mural en estación de Saavedra, expresiones en soportes planos en los bulevares de Puan, entre otros-. Mientras que no se observa este rasgo en los grupos eurocriollos, tanto hombres como mujeres, son representados con sus ropajes típicos asociados principalmente a las labores en el campo y al ejército. Se identifacaron representados migrantes europeos con sus vestimentas (*e.g.,* vestido, camisas, boinas, pañuelos entre otros elementos representados) (ver Figura 5.17). En este sentido, se observó una sobrerrepresentación muy detallada de los trajes oficiales utilizados tanto por militares como por los fortineros -*e.g.,* monumento a Adolfo Alsina, representaciones de fortineros en soportes planos de los bulevares en Puan, entre otros-.

2. **Actividad - Pasividad**: A excepción de tres únicos casos en el partido de Puan, los pueblos indígenas se representan en los soportes públicos con una actitud pasiva, sin desarrollar ningún tipo de acción/actividad. Una de las excepciones se halla en la isla de Puan y constituye la representación gráfica sobre un soporte plano de un individuo indígena montando un ñandú, la cual denota un suceso carente de sentido lógico. Los otros dos casos, son una representación de una escena de caza y de un hombre tallando y confeccionando herramientas de piedra en dos murales del museo MIB. Por el contrario, las representaciones que aluden a la cultura eurocriolla exhiben una diversidad de actividades realizadas por estos grupos. Las mismas se pueden agrupar en tres conjuntos. El primero contiene a aquellas vinculadas a la "conquista" del territorio, y se encuentran encarnadas por los monumentos a las batallas en Pigüé, los monumentos de señalamiento de fuertes y fortines, entre otros ejemplos analizados.

Otro conjunto se relaciona al trabajo de la tierra y la ganadería, aspecto profundamente presente en los murales. Por último, un tercer grupo se vincula a las representaciones del proceso de poblamiento regional en momentos posteriores a la conformación del Estado nacional, representaciones frecuentes principalmente en monumentos (*e.g.,* monumentos de los fundadores de las localidades cabeceras y murales con escenas de inmigración europea). En síntesis, el corpus analizado da cuenta de un variado conjunto de representaciones vinculadas a la idea de "voluntad de trabajo", desarrollo, progreso y prosperidad a partir de la introducción del hombre "blanco/europeo" al área. Frente a una pasividad laboral/ indiferencia por parte de los Pueblos Originarios.

3. **Supervivencia a corto plazo - Proyección en el tiempo:** Vinculado con el punto anterior, en las representaciones indígenas las acciones se relacionan concretamente con la subsistencia momentánea de satisfacer una necesidad primaria (*e.g.,* aprovisionamiento de comida/ caza). Por el contrario, existen diversos ejemplos de la representación de actividades que involucran la proyección en el tiempo y el establecimiento en el territorio de los grupos eurocriollos. Uno de ellos, es la reconstrucción de fuertes y fortines[31], los monumentos asociados a éstos, y una serie de representaciones de actividades vinculadas al trabajo agrícola ganadero y a costumbres instaladas por los pobladores eurocriollos del siglo XIX y que se continúan en la actualidad. En este sentido puede mencionarse la recurrencia en la representación de ganado vacuno en la bandera utilizada por el Grupo de Recordación Histórica de Puan y la bandera del distrito de Tornquist (Oliva, 2020a). Este tipo de representaciones son centrales para la construcción de narrativas de un pasado indígena lejano en el tiempo y distante del presente.

4. **Territorio indeterminado/vacío - Territorio definido/ocupado:** Otro aspecto que se consideró fue el modo en que se buscó representar la concepción del espacio habitado. En este sentido, referido al poblamiento histórico se destaca la predominancia de representaciones que expresan las delimitaciones políticas del territorio ocupado por el Estado nacional. Por ejemplo, la representación de contornos políticos distritales y el señalamiento de las localidades actuales, presentes en la bandera distrital de Puan y el escudo municipal de Tornquist. En oposición se presenta la construcción de narrativas de un territorio vacío, sepultado, desolado y que vagamente habría sido ocupado por los pueblos indígenas en un pasado remoto. Por ejemplo, en el monumento a Alsina de Puan, los papeles que sostiene este personaje en

---

[31] Los fuertes y fortines son reutilizados en el presente en el marco de ceremonias conmemorativas que reproducen su funcionamiento. Estos aspectos fueron profundizados en: Oliva, C. (2020). Apropiación simbólica del territorio: Análisis de espacios de memoria del Sistema Serrano de Ventania y su llanura adyacente, Provincia de Buenos Aires. *Cuadernos del Instituto Nacional de Antropología y Pensamiento Latinoamericano – Series Especiales,* (8) 1, 246-255.

su mano que rezan en letra mayúsculas "Desierto" (Figura 5.7).

5. **Centro – Periferia**: Una característica importante es la centralización de las representaciones de los grupos eurocriollos. Ésta se expresa en la ubicación central en los tejidos urbanos que ocupan los monumentos de los personajes históricos considerados epopéyicos por las comunidades del área (*e.g.,* Alsina, Maldonado, Casey, Cabanettes, Tornquist). Asimismo, se manifiesta en la localización de los topónimos de estos mismos personajes en avenidas y calles principales de los trazados urbanos. De manera opuesta, la periferia del elemento indígena es construida por el desplazamiento de este tipo de soportes de memoria a los límites y bordes de las localidades analizadas. En este punto, cabe mencionar que constituyen una excepción aquellos lugares en los que lo indígena ha cobrado nuevos sentidos vinculados a su utilización como recurso turístico. Este punto es coincidente con la propuesta de Katzer (2010) de renominalización étnica del espacio público de acuerdo a los intereses fluctuantes de la sociedad. Por este motivo, puede afirmarse una reemergencia de vocablos indígenas en algunas localidades del distrito de Tornquist (*i.e.* Chasicó y Sierra de la Ventana).

A pesar de los ejes de oposición identificados en el corpus analizado, la evidencia arqueológica e histórica ha demostrado una compleja gama de relaciones entre los diferentes grupos culturales que habitaron el área de estudio. En este marco las oposiciones binarias institucionalizadas en la memoria oficial de los municipios considerados son el resultado de la simplificación de las relaciones entre estos grupos en el campo de las representaciones públicas. Por ejemplo, para demostrar la complejidad de las relaciones entre indígenas y criollos se destaca al Cacique Pichihuinca, mencionado en un cartel del distrito de Puan, quien también fue conocido como Manuel Ferreyra (Tarquini, 2011). Este personaje histórico fue un cacique de origen criollo, el cual lideró un grupo indígena en Puan. La doble pertenencia identitaria del Cacique Pichihuinca, como blanco e indígena, no es un atributo que se buscó representar en los soportes de memoria analizados. De igual modo, tampoco fueron representados en ningún caso los períodos pacíficos de la vida en la frontera, así como los intercambios realizados entre indígenas y fortineros (Devoto *et al*., 2016; Panizza y Devoto, 2020).

Algunos autores han planteado la desnominalización de lo indígena y, por tanto, su invisibilización en el espacio público, en el marco de estrategias discursivas oficiales de dominación sobre los pueblos originarios (Herner, 2014; Katzer, 2010). En el Área de Ventania los pueblos indígenas se encuentran visibles en las representaciones públicas, pero ocupan un lugar subalterno en la memoria oficial. En este marco son visibilizados de manera simplista y antagónica a los pueblos eurocriollos, y son presentados como "otros" pobladores que vivieron en tiempos remotos en un pasado muerto. Sin embargo, la materialidad asociada a estos grupos (*e.g.,* sitios arqueológicos analizados en el Capítulo 5 y colecciones arqueológicas

exhibidas en museos analizados en el Capítulo 4), es aprovechada como un recurso turístico local. De modo que el patrimonio arqueológico correspondiente a las sociedades indígenas constituye un recurso económico. En concordancia con las representaciones oficiales, esta materialidad es representada en su contexto turístico como la historia de "otros" la cual puede ser disfrutada por un "nosotros".

7.3.3 Las representaciones sociales del pasado indígena de los actores locales destacados

Durante el análisis de las representaciones del pasado indígena constituidas por los actores destacados y agentes del campo cultural, se observaron diferentes patrones en sus respectivas relaciones con la materialidad arqueológica. Dentro del subgrupo *Trabajadores formales vinculados al patrimonio arqueológico,* estas relaciones se caracterizaron por su estrecho vínculo con las categorías autopercibidas en su configuración identitaria. En algunos casos fueron registradas "marcas" identitarias directamente ligadas a la configuración de una identidad criolla migrante de origen europeo. Entre otros ejemplos pueden mencionarse afirmaciones tales como "*somos criollos*" (Facundo, Tornquist), "*yo como descendiente alemán*" (José Luis, Puan) y "*somos una colonia*" (Mariana, Saavedra). Estas percepciones son construcciones de pertenencia a colectivos que se posicionan como distantes al pasado indígena local. Éstas condicionan y contextualizan las condiciones desde las cuales se producen las representaciones sobre los Pueblos Originarios, el pasado y el registro arqueológico.

Un aspecto a destacar es que los actores relacionados por sus actividades laborales a áreas protegidas –el Parque Provincial Ernesto Tornquist, la Reserva Natural Privada Sierras Grandes y la Reserva Natural y Cultural de usos múltiples de la Isla de Puan- asignaron sentidos patrimonialistas al registro arqueológico (*e.g., "el guardaparque tiene una tarea muy importante en el tema de cuidar eso poco que nos queda"* Facundo, Tornquist). Por otro lado, resulta llamativa la ausencia de este tipo de sentidos en los actores entrevistados del distrito de Saavedra, quienes poseían conocimiento de las cuevas y aleros con expresiones rupestres situadas en este partido bonaerense pero no de su importancia patrimonial. A pesar de ello, en este municipio sí se atribuyeron asignaciones patrimonialistas al registro histórico postcontacto intercultural.

En otro orden de ideas, se considera útil para la interpretación de las entrevistas analizadas de los *actores conocedores e involucrados (no laboralmente) con el pasado indígena del Área de Ventania y de los coleccionistas* la categoría de "coleccionista organizativo" (Acosta Castro, 2015). Esta noción hace hincapié en la estructura simbólica que le da sentido a la narrativa de una colección como un conjunto, que relaciona su orden con la ruta de vida del coleccionista (quien organiza, selecciona y reordena). Asimismo, las piezas de la colección funcionan como soportes de memoria posibilitando la creación de puentes en el tiempo entre el pasado al cual pertenece el objeto y el presente en el cual fue recuperado. Se considera que existe un vínculo emotivo que une al sujeto a las piezas, a los momentos, espacios y personas asociadas al encontrar o adquirir una nueva pieza. De este modo el objeto se convierte en parte de la historia de vida del entrevistado.

En todos los casos analizados (Capítulo 6), el coleccionismo de objetos arqueológicos se caracterizó por instituirse como una práctica cultural familiarmente compartida. Como tal se encuentra cargada de sentidos colectivos que transcienden las generaciones dentro de cada familia. En el caso de Carlos Eckardt, la selección y el resguardo de piezas comenzaron en su infancia junto a su padre y hermano. En el caso de María Cecilia López Quintana de Baglioni, se trataba de excursiones realizadas junto a todos los integrantes de su familia (sus tres hijos y esposo, algunas veces también se incorporaban amigos de su hijo). Por su parte, Nora Cinquini heredó el interés y quehacer de su abuelo paterno y posteriormente de su padre. En esta línea también se encuentra Gabriel Allende, que, si bien su interés radica en coleccionar experiencias vinculadas al descubrimiento de yacimientos arqueológicos, no a la posesión de objetos, se destaca que esta la tarea realiza junto a su hijo. Estos ejemplos sirven para dar cuenta de cómo opera la construcción de sentidos colectivos en los marcos de apropiación y resignificación del pasado. Cabe destacar, que las colecciones fueron originadas previamente a la sanción de la Ley Nacional 25.743/03 del año 2003 y que prohíbe su conformación. En este sentido, otros actores por fuera de la academia en un sentido conservacionista buscaron llenar vacíos institucionales a través del agrupamiento de "objetos encontrados".

Otro aspecto a destacar es que son coincidentes también las representaciones críticas y reflexivas respecto a la historia de aniquilamiento de los Pueblos Originarios durante las campañas militares desarrolladas en el área de estudio. En los relatos ofrecidos por Jorgelina Cárdenas Millapi (Tornquist), Carlos (Saavedra), José Luis (Puan) y Juan José (Tornquist) se mencionaron las campañas militares mal llamadas "Campañas del Desierto" y el genocidio de los pueblos indígenas en el proceso de consolidación del Estado nacional en pos de la instalación del modelo económico agroganadero actual.

En virtud de lo expresado anteriormente, la manera de concebir el pasado indígena en el Área de Ventania se vincula estrechamente con las representaciones que los entrevistados tienen sobre su propia historia dentro del área de investigación.

7.4 Modelos interpretativos

La segunda parte de este capítulo se encuentra destinada a desarrollar modelos explicativos sobre el corpus de datos analizados en esta investigación. En este marco, se considera como premisa de base que las representaciones sociales del pasado indígena y del patrimonio arqueológico encuentran su fundamento en construcciones históricas de significación en torno a los pueblos indígenas y a la historia de poblamiento de las comunidades actuales. Como se expresó en los capítulos precedentes (ver Capítulo 2), éstas se hallan atravesadas por posicionamientos políticos, sociales, culturales, económicos e ideológicos. De acuerdo con este postulado, se generaron una serie de *tipos representacionales teóricos*, a los cuales se asociaron los casos analizados en los capítulos 4, 5 y 6.

7.4.1 Tipos representacionales del pasado indígena del Área de Ventania

A continuación, se presentan los siete tipos representacionales construidos teóricamente en torno al pasado indígena y sus respectivos ejemplos para el Área de Ventania.

1) *Representaciones romantizadas del pasado indígena:* Este tipo de representaciones se vincula con la idea del "Buen Salvaje" elaborada por Rousseau en el siglo XVIII y retomada posteriormente por diversas corrientes teóricas. Desde esta perspectiva se veía a los pueblos indígenas como felices y libres sin la "condición civilizatoria", aspectos centrales en el pensamiento iluminista (Tacca, 1999a). Asimismo, se concibe al devenir histórico como una continua decadencia, idealizando un pasado estático, congelado, paradisíaco, ordenado, armonioso y sin conflictos, lleno de prosperidad y abundancia (Delfino y Rodríguez, 1992; Tacca, 1999a). En este marco, se asocia a las sociedades indígenas la idea de pureza, ingenuidad, inocencia e infantilidad, constituyendo una representación paternalista. Por ejemplo, las construcciones idílicas de los guardaparques y guías que afirmaban el carácter pacífico creativo y organizativo de estos pueblos, en una armonía absoluta y constante con el entorno (Capítulo 6). También puede observarse este tipo de representaciones asociadas a la infantilidad en, por ejemplo, la escena del indígena montando a un ñandú en la Isla de Puan (Capítulo 5).

2) *Representaciones naturalistas del pasado indígena:* Estas representaciones se basan en una explicación biologicista de las sociedades indígenas, que sostiene una focalización en los rasgos anatómicos de estos pueblos. En este marco, se los considera parte constituyente del paisaje y la naturaleza, en oposición a la noción de cultura. De modo tal que se les niega sus rasgos culturales, asignándoles atributos comparables a la biota y/o paisaje. Este enfoque se relaciona con una visión evolucionista cultural, que considera que el progreso humano está dado por las invenciones y descubrimientos técnicos de las poblaciones. Así como también por el desarrollo de las instituciones gubernamentales, religiosas, y por la concepción de la propiedad, entre otras (Harris, 1983; Taylor, 1889; 1975 [1871]). Desde esta concepción, las poblaciones indígenas se encuentran en los estadios inferiores de una cadena que culmina en las sociedades "civilizadas" y occidentales. En otras palabras, este esquema posiciona a los pueblos indígenas en el estadio étnico del salvajismo, caracterizado por una economía en base a la caza y recolección, el uso del fuego y la invención del "arco y la flecha" (Morgan, 1963 [1877]).

Asimismo, detrás de estas representaciones opera la lógica de la teoría evolucionista de Darwin en el plano biológico, para establecer una ley general del progreso humano a partir de leyes biológicas de selección natural, supervivencia del más apto, y de la cultura como producto de la herencia biológica. De modo tal que, intelectuales del siglo XIX considerados darwinistas sociales como H. Spencer, propusieron e instalaron la creencia de que los pueblos considerados inferiores, lo eran por ley natural, legitimando de igual modo como natural la opresión a los pueblos indígenas (Tacca, 1999b). Consecuentemente, la desaparición de los individuos de "razas inferiores" era un resultado natural e inevitable de la competencia, viéndose éstas inevitablemente reemplazadas por las superiores (Harris, 2000). Un ejemplo de estas representaciones se encuentra en el MHS (Capítulo 4), en el cual se señala de manera explícita estadios evolutivos culturales de diferentes grupos mapuches. Igualmente, se presenta en las exhibiciones con carácter biologicista del registro arqueológico, el cual es exhibido en descontexto junto a animales conservados en formol (*e.g.,* PPET, MFA, MHSR), o ejemplares taxidérmicos de especies animales de otras regiones geográficas (*e.g.,* MAC). Igualmente, este tipo de representación de lo indígena ligado a la naturaleza podría explicar la mayor perduración de los topónimos asociados a rasgos del paisaje frente a una menor proporción presente en los trazados urbanos modernos (ver Capítulo 5).

Representaciones negativizadas del pasado indígena: Estas representaciones se vinculan con una visión originada por el racionalismo iluminista de la Revolución Francesa (siglo XVIII), la cual considera al pasado como algo negativo, signo de lo malo, atraso, miseria e ignorancia (Delfino y Rodríguez, 1992). Desde esta óptica se representa a los pueblos indígenas con atributos perjudiciales (*e.g.,* primitivismo, salvajismo, idea de atraso cultural o económico, inferioridad, concepción del indígena como ladrón de ganado, otros). En este conjunto se incluyen también aquellas representaciones construidas sobre los Pueblos Originarios como sociedades destinadas a desaparecer, producto de su aniquilamiento físico y cultural, destinadas a ser remplazadas por grupos culturales con una capacidad técnica más desarrollada (Harris, 2000). Son ejemplo de estas representaciones aquellas que muestran al territorio como un campo "desierto", a ser conquistado. Entre otros casos, se observa en algunos textos de la señalética del museo MHSR (Tornquist), así como también en el monumento a Adolfo Alsina (Puan) y en murales presentes la localidad de Puan.

3) *Representaciones pacíficas sobre el contacto interétnico:* En este conjunto de representaciones se exaltan los vínculos e intercambios culturales entre grupos culturales diversos. Se relaciona con una idea de comunión y armonía entre pluralidad de grupos que convivieron pacíficamente. En el ámbito de los estudios históricos "fronterizos", algunos autores señalaron la existencia de vínculos pacíficos que se dieron entre los pobladores de origen europeo y las sociedades indígenas que habitaron un mismo territorio. En este sentido, dentro de esta lógica del mundo de las relaciones de carácter pasivo, se postulaba que los roces o choques bélicos que pudieron haber existido entre españoles e indígenas durante el siglo XVII, con el tiempo se fueron haciendo cada vez más aislados, en pos de una comunidad fronteriza interétnica integrada (Villalobos, 1982). Este tipo de representaciones se encuentra prácticamente ausente del corpus analizado. Excepcionalmente, puede mencionarse la reciente adopción de topónimos indígenas en la localidad de Chasicó (Tornquist) en el marco de la celebración del Centenario, el día 12 de octubre de 2006. Éstos se vinculan al agua (ver Capítulo 5), si bien no se trata de una representación pacífica sobre el contacto intercultural, sí constituye un claro ejemplo de una emergencia y apropiación positiva en el cual el propio nombre de la localidad (Chasicó: *agua salada* en mapuche) reivindica a los pueblos indígenas (Ordenanza N°1019/94).

4) *Relación conflictiva sobre el contacto interétnico:* Se incluyen en este conjunto aquellas representaciones que atribuyen características bélicas o alusivas al conflicto a las sociedades indígenas. En este sentido, se exalta la rivalidad entre estos grupos y los pobladores eurocriollos en tiempos históricos, principalmente en las interacciones fronterizas. En este marco se describe la dinámica indígena pampeana o a los propios indígenas mediante palabras como "indio infiel", "indio hostil", "destrucción", "invasión", "afán de saqueo", "depredadores de haciendas", "robo de miles de cabezas de ganado", "infiltración pacífica", "expansión mapuche" o "épocas de maloqueo que llenaban de horror y pánico a las poblaciones" (Quijada, 1999). Asimismo, se identifica a las relaciones entre estos grupos durante el período intercultural hispano indígena en términos de enemigos, cuyas relaciones se basaban exclusivamente en la violencia y confrontación (Boccara, 1999; Boccara y Seguel Boccara, 1999). Según Vignati, se trata de ideas vigentes que persisten desde el siglo XIX, durante las campañas militares organizadas por el Estado nacional, momento en el que se forjaron representaciones negativizadas de los pueblos indígenas. En este sentido, dicho autor expresó que en ningún momento de las luchas contra los pueblos indígenas pudo eliminarse de los ejércitos "blancos" el desprecio y el rencor hacia los primeros. Asimismo, Vignati destacó el mestizaje de los integrantes del ejército nacional y los esfuerzos por ignorar este componente identitario (Vignati,1945).

5) Forman parte de este conjunto las representaciones de la vida en la frontera presentes en distintas instituciones museísticas como el MFA (*e.g.,* representaciones de mapas militares, dibujo expuesto de un indígena estacado al sol al lado del Fuerte, exposición de armas, entre otros) (ver Figura 4.20 sección izquierda), el MIB (exposición de armas y mapas de las campañas militares, herramientas que fueron utilizadas para la construcción de la Zanja de Alsina, entre otros). Asimismo, este tipo de

representaciones se hacen presente en numerosos soportes materiales de memoria analizados en el Capítulo 5, por ejemplo, en las reconstrucciones de los fortines, así como en los monolitos que señalan los espacios ocupados por fuertes y fortines y los campos de las batallas de Pi-hue entre el Estado nacional y los pueblos indígenas, entre otros numerosos ejemplos desarrollados en los capítulos precedentes.

Invisibilización (ausencia) del elemento indígena: Este conjunto incluye la construcción de sentidos en torno a la ciudadanización/disciplinamiento de los indígenas y de su "integración nacional", así como su negación en la mestización, o la ausencia de su representación (Quijada, 1999; 2003; 2004; 2006; 2009; 2012). Estas representaciones se encuentran presentes en algunos soportes de memoria públicos, en los cuales se hace énfasis en el origen migrante y eurocriollo de las localidades modernas y su composición étnica actual (*e.g.,* bandera distrital de Tornquist y Puan).

6) *Representaciones patrimonialistas del pasado indígena:* Se compone de representaciones de visibilización de la cultura material y de la importancia de su conservación y puesta en valor para la comunidad como recurso identitario. Asimismo, promueve la valoración de los pueblos indígenas como parte constituyente de las identidades colectivas, y del registro arqueológico como memoria material de la sociedad de acuerdo a lo expresado en los enunciados de la Ley Nacional 25.743/03. Estas representaciones se encuentran especialmente presentes en las representaciones de los trabajadores vinculados al registro arqueológico en áreas protegidas (ver Capítulo 6). Asimismo, en una de las salas expositivas relevadas (MIB) se encuentran referencias explícitas a la mencionada Ley en el marco de la exhibición de las colecciones arqueológicas indígenas que el museo custodia.

7.4.2 La dinámica cultural en el Área de Ventania: Modelo de estratos

Finalmente, a partir de los datos presentados en esta investigación se propone un modelo explicativo de la dinámica cultural en el Área de Ventania en relación al componente indígena. Esta interpretación se basa en la propuesta teórica de Williams (1997) para explicar las dimensiones hegemónicas del orden social vigente. Cabe destacar que la hegemonía para este autor se manifiesta en tres aspectos o definiciones sociales, *las tradiciones*, las *instituciones* y las *formaciones*. Utilizando estas categorías explicativas se buscó dar cuenta del proceso por medio del cual se produce una disímil incorporación de los Pueblos Originarios y la materialidad arqueológica indígena en el campo representacional de los imaginarios y discursos (institucionales y formativos) analizados.

De acuerdo a estos fines, se investigaron los sentidos construidos en relación a las prácticas sociales y percepciones que intervienen en la representación que los distintos grupos sociales tienen de los Pueblos Originarios

y del pasado. Se observaron distribuciones específicas del poder vinculadas a los valores dominantes recuperados del relato histórico oficial. Como se ha desarrollado en los capítulos 4, 5 y 6, los sentidos e imaginarios del pasado indígena se producen y manifiestan materialmente (*e.g.,* exposiciones museísticas, soportes de memoria públicos, topónimos, registro arqueológico incluido en circuitos turísticos, conformación de colecciones arqueológicas, entre otros), a través de las relaciones establecidas entre los colectivos y su pasado. Dentro de la trama relacional de los sujetos con fragmentos del pasado se origina un complejo desarrollo de recuperación de elementos.

En el caso de los discursos hegemónicos se observó una exaltación de segmentos del relato histórico oficial a través de las *tradiciones*. Éstas, entendidas como la selección de un pasado configurativo, son un aspecto de la organización social y cultural que se desea destacar en el presente en favor de los intereses dominantes. En este marco, ciertas prácticas y significados son acentuados y se expresan en dimensiones dominantes. Por ejemplo:

- La "belicosidad" de los pueblos indígenas (*e.g.,* construcción de enfrentamiento a "fusil" y "lanza" entre eurocriollos e indígenas).
- La representación de una presunta inactividad productiva de los Pueblos Originarios.
- La asociación de los pueblos indígenas a la naturaleza obviando sus características culturales, entre otros ejemplos.

En función de la selección de elementos culturales, algunos de ellos son rechazados o excluidos del orden social dominante propuesto. En el caso investigado se observó la omisión de los aportes culturales indígenas a las identidades contemporáneas, los préstamos lingüísticos de las lenguas originarias al español, las representaciones de convivencia e intercambio cultural entre indígena y eurocriollos, entre otros ejemplos.

Por otro lado, se observó que las representaciones de los Pueblos Originarios se encontraron asociadas prevalentemente a una única temporalidad: el contacto interétnico que se produjo entre finales del siglo XVI -con las primeras crónicas registradas para la zona- hasta finales del siglo XIX, hito en el cual se incorpora definitivamente esta porción de territorio al Estado nacional. En concordancia con esto, son representados como la "otredad" enemiga, obstáculo del ejército nacional, y la "civilización" como la cúspide de la escala evolutiva donde se encuentra el hombre blanco y moderno (Lenton, 2005). De esta manera, en el proceso de orden social hay una continuidad en la forma de concebir el rol y lugar que ocupan los Pueblos Originarios "tendientes a su desaparición", para "liberar" el área a ser ocupada por las colonias agroganaderas, principal actividad económica en la actualidad. Se coincide con Williams (1997), en que la tradición porta un sentido hegemónico donde se desarrolla un proceso activo y deliberado de selección que ofrece una ratificación cultural e histórica de un orden contemporáneo. En este caso se trata del modelo económico agropecuario que se sostiene desde finales del siglo XIX, el cual se instaló como tradición y funcionó como marco de selección y apropiación cultural en la construcción de una identidad criolla y europeizante. Consecuentemente, las comunidades locales se autoidentifican con las formas hegemónicas de representación de sí mismas y de la alteridad. En este marco, se plasma también la dirección del orden social futuro en un proceso donde se "elimina" aquellos elementos que no "sirven" para el orden vigente formulado. En este caso, son los Pueblos Originarios y el pasado indígena quienes constituyeron un ralentizamiento para la ocupación efectiva e incorporación del área al Estado argentino. De esta contingencia histórica, sostenida en el tiempo, radican algunas de las representaciones sociales construidas en el presente (*e.g.*, placa de bronce adosada al monumento a Adolfo Alsina, ver figura 5.7).

Por otro lado, se identificaron elementos del campo representacional de lo indígena que constituyen *formaciones arcaicas*. Estas se encuentran asociadas a las exposiciones en los museos, las cuales componen representaciones estáticas de lo indígena y del registro arqueológico, por ejemplo, a través de la ausencia de los sujetos (e.g. MHS, MFA, MHSR), o de la escasa y/o nula identificación funcional, histórica, patrimonial de las piezas exhibidas. En este sentido, constituyen objetos desasociados de sus respectivas actividades sociales y actores productores de estas materialidades. Asimismo, constituyen elementos observados y examinados por el público que visita estas instituciones en el marco de su exposición, otra característica que los vuelve parte de las formaciones arcaicas de un grupo social. Por otro lado, en el caso de los vínculos establecidos entre los coleccionistas y estos objetos, se registraron circunstancias donde estos últimos son revividos de un modo especializado. Por ejemplo, la reutilización con fines recreativos o educativos de los artefactos arqueológicos en contextos actuales. En este sentido, a modo de ejemplo pueden mencionarse diferentes actividades planteadas por la profesora Nora Cinquini con alumnos de la localidad de Chasicó. En sus palabras:

"Sabes que hacíamos con las raederas[32] *grandes que ha dado el sitio Ybarra*[33] *les mostré como se excavaría en la tierra o como cortarían una rama, porque a ellos les costaba asociar esos elementos al corte, viste a trabajar la tierra entonces tenías que hacerlo de una manera práctica, después cada uno ensayaba también. También lo mismo viste con los percutores, los molinos, sabes que hacías les llevábamos cinco pies... manos de molinos no de morteros ¿Y qué ocurre? El desgaste era distinto en las rocas viste, uno estaba pareja bien parejita. Otra con un movimiento de vaivén, otra suponete en un lado tenía*

más cortito que la otra. Entonces había que sacar ya con los más grandes que consecuencias pueden ser esto, ¿qué estas buscando a través de algo lítico frío estático? La asociación con el hombre ¿qué movimiento hacía? (…) Hay que humanizarlo. Humanizar el objeto".

En algunos casos los objetos "coleccionados" pasan a formar parte de otros contextos de uso, asociados a la contemplación y recreación. Tal es el caso de todos los coleccionistas entrevistados quienes afirmaron poseer en sus viviendas algunos objetos como "recuerdos", portadores de memorias, lugares y personas que en muchos casos ya no están presentes. En el caso de Nora, su difunto esposo y su padre con quienes realizaba las búsquedas por los yacimientos arqueológicos cercanos a la Estancia Don Natalio donde vivían; por su parte, María Cecilia también recuerda a su difunto marido y a otra época asociada a la infancia de sus hijos; mientras que Carlos lo asocia al trabajo en el campo, su hermano y su padre. En palabras de Carlos:

"Que después me gustan usarlas como adorno, en los fogones, en algo... algunos me dicen que vas a poner esa piedra, y pero yo la pongo ahí y después me pongo a pensar de la piedra en sí .... Y la pongo un adorno para mí por ser una piedra tan vieja de historia le doy ya una importancia y las pongo en lugares para verlas, este rodeo los fogones, entonces me quedan a la vista, las veo y me gusta y ahí me acuerdo siempre donde están".

De modo tal, que los objetos arqueológicos cobran nuevos sentidos asociados a su revitalización por parte de quienes los poseen. Simultáneamente, se registraron en el campo representacional expresiones de *formaciones residuales*, entendidas como aquellas cosas que en un orden social se resisten a desaparecer. Un ejemplo de ello es la toponimia indígena del paisaje circundante a los centros urbanos (*e.g., Curamalal, Napostá, Casuhati*, entre otros, ver Capítulo 5) y los topónimos de algunas localidades (*e.g., Chasicó, Puan, Pigüé*). Éstos no se contraponen con el orden social dominante, sino que coexisten. Por último, también fueron registradas *formaciones emergentes* asociadas a nuevos significados y prácticas de oposición a los elementos dominantes. Uno de ellos es el logo del distrito de Puan que presenta un *kultrum* representando "raíces" del distrito asociado a los Pueblos Originarios, se trata de un único caso que se opone a la lógica presentada en las otras representaciones de su identidad visual municipal (bandera y escudo). Igualmente, componen *las formaciones emergentes* la patrimonialización del registro arqueológico a través de su incorporación en circuitos de turismo cultural. Éstas al igual que las formaciones residuales pueden servir al orden dominante e incluso ser promovidos por éste, ya que no representa un riesgo para el mismo.

Cabe mencionar que el orden social de cualquier grupo humano es un proceso vivo, en donde se lucha entre las presencias y ausencias, a favor y en contra de las tradiciones selectivas. Esto implica necesariamente conflictos y

---

[32] Herramienta arqueológica confeccionada en roca, utilizada para raer y raspar.
[33] El sitio Ybarra fue hallado y excavado por Nora Cinquini en la década de 1970 y constituye la principal colección de objetos arqueológicos del museo de su propiedad.

contradicciones en los modos de producir sentido de los grupos, lo cual se refleja a su vez en las representaciones sociales analizadas. En virtud de lo expresado, se explica que pueda haber procesos contradictorios en el corpus de representaciones analizadas, tales como la reemergencia y supresión del elemento indígena en una misma área de investigación. Ejemplo de ello son resurgimientos del elemento indígena, tales como la implementación y creación de topónimos originarios (Chasicó y Sierra de la Ventana en Tornquist), la apropiación de repertorios culturales desde una mirada patrimonialista en muchos de los entrevistados y algunas de las instituciones museísticas consideradas (*e.g.,* MIB), en convivencia con representaciones negativizadas de los Pueblos Originarios y su pasado. Otro ejemplo claro analizado lo constituye la incorporación de un símbolo indígena como logo central de la identidad visual de Puan, distrito en el cual priman los soportes de memoria públicos que reivindican la desaparición y desvinculación de los Pueblos Originarios al territorio.

Finalmente, el análisis realizado permitió visibilizar un lazo entre las representaciones del pasado y las prácticas de apropiación e identificación de la materialidad arqueológica. A pesar de ello, las mismas no resultaron homogéneas para todos los actores sociales considerados en la investigación. Cada sector social desarrolló mecanismos de apropiación del pasado diferenciados de acuerdo a sus intereses y posicionamientos particulares; por lo cual, las relaciones que estos establecen con el registro arqueológico son igualmente disímiles. En el caso de los actores destacados entrevistados, que establecen variedad de relaciones (*e.g.,* laborales, afectivas, identitarias, entre otras) con el registro arqueológico, sí se observó una correspondencia entre las representaciones sociales que construyen y sus prácticas sobre la materialidad arqueológica. Éstas últimas se encuentran vinculadas a la puesta en valor de determinados referentes arqueológicos (yacimientos tales como el Sitio 1 de Puan, la Isla de Puan, cuevas y aleros con pinturas) y especialmente a las colecciones arqueológicas que tutelan y resguardan formal e informalmente en los establecimientos donde trabajan y/o residen. Por su parte, las instituciones patrimoniales y municipales sostuvieron el relato histórico hegemónico focalizando sus representaciones en el conflicto y enfrentamiento entre los pueblos indígenas y los grupos eurocriollos durante el contacto intercultural. En este marco lo indígena es representado como ahistórico y primitivo, lo que desfavorece la identificación de los pobladores actuales con el pasado indígena regional. Se considera que estas construcciones de sentido podrían estar influyendo sobre las prácticas culturales que se desarrollan en los sitios arqueológicos, por tanto, en su cuidado y preservación. En virtud de lo expresado, considerando las representaciones construidas por los diferentes referentes empíricos analizados, se acepta la hipótesis de exploración propuesta en esta investigación.

8

Reflexiones finales

La reflexión en torno al pasado como un hecho cultural brinda elementos para la visibilización y la comprensión de las condiciones materiales, sociales y culturales a través de las cuales se desarrollaron los procesos de memoria e identidad de una comunidad. En esta investigación se presentaron los resultados de la investigación de las representaciones sociales instituidas del pasado indígena y del registro arqueológico del área de Ventania y su llanura adyacente - partidos bonaerenses de Tornquist, Puan y Saavedra-. Las mismas, se hallan vinculadas a diferentes prácticas comunicativas originadas en diversos contextos de producción (entidades municipales, museos, áreas protegidas, relatos de agentes del campo cultural, entre otros). En esta investigación, la materialidad arqueológica no es concebida como una mera evidencia de tiempos pretéritos, visión tradicionalista de la disciplina arqueológica, sino que se encuentra impregnada de nuevos sentidos y valoraciones constituidas en sus contextos de interpretación contemporáneos, los cuales a su vez construyen nuevas condiciones de producción de sentidos. Concretamente, durante el período 2016-2021, fueron analizadas las representaciones sociales plasmadas en soportes de memoria públicos (*i.e.* monumentos, murales, esculturas, placas y carteles), elaborados durante todo el siglo XX, pero reactivados y vigentes en la actualidad; así como también se consideraron los discursos asumidos institucionalmente por entidades municipales, museísticas y por los agentes del campo cultural del área de estudio. De este modo se plantearon tres objetivos específicos. El primero de ellos consistió en analizar las representaciones sociales producidas por instituciones patrimoniales (museos y salas de interpretación) en relación al poblamiento indígena y al patrimonio arqueológico. En esta línea de investigación, se observó en las condiciones de producciones discursivas institucionales que, a través de la exhibición de las colecciones arqueológicas, se sostienen formaciones arcaicas de los Pueblos Originarios dentro de la dinámica cultural de Ventania. En otras palabras, los objetos arqueológicos son reconocidos por la institución en sus contextos de exhibición como elementos materiales de un pasado lejano, atemporal y en desconexión con el presente. En este marco, los referentes arqueológicos como portadores materiales de una alteridad étnica asincrónica son ofrecidos para su observación, examinación y contemplación al público visitante. Fue postulado que esto último contribuye a la construcción de representaciones instituidas que desvinculan a los pueblos indígenas de las identidades colectivas actuales.

El segundo objetivo específico consistió en investigar cómo se institucionaliza la memoria oficial de los municipios del área de estudio a través de las representaciones que construyen sobre el patrimonio arqueológico y el pasado indígena. Los resultados mostraron que las representaciones municipales se encuentran atravesadas por un fuerte componente hegemónico ligado al relato histórico oficial como discurso dominante. Éste comporta elementos que encuentran su origen en las interpretaciones de "hitos" de la historia vinculados a la conformación del Estado nacional argentino y el "rol" principalmente obstaculizador que cumplieron los Pueblos Originarios en este proceso. Pueden mencionarse, por ejemplo, la dicotomía centro-periferia identificada en la ubicación de los soportes de memoria analizados, los cuales principalmente se dedican a evocar eventos y personajes asociados al avance y consolidación del Estado nacional. En este sentido, estos últimos ocupan un lugar central dentro de los trazados urbanos de las localidades abordadas en detrimento de los soportes de memoria dedicados a evocar el pasado indígena. El tercero y último objetivo específico consistió en desarrollar la discusión en torno a la relación entre las representaciones sociales del pasado indígena construidas por agentes del campo cultural local, considerados referentes destacados del área de estudio, y las prácticas culturales que involucran al registro arqueológico realizadas por este sector. En relación a este aspecto, se analizaron los relatos de agentes culturales que dieron cuenta de diversas prácticas asociadas a sentidos patrimonialistas y conservacionistas. En este sentido, el registro arqueológico es considerado por este sector como un soporte de memoria de sus biografías personales, además de un medio que les facilitó el encuentro con el "otro", culturalmente diverso y alejado en el tiempo, los pueblos indígenas prehispánicos. Asimismo, se propuso que algunas prácticas culturales, tales como la conformación de colecciones de objetos arqueológicos y la búsqueda de nuevos yacimientos por parte de los agentes del campo cultural, promovieron la consideración de la materialidad arqueológica como objetos fetiches de admiración y una fuente de motivación y "modelo a seguir" para la sociedad actual.

Es preciso señalar que los interrogantes planteados en la introducción de este libro fueron respondidos en su totalidad durante el desarrollo de la presente investigación. El corpus de información generado posibilitó arrojar luz sobre los procesos de memoria e identidad de la comunidad del Área de Ventania en relación a las representaciones hegemónicas instituidas de la historia de su poblamiento. En este contexto, se considera en primer lugar que no existe una negación sobre la existencia de los pueblos indígenas en las representaciones analizadas. Sin embargo, se observaron representaciones que vinculan a estos pueblos y su materialidad (el registro arqueológico) como "la infancia de la Nación" (Biasatti, 2016). Asimismo, en algunos casos las representaciones construidas enfatizaron sobre las cualidades materiales del registro arqueológico ignorando a sus productores. En este sentido, fueron ubicados asincrónicamente, distantes de la historia colectiva y escasamente vinculados al presente y sus contemporáneos (Oliva *et al.*, 2015). Si bien se identificó la prevalencia de elementos del campo representacional que apoyan la idea de una sociedad homogénea en cuanto a su origen criollo y procedente de la inmigración europea, vinculada a la historia "corta"[34], no puede afirmarse que se represente exclusivamente una identidad única y nacional frente a un "*otro cultural*". En este aspecto, pese a que el orden social dominante corresponde a los discursos hegemónicos oficiales, se han identificado elementos que contradicen dicho orden. Por ejemplo, la reactivación de sitios arqueológicos para su inclusión en circuitos de interés cultural; la incorporación de nuevos topónimos indígenas en los trazados urbanos; el hecho de que el 35% de los murales presentan elementos vinculados al pasado indígena; la existencia de monolitos y placas conmemorativas a caciques indígenas (*e.g.,* Cacique Pichihuinca en Puan y al Cacique Lorenzo Calpisqui de Saldungaray); la presencia de cartelería de señalización con anclajes en la historia de poblamiento indígena (*e.g.,* señalización pública de *wifi* municipal EPU ANTU de Puan; señalización pública de la existencia de sitios arqueológicos fechados en 3.300 años en la localidad de Puan); entre otros numerosos ejemplos que fueron señalados oportunamente en el desarrollo de esta investigación. De este modo, se propone que las instituciones consideradas poseen un conjunto de representaciones del pasado contradictorias en relación a la incorporación de los Pueblos Originarios en las identidades contemporáneas. La conflictividad forma parte del contexto social, cultural y material de las representaciones que son producidas, conservadas y transmitidas dentro de los grupos sociales. Este conflicto forma parte de la dinámica cultural referente a los Pueblos Originarios y su pasado en el área estudiada.

Asimismo, cabe destacar que se buscó ir más allá de categorías explicativas estáticas reduccionistas desde las cuales se construyen oposiciones simplistas tales como "*indígena/originario versus población blanca/criolla*". Éstas no solo no explican, sino que reducen la interpretación de los complejos procesos de apropiación y/o invisibilización del pasado indígena en la identidad contemporánea. En este sentido, se procuró colocar el foco en la dinámica de los grupos, sus relaciones y sus representaciones desde los Estudios Culturales, incorporando la mirada de la Comunicación Social, la Arqueología y la Antropología. Simultáneamente, esta investigación aborda desde una mirada transdisciplinar las formas instituidas en que el pasado indígena es representado y cómo estas se vinculan con los modos de relacionarse de las comunidades con el registro arqueológico material. Esta información constituye un aporte innovador para el

corpus de investigaciones arqueológicas en materia de conservación patrimonial.

Igualmente, la presente investigación representa una contribución a los estudios de memoria e identidad de los pueblos en relación a la construcción institucional de la alteridad étnica y a los modos en que se establecen relaciones entre el pasado, la materialidad arqueológica y el territorio. De acuerdo a lo expresado en los capítulos precedentes, se generó información desde una mirada comunicacional de una problemática estrechamente vinculada a la Antropología y la Arqueología pero que, sin embargo, había sido escasamente considerada por estas disciplinas. En esta línea se avanzó en la contextualización de las construcciones de las representaciones sociales sobre los Pueblos Originarios y la materialidad arqueológica que da cuenta de su historia de poblamiento. Específicamente, mediante el análisis de diferentes manifestaciones comunicacionales a través de las cuales circulan estas representaciones, se identificaron tendencias hegemónicas y un modelo interpretativo de la dinámica cultural del área investigada en relación al componente indígena. De este modo, fueron analizadas las condiciones de producción de las representaciones del pasado indígena instituidas. Estas son consideradas manifestaciones de las relaciones de poder de los grupos culturales y han demostrado mayoritariamente legitimar el relato histórico oficial hegemónico.

Una de las líneas sobre las cuales se centró esta investigación, fue el análisis de los métodos expositivos de las colecciones arqueológicas. Si bien ya se contaba con información a este respecto, su estudio permitió establecer patrones en relación al lugar que ocupan los Pueblos Originarios en el relato institucional. Se incluyó un conjunto de instituciones heterogéneas en cuanto a su gestión y tipología en relación a las colecciones arqueológicas indígenas que custodian y exhiben. Partiendo de esta base, se considera central continuar profundizando esta línea, focalizando los estudios sobre el consumo de las representaciones transmitidas por estas instituciones. Para este fin, los estudios de público constituirán un aporte complementario central en posteriores investigaciones (Asensio, 2000; Asensio y Pol Méndez, 1996, 2002).

Por otro lado, durante el desarrollo de este libro se consideraron los soportes de memoria emplazados en la vía pública como una forma de aproximarse a las representaciones oficiales construidas por los municipios. En este sentido, también fueron consideradas sus identidades visuales (logos, escudos y banderas). En este caso, el análisis se focalizó en las condiciones de producción y el contenido semántico de su campo representacional. Se prevé en etapas posteriores de análisis realizar estudios sobre el consumo, percepción, reconocimiento y uso de estas manifestaciones. Un campo fértil en esta temática lo constituyen los estudios de apropiación de las representaciones oficiales del pasado en ceremonias y actos públicos (Oliva, 2020a), los cuales se prevé continuar investigando en el futuro. Por otro lado, fueron

---

[34] Por "historia corta" me refiero a aquella que coloca como punto de inicio la llegada del poblamiento europeo al territorio del Área de Ventania.

consideradas las representaciones presentes en las páginas web de los portales de los municipios. Queda pendiente indagar en este punto las condiciones de reconocimiento que la sociedad realiza sobre estos portales y, por tanto, las representaciones generadas a partir de su consumo.

Por último, en esta investigación se priorizó investigar a aquellos actores del campo cultural que en sus discursos y prácticas asumían un rol de protectores, estudiosos, divulgadores y/o conservadores de los testimonios arqueológicos como soporte material de la memoria de un territorio. Cabe mencionar, que el área de investigación posee numerosos coleccionistas privados de bienes arqueológicos a los cuales no se ha tenido acceso directo. En muchos casos se trata de sujetos que por temor a "perder" su colección (recordando que en términos de legalidad se encuentran por fuera del marco normativo legal vigente), no desean dar a conocer su colección arqueológica ni vincularse con los investigadores y la academia. Sin embargo, se considera necesario fortalecer los vínculos entre este sector, la academia y los organismos de gestión y aplicación de la Ley Nacional 25.743/03 para promover la declaración de las colecciones que custodian. Asimismo, son agentes que operan de manera directa sobre el patrimonio arqueológico, y por tanto conocedores y portadores de valiosa información que como investigadores es preciso no desprestigiar y considerar como fuente de investigación. En este sentido, este libro constituye un aporte en materia de visibilización y jerarquización de la información e interpretación arqueológica que construye este sector social.

Por otro lado, se consideraron las representaciones construidas por integrantes de Pueblos Originarios. En esta línea, se considera que hay que continuar profundizando los estudios que incorporen las voces, relatos e interpretaciones de los referentes de los Pueblos Originarios. En este sentido, es preciso abordar con mayor profundidad los procesos de contracultura, en los que como minorías étnicas se ven envueltos, en el marco de un orden social dominante.

Por último, se sostiene que las representaciones abordadas en torno a los Pueblos Originarios y su pasado se corresponden con los procesos de patrimonialización/despatrimonialización de sus referentes arqueológicos, y por tanto con las acciones de preservación y/o destrucción de los mismos. Por este motivo, esta investigación centrada en las condiciones de producción de las representaciones sociales sobre el pasado indígena instituidas, constituye un importante insumo para idear y aplicar futuras políticas públicas que promuevan la divulgación de las investigaciones arqueológicas y de sus referentes materiales como soporte de memoria y parte constitutiva de las identidades colectivas del área de investigación. La patrimonialización del registro arqueológico implica la ejecución de prácticas culturales que producen significados. Entender las relaciones entre las comunidades y su pasado permitirá construir pautas adecuadas para sus usos y su preservación para el aprovechamiento del patrimonio arqueológico por parte de las futuras generaciones.

Finalmente, se considera que para comprender cómo la sociedad genera representaciones sociales en torno a los referentes empíricos analizados -los museos y sus exposiciones, los soportes públicos de memoria, las identidades visuales municipales y los relatos proporcionados por los agentes del campo cultural- se deberán analizar en etapas posteriores las condiciones de su reconocimiento. De este modo, se complementaría la investigación aquí presentada, permitiendo abordar la articulación de los diferentes momentos y prácticas comunicativas que incluyen tanto la producción de las representaciones sociales instituidas del pasado y de los Pueblos Originarios, como la circulación, distribución, consumo y reproducción de estas representaciones en la sociedad.

Referencias bibliográficas

Abélès, M. 1997. La antropología política: nuevos objetivos, nuevos objetos. *Revista Internacional de Ciencias Sociales, Antropología. Temas y perspectivas, I. Más allá de las lindes tradicionales*, (153). Recuperado de: http://www.unesco.org/issj/rics153/abelespa.htm#maart.

Abu-Lughod, L. 2005. La interpretación de la(s) cultura(s) después de la televisión. *Etnografía Contemporánea*, (1), 119-149.

Acosta Castro, A. 2015. El coleccionismo como apropiación social del patrimonio arqueológico. Notas para pensar en los márgenes del Estado desde San Agustín, Jalisco. En *Actas del IV Congreso Latinoamericano De Antropología "Las antropologías latinoamericanas frente a un mundo en transición"* (pp. 1-20). Ciudad de México, México.

Albó, X. 2005. Etnicidad y movimientos indígenas en América Latina. En *Actas del Primer Congreso Latinoamericano de Antropología* (pp.81-116). Rosario, Argentina: Facultad de Humanidades y Artes, Universidad Nacional de Rosario, Rosario, Argentina.

Alcázar González, A. y M. Azcárate Luxána. 2005. *Toponimia: Normas para el MTN25. Conceptos básicos y terminología*. Madrid, España: Centro Nacional De Información Geográfica.

Alegría Licuime, L. 2004. Museos y Campo Cultural: Patrimonio indígena en el Museo de Etnología y Antropología de Chile. *Conserva*, 8, 57-70.

Alimonda, H. y J. Ferguson. 2004. La producción del desierto. Las imágenes de la Campaña del Ejército argentino contra los indios, 1879. *Revista Chilena de Antropología Visual*, (4), 1-28.

Alvarado, M. 2012. Fotografías de los Pueblos Originarios. Categorías estéticas- antropológicas en la visualidad de los indígenas en Chile. En *Museo Chileno de Arte Precolombino Los Pueblos Originarios en los Museos. Propuestas curatoriales y museográficas. Simposio Construcción de relatos museológicos sobre nuestros ancestros prehispánicos y los pueblos originarios* (pp. 61-86). Santiago de Chile, Chile: ArtEncuentro / Museo Chileno de Arte Precolombino.

Álvarez Domínguez, P. 2011. La recuperación del patrimonio histórico educativo. Museos de pedagogía, enseñanza y educación y posibilidades didácticas. *Revista Muesca*, 5, 1-12.

Andreu, J., Bataillon, C., Bennassar, B., Gaignard, R. y J.C. Tulet. 1993. *Les Aveyronnais dans la Pampa. Fondation, développement et vie de la colonie aveyronnaise de Pigüé - Argentine, 1884-1992*, Vol. 2.

Toulouse, Francia: Privat et Presses Universitaires du Mirail.

Arcila Garrido, M. y J.A. López Sánchez. 2015. Los centros de interpretación como motor de desarrollo turístico local ¿Un modelo fracasado? El caso de la Provincia de Cádiz. *Boletín de la Asociación de Geógrafos Españoles*, (67), 143-165.

Artieda, T. 2015. *Lecturas escolares, pueblos indígenas y relaciones interétnicas. Concepciones acerca de los indígenas en los libros de la escuela primaria argentina. Transformaciones y continuidades entre 1880 y 1940* (Tesis de Doctorado). Departamento de Historia de la Educación Comparada, Facultad de Educación UNED, Madrid, España.

Asensio, M. 2000. Estudios de público y evaluación de exposiciones como metodología de la planificación museológica: el caso del Museu Marítim de Barcelona. *Museo,* (5)*,* 73-104.

Asensio, M. y E. Pol Méndez. 1996. Cuando la mente va al museo: un enfoque cognitivo-receptivo de los estudios de público. En *IX Jornadas estatales Deac-Museos "La exposición"* (pp. 83-134), Mérida, México.

Asensio, M. y E. Pol Méndez. 2002. ¿Para qué sirven hoy los estudios de público en museos? *Revista de Museología. Publicación científica al servicio de la comunidad museológica,* (24), 11-24.

Ataliva, V. 2008. Arqueología, memorias y procesos de marcación social (acerca de las prácticas sociales pos-genocidas en San Miguel de Tucumán). *Notas de Investigación,1*, 23.

Austral, A. 1966. Noticia sobre un nuevo yacimiento precerámico en el Sur de la Pcia. De Buenos Aires. *Acta Praehistórica*, 5-7 (1961-1963), 193-199.

Austral, A. 1972. El yacimiento de Los Flamencos II. La coexistencia del hombre con fauna extinguida en la Región Pampeana. *Relaciones de la Sociedad Argentina de Antropología*, 6 (N.S.), 203-209.

Austral, A. 1987. Hallazgos en capa de un artefacto lítico y fauna extinta en la laguna Las Encadenadas. Provincia de Buenos Aires, República Argentina. *Investigaciones paleoindias al Sur de la línea ecuatorial. Estudios Atacameños,* 8(número especial), 94-97.

Baldeón, A. 2005. Patrimonio arqueológico y museos. El Museo de Arqueología de Álava. *Antropologia-Arkeologia*, (57), 473-484.

Banchs, M. 2000. Aproximaciones procesuales y estructurales al estudio de las representaciones sociales. *Papers on Social Representations. Textes sur représentations sociales*, 9, 3.1-3.15.

Bari, M. C. 2002. La cuestión étnica: Aproximación a los conceptos de grupo étnico, identidad étnica, etnicidad y relaciones interétnicas. *Cuadernos de Antropología Social*, (16), 149-163.

Barral, M. E. y R. Fradkin. 2005. Los Pueblos y la construcción de las estructuras de poder institucional en la Campaña Bonaerense (1785-1836). *Boletín del Instituto de Historia Argentina y Americana "Dr. Emilio Ravignani"*, *3* (27), 7-48.

Barrientos, G. 2001. Una aproximación bioarqueológica al estudio del poblamiento prehispánico tardío del Sudeste de la Región Pampeana. *Intersecciones en Antropología, 2*, 3-18.

Barrientos, G., M. Leipus y F. Oliva. 1997. Investigaciones arqueológicas en la Laguna Los Chilenos (Provincia de Buenos Aires). En: Berón, M. y G. Politis (eds.), *Arqueología*

Pampeana en la década de los '90 (pp. 115-125). San Rafael: Museo Municipal de Historia Natural e INCUAPA.

Barth, F. 1969. Les groups ethniques et leurs frontiers. En: P. Pountignat y J. Streiff Fernat (eds.) *Theories de l'ethnicité* (pp.203-249). París, Francia: PUF.

Barth, F. 1976. *Los grupos étnicos y sus fronteras: La organización social de las diferencias culturales*. Ciudad de México; México: Fondo de Cultura Económica.

Barthes, R. 1972. Rhetoric of the Image. En: S. Head (comp.) *Image, Music, Text* (pp. 32-51). Fontana, Estados Unidos: Hill and Wang.

Bartolomé, M. A. 2003. En defensa de la etnografía. El papel contemporáneo de la investigación intercultural. *Revista de Antropología Social*, (12), 199-222.

Benzi, M. 2013. La sociabilización en el proceso de investigación, el caso del fuerte Sancti Spiritus. *Revista del Museo de la Plata sección Antropología*, 13 (87), 429-443.

Berberián, E. 2009. *La protección del patrimonio cultural argentino: arqueológico y paleontológico: Ley Nacional N° 25.743: Comentarios al texto*. Córdoba, Argentina: Brujas.

Berger, P. y T. Luckmann.1983. *La construcción social de la realidad*. Buenos Aires, Argentina: Amorrortu.

Biasatti, S. 2012. Coleccionar objetos arqueológicos: Esto no está aquí por nosotros, nosotros estamos aquí por esto. En N. Kuperszmit, T. Lagos Marmol, L. Mucciolo y M. Sacchi (comps.), *Entre pasados y presentes III. Estudios Contemporáneos en Ciencias Antropológicas*, 383-396.

Biasatti, S. 2014. Objetos arqueológicos como objetos del presente: reconsideraciones en torno a la evocación,

el legado y la protección. *Arkeogazte. Revista de Arqueología,* (4), 211-225.

Biasatti, S. 2016. *Arqueología e Identidades: procesos de integración sociocultural del Patrimonio Arqueológico (Provincia De San Juan)* (Tesis de Doctorado). Facultad de Filosofía y Humanidades, Universidad Nacional de Córdoba, Argentina.

Binford, L. 1991. Descifrando el registro arqueológico. En: J. Cherry y R. Torrence, *En busca del Pasado. Descifrando el pasado arqueológico* (pp. 23-84), Barcelona, España: Crítica.

Boccara, G. 1999. El poder creador: tipos de poder y estrategias de sujeción en la frontera sur de Chile en la época colonial. *Anuario de Estudios Americanos*, (56-57), 65-94.

Boccara, G. y I. Seguel Boccara. 1999. Políticas indígenas en Chile (siglos XIX y XX) de la asimilación al pluralismo (el caso mapuche). *Revista de Indias*, *LIX* (217), 741-774.

Bourdieu, P. 2000. *Cosas dichas*. Barcelona, España: Gedisa.

Buechler, H. 1999. El rol de las historias de vida en antropología. *Áreas: Revista Internacional de Ciencias Sociales*, (19), 245-264.

Butto, A. 2012. Con el foco en el otro: Las representaciones visuales acerca del indio y el territorio en los expedicionarios de la conquista del desierto en las campañas de 1879 y 1883. En N. Kuperszmit, T. Lagos Marmol, L. Mucciolo y M. Sacchi (comps.), *Entre pasados y presentes III, Estudios Contemporáneos en Ciencias Antropológicas* (pp.105-121). Buenos Aires, Argentina: INAPL.

Butto, A. 2013. Artefactos autóctonos y foráneos en las fotografías de indígenas y criollos militares durante la `Conquista del Desierto´ (Norpatagonia, siglo XIX). En Zangrando, F. y R. Barberena (comps.), *Tendencias teórico-metodológicas y casos de estudio en la arqueología de la Patagonia* (pp.53-62). San Rafael, Argentina: Museo de Historia Natural de San Rafael.

Butto, A. 2015. Procesos de contacto en las fotografías de mapuches y tehuelches en Patagonia a fines del siglo XIX y comienzos del XX. *Relaciones de la Sociedad Argentina de Antropología*, 40 (2), 621-643.

Caggiano, S. y M. G. Rodríguez. 2008. Comunicación y Antropología: continuar el diálogo. IX Congreso Argentino de Antropología Social. Facultad de Humanidades y Ciencias Sociales Universidad Nacional de Misiones, Posadas.

Calabrese, A. 2012. *La protección legal del patrimonio cultural argentino. Arqueológico y Paleontológico*. Buenos Aires, Argentina: Lumiere.

Candau, J. 2002. *Antropología de la memoria. Buenos Aires*, Argentina: Nueva Visión.

Capasso, V. y M. Jean Jean. 2012. Memoriales en la UNLP. Análisis de diversos casos de representación del pasado reciente en distintas unidades académicas. *Aletheia*, 2 (4), 1- 19.

Carcedo, F. 2015. Las dimensiones espaciales de la memoria colectiva: desencuentros en torno al mantenimiento original de la 'Plaza de la Patria' en Puan (Provincia de Buenos Aires). *Revista Huellas*, (19), 51-72. Recuperado de: http://ojs.fchst.unlpam.edu.ar/ojs/index.php/huellas/index

Cárdenas Millapi, J., Currulef, J., Ferradas, L., Girou, J., Martinez, L., Moirano, J., Navarro, J., Nicastro, L., Oliva, C.; Oliva, F., Reyes, D., Sfeir, y G. Waimann. 2013. Arroyo Toro Negro sitio 2: integración con la comunidad local como una vía de protección del patrimonio y visibilización del pasado de pueblos originarios. En *Libro de Resúmenes de las IV Jornadas Rosarinas de Arqueología* (p. 4). Rosario, Argentina: Universidad Nacional de Rosario.

Cardini, L. 2005. La memoria como herramienta; reflexiones sobre las prácticas artesanales en Rosario. *Revista de la Escuela de Antropología*, *10*, 93-107.

Cardoso de Oliveira, R. 1971. Identidad étnica, identificación y manipulación. *América Indígena*, *30* (4), 923-953.

Carta Internacional para la Gestión del Patrimonio Arqueológico. 1990. Recuperado en: https://www.icomos.org/images/DOCUMENTS/Charters/arch_sp.pdf

Casamiquela, R., Funes Ferieul, C. y J.P. Thill. 2003. *Provincia de Buenos Aires, grafías y etimologías de los topónimos indígenas*. Coronel Dorrego, Argentina: Fundación Ameghino.

Castaño, Asutich, A. 2013. Guiando y contando. Formas de construir otros vínculos desde el relato arqueológico. En *Libro de resúmenes del XVIII Congreso Nacional de Arqueología Argentina* (p.120), La Rioja, Argentina.

Castellanos, P. 2006. Los museos tradicionales, su público y el uso de las TIC: el caso del Observatorio Científico de la Ciudad Mediterránea. Trabajo presentado en el Congreso V Bienal Iberoamericana de la Comunicación, Tecnológico de Monterrey, México.

Castoriadis, C. 2013. *La institución imaginaria de la sociedad*. Barcelona, España: Tusquets Editores.

Castro, A. 1983. Noticia preliminar sobre un yacimiento en la Sierra de la Ven-tana, Sierras Australes de la Pcia. de Buenos Aires. *Relaciones de la Sociedad Argentina de Antropología*, *15*, 91- 107.

Catella, L. 2014. *Movilidad y Utilización del Ambiente en Poblaciones Cazadoras-Recolectoras del Sur de la Región Pampeana: la Cuenca del Arroyo Chasicó como Caso de Estudio* (Tesis de Doctorado). Facultad de Ciencias Naturales y Museo, Universidad Nacional de La Plata, La Plata, República Argentina.

Cebrelli, A. y V. Arancibia. 2010. Visibilidad y representaciones de los aborígenes de San Martín del Tabacal. Palabras (entre) cruzadas e imágenes (des) encajadas. Ponencia presentada en "II Congreso de Redcom", Mendoza, UNCuyo, Argentina.

Cebrelli, A. y M. Rodríguez. 2013. ¿Puede (in) visibilizarse el subalterno? Algunas reflexiones sobre representaciones y medios. *Revista Trampas de la Comunicación y la Cultura*, *76*, 89-99.

Cerda García, A. 2014. Clepsidra. Memorias largas y cortas: tensiones para su articulación en el campo indígena. *Revista interdisciplinaria de Estudios sobre Memoria*, (1), 82-99.

Chastel, A. 1986. La notion de patrimoine. En P. Nora (dir.), *Les leux de mémoire. La nation* (pp. 405-450). París, Francia: Gallimerd.

Chiriguini, M. C. 2005. Identidades socialmente construidas. En M. C. Chiriguini (comp). *Apertura a la Antropología* (pp. 61-78). Buenos Aires, Argentina: Proyecto.

Cinquini, N. y E., Beneitez. 2016. *Chasicó apuntes para la Historia de un Pueblo*. Bahía Blanca, Argentina: Salto de Canguro Ediciones.

Comerci, M. E. 2012. Espacios y tiempos mediados por la memoria. La toponimia en el oeste de La Pampa en el siglo XX. *Corpus*, 2, (2). Recuperado de: http://www.elorden.net/coronel-juan-pascual-pringles-honor-estandarte/

Conforti, M. E. 2012. *El rol de la comunicación pública de la arqueología y la educación no formal en la valoración social del patrimonio arqueológico en la provincia de Buenos Aires* (Tesis de Doctorado). Universidad Nacional de Quilmes, Bernal, Argentina.

Contreras Cruces, H. 2016. Robos, juegos y borracheras de indios. Sociedad indígena y representaciones españolas tempranas en Chile central, 1540-1560. *Memoria Americana. Cuadernos de Etnohistoria*, 24 (2), 39-57.

Convenio Cultural Europeo para la Protección del Patrimonio Arqueológico. 1992. Recuperado de: https://ge-iic.com/files/Cartasydocumentos/1992_La_Valetta.pdf

Córdova González J., Ossandón Y., Álvárez N. y J. Bernal. 2004. El Museo Arqueológico en la dinámica cultural de ver y aprender. *Revista Chungara*, 687-696.

Correa Gorospe, J. M y A. Ibánez Etxberria. 2005. Museos, Tecnología e innovación educativa: aprendizaje de patrimonio y arqueología en territorio menosca, trabajo presentado en *REICE - Revista Electrónica Iberoamericana sobre Calidad, Eficacia y Cambio en Educación*, 2 (3). Recuperado de: http://www.ice.deusto.es/rinace/reice/vol3n1_e/CorreaIbañez.pdf

Courtine, J. J. 1981. Analyse du discours politique. Le discours communiste adressé aux chrétiens. *Revista Langages*, (62), 9-127.

Courtine, J. J. 1994. Le tissu de la mémoire: quelques perspectives de travail historique dans les sciences da langage. *Revista Langages*, (114), 5-12.

Crisafulli, G. 1994. Para una historia de la burguesía pampena. Terratenientes y comerciantes en el sur bonaerense a fines del siglo XIX. *Estudios Sociales, Revista Universitaria Semestral* año IV, (7), 69-81.

Cuadrado, M. y A. Manavella. 2006. El espacio público de valor patrimonial como constructo socio cultural: relevancia de la gestión en el proceso de hacer ciudad. *En Jornadas de Investigación* (pp. 239-246). Recuperado de: https://rdu.unc.edu.ar/bitstream/handle/11086/5753/2.11.%20El%20espacio%20p%C3%BAblico%20de%20valor%20patrimonial.pdf?sequence=28&isAllowed=y

Cuche, D. 2002. *La noción de cultura en las ciencias sociales*. Buenos Aires, Argentina: Nueva Visión.

Cuevas, Y. 2016. Recomendaciones para el estudio de representaciones sociales en investigación educativa. *Cultura y representaciones sociales*, *11* (21), 109-137.

Da Silva Catela, L. 2011. Pasados en conflictos. De memorias dominantes, subterráneas y denegadas. En E. Bohoslavsky; M. Franco, M. Iglesias y D. Lvovich (comps.), Problemas de Historia Reciente del Cono Sur I (pp. 99-124). Buenos Aires, Argentina: Prometeo Libros/UNGS.

Da Silva, T. 1999. *Documentos de identidad. Uma introducao as teorías do currículo*. Belo Horizonte, Brasil: Autentica Editorial.

Darwin, C. 2007 [1840]. *Del Trópico a la Patagonia. Diario del viaje alrededor del mundo a bordo del Beagle 1831-1836. Primera etapa Brasil / Las Pampas / El Plata.* 1° edición – Buenos Aires: Zagier & Urruty.

Del Valle Aquino, R. 1998. La memoria colectiva en la construcción de la identidad. En *Actas del 1° Congreso Internacional sobre Patrimonio Histórico e Identidad Cultural. C.R.I.S.C.O.S. U.N.S.T.A* (pp.127-134). Tucumán, Argentina: ED. Magna.

Delfino, D. y P. Rodríguez. 1992. La re-creación del pasado y la invención del patrimonio arqueológico. *Publicar* Año I, (2), 22-68.

De Marco, M. A. 2013. *La guerra de la frontera.* Buenos Aires, Argentina: Emecé.

Derrida, J. 1972. *La diseminación.* Madrid, España: Fundamentos.

Desvallées, A. y F. Mairesse. 2010. *Conceptos claves de museología. ICOM. International Committee for Museology (ICOFOM)*. Recuperado de: https://icom.museum/es/ressource/conceptos-claves-de-museologia/

Devoto, G. y S. Casas. 2015. Aproximación a la dinámica étnica del siglo XVIII y principios del siglo XIX en el sistema Serrano de Ventania. *Cuadernos del Instituto Nacional de Antropología y Pensamiento Latinoamericano - Series Especiales,* 3, (2), 304-318.

Devoto, G., Oliva, C. y A. Sfeir. 2012. Una experiencia en Extensión Universitaria: Acciones de Protección de Patrimonio Arqueológico Monumental del Sistema Serrano de Ventania. *Anuario de Arqueología 4*, 107-120.

Devoto, M. G., M. C. Panizza y F. Oliva. 2016. La frontera militar en el Sistema Serrano de Ventania a fines del siglo XIX. *Revista TEFROS 14*, (2), 63-86.

Di Fiore, J. s/f. Empresarios Notables, Ernesto Tornquist. Recuperado en http://empresariosnotables.com.ar/tornquist.html [Consulta: 12/01/2019].

Dirección General de Cultura y Educación Provincia de Buenos Aires. 2019. *Memoria, identidad y territorio: el origen de los nombres de los distritos bonaerenses.* Coordinador R. Gómez. La Plata, Argentina: Dirección General de Cultura y Educación de la Provincia de Buenos Aires.

Dorotinsky Alperstein, D. 2009. Imagen e imaginarios sociales. Los indios yaqui en la revista Hoy en 1939. *Anales del Instituto de Investigaciones Estéticas XXXI*. Recuperado de: www.redalyc.org/articulo.oa?id=36912015004.

Elias, N. 1993. *El proceso de civilización. Investigaciones sociogenéticas y psicogenéticas.* Buenos Aires, Argentina: FCE.

Enrique, L. A. 2016. Los escudos de la región pampeana argentina en la conformación de una historia oficial local. *APUNTES, 29* (1), 8-23.

Enrique, L. A. 2018. *Huellas del paisaje colonial en las narrativas fundacionales sobre la frontera sur.* Buenos Aires, Argentina: Relaciones.

Estrada, L. 2014. La comunicación de la ciencia. *Revista Digital Universitaria*, 3 (15), 1-11.

Fabri, S. 2013. Lugares de memoria y marcación territorial: sobre la recuperación de los centros clandestinos de detención en Argentina y los lugares de memoria en España. *Cuadernos de Geografía: Revista Colombiana de Geografía, 1* (22), 93-108.

Falkner, T. 2008 [1774]. *Descripción de la Patagonia. Geografía, Recursos, Costumbres y Lengua de sus Moradores (1730-1767).* Buenos Aires, Argentina: Ediciones Continente.

Fernández, S. 1960. Toponimia indígena de La Pampa y la Patagonia. *Suma de Geografía Argentina, Suplemento VIII.* GAEA.

Ferrer García, C. y J. Ferrándiz Sánchez 2012. Introducción. En: Ferrer García, C. y J. Ferrándiz Sánchez (coords.) *Patrimonio arqueológico, territorio y museo* (pp. 1-5). Valencia, España: Museu de Prehistòria de València.

Fiore, D. 2005. Fotografía y pintura corporal en Tierra del Fuego: un encuentro de subjetividades. *Revista Chilena de Antropología Visual*, (6), 55-73.

Fiore, D. 2007. Arqueología con fotografías: el registro fotográfico en la investigación arqueológica y el caso de Tierra del Fuego. En: F. Morello, A. Prieto, M. Martinic y G. Bahamondes (eds.), *Arqueología de Fuego-Patagonia. Levantando piedras, desenterrando huesos... y develando arcanos* (pp. 767-778). Punta Arenas, Chile: Ediciones CEQUA.

Fiore, D. y M. L. Varela. 2009. *Memorias de papel. Una arqueología visual de las fotografías de pueblos originarios fueguinos*. Buenos Aires, Argentina: Dunken.

Foucault, M. 1981. Las redes del poder. Texto desgravado de la conferencia pronunciada en 1976 en Brasil. *Barbarie*, (4), 23-41.

Fritz, P. 2017. Una primera aproximación a los estudios de público en Argentina. Análisis de una encuesta realizada en 2015. En: M. Bialogorski y M. M. Reca (comp.) *Museos y visitantes: ensayos sobre estudios de público en Argentina* (pp.181-206). Ciudad Autónoma de Buenos Aires, Argentina: ICOM.

Gándara, M. 2017. Nuevas tecnologías y estrategias de comunicación para la divulgación del patrimonio cultural. Antropología. *Revista del INAH* año 1, (1), 135-153.

García Canclini, N. 1999. Los usos sociales del patrimonio cultural. En: E. Aguilar Criado (comp.) *Patrimonio etnológico. Nuevas perspectivas de estudio* (pp. 16-33). Granada, España: Editorial Comares.

García, P. A. 1836. Informe. En: *De Angelis Colección de obras y documentos relativos a la historia antigua y moderna de las provincias del Río de la Plata*. Buenos Aires, Argentina: Imprenta del Estado.

García, P. A. 2002 [1822]. *Diario de la Expedición de 1822 a los Campos del Sur de Buenos Aires, desde Morón hasta la Sierra de la Ventana*. Alicante, España: Biblioteca Virtual Miguel de Cervantes.

Garriga Zucal, J. 2010. Una historia de franceses en la Argentina, una perspectiva ilegítima sobre la cultura legítima. *Question, 1* (25). Recuperado a partir de https://perio.unlp.edu.ar/ojs/index.php/question/article/view/897

Gilbert, J. 2009. Redes sociales y vínculos familiares en los orígenes del grupo Tornquist. *Anuario CEEED,* (1), 43-72.

Gilbert, J. 2013. Ernesto Tornquist, entre los negocios y las políticas económicas. *Revista de Instituciones, Ideas y Mercados,* (58), 47-78.

Gili, M. A. 2016. Consideraciones sobre el patrimonio histórico en Villa Nueva (Córdoba-Argentina) en términos de herencias sociales. En M. L. Gili y G. Pérez

Zabala (Eds.) *Herencias Sociales Memoria e Identidad* (pp.35-51). Santa María, Argentina: El Mansú.

Giordano, M. 2004. Itinerario de imágenes del indígena chaqueño. Del "Territorio Indio del Norte" al Territorio Nacional y Provincia del Chaco. *Anuario de Estudios Americanos*, tomo, *61* (2), 517-550.

Giordano, M. 2009. Nación e identidad en los imaginarios visuales de la Argentina. Siglos XIX y XX. *ARBOR Ciencia, Pensamiento y Cultura CLXXXV*, (740), 1283-1298.

Giordano, M. 2012. *Indígenas en la Argentina fotografías de 1860-1970*. Buenos Aires, Argentina: Artenauta.

Gluzman, G. 2018. Mirando imágenes, leyendo significados. Antropología y el análisis de fotografías en colecciones. *Revista de Arqueología Histórica Argentina y Latinoamericana*, (12), 1235-1268.

Goldschmit, M. 2004. *Jacques Derrida, una introducción*. Buenos Aires: Nueva Visión.

Gómez Romero, F. 2005. Fortines del desierto como enclaves de poder en las pampas argentinas del siglo XIX. En L. Mameli Iriarte y E. Muntañola Thorberg (Eds*.) América Latina, realidades diversas. Aula Oberta 2001-2005* (pp.291-302). Barcelona, España: Casa America Catalunya.

Golubov, N. 2015. ¿Qué son los estudios culturales?. En: Bonilla Artigas (Eds.) *El circuito de los signos: una introducción a los estudios culturales* (pp.27-43). Ciudad de México, México: Universidad Nacional Autónoma de México.

González Bonorino, F. 1958. Orografía. En: Aparicio (dir) *La Argentina. Suma de Geografía*, tomo III (pp.2-100). Buenos Aires, Argentina: Peuser.

González Pérez, C. 2012. *Aplicaciones de la semiótica peirceana al estudio de la comunicación interna organizacional. El caso de las relaciones entre los procesos de comunicación formal e informal en el Museo de La Plata* (Tesis de Doctorado). Universidad Nacional de La Plata. La Plata, Argentina.

Greenwood, D. J. 1992. La cultura al peso: perspectiva antropológica del turismo en tanto proceso de mercantilización cultural. En: Smith, V. L. (comp.), *Anfitriones e invitados. Antropología del turismo* (257-279). Madrid, España: Ediciones Endimon [1989].

Grignon, C. y J. Passeron. 1989. *Lo culto y lo popular: miserabilismo y populismo en la sociología y en la literatura*. Buenos Aires, Argentina: Nueva Visión.

Grimson, A. 2012. *Mitomanías Argentinas. Cómo Hablamos de nosotros mismos*. Buenos Aires, Argentina: Siglo Veintiuno editores.

Grimson, A. y P. Semán. 2005. La cuestión "cultura". *Etnografías Contemporáneas*, 1, 1-12.

Guastavino, M., Berón, M. y A. Di Biase. 2018. Patrimonio Arqueológico, identidad y participación de diferentes grupos sociales en la Provincia de La Pampa, Argentina. En: M. Berón (comp.) *El sitio Chenque I. Un cementerio prehispánico en la Pampa Occidental* (pp. 497-525). Buenos Aires, Argentina: Sociedad Argentina de Antropología.

Guber, R. 2005. *El salvaje metropolitano Reconstrucción del conocimiento social en el trabajo de campo.* Ciudad de Buenos Aires, Argentina: Paidós.

Guerrero Rivera, J. 2009. Las representaciones que el diario El Tiempo hace de los indígenas en Colombia. *Forma y Función*, 22 (2), 71-91.

Guixé Corominas, J. 2013. La resignificación patrimonial como instrumento de memoria. Usos en los modelos de espacios de memoria internacionales. En: Mir Curcó, C. y J. Gelonch Solé (eds.), *Duelo y memoria. Espacios para el recuerdo de las víctimas de la represión franquista en la perspectiva comparada* (pp. 199-230). Universitat de Lleida.

Guizot, F. 1968. *Historia de la civilización en Europa.* Madrid, España: Alianza.

Halbwachs, M. 2004 [1925]. *Los marcos sociales de la memoria.* Barcelona, España: Anthropos Editorial.

Halbwachs, M. 2004 [1950]. Memoria colectiva y memoria individual. En *La memoria colectiva* (pp. 25-51). Zaragoza, España: Prensas Universitarias de Zaragoza.

Hall, S. 1994. Estudios culturales: dos paradigmas. *Revista Causas y Azares,* (1), 1-18.

Hall, S. 1996. "Encoding/Decoding." Culture, Media, Language. En: Hall, S. (Ed.) *Working Papers in Cultural Studies 1972-79,* (pp.128-138). Londres, Inglaterra: Hutchinson.

Hall, S. 2017. *Estudios Culturales 1983. Una historia teorética.* Buenos Aires, Argentina: Paidós.

Hammersley, M. y P. Atquinson. 1994. *Etnografía Métodos de investigación.* Barcelona, España: Paidós Basica.

Harris, M. 1993. *El desarrollo de la Teoría Antropológica.* Madrid, España: Siglo XXI.

Harris, M. 2000. *Teorías sobre la cultura en la era posmoderna.* Barcelona, España: Crítica.

Harrington, H. 1947. Explicación de las Hojas 33m y 34m, Sierras de Curamalal y Ventana, provincia de Buenos Aires. *Boletín Dirección Nacional de Geología y Minería*, 61, 43.

Hebdige, D. 2004. *Subcultura. El Significado del Estilo.* Buenos Aires, Argentina: Paidós.

Hernando, A. 2002. *Arqueología de la identidad.* Madrid, España: Akal.

Herner, M. T. 2014. La invisibilización del otro indígena en el proceso de construcción nacional. El caso de la Colonia Emilio Mitre, La Pampa. *Huellas,* (18), 118-131.

Herrera Aguilar, M. 2015. La construcción de la antropología de la comunicación: hacia una propuesta teórico metodológica. *Ciencia Ergo Sum, 22* (2), 125-135.

Herzel, J. 2015. Reflexiones en torno al uso de los libros de actas de las asociaciones étnicas como fuentes históricas. Los libros de actas de la Sociedad Francesa de Socorros Mutuos "La Fraternelle" de Pigüé. En: S. Jenser, A. Pasquaré & L. A. Di Gresia (eds.) *Fuentes y archivos para una nueva Historia socio-cultural.* Bahía Blanca, Argentina: Hemisferio Derecho.

Hodder, I. 1984. Archaeology in 1984. *Antiquity, 50* (222), 25-32.

Holmberg, E. L. 2008 [1884]. *Excursiones Bonaerenses por Eduardo Ladislao Holmberg.* Fundación de Historia Natural Félix de Azara. Buenos Aires, Argentina: Editorial Albatros.

Hux, P. M. 2004. *Caciques huilliches y salineros.* Buenos Aires, Argentina: Elefante Blanco.

International Council of Museums. 2007. *Definición de Museo.* Recuperado de: https://icom.museum/es/actividades/normas-y-directrices/definicion-del-museo/

Iturrios, S. 2008. Mercado. Ayer, hoy, siempre... *Museos del Desierto Revista de Historia Regional,* 20-21.

Jelin, E. 2002. *Los trabajos de la memoria.* Madrid, España: Siglo Veintiuno.

Jiménez Ramírez, M.B. y M. Sainz Navarro. 2011. ¿Quién hace al patrimonio? Su valoración y uso desde la perspectiva del campo de poder. *Intervención* Año 2, (3) 14-21.

Jodelet, D. 2000. Representaciones sociales: contribuciones a un saber sociocultural sin fronteras. En: Jodelet, D. y Guerrero Tapia, A. (coordinadores). *Develando la cultura. Estudios en representaciones sociales* (pp.7-31). Ciudad de México, México: UNAM.

Katzer, L. 2010. Narrativas, Historia, Poder, Invisibilidad/Visibilidad pública de los Huarpes en la Provincia de Mendoza. *Cuadernos del Instituto Nacional de Antropología y Pensamiento Latinoamericano, 22,* 123-133.

Kottak, C. P. 1994. La Cultura. En Kottak C.P. (Ed.) *Antropología una exploración de la diversidad humana* (pp. 33-45). Madrid, España: McGraw-Hill.

Krieger, P. 2004. La deconstrucción de Jacques Derrida (1930-2004). *Anales del Instituto de Investigaciones Estética*, (84), 179-189.

Larralde, M. E. 2017. *López Lecube. Mi pueblo.* J. Rech (ed.). Bahía Blanca, Argentina: Imprenta Fiore.

Le Goff, J. 1991. *El orden de la memoria: el tiempo como imaginario.* Barcelona, España: Paidós Ibérica.

Lenton, D. 2005. *La imagen en el discurso oficial sobre el indígena de Pampa y Patagonia y sus variaciones a lo largo el proceso histórico de relacionamiento* (Tesis de Licenciatura). Universidad Nacional de Buenos Aires, Argentina.

Lepe Lire, L. M. 2008. Discurso y comunicación en los museos de Querétaro. Una propuesta de análisis sobre sus prácticas discursivas. *Cuiculco, 15* (43), 81-109.

Llull, J. 2005. Evolución del concepto y de la significación social del patrimonio cultural. *Arte, Individuo y Sociedad*, (17), 175-204.

Lopes Bastos, R. 2011. Registro arqueológico como instrumento de memoria social. *Revista de Arqueología Pública*, (4), 52-60.

López, D. 2017. *Cambio de piel. Intervenciones culturales, acción colectiva y politicidad emergente en el espacio público de La Plata* (Tesis de Doctorado inédita), Facultad de Periodismo y Comunicación Social, Universidad Nacional de La Plata, Argentina.

Maffesoli, M. 2003. El imaginario social. *Revista Anthropos*, (198), 149- 159.

Mandrini, R. 1985. La sociedad indígena de las pampas en el siglo XIX. En M. Lischetti (comp.). *Antropología* (pp. 205-230). Buenos Aires, Argentina: EUDEBA.

Mariani, B. 1996. *El comunismo imaginario, prácticas discursivas de la empresa sobre el PCB (1922-1989)* (Tesis de Doctorado). UNICAMP, Campiñas, Brasil.

Marques, M. y K. Hilber. 2012. Coleçoes e colecionadores: vozes da exposiçao. Vestigios. *Revista Latinoamericana de Arqueología Histórica*, *6* (2), 67-85.

Martin, M. J. y J.M. Cuenca. 2011. La enseñanza y el aprendizaje del patrimonio en los museos: la perspectiva de los gestores. *Revista de Psicodidáctica, 16* (1), 99-122.

Martínez, A. y L. Tamagno. 2006. La naturalización de la violencia. Un análisis de fotografías antropométricas de principios del siglo XX. *Cuadernos de Antropología Social*, (24), 93-112.

Mases, E. 2010. La construcción interesada de la memoria histórica: el mito de la Nación blanca y la invisibilidad de los Pueblos Originarios. *Revista Pilquen*. Dossier Bicentenario Año XII, (12), 1-9.

Masotta, C. 2003. Cuerpos dóciles y miradas encontradas. Miniaturización de los cuerpos e indicios de la resistencia en postales de indios argentinas (1900-1940). *Revista Chilena de Antropología Visual*, (3), 1-16.

Masotta, C. 2005. Representación e iconografía de dos tipos nacionales. El caso de las postales etnográficas en Argentina 1900-1930. En: *Arte y antropología en la Argentina* (pp. 65-113). Buenos Aires, Fundación Telefónica / Fundación Espigas / FIAAR.

Masotta, C. 2009. Telón de fondo. Paisajes de desierto y alteridad en la fotografía de la Patagonia (1880-1900). *Aisthesis*, (46), 111-127.

Mattelart, A. y E. Neveu. 2002. *Los cultural Studies. Hacia una domesticación del pensamiento salvaje*. La Plata, Argentina: Ediciones de Periodismo y Comunicación.

Mazetelle, L. y H. Sabarots. 1999. Poder, Racismo y Exclusión. En M. Lischetti (comp.) *Antropología* (pp. 330-380). Buenos Aires, Argentina: Eudeba.

Melgar, M. y D. Donolo. 2011. Salir del aula…Aprender de otros contextos: Patrimonio natural, museos e Internet. *Revista Eureka sobre Enseñanza y Divulgación de las Ciencias, 8* (3), 323-333.

Merriman, N. 2004. *Public Archaeology*. Londres, Inglaterra: Routledge.

Michelutti. C. S. 2009. *Cronología para la historia de Puan*. Buenos Aires, Argentina: Editorial Dunken.

Mir Curcó, C. y J. Gelonch Solé. 2013. *Duelo y memoria. Espacios para el recuerdo de las víctimas de la represión franquista en la perspectiva comparada*. Universitat de Lleida.

Moirano, J. S. 1999. Aprovisionamiento de recursos líticos y variabilidad artefactual en el sur de la sub región Pampa Húmeda: La revisión de las colecciones particulares. *Relaciones de la Sociedad Argentina de Antropología, 24*, 237- 255.

Molina y Vedia, S. 2016. Metodología del proyecto transdisciplinario Las formas del cambio. Memoria Académica. Recuperado de http://www.memoria. fahce.unlp.edu.ar/trab_eventos/ev.8514/ev.8514.pdf

Monistrol, R. 2012. Museo y comunidad ¿Un binomio imperfecto? *Anuari DifuCom, 1*. Recuperado de: http:// anuari.difucom.org/2012- 2/museo-comunidad.

Morales Moreno, L. 2010. La escritura-objetoen los museos de historia. *Intervención, 1, 30-38.*

Morgan, L. H. 1963 [1877]. *La sociedad primitiva*. Cleveland, Estados Unidos: World Publishing.

Morsbach, T. 1888. *Estudios económicos sobre el sud de la provincia de Buenos Aires*. La Plata, Argentina: Casa Editora J. Peuser.

Moscardi, B. y C. Oliva. 2019. De los genes al museo: La exhibición del patrimonio zooarqueológico. *Anuario de Arqueología*, (11), 39-58.

Moscoso Marín, Ó. J. 2013. Arqueología, memoria y patrimonio: un caso de transacción patrimonial en el sur de la Sierra Nevada de Santa Marta. *Boletín de Antropología Universidad de Antioquia, 28* (46), 218-243.

Moscovici, S. 1963. Attitudes and opinions. *Annual Review of Psychology*, (14), 231-260.

Moshenska, G. 2009. What is Public Archaeology? *Present Pasts*, (1), 46-48.

Mouffe, C. 2011. *En torno a lo político*. Buenos Aires, Argentina: Fondo Económico de Cultura.

Nacuzzi, L. 1998. *Identidades Impuestas. Tehuelches, aucas y pampas en el norte de la Patagonia*. Primera edición. Buenos Aires, Argentina: Sociedad de Argentina de Antropología.

Nagy, M. 2011. "Mojones de civilización": Los museos de frontera y la construcción de un relato histórico. *Actas del X Congreso Argentino de Antropología Social* (pp. 1-24). Facultad de Filosofía y Letras- UBA, Buenos Aires, Argentina.

Nagy, M. 2012. *Tradiciones situadas, usos del pasado y devenir indígena* (Tesis de Doctorado), Facultad de Filosofía y Letras Universidad de Buenos Aires, Buenos Aires, Argentina.

Nagy, M. 2013 a. Los museos de la última frontera bonaerense sus narrativas acerca de los pueblos indígenas. *Revista del Museo de Antropología*, (6), 79-90.

Nagy. M. 2013 b. Una educación para el desierto argentino. Los pueblos indígenas en los planes de estudio y en los textos escolares actuales. *Espacios en Blanco - Serie indagaciones*, (23), 187-223.

Narvaja de Arnoux, E. 2006. El análisis del discurso como campo interdisciplinario. En: E. Narvaja de Arnoux (ed.) *Análisis del discurso. Modos de abordar materiales de archivo* (pp.13-29). Buenos Aires, Argentina: Santiago Arcos Editor.

Navarro Floria, P. 2001. El Salvaje y su tratamiento en el discurso político argentino sobre la frontera sur, 1853-1879. *Revista de Indias, 222* (61), 345-376.

Navarro Floria, P. 2002. El desierto y la cuestión del territorio en el discurso político argentino sobre la frontera sur. *Revista Complutense de Historia de América*, *38*, 139-168.

Navarro Floria, P., Salgado, L. y P. Azar. 2004. La invención de los ancestros: el Patagón Antiguo y la construcción discursiva de un pasado nacional remoto para la Argentina (1870-1915). *Revista de Indias, 231* (64), 405-424.

Nora, P. 1989. Between memory and history: les lieux de Mémorie. Representations, The Regents of University of California, (26), 7-24.

Nora, P. 1997. *Les lieux de Mémoire*. Volumen 1. Paris, Francia : Gallimard. Nouvelle édition.

Novaro, G. 2003. «Indios», «aborígenes» y «pueblos originarios» sobre el cambio de concepto y la continuidad de las concepciones escolares. *Educación, lenguaje y sociedad* I , (1), 199-219.

Oliva, C. 2017. Patrimonialización de la cultura material y turismo en el sector sur del Área Ecotonal Húmedo-Seca Pampeana. *Cuadernos del Instituto Nacional de Antropología y Pensamiento Latinoamericano - Series Especiales, 4* (3), 69-78.

Oliva, C. 2018. Discursos Institucionales, Museos y Arqueología en el sector sur del Área Ecotonal Húmedo Seca Pampeana. *Libro de Resúmenes del III Congreso Internacional de Arqueología de la Cuenca del Plata* (p. 97). San Leopoldo, Brasil: Instituto Anchietano de Pesquisas.

Oliva, C. 2019 a. Historia de vida de una colección. El caso del Museo Arqueológico de Chasicó, Partido De Tornquist (Provincia De Buenos Aires). *Anuario de Arqueología, 11* (11), 59-75.

Oliva, C. 2019 b. Graffiti ¿Evidencia arqueológica o acto vandálico?. *Teoría y Práctica de la Arqueología Histórica Latinoamericana*, (8), 109-124.

Oliva, C. 2020 a. Apropiación simbólica del territorio: Análisis de espacios de memoria del Sistema Serrano de Ventania y su llanura adyacente, Provincia de Buenos Aires. *Cuadernos del Instituto Nacional de Antropología y Pensamiento Latinoamericano – Series Especiales, 8* (2), 246-255.

Oliva, C. 2020 b. Visualidad y Discursividad de lo Indígena en el Arte Público del sector sur del Área Ecotonal Húmedo Seca Pampeana. *Cuadernos del Instituto Nacional de Antropología y Pensamiento Latinoamericano – Series Especiales*, *8* (2), 136-151.

Oliva, C. 2021. El tiempo pasa y las "cosas" quedan... sentidos y representaciones en torno a las colecciones arqueológicas de los museos del Área de Ventania, Provincia de Buenos Aires. A*ctas del 12 ° Congreso Argentino de Antropología Universidad Nacional de La Plata*, septiembre de 2021.

Oliva, C. y J. Moirano. 2014. Producción y reproducción de representaciones sobre el pasado indígena: Sociedades Originarias y profundidad del poblamiento pampeano desde la perspectiva de los escolares. *Actas del II Congreso Internacional de Arqueología de la Cuenca del Plata* (p. 266). San José de Mayo: Dirección de Innovación, Ciencia y Tecnología, Ministerio de Educación y Cultura.

Oliva, C., Moirano, J. y M. Schuttenberg. 2015. Análisis de los discursos sobre el pasado indígena en museos del Sistema Serrano de Ventania y su llanura adyacente, Provincia de Buenos Aires, Argentina. *Revista de Antropología del Museo de Entre Ríos, 1* (2), 41-54.

Oliva, C. y M. C. Panizza. 2015. Educación patrimonial para la construcción comunitaria del conocimiento arqueológico de Ventania, provincia de Buenos Aires. *Cuadernos del Instituto Nacional de Antropología y Pensamiento Latinoamericano - Series Especiales, 2*(3), 87-102.

Oliva, C. y M. C. Panizza. 2016. Vínculos y desajustes en la construcción de memorias e identidades del sector sur de la Provincia de Buenos Aires. En: *Herencias Sociales Memoria e Identidad*, editado por M. L. Gili y

G. Pérez Zabala (pp.133-150). Santa María. Argentina: Editorial El Mensú.

Oliva, C. y M. C. Panizza. 2017. Identidad, memoria y legado indígena en el sur del Área Ecotonal Húmedo Seca Pampeana. En: Ruiz, G. (comp.), *Decimosexto Congreso de Historia de los Pueblos de la Provincia de Buenos Aires*. 1a ed. - La Plata: AAAPBA-Asociación Amigos Archivo Histórico de la Provincia de Buenos Aires. DVD-ROM, PDF.

Oliva, C., Cárdenas Millapi, J. y F. Oliva. 2021. Memorias y representaciones sociales en torno al sitio arqueológico Arroyo Toro Negro 2, Villa Arcadia (Coronel Suárez, Provincia de Buenos Aires, República Argentina). En (comps.) Quintana, C.; Álvarez, M.; Bonnat, G.; Mazzanti, D.; Barros, M.; Puente, V. y Bonomo, M. *Libro de Resúmenes del IX Congreso de Arqueología de la Región Pampeana Argentina* (p. 90).

Oliva, C. y M. C. Panizza. *(en prensa)*. Usos y abusos de espacios patrimoniales en el Área Ecotonal Húmedo Seca Pampeana. Para su publicación en *Edición Especial de Libro de Ponencias de las VI Jornadas Arqueológicas Regionales y VII Jornadas Paleontológicas Regionales de la Provincia de Buenos Aires*.

Oliva, F. 1991. Investigaciones Arqueológicas Desarrolladas en el Sector Occidental del Sistema de Ventania y la Llanura Adyacente. 1987-1989. *Boletín del Centro*, 1, 39-41.

Oliva, F. 1992. Dealing with modern graffiti in sites with rock art in Sierra de la Ventana, Argentina. *Second AURA Congress, Symposium H*, 30. Australian Rock Art Research Association. Queensland, Australia.

Oliva, F. 1994. Education as a route of protection of the archaeological heritage in the districts of Buenos Aires Province, Argentina. En: B. Molineaux & P. Stone (eds.): *The Presented Past. Heritage, Museums and Education. One Word Archaeology* 25 (pp. 109-119), Routledge, London.

Oliva, F. 2000. Causas de Deterioro de sitios con representaciones rupestres en el sistema de Ventania. Provincia de Buenos Aires, República Argentina. En Strecker M. (Ed.), *Documentos del V Simposio Internacional de Arte Rupestre* (p. 35). Tarija, Boliva.

Oliva, F. 2006. Uso y contextos de producción de elementos "simbólicos" del sur y oeste de la provincia de Buenos Aires, República Argentina (Área Ecotonal Húmeda Seca Pampeana). *Revista de la Escuela de Antropología*, 12, 101-115.

Oliva, F. 2013. Registro de máscaras en Sierra de la Ventana de la Región Pampeana Argentina. Presentación de explicaciones alternativas. *Boletín del Museo Chileno de Arte Precolombino, 18* (2), 89-106.

Oliva, F. y G. Barrientos. 1988. Laguna de Puan: un potencial sitio de aprovisionamiento de materia prima lítica. En *Resúmenes de las Ponencias Científicas presentadas al IX Congreso Nacional de Arqueología Argentina* (p. 47). UBA, FFyL, ICA. Buenos Aires.

Oliva, F., J. Moirano y M. Saghessi. 1991. Recientes investigaciones en el Sitio Laguna de Puán 1. *Boletín del Centro*, 2, 127-138.

Oliva, F., E. Levin, J. Moirano y D. Avila. 2000. Investigaciones arqueológicas de momentos tardíos en el Abra de Saavedra, Provincia de Buenos Aires. *Trabajo presentado al II Congreso de Arqueología de la Región Pampeana Argentina*. MS.

Oliva, F. y A. Sánchez. 2001. Uso y valorización del patrimonio arqueológico rupestre en la región pampeana argentina mediante el empleo de técnicas informáticas. *Presentado en el Taller internacional de arte rupestre de la Habana*, Cuba.

Oliva, F., Avila J.D., Catella, L., Gallego, M., Merino, M. y J. San Cristóbal. 2006. Primera Etapa de la propuesta de manejo de los recursos culturales y naturales de la Isla de Puan, provincia de Buenos Aires. En Oliva, F.: Algrain, M. y Tamburini, D. (eds.) *Apuntes del CEAR* (pp.5-57). Universidad Nacional de Rosario, Argentina.

Oliva, F., L'Heureux, G., De Angelis, H., Parmigiani, V. y F. Reyes. 2007. Poblaciones indígenas de momentos postcontacto en el borde occidental de la pampa húmeda: Gascón 1, un sitio de entierros humanos. En: Oliva, F.; N. de Grandis y J. Rodríguez (eds.), *Arqueología Argentina en los inicios de un nuevo siglo*. Tomo I (pp. 265-274). Rosario, Argentina: Laborde Libros Editor.

Oliva, F. y M. L. Lisboa. 2009. Indicadores arqueológicos de cambio cultural en las comunidades indígenas pampeanas de los primeros momentos históricos (siglos XVI a XVIII). Región Pampeana, República Argentina. En: García Targa, J. y P. Fournier García (eds.), *Arqueología Colonial Latinoamericana* (pp. 255-267).

Oliva, F., Panizza, M. C. y M. Algrain. 2010. Diferentes enfoques en la investigación del Arte Rupestre del Sistema Serrano de Ventania. *Comechingonia, Revista de Arqueología*, (13), 89-107.

Oliva, F., Algrain, M., Panizza, M. C., Catella, L. y J. Moirano. 2010. Estudios arqueológicos en el Area Ecotonal Húmeda Seca Pampeana. *Anuario de Arqueología, 2*, 201-214.

Oliva, F., Catella, L., Panizza, M. C., Moirano, J., Devoto, G., Oliva, C., Sfeir, A., Paganini, F., Morales, N., Farella, I. y S. Medina. 2010. El Patrimonio Arqueológico y su imaginario colectivo. Sistema Serrano de Ventania, Provincia de Buenos Aires. *Experiencia en Extensión, Publicación de la Secretaría de Extensión, Becas y Acción Social*. Recuperado de: http://www.fcnym.unlp.edu.ar/uploads/docs/experiencia_3_2010.pdf

Oliva, F. y M.C. Panizza. 2012. Primera Aproximación a la Arqueología Monumental del Sistema Serrano de Ventania, Provincia de Buenos Aires. *Anuario de Arqueología*, (4), 161-180.

Oliva, F., Panizza, M. C., Algrain, M., Algrain, L., Brancatelli, C., Catella, L., Devoto, G., Ianelli, L., Moirano, J., Morales, N., Oliva, C., Pereyra, B., Sfeir, A. y D. Tamburini. 2014. Socialización del pasado arqueológico en el Área Ecotonal Húmedo Seca Pampeana a través del Voluntariado Universitario. VI Congreso Nacional de Extensión Universitaria, II Jornadas de Extensión de la Asociación de Universidades del Grupo Montevideo, I Jornadas de Extensión de Latinoamérica y Caribe. Eje Temático 2: Inclusión, Ciudadanía Y Diversidad. Rosario. Publicación en CD. Eje 2 – Mesa 19 – Trabajo 782.

Oliva, F., Panizza, M. C., Algrain, M., Catella, L., Devoto, G., Ianelli, L., Moirano, J., Morales, N., Oliva, C., Pereyra, B., Sfeir, A. y D. Tamburini. 2014. Arqueología e inclusión social en el Sistema Serrano de Ventania, Provincia de Buenos Aires. Estrategias de Extensión Universitaria. VI Congreso Nacional de Extensión Universitaria, II Jornadas de Extensión de la Asociación de Universidades del Grupo Montevideo, I Jornadas de Extensión de Latinoamérica y Caribe. Eje Temático 2: Inclusión, Ciudadanía Y Diversidad. Rosario. Publicación en CD. Eje 2 – Mesa 19 – Trabajo 783.

Oliva, F., Panizza, M. C y M.G. Devoto. 2014. Transformaciones naturales y culturales sobre el patrimonio arqueológico monumental del Sistema Serrano de Ventania. *Reunión sobre Biodeterioro y Ambiente de la Provincia de Buenos Aires*, 1-6. INIFTA-UNLP.

Oliva, F. y M. C. Panizza. 2015 a. Programa de educación y capacitación para la conservación del arte rupestre de Sierra de la Ventana, Provincia de Buenos Aires (Argentina). *Mundo De Antes*, (8), 159-177.

Oliva, F. y M. C. Panizza 2015 b. Evidencias de contacto hispano indígena a través del estudio de las representaciones rupestres de las sociedades indígenas tardías del Sistema Serrano de Ventania (Provincia de Buenos Aires, República Argentina). En: Rocchietti, A. M. (coord.), A. Austral, G. Pérez Zavala, R. Nuñez Ozan y D. Reinoso (comps.) *Arqueología y Etnohistoria Del Centro-Oeste Argentino. Publicación de las X Jornadas de Investigadores en Arqueología y Etnohistoria del Centro-Oeste del País*, (pp. 44-67). Río Cuarto, Argentina: UniRío Editora.

Oliva, F., Algrain, M. y M. C. Panizza. 2015. Investigación – Extensión en la Arqueología del Área Ecotonal Húmeda Seca Pampeana (AEHSP). Abordajes desde el Centro de Estudios Arqueológicos Regionales (CEAR). *Anuario de Arqueología*, 7, 131-145.

Oliva, F., M. C. Panizza, Catella, L., Moirano, J., Morales, N., Algrain, M., Devoto, G., Iannelli, L., Oliva, C., Pereyra, B. y A. Sfeir. 2015. La construcción del pasado arqueológico en diferentes sectores del Área Ecotonal

Húmedo- Seca Pampeana. Investigación y Extensión desde el Centro de Estudios Arqueológicos Regionales. *Revista de Antropología del Museo de Entre Ríos, 1* (2), 91-102.

Oliva, F. Panizza, M.C. y C. Oliva. 2016. Los graffitis del área de Ventania: Expresiones contemporáneas de los usuarios del arte rupestre. En F. Oliva, A.M. Rocchietti y F. Solomita (eds.) *Imágenes Rupestres lugares y regiones* (pp. 343-356). Rosario, Argentina: FHUMyAR.

Oliva, F. y C. Oliva. 2018. Discursos, graffiti e identidades históricas del Sistema Serrano de Ventania, provincia de Buenos Aires (sector sur del Área Ecotonal Húmedo-Seca Pampeana). *Revista de Arqueología Histórica Argentina y Latinoamericana Dossier "Arqueología Histórica Argentina. Situación y perspectivas"*, (12), 1164-1188.

Ortner, S. 2016. *Antropología y teoría social. Cultura, poder y agencia*. Buenos Aires, Argentina: UNSAM Edita.

Oszlak, O. 1990. *La formación del Estado Argentino*. Buenos Aires, Argentina: Editorial de Belgrano.

Ottalagano, F. 2008. Acerca de pequeños museos en pequeñas comunidades: el caso de Villa Cañas. *Apuntes del CEAR*, (2), 31-37.

Palti, E. 2002. Deconstruccionismo. En: C, Altamirano (comp.) *Términos críticos de sociología de la cultura* (pp.61-64). Buenos Aires, Argentina: Ed. Paidós.

Panizza, M. C. 2015. El área de Ventania en la conformación de la línea de frontera durante el siglo XIX. Cambio y diversidad cultural en la apropiación del paisaje. *Revista TEFROS, 13* (2), 83-107.

Panizza, M.C. 2015. Representaciones del pasado en la constitución de las identidades de la comarca serrana de Ventania. *Revista Teoría y práctica de la arqueología histórica latinoamericana* año IV, *4*, 185-200.

Panizza, M. C. 2016. *Estudio de las representaciones gráficas de la Región Pampeana desde un enfoque semiótico. El caso de las pinturas rupestres del Sistema Serrano de Ventania y su comparación con otros elementos iconográficos* (Tesis de Doctorado). Facultad de Ciencias Naturales y Museo, Universidad Nacional de La Plata, La Plata, República Argentina.

Panizza, M. C. y M. Gavilán. 2008. Arqueología en el Museo. Un acercamiento al estudio de las colecciones. El caso del Museo Regional de Chasicó, Partido de Tornquist, *Apuntes del CEAR*, (2), 113-122.

Panizza, M. C. y G. Devoto. 2013. Transformaciones naturales y culturales sobre el arte rupestre, las estructuras líticas y las piedras paradas del Sistema Serrano de Ventania. En: Bárcena, J. R. y S. E. Martín (eds.), *Arqueología Argentina en el Bicentenario de la Asamblea General Constituyente del Año 1813*,

Resúmenes del XVIII Congreso Nacional de Arqueología Argentina (pp. 504-505). La Rioja, Argentina.

Panizza, M. C.; M. G. Devoto, Oliva, C. y A. Sfeir. 2013. Comprensión del imaginario colectivo para protección del patrimonio arqueológico monumental del Sistema Serrano de Ventania (provincia de Buenos Aires, Argentina). *Revista del Museo de La Plata*, Sección Antropología, Tomo 13, (87), 475-492.

Panizza, M. C. y M. G. Devoto. 2018. Arqueología histórica en el partido de Puan (provincia de Buenos Aires). *Revista de Antropología del Museo de Entre Ríos, 4* (1), 87-101.

Panizza, M. C. y C. Oliva. 2018. Carta arqueológica de Puan (provincia de Buenos Aires): una herramienta para la investigación y la conservación del patrimonio. *Revista del Museo de Antropología de Entre Ríos, 4* (2), 67-83.

Panizza, M. C., Devoto, G. y L. H. Martínez. 2019. El cementerio militar de Puan (fines del siglo XIX, provincia de Buenos Aires). En *Libro de Resúmenes del XX Congreso Nacional de Arqueología Argentina* (pp. 1115-1116). Universidad Nacional de Córdoba, Argentina.

Panizza, M.C. y C. Oliva. 2019. Los campos de batalla y otros espacios monumentales militares en el partido de Saavedra, provincia de Buenos Aires, Argentina. En *Libro de Resúmenes del I Congreso Iberoamericano de Estudios Sociales sobre el Conflicto Armado* (pp.28-29).

Panizza, M.C. y F. Oliva. 2019. La zanja de Alsina en el área Ecotonal bonaerense. Libro de Resúmenes del 1° Congreso Iberoamericano de Estudios Sociales sobre el Conflicto Armado, (pp. 28-29). Buenos Aires, Argentina.

Panizza, M. C. y M. G. Devoto. 2020. Estrategias de ocupación del espacio en el sector sur del Área Ecotonal Húmedo Seca Pampeana durante el Período de Contacto Hispano-Indígena. *Revista TEFROS, 18* (2), 37-74.

Panizza, M. C. y C. Oliva. 2020a. Memoria, identidad y conflicto: un análisis de las señalizaciones en los monumentos militares en el partido de Saavedra, provincia de Buenos Aires, Argentina. *Cuadernos de Marte, 11*, 233-264.

Panizza, M. C. y C. Oliva. 2020b. Imaginarios sociales en torno a los cementerios como patrimonio cultural. El caso del partido de Puan, provincia de Buenos Aires, República Argentina. En: L. Dulout, *Jornadas Red de Patrimonio Funerario organizado por la Universidad Nacional de Morón y la Universidad Nacional de Catamarca.* Celebrado en modalidad virtual.

Panizza, M. C. y C. Oliva. 2021a. El teniente general Nicolás Levalle y su rol como Comandante en Jefe de la Frontera Sud de Buenos Aires. *TEFROS, 19* (2), 149-174.

Panizza, M. C. y C. Oliva. 2021b. Las fotografías como fuente histórica para la investigación del área de Ventania, Provincia de Buenos Aires. Revista del Museo de Antropología Entre Ríos, *1* (6), 26-36.

Penhos, M. 1995. La fotografía del siglo XIX en la construcción de una imagen pública de los indios. El arte en lo público y lo privado, VI Jornadas de Teoría e Historia del Arte (pp.109-125). Buenos Aires; Argentina: CAIA.

Penhos, M. 2005. Frente y perfil. Fotografía y prácticas antropológicas y criminológicas en Argentina a fines del siglo XIX y principios del XX. En: Penhos, M. (ed.), Arte y Antropología en la Argentina (pp. 17-64). Buenos Aires, Argentina: Fundación Telefónica/ Fundación Espigas/FIAAR.

Peralta Martínez, C. 2009. Etnografia y métodos etnográficos. Análisis. *Revista Colombiana de Humanidades, 74*, 33-52.

Pereira De Queiroz, M. I. 1991. Relatos orais: do 'indizível' ao 'dizível'. En Pereira De Queiroz M. I. (Ed.), *Variações sobre a técnica do gravador no registro da informação viva* (pp.1-26). São Paulo, Brasil: T. A. Queiroz.

Perera de Valette, N. 2008. Antecedentes y orígenes del partido de Saavedra. Proyecto "Partido de Pigüé". Cuadernillos de investigación "Pigüé: cabeza de partido" Antecedentes, causas y consecuencias (segunda parte), (8), 3-17.

Pérez Reynoso, N. 2010. Museo Nacional de Colombia. Un estudio en sintaxis del espacio. Recuperado en normaperezreynoso.com.ar/wp-content/plugins/download.

Pérez, J. A. 2004. Las representaciones sociales. En: I. Fernández Sedano, S. Ubillos Landa, E. M. Zubieta, D. Páez Rovira (coords.) *Psicología social, cultura y Educación* (pp. 413-442). Madrid, España: Pearson educación.

Peyret, A. 1889. Une visite aux colonies de la Republique Argentine. París: Impremiere P. Mouillot.

Pilía, G. 2003. *Toponimia de la Provincia de Buenos Aires.* Buenos Aires, Argentina: Publicaciones del Archivo Histórico de la Provincia de Buenos Aires.

Podgorny, I. 1992. Los indios comían dinosaurios. La presentación del pasado indígena en las escuelas del Gran Buenos Aires, Argentina. *Relaciones de la Sociedad Argentina de Antropología, 38*, 35-52.

Podgorny, I. 1999. La Patagonia como santuario natural de la ciencia finisecular. Redes, *Revista de estudios sociales de la ciencia, 14* (7), 157-176.

Pollak, M. 2006. *Memoria, silencio y olvido. La construcción social de identidades frente a las situaciones límite.* La Plata, Argentina: Al Margen Editorial.

Pomian, K. 1990. *Collectors and curiosities: Paris and Venice 1500-1800*. Londres, UK: Polity Press.

Pomian, K. 1993. La colección, entre lo visible y lo invisible. *Revista de Occidente*, (141), 41-50.

Pomian, K. 1999. Historia Cultural, historia de semióforos. A.A.V.V. Rioux, J. P.; y J. F. Sirinelli (coords.) *Para una historia cultural* (pp. 73-100). México: Ed. Taurus.

Ponzinibbio, J. 2014. Estereotipos en la imagen del indígena chaqueño. Un pasaje de la pintura a la fotografía. *Instituto de Historia del Arte Argentino y Americano Facultad de Bellas Artes - Universidad Nacional de La Plata Boletín de Arte*, Año 14 (14), 1-9.

Prats Canals, L. 2006. La mercantilización del patrimonio: entre la economía turística y las representaciones identitarias. *Boletín del Instituto Andaluz del Patrimonio Histórico*, 58. Sevilla, Junta de Andalucía.

Prats, L. 2005. Concepto y gestión del patrimonio local. *Cuadernos de Antropología Social*, (21), 17-35.

Prats, L. 2009. El patrimonio como construcción social. En: L. Prats (ed.) *Antropología y patrimonio* (pp.19-38). Barcelona, España: Ariel Antropología.

Pupio, M.A. 2005. Coleccionistas de objetos históricos, arqueológicos y de ciencias naturales en museos municipales de la provincia de Buenos Aires en la década de 1950. *História, Ciências, Saúde– Manguinhos, 12*, 205-229.

Querol, M. A. 2010. *Manual de gestión del patrimonio cultural*. Madrid, España: Akal.

Quijada, M. 1999. La ciudadanización del «indio bárbaro» políticas oficiales y oficiosas hacia la población indígena de la pampa y la Patagonia, 1870-1920. *Revista de Indias, 59* (217), 675-704.

Quijada, M. 2003. ¿»Hijos de los barcos» o diversidad invisibilizada? La articulación de la población indígena en la construcción nacional argentina (siglo XIX). *Historia Mexicana, 53* (2) 469-510.

Quijada, M. 2004. De la invisibilización al Renacimiento: La cuestión indígena en la Argentina siglos XIX al XXI. *Anales del Museo Nacional de Antropología*, 117-152.

Quijada, M. 2006. La Caja de Pandora. El sujeto político indígena en la construcción del orden liberal. *Historia Contemporánea*, (33), 605-637.

Quijada, M. 2009. De cráneos, debates y flujos de información. Los inicios de la Antropología Física en la Argentina y L´École d´Anthropologie de París. *Revista Complutense de Historia de América, 35*, 47-67.

Quijada, M. 2012. Los museos de frontera de la provincia de Buenos Aires: entre el gliptodonte y el indio poblador. *Revista de Indias, 71* (254), 131-176.

Quinteros, G. 2002. Explorando los símbolos del poder local. El pueblo y colonia Tornquist, 1880-1950. Mundo Agrario. *Revista de estudios rurales, 3* (5), 1-51.

Raffa, C. y G. Pastor. 2012. Representaciones, turismo y Estado. Imágenes y discursos en torno de los paisajes culturales de Mendoza (Argentina). *Pasos. Revista de Turismo y Patrimonio Cultural, 10* (5), 467-476.

Raiter, A. 2002. *Representaciones sociales*. Buenos Aires, Argentina: Eudeba.

Ramírez, T., Mike, G., Figueredo, V. y M. Perales. 2005. La cultura indígena en las ilustraciones de los textos escolares de Ciencias Sociales de la segunda etapa de Educación Básica en Venezuela. *Revista de Pedagogía, 26* (75), 5-6.

Raone, J. M. 1969. *Fortines del desierto. Mojones de civilización*. Buenos Aires, Argentina: El Lito.

Reca, M. M. 2016. *Antropología y museos: un diálogo contemporáneo con el patrimonio*. Ciudad Autónoma de Buenos Aires, Argentina: Biblos.

Reguillo, R. 2002. El otro antropológico. Poder y representación en una contemporaneidad sobresaltada. *Anàlisi, 29*, 63-79.

Reguillo, R. 2008. *Políticas de la (In) visibilidad. La construcción social de la diferencia*. Buenos Aires, Argentina: Mimeo, FLACSO.

Renfrew, C. y P. Bahn. 1993. Introducción: La naturaleza y los propósitos de la Arqueología. En *Arqueología. Teoría, métodos y práctica*, (pp.12-19). Madrid, España: Akal.

Renfrew, C. y P. Bahn. 1993. ¿Qué queda? La variedad de la evidencia. En *Arqueología. Teorías, Métodos y Prácticas* (pp. 43-63). Madrid, España: Akal.

Renfrew, C. y P. Bahn. 1993. ¿Cuándo? Métodos de datación y cronología. En *Arqueología. Teorías, Métodos y Prácticas* (pp. 109-155). Madrid, España: Akal.

Restrepo, E. 2012. *Intervenciones en Teoría Cultural*. Popayán, Colombia: Editorial Universidad del Cauca.

Riffo Pavón, I. 2016. Una reflexión para la comprensión de los imaginarios sociales. *COMUNI@CCIÓN, 7* (1), 1-14.

Riviére, G. H. 1993. *La Museología*. Madrid, España: Akal.

Rodríguez, A. 1968. Puan. Comandancia de frontera. *Investigaciones y Ensayos Academia Nacional de la Historia*, (4), 89-102.

Rodríguez, M. 2016. *Los actos de memoria: un estudio sobre efemérides y actos patrios en escuelas de la provincia de Misiones (Argentina)* (Tesis de Doctorado). Facultad de Periodismo y Comunicación Social, Universidad Nacional de La Plata. La Plata, Argentina.

Rodríguez Salazar, T. 2007. Sobre el estudio cualitativo de la estructura de las representaciones sociales. En: T. Rodríguez Salazar y M. García Curiel (coor.)

Representaciones sociales. Teoría e investigación (pp. 157-190). Universidad de Guadalajara, México.

Rojas Sola, J. 2006. Patrimonio cultural y tecnologías de la información: propuestas de mejora para los museos de ciencia y tecnología y centros interactivos de Venezuela. *INCI, 31* (9), 664-670.

Rosa, A., Belleli, G. y D. Bakhurst. 2008. Representaciones del pasado, cultura personal e identidad nacional. *Educação e Pesquisa, 34* (1), 167-195.

Ruiz Zapatero, G. 1996. La divulgación del pasado. Arqueólogos y periodistas: una relación posible. *Boletín del Instituto Andaluz del Patrimonio Histórico*, (17), 96-99.

Ruiz Zapatero, G. 1997. Héroes de piedra en papel: la Prehistoria en el cómic. *Complutum*, (8), 285-310.

Ruiz Zapatero, G. 2005. Comics and Prehistory: a european perspective. *The Archaeological Record SAA (Society of American Archaeology)*, (5), 27- 34.

Ruiz Zapatero, G. 2007. El cine de arqueología como recurso didáctico. En: Iglesias Gil, J. M., (Ed.), *Cursos sobre el patrimonio histórico, 11: Actas de los XVII cursos monográficos sobre el patrimonio histórico, Universidad de Cantabria* (pp. 31-48). Santander, España.

Ruiz Zapatero, G. 2009. La divulgación arqueológica: las ideologías ocultas. *Cuadernos de prehistoria y arqueología de la Universidad de Granada*, (19), 11-36.

Salerno, V. 2013. *Trabajo arqueológico y representaciones del pasado en la provincia de Buenos Aires. Buenos Aires*, Argentina: Editorial de la Facultad de Filosofía y Letras.

Salerno, V. y M. A. Pupio. 2008. La arqueología como metáfora en los medios gráficos. Un caso de estudio. En V, L.Pernicone y A. M. Rocchietti (comps.) *Arqueología y educación perspectivas contemporáneas* (pp. 145-159). Buenos Aires, Argentina: Tercero en discordia.

Salerno, V. y M. Vigna. 2012. Acercamiento a la construcción del pasado prehispánico en una sala del Museo Pampeano de Chascomús entre 1939 y 1992. *Revista de Arqueología FFyL,* (18), 181-207.

Saletta, M. J. 2011. Fotografías de indígenas en manuales escolares argentinos: representaciones visuales y connotaciones textuales. *Intersecciones en Antropología*, (13), 181-195.

Salomón Tarquini, C. 2011. Entre la frontera bonaerense y La Pampa Central. Trayectorias y redes de relaciones indígenas (1860-1920). *Nuevo Mundo Mundos Nuevos* [En línea] Consultado el 21 agosto 2020. URL:http://journals.openedition.org/nuevomundo/62065

Sánchez Vallduví, M. V. 2015. Fotografías, representaciones y estereotipos. Una mirada sobre las comunidades indígenas del Chaco. En *Actas de II COMCIS y I CCP Periodismo y Comunicación Revista electrónica de la Facultad de Periodismo y Comunicación Social UNLP.* Recuperado de: http://perio.unlp.edu.ar/ojs/index.php/actas/index

Sánchez, F. M. 2017. La construcción visual de la nación y sus otros. Imágenes y alteridades en la Patagonia argentina. *Mem. Soc., 21* (43), 86-103.

Sarrazin, J. P. 2015. Representaciones sobre lo indígena y su vínculo con tendencias culturales globalizadas. *Anagramas, 14* (27), 163-184.

Semedo, A., Ganga, R. y C. Oliveira. 2017. Experiências da visita em museus: motivaçoes e perceçoes. En Neves, J.S. e Camacho, C. (Org*.) Nos 50 Anos de L´Amour de L´Art: Dúvidas, Críticas e Desafios* (1-20). Lisboa, Portugal: Ed. Mundos Sociais/ ISCTE.

Sfeir, A., Oliva, C. y M. G. Devoto. 2013. Distribución del registro monumental presente en el Sistema Serrano de Ventania y su relación con las poblaciones actuales. *Anuario de Arqueología*, 5, 427-444.

Sinópoli, D. 2005. Periodismo, representaciones sociales y límites a la percepción crítica de la realidad. *Signos Universitarios. Márgenes y representaciones sociales. Revista de la Universidad del Salvador, 24* (41), 189-202.

Stagnaro, A. 1994. La antropología en la comunidad científica: entre el origen del hombre y la caza de cráneos-trofeo (1870-1910). Ponencia presentada al III Congreso Argentino de Historia de la Ciencia y de la Técnica, Buenos Aires, Argentina.

Svampa, M. 2006. *El dilema argentino: Civilización o barbarie*. Buenos Aires, Argentina: Aguilar.

Svampa, M. 2008. Notas provisorias sobre la sociología, el saber académico y el compromiso intelectual. En Hernández V. y Svampa M (comp.), *Entre dos mundos. Reflexividad y compromiso* (pp. 1-17). Buenos Aires, Argentina: Gérard Althabe.

Tacca, M. 1999 a. El siglo de las luces: el dieciocho. En Lischetti, M. (comp.) *Antropología* (pp. 73-84). Buenos Aires, Argentina: Eudeba.

Tacca, M. 1999 b. El siglo XIX: orden y progreso. En Lischetti, M. (comp.) *Antropología* (pp. 85-105). Buenos Aires, Argentina: Eudeba.

Tamagno, L. 1988. La construcción de la identidad étnica. *Cuadernos de Antropología*, (2), 48-60.

Tarquini, C. S. 2011. Entre la frontera bonaerense y La Pampa Central. Trayectorias y redes de relaciones indígenas (1860-1920). *Nuevo Mundo* [En línea], URL:http://journals.openedition.org/nuevomundo/62065.

Tarragó, M. N. y S. Calvo. 2019. La representación del pasado en un museo de antropología. Experiencias en la República Argentina. *Revista del Museo de La Plata.*

Dossier "Recorridos de la arqueología del NOA en tiempo, espacio y perspectivas: seis investigaciones, seis miradas", 4 (1), 209-250.

Tello, E. A. 1958. *Toponimia araucana-pampa.*, Santa Rosa, Argentina: Dirección de Cultura de La Pampa.

Thill, J. y J. Puigdomenech. 2003. Guardias, Fuertes y Fortines de la Frontera Sur. Historia, Antecedentes y Ubicación Catastral. Tomos I y II. Servicio Histórico del Ejército Argentino. Buenos Aires, Argentina: Editorial Edivern.

Torrico Villanueva, E. 2004. *Abordajes y períodos de la Teoría en comunicación.* Bogotá, Colombia: Grupo Editorial Norma.

Tort, J. 2003. Toponimia y marginalidad geográfica. Los nombres del lugar como reflejo de la interpretación del espacio. *Geocrítica, Scripta Nova, 7* (138). Universidad de Barcelona. Disponible online: http://www. ub.edu/ geocrit/sn/sn-138.htm (consulta 01/04/2017).

Trinchero, H. 2010. Los pueblos originarios en Argentina. Representaciones para una caracterización problemática. *Etnicidad Año 4,* (8), 111-139.

Tuler, S. y M. Prada. 2003. *Las re-presentaciones del Museo de Ciencias Naturales de La Plata.* Trabajo presentado en el Archivo Virtual de Semiótica. La Plata, Argentina.

Tylor, E. B. 1889. On a Method of Investigating the Development of Institutions: Applied to Laws of Mariage and Descent. *Journal of the Royal Anthropological Institute,* (18), 245-269.

Tylor, E. 1975 [1871]. La ciencia de la cultura. En Kahn, J. *El concepto de cultura, conceptos fundamentales.* Barcelona, España: Anagrama.

UNESCO. 2003. Artículo 2 disposición de la 32ª reunión de la UNESCO. Recuperado de https://ich.unesco.org/ es/convenci%C3%B3n#art2

UNESCO. 2003. Convención para la Salvaguardia del Patrimonio Cultural Inmaterial. París, Francia: UNESCO.

Vélez Rivas, M. 2017. Trapecio amazónico: turismo e imaginarios sociales sobre un territorio exotizado. *Cuadernos de Geografía - Revista Colombiana de Geografía, 26* (2), 113-131.

Vezub, J. 2002. *Indios y soldados. Las fotografías de Carlos Encina y Edgardo Moreno durante la "Conquista del Desierto".* Buenos Aires, Argentina: El Elefante Blanco.

Vignati, M. A. 1945. Excursiones de estudio realizadas durante el año 1945. Relaciones de viajes. Estudio del supuesto cementerio indígena de Santa Regina. *Revista del Museo de La Plata, 11,* 81-86.

Vignati, M. A. 1973. Un diario inédito de Pablo Zizur. *Revista del Archivo General de la Nación, 3,* 65-116.

Villalobos, S. 1982. *Relaciones Fronterizas en la Araucanía.* Santiago, Chile: Ediciones Universidad Católica de Chile.

Villar, D.; Jiménez, J. y S. Alioto. 2015. La comunicación interétnica en las fronteras indígenas del Río de La Plata y sur de Chile, siglo XVIII. Latin American *Research Review, 50* (3), 71-91.

Walter, B. 2007. *Conceptos de filosofía de la historia.* La Plata: Terramar ediciones.

Weinberg, F. 1988. *Historia del sudoeste bonaerense.* Buenos Aires, Argentina: Plus Ultra.

Williams, R. 1996 [1958]. *Culture and society.* Nueva York, Estados Unidos: Harper and Row.

Williams, R. 1997. *Marxismo y literatura.* Barcelona, España: Ediciones Península.

Yanarella, F. 2003. *Recuerdos de Puan: un encuentro con el hombre prehistórico de las pampas.* Mar del Plata, Argentina: Editorial Martín.

Yanarella, F. G. 2010. *Pasado aborigen del espacio local ocupado por el Partido de Lobos.* Buenos Aires, Argentina: Cien Kilómetros.

Yuln, M. 2014. Representaciones gráficas del Estado en formación. La tierra y los indígenas en la cartografía territorial argentina durante el siglo XIX. *Almanack. Guarulhos,* (08), 142-155.

Zaburlín, M.A. y K. A. Menacho. 2010. Discurso arqueológico y discurso político: Reflexiones sobre la definición de territorios y fronteras en Argentina (1910-1950). *Cuadernos del Instituto Nacional de Antropología y Pensamiento Latinoamericano,* (22), 241-249.

Zapata, H.M. 2016. La cultura material indígena en los museos históricos argentinos: visibilidades y ocultamientos de una memoria patrimonializada. Reflexiones desde un estudio de caso. En A. M. Rochietti; Runcio, A.y De Haro, M. T (Ed.) *ANTI Perspectivas y proyectos culturales en América Latina, X Coloquio Binacional Argentino-Peruano* (pp.371-394), Buenos Aires, Argentina: Aspha.

Zeballos, E. 1884. *Callvucurá y la dinastía de los Piedra.* Buenos Aires, Argentina: Casa Editora, Imprenta y Encuadernación Jacobo Peuser.

Zeballos, E. 2005. *Viaje al país de los araucanos.* Buenos Aires: Elefante Blanco.

Zeballos, E. 1986 [1878]. *La Conquista de Quince Mil Leguas. Estudio sobre la traslación de la frontera sur de la República al Río Negro.* Buenos Aires: Hyspamérica.

Zizur, P. 1973 [1781]. Diario a Sierra de la Ventana. En: Vignati, M. A, Un diario inédito de Pablo Zizur. *Revista del Archivo General de la Nación, 3,* 65-116.

Zuccarini, L. 2014. *Importancia del turismo histórico-cultural como actividad de revalorización patrimonial y alternativa de desarrollo local en Pigüé* (tesina de grado). Departamento de Geografía y Turismo, Universidad Nacional del Sur, Bahía Blanca, Argentina.

Zunzunegui, S. 2003. *Metamorfosis de la Mirada. Museo y Semiótica.* Madrid., España: Ediciones Cátedra.

Otras fuentes consultadas

Declaratoria N° 81 683/2014. Bien Histórico Patrimonial al Teatro Español de la localidad de Saavedra, partido homónimo.

Decreto N° 30895/45. Declaración de Sitio Histórico Nacional al lugar donde se desarrolló la batalla de Pihué, Saavedra.

Decreto 4314/51. Declaración de Sitio Histórico Nacional al lugar donde se celebró la Primera Conscripción Argentina (sierras de Curamalal, Pigüé año 1896).

Decreto N° 1792/68. Declaración Monumento Histórico Nacional al Establecimiento Fuerte Argentino, Tornquist.

Decreto reglamentario N°1022/04 de la Ley Nacional 25.743/03 de Protección del patrimonio arqueológico y paleontológico.

Expediente 4114-177/83 Municipalidad de Tornquist. Determinación de la fecha fundacional de Tornquist, partido homónimo.

Expediente 4114-177/83 Municipalidad de Tornquist. Determinación de la fecha fundacional de la localidad de Chasicó, Tornquist.

Harrington, H. 1947. Hojas 33m y 34m, Sierras de Curamalal y Ventana, provincia de Buenos Aires. Dirección Nacional de Geología y Minería, Buenos Aires.

Ley Nacional N°9080

Ley 12.917 · Adhesión a la Ley Nacional 25.517

Ley Nacional N° 25.743/03 de Protección del patrimonio arqueológico y paleontológico.

Ley Nacional N.° 25.517

Ordenanza Municipal N° 320/60. Creación del escudo de la localidad de Pigüé del distrito de Saavedra.

Ordenanza N°1580/86 del Municipio de Saavedra.

Ordenanza N° 567/87. Creación del escudo distrital. Dirección de Cultura, Deportes y Turismo del Municipio de Puan.

Ordenanza N°1072/92 que versa sobre la detección, registro, protección, conservación y aprovechamiento de los bienes culturales de Puan.

Ordenanza N°1019/94, expediente 5083/94 del Honorable Consejo Deliberante de Tornquist.

Ordenanza N.° 2592/00. Municipio de Puan, creación de la bandera distrital.

Ordenanza 2739/2001. Declaración de Interés Municipal a la Zanja de Alsina y réplica construida en la Plaza de la Patria, Puan.

Ordenanza 2847/2001. Declaratoria de Reserva Natural Municipal de Usos Múltiples a la Isla de Puan.

Ordenanza 2741/2001. Declaración de Interés Municipal a la Casona de piedra y área circundante ubicada en la isla de Puan.

Ordenanza 2988/2002. Declaración de patrimonio Público Municipal los sitios donde se han producido hallazgos arqueológicos, antropológicos y paleontológicos junto a las piezas y bienes hallados del distrito de Puan.

Ordenanza 4053/2006. Declaración Bien Cultural de Interés Municipal a la Plaza Adolfo Alsina de Puan.

Ordenanza N° 5819/2010. Declaración Bien Patrimonial a la Parroquia de Pigüé datada en el año 1900.

Ordenanza 4986/2010. Declaración de la Escuela N°1 Domingo Faustino Sarmiento como Bien Cultural de Interés histórico.

Ordenanza 5426/2011. Declaración Bien de Interés Histórico con Valor Arquitectónico al Ex Mercado Municipal hoy Espacio Cultural El Mercado de Puan.

Ordenanza 6048/2014. Declaración Bien de Interés Municipal al Monumento de Adolfo Alsina Plaza de Puan.

Ordenanza N°6238/2014. Declaración Bien Patrimonial al edificio histórico de la Sociedad Francesa (año 1891) de Pigüé, Saavedra.

Ordenanza 6176/2015. Declaración Bien de Interés Municipal Mojones poligonales rurales que señalan lugar de emplazamiento de fortines de la Zanja de Alsina, Puan.

Ordenanza N°6764/17 Declaratoria de Interés Municipal la Marcha Evocativa a Caballo por los Fortines del Desierto, Puan.

Ordenanza N°6722/2018. Declaratoria Bien Patrimonial al Rancho de Barro de Dufaur, Saavedra.

Resolución del Honorable Consejo Deliberante de Tornquist 25/06. Declaratoria Sitio Histórico de interés cultural al Museo Arqueológico de Chasicó, Tornquist.

Páginas web consultadas

Facebook oficial Dufaur Pueblo Turístico: https://www.facebook.com/ DufaurBsAs

Facebook oficial del Establecimiento La Montaña https://www.facebook.com/establecimiento.lamontana.9/photos

https://www.argentina.gob.ar/interior/archivo-general-de-la-nacion

https://www.cuevadelasmanos.org/

https://www.elfederal.com.ar/estancia-la-montana-reciclan-una-vieja-tapera-para-hacerla-pulperia/

https://www.diariodepuan.com.ar

https://www.google.com.ar/maps

https://www.ign.gob.ar/cartografia-historica

https://www.indec.gob.ar/indec/web/Nivel4-CensoProvincia-999-999-06-819-2010

http://www.qgis.org/es/site/

http://www.opds.gba.gov.ar

http://patrimonioarqueoypaleo.blogspot.com/2015/06/restitucion-de-restos-en-sierra-de-la.html

https://puan.gob.ar/

https://pueblosoriginarios.com/lenguas/mapuche.php

https://saavedra.gov.ar/index.php/es/

http://sierrasdelaventana.tur.ar/news/302/ consulta 28/09/2020

http://tornquist.gob.ar

http://turismo.saavedra.gov.ar/establecimientos-rurales/

http://www.villairis.com.ar/

https://welcomeargentina.com.ar

Entrevistas realizadas

Jorgelina Walter, 17 de octubre de 2017; Nora Cinquini, 18 de octubre de 2017; Carlos Eckardt, 15 de septiembre de 2018; Facundo Castello Pintos, 18 de septiembre de 2018; Nora Cinquini, 1 de abril de 2019; Jorgelina Cárdenas Millapi, 2 de abril de 2019; Juan José Navarro, 2 de abril de 2019; Nicolás Petrelli, 2 de abril de 2019; Carlos Eckardt, 3 de abril de 2019: Valeria Moglie, 3 de abril de 2019; Ariel Mattiozzi, 3 de abril de 2019;

Mariana Walter, 5 de abril de 2019; Jorgelina Walter, 7 de abril de 2019; Jorgelina Walter, 8 de abril de 2019; María Cecilia López Quintana de Baglioni, 8 de abril de 2019; José Luis Strack, 8 de abril de 2019; Gabriel Allende, 14 de septiembre de 2019; Vivian Ballestrieri, 15 de septiembre de 2019.

Apéndice 1

En este apéndice se presenta el material suplementario del Capítulo 4. Este se compone de los instrumentos de relevamiento implementados en las instituciones museísticas y salas de interpretación consideradas en la investigación. El primero de ellos es una planilla de registro de las variables generales de las instituciones consideradas. Una segunda ficha de registro se dedica a las colecciones arqueológicas en exhibición, mientras que una tercera se destina a registrar el estado de conservación de aquellas colecciones arqueológicas indígenas en exhibición. Asimismo, se presentan otras dos fichas utilizadas para el relevamiento de las representaciones del poblamiento del Área de Ventania y las características de los soportes textuales que acompañan las exposiciones arqueológicas. Finalmente, el apéndice presenta una tabla de síntesis con los resultados obtenidos en los relevamientos realizados en los museos en su etapa descriptiva.

A1.1 Abstract

This appendix outlines the survey instruments implemented in the museum institutions and interpretation rooms considered throughout the research. The first table is a registration form of the general variables of the institutions considered. A second registration form is dedicated to the archaeological collections on display, while a third is intended to record the conservation state of the indigenous archaeological collections exhibited. Two other cards shown were used for the survey of the representations of the settlement of the Ventania Area, and characterisation of the text supports that accompany the archaeological exhibitions. Finally, the appendix presents a summary table with the results obtained in the surveys carried out in the museums in their descriptive stage.

A1.2 Instrumentos de relevamiento de las instituciones patrimoniales

Planilla de relevamiento de museos (variables generales)
Fecha de Registro: Nº:
1. Nombre de la institución:
2. Dirección:
3. Localidad:
4. Teléfono:
5. Email:
6. Página web:
7. Otros canales de comunicación: a. Aplicaciones b. Facebook c. Instagram d. WhatsApp e. Otro
8. Carácter institucional: a. Nacional b. Provincial c. Municipal d. Privado e. Otro
9. Año de fundación/ inicio de actividad:
10. Contextualización historiográfica de su origen:

11. Director/encargado:
12. N.º personal que trabaja:
13. Se encuentra dividido en áreas, departamentos o divisiones:
14. Características del edificio:
15. Tipo de partida presupuestaria: a. Nacional b. Provincial c. Municipalidad d. Organismos internacionales e. Entidades privadas f. Asociación de amigos g. Otros
16. Posee declaratorias de interés patrimonial: 1. Sí, cuál 2. No
17. Funciones /actividades desarrolladas en la institución:
18. Se observan actividades de extensión o divulgación: a. Talleres para chicos b. Talleres para adultos c. Capacitaciones d. Conferencias/charlas e. Actividades especiales, semana de la arqueología, otro... f. Otras actividades de divulgación
19. Cuantas salas posee:
20. Tipo de colecciones que posee: a. Arqueológicas 1. Sociedades indígenas del área de Ventania 2. Sociedades indígenas de otras regiones de la Región Pampeana. 3. Sociedades indígenas patagónicas 4. Sociedades indígenas del NOA 5. Sociedades indígenas del NEA 6. Sociedades indígenas de Cuyo 7. Sociedades indígenas de momento de contacto intercultural (especificar región) 8. Otras b. Ciencias Naturales 1. Geológicas 2. Botánicas 3. Zoológicas 4. Paleontológicas 5. Paleo-antropológicas c. Históricas d. Etnográficas e. Otras
21. Cantidad de salas con piezas arqueológicas en exhibición:
22. Breve descripción temática de las otras salas expositivas:
23. Posee salas con contenidos específicos de educación patrimonial y legislación: 1. Sí 2. No
24. Cantidad de colecciones arqueológicas que el museo posee en exhibición:
25. Cantidad de colecciones en depósito:

26. Los materiales están registrados en el RENYCOA:
    a. Todos
    b. Parcialmente
    c. Ninguno

27. El museo posee colecciones arqueológicas de otros países:

28. El museo cuenta con depósitos:
    a. Espacial
    b. Temático
    c. Temporal

29. Existe un inventario con el registro de las piezas:
    a. Total
    b. Parcial
    c. No existe inventario
    d. Posee diferentes inventarios correspondientes a diferentes épocas

30. El museo cuenta con laboratorios y/o espacios destinados a la investigación:
31. Existe un inventario con el registro del estado de conservación de las piezas:
32. Criterio de orden del guion museológico:
33. Realizan muestras itinerantes con sus colecciones:

Planilla de relevamiento de colecciones arqueológicas en exhibición
Fecha de registro: Nº planilla:
1. Nombre de la institución:
2. Nombre de la sala:
3. Orden de la exposición (criterio):
4. Tema predominante sala:
5. Cantidad de piezas expuestas:

6. Información del origen de las colecciones en exhibición:
    a. Producto de excavación
    b. Donación
    c. Préstamo
    d. Otro

7. Año de ingreso de la colección al museo, otra información relevante:

8. Las piezas se encuentran clasificadas o identificadas:
    a. Sí en su totalidad
    b. Parcialmente
    c. Algunas
    d. No

9. Uniformidad expositiva:
    1. Sí
    2. No

10. Hibridación expositiva:
    1. Sí
    2. No

11. Tipo de muestra:
    a. Permanente
    b. Rotativa
    c. Otra modalidad

12. Explicación de la materialidad exhibida:

13. Se ha realizado una asignación cultural a las piezas:
    1. Sí, cuál
    2. Algunas
    3. No

14. Asignación cronológica: 1. Sí 2. Algunas 3. No
15. Se han realizado descripciones de las piezas: 1. Sí 2. No
16. Descripciones en cuanto a: a. Tamaño b. Forma c. Materia prima d. Usos e. Color f. Otros, cuáles
17. Tipo de luz: a. Natural b. Artificial c. General d. Focalizada
18. Recursos expositivos utilizados:
19. Características de la sala: (ventilación, humedad)
20. Medidas de protección de las colecciones:
21. Cantidad de soportes expositivos con piezas en exhibición:
22. Número de piezas expuestas:
23. Tipo de materialidad de las piezas en exhibición (x lítico, y hueso, z madera, etc.):
24. Correspondencia:
25. Señalética:
26. Fetichismo:
27. Mayor preponderancia en la selección de piezas para su exposición:

Planilla de relevamiento del estado de conservación de la colección arqueológica indígena en exhibición
Nombre de la sala:
1. Cuál es el estado de conservación de las piezas exhibidas: a. Alto b. Medio c. Bajo   Observaciones:
2. Qué factores perjudican su conservación: a. Humedad b. Resquebrajamiento c. Rotura d. Insectos e. Hongos f. Líquenes g. Polvo h. Otros
3. Posee termómetros para medir la humedad relativa del aire (vitrinas) 1. Sí 2. No   Observaciones:
4. Las piezas arqueológicas se encuentran en asociación con otros materiales no arqueológicos con fines expositivos 1. Sí, cuál 2. No

5. La sala expone materiales exclusivamente arqueológicos: 1.Sí 2.Parcialmente 3.No

6. Si la sala es compartida junto a qué temas se expone el material arqueológico:
  a. Fauna
  b. Líneas cronológicas
  c. Otros grupos culturales
  d. Paisaje
  e. Material arqueológico histórico
  f. Otros

7. Año de montaje de la exposición:
8. Las piezas se encuentran acompañadas por una referencia:

9. Tipo de referencia:
  a. Ilustraciones
  b. Sonido
  c. Video
  d. Código QR
  e. Otros

10. La iluminación destaca el material expuesto:
  1. Sí
  2. No

11. El material se presenta en vitrinas:
  a. Abiertas
  b. Cerradas
  c. Estantería abierta
  d. Estantería cerrada
  e. Otros

12. Cuántos soportes expositivos de la sala exhiben colecciones arqueológicas:
13. Están relacionados entre sí los materiales exhibidos en cada soporte:

14. Qué otros recursos se utilizan en la exposición:
  a. Recreación de maquetas
  b. Cuadros artísticos
  c. Murales
  d. Mapas
  e. Croquis
  f. Otros

15. Los materiales exhibidos se encuentran al resguardo de los visitantes:
  1. Sí
  2. Parcialmente
  3. No

16. Hay material exhibido que no esté protegido por algún tipo de estructura:
  1. Sí
  2. Parcialmente
  3. No

17. Hay material exhibido que los visitantes pueden tocar:
  1. Sí
  2. Parcialmente
  3. No

Planilla de relevamiento de las representaciones del poblamiento del Área de Ventania
1. Nombre de la sala:
2. Tipo de soporte:

3. Discurso:
    a. Gráfico
    b. Textual
    c. Audio
    d. Audiovisual
    e. Otro

4. Las infografías poseen códigos QR u otro tipo de propuesta interactiva:
    1. Sí
    2. No

5. Accesibilidad:
    a. Braille
    b. Audios
    c. Reproducción piezas para disminuidos visuales
    d. Otros

6. Contextualización espacio temporal:
7. Caracterización cultural del registro exhibido:
8. Mención sociedades paleolíticas:
9. Asignación cronológica:
10. Caracterización:
11. Vinculación con el registro arqueológico:
12. Marcas de identificación/ relación poblaciones del pasado y el presente;
13. Divulgación de hallazgos arqueológicos:
14. Espacio destinado a esta exposición en relación a la totalidad de la superficie del museo:
15. Otras observaciones:

Planilla de relevamiento del discurso escrito que acompaña las colecciones arqueológicas
1. Tamaño de la letra:
2. Tipografía:
3. Colores utilizados en la cartelería:
4. Cuantificar tipo de textos por soporte:
5. Espacio utilizado para la caracterización de cada grupo cultural:
6. Recursos gráficos implementados:
7. Otra información relevante:

A1.3 Etapa descriptiva de las instituciones patrimoniales

Tabla A1.1 Síntesis de los resultados de los relevamientos de las variables generales de las instituciones consideradas.

Institución[1] / Variables generales de la institución	MIB	SIP	MACP	MHS	MCC	MAC	MFA	PPET	MHSR
Tipologías	Museo municipal	Sala de interp.	Museo municipal	Museo municipal	Museo privado	Museo privado	Museo privado	Sala de interp.	Museo privado
Tipologías de gestión	Pública, municipal	Pública, municipal	Pública municipal	Pública municipal	Privada	Privada	Privada	Pública provincial	Privada
Localidad, (partido)	Puan, Puan	Puan, Puan	Pigüé, Saav.	Saavedra, Saav.	Pigüé, Saav.	Chasicó, Tornquist	Fuerte Argentino, Tornquist	PPET, Tornquist	Villa Ventana, Tornquist
Ubicación	Ejido urbano (Av. San Martín y Garay)	Isla de Puan, Reserva Natural y Cultural de usos múltiples	Parque Municipal Fortunato Chiappara	Ejido urbano, Av. Belgrano Entre Rondeau y 25 de mayo	Estancia rural, La Montaña	Estancia rural Don Natalio	Fuerte Argentino, Tornquist	PPET, Tornquist	Contexto rural, calle Las Piedras S/N
Contextualización historiográfica	Fundación 8 de diciembre de 1973. Cerrado durante la última Dictadura Cívico Militar. Reabierto en el año 1991	Inaugurado año 2019	Fundación 3 de diciembre de 1959. Desde 1963 en vivienda histórica de 1890. Reinaugurado en el año 2012	Inaugurado en 1988	Año 1985. Galpón restaurado es la sede definitiva, año 1990.	Edificio 1910. Inaugurado como museo el 12 de octubre de 1971	1876. Abierto como museo año 2016 (¿?)	1937. Inaugurada década de 1970	Década de 1990
Historia de la institución	En 1973 funcionó en recinto del Palacio Municipal, en1984 en la Sociedad Española. Desde 1991 en el Mercado Municipal	Edificio recuperado	Edificio patrimonial restaurado por el municipio	Creado en el marco del centenario de la localidad de Saavedra	Puesta en valor de edificio histórico del casco para la exposición de las colecciones de la estancia	El museo surge producto de las colecciones creadas por la familia Cinquini, Se emplaza en rancho histórico readaptado como museo	Sitio histórico. Creado como museo en el marco de las actividades de activación patrimonial del INTA	Reserva natural	Institución creada para la preservación del registro material recuperado del Club Hotel de la Ventana

Institución[1] / Variables generales de la institución	MIB	SIP	MACP	MHS	MCC	MAC	MFA	PPET	MHSR
Objetivo de la institución	"(...) ofrecer a los puanenses herramientas para interpretar su patrimonio a través de la investigación de su historia y la comunicación de sus valores... Nuestra finalidad es elaborar un discurso museológico que brinde a los visitantes las herramientas para que cada uno, pueda interpretar con sentido crítico la historia de Puan y para que se apropie de su patrimonio. (...)" Fuente: Facebook oficial de la institución	Recepcionar a los visitantes de la Isla y brindar un marco interpretativo del lugar	"Preservar su patrimonio histórico, teniendo presentes las necesidades de la población y respetando la pluralidad cultural para propiciar la conformidad de la identidad local." Fuente: Facebook oficial de la institución		Exhibición de la historia regional	"Documentar la vida del hombre prehistórico y el proceso de colonización de Chasicó". Fuente: Nora Cinquini Fuente: Nora Cinquini	"Lo invitamos a revivir la Campaña al Desierto y la historia de nuestros antepasados a través de una visita al museo histórico, la plaza de armas y los calabozos donde se entregó Juan Jose Catriel y su tribu en 1878." Fuente: Facebook oficial de la institución.	Reconstruir la historia natural del Sistema Serrano de Ventania	Contextualización histórica de Villa Ventana y del Club Hotel de la Ventana
Tipo de colecciones exhibidas	Históricas, paleontológicas, arqueológicas prehispánicas y muestras temporales	Arqueológicas indígenas, históricas, y biológicas	Arqueológicas prehispánicas, arqueológicas del período intercultural de contacto hispano indígena e históricas; hemeroteca, fototeca, videoteca y archivo del juzgado de paz	Arqueológicas, paleontológicas, históricas.	Arqueológicas prehispánicas, históricas, geológicas, biológicas y paleontológicas	Arqueológicas prehispánicas, históricas (Fundación de Chasicó), geológicas, paleontológicas y de la biota regional	Arqueológicas, históricas y biológicas.	Biológicas, geológicas y arqueológicas.	Históricas del Club Hotel de la Ventana (1904), biológicas y arqueológicas.
Características espaciales	Edificio histórico Mercado Regional	Edificio moderno en área protegida	Edificio histórico, vivienda de Mary Gorman	Edificio histórico, anexo al Teatro Español	Edificio histórico	Edificio histórico, rancho de adobe	Edificio histórico, Fuerte y Comandancia	Edificio moderno en área protegida	Edificio modero lindante con el campo y las sierras

Institución[1] / Variables generales de la institución	MIB	SIP	MACP	MHS	MCC	MAC	MFA	PPET	MHSR
Funciones	Educativa, turística, investigación y archivo	Turística	Educativa, turística, archivo, hemeroteca, pinacoteca, biblioteca, videoteca, mapoteca	Educativa y archivo	Educativa y turística	Educativa y turística	Educativa y turística	Educativa y turística	Educativa y turística
N° salas	5	1	13	3	1	3	6	1	3
Depósito	Sí	No	Sí	No	No	Sí	No	No	No
Marco jurídico	Registro de las colecciones arqueológicas y paleontológicas	Aun no cuenta con registro de las colecciones	Aun no cuenta con registro de las colecciones	Registro de las colecciones paleontológicas	Registro parcial	Registro parcial de las colecciones arqueológicas y paleontológicas	Aun no cuenta con registro de las colecciones	Aun no cuenta con registro de las colecciones	Aun no cuenta con registro de las colecciones
Criterio de orden del guion museológico	Criterio temporal	Criterio temático historia regional	Criterio temático	Criterio temático	Criterio temático	Criterio temático historia regional	Criterio historiográfico de la propietaria y temático	Criterio temático	Criterio temático

Abreviaturas utilizadas en las Tablas A.1.1, A.1.2 y A.1.3 del Apéndice 1:

- MIB: Museo Ignacio Balvidares de Puan
- SIP: Sala de interpretación ambiental y cultural de la Isla de la Reserva Natural y Cultural de usos múltiples
- MACP: Museo y Archivo de la Ciudad de Pigüé
- MHS: Museo Histórico de Saavedra
- MAC: Museo Arqueológico de Chasicó
- MCC: Museo privado Arqueológico y Paleontológico "Coyug Curá"
- MFA: Museo del Fuerte Argentino
- PPET: Sala de Interpretaciones del Parque Provincial Ernesto Tornquist
- MHSR: Museo Histórico El Sendero de los Recuerdos

Tabla A1.2 Resultados de los relevamientos de las salas que exhiben colecciones arqueológicas en los museos y salas consideradas.

Institución / Variables generales de la Sala arqueológica	MIB	SIP	MACP	MHS	MCC	MAC	MFA	PPET	MHSR
Características de los espacios físicos de exposición del patrimonio arqueológico	Dos salas (50 % de la sup. del museo) con colecciones arqueoló-gicas prehispá-nicas	La sup. destinada al patrimonio arqueoló-gico es proporcional respecto a las otras colecciones (biológicas e históricas)	Una sala (1, 46% de la sup. del museo) exhibe colecciones arqueoló-gicas prehispá-nicas	La exhibición de colecciones arqueológi-cas es minoritaria. No posee sala propia.	Todas las colecciones del museo se ubican en una sola sala expositiva	La totalidad del museo exhibe colecciones arqueológi-cas de objetos prehispán-icos	Las colecciones arqueológicas se ubican solo en una sala.	Algunas piezas arqueoló-gicas se exhiben en un sector acotado de la sala	La exhibición de colecciones arqueológicas es minoritaria. No posee sala propia.
Uniformidad expositiva	Si	Si	Si	No	No	No	No	No	No
Hibridación expositiva	No	No	No	Si	Si	Si	Si	Si	Si
Origen de las colecciones arqueológicas	Donaciones de particulares y producto de excavaciones arqueoló-gicas	Producto de recolección por personal que trabaja en la isla (cuidador municipal)	Donaciones de particulares	Donaciones de coleccionis-tas y particulares	Colecciones privadas conformadas por el propietario del estableci-miento	Colecciones privadas conformadas por la propietaria del establecimien-to	Colecciones privadas conformadas por la propietaria del estableci-miento	Producto de recolección por parte del personal que trabaja en el PPET	Donaciones de particulares
Tipo de muestra	Permanente	Permanente	Permanente	Permanente	Permanente	Permanente	Permanente	Permanente	Permanente
Estado de conservación del patrimonio exhibido	Bueno	Bueno	Bueno	Bueno	Bueno	Bueno	Bueno	Bueno	Bueno

186

Tabla A1.3 Síntesis de los relevamientos de las variables específicas de las salas expositivas de colecciones arqueológicas indígenas.

Institución / Variables específicas de la sala arqueológica	MIB	SIP	MACP	MHS	MCC	MAC	MFA	PPET	MHSR
Orden de la exposición	Por tipo de material y por procedencia	Por tema (cultura versus biota)	Por cronología. Vitrinas agrupadas según si son piezas prehispáni-cas o de momentos de contacto hispano indígena	No se observa un criterio expositivo claro	Entre las colecciones no se observa un criterio de orden claro. Las colecciones arqueológi-cas se organizan por tipo de artefacto	No se observa un criterio de orden claro	No se observa un criterio de orden claro	No se observa un criterio de orden claro	Por tema
Tema predominante de la sala	Sociedades cazadoras recolectoras	La Isla	Artefactos líticos	Artefactos líticos (manos y morteros)	Sociedades cazadoras recolectoras (artefactos líticos)	Muestras geológicas arqueológicas, paleontológi-cas y biológicas	Cultura gaucha	Ambiente y biota regional	Frontera y consolidación del Estado nacional
Criterio de ordenamiento del patrimonio arqueológico exhibido	Criterio temporal	Cultural (dos vitrinas, indígena y criolla)	No se observa un criterio claro	Por materialidad	Por materialidad y tipología	No se observa un criterio claro	No se observa un criterio claro	No se observa un criterio claro	No se observa
Explicación de la materialidad exhibida	Adecuada	No adecuada	No se observa	Adecuada, pero insuficien-te	No se observa	No se observa	No se observa	No se observa	Adecuada, pero insuficiente
Condiciones de exhibición del material exhibido	Buena	Regular	Muy bueno	Buena a regular	Buena a regular	Buena a regular	Buena a regular	Regular	Buena
Características físicas de la sala	Iluminación adecuada, vitrinas abiertas y cerradas	Luz solar directa. Vitrinas cerradas. Piezas sobre troncos y el suelo	Iluminación adecuada, vitrinas cerradas	Ilumina-ción adecuada, vitrinas cerradas, soportes abiertos y material sobre el suelo	Iluminación adecuada, vitrinas abiertas	Iluminación adecuada, presencia de humedad. Vitrinas abiertas y cerradas. Otros soportes abiertos	Exposición a luz solar directa. Vitrinas cerradas y soportes abiertos	Exposi-ción a luz solar directa. Vitrinas cerradas y soportes abiertos	Iluminación adecuada, vitrinas cerradas
Recursos expositivos utilizados	Murales, escultura y un cuadro	Pósters informa-tivos, mapa de la isla	Fotografías, busto, soportes textuales	Cartelería y fotografía de motivo rupestre	Cartelería y mapa	Cartelería, dibujos y fotografías.	Fotografías, ilustraciones y mapa	Cartelería y dibujos (represen-taciones de motivos rupestres)	Cartelería, mapas y gráficos
Medidas de protección de las colecciones	Adecuadas	No adecuada	Adecuadas	Adecuadas con excepción de artefacto sobre el suelo	No adecuada	Adecuadas a excepción de artefactos sobre el suelo	Adecuada a excepción de soporte colgante	No adecuada	Adecuada
Correspon-dencia	sí	No adecuada	No se observa	sí	No se observa	sí	No se observa	No se observa	Sí
Señalética	Referencias escritas	Referen-cias escritas	No se observa	Referen-cias escritas	Referencias escritas	Mayoritariamente no se observan	No se observa	No se observa	Referencias escritas
Fetichismo	Cache de riolita y urna Santamaria-na	No se observa	Pieza taxidérmica (vacuno con dos cabezas)	Resto paleonto-lógico	Cráneo humano con marca de arma de fuego	Puntas de proyectil (varias)	No se observa	No se observa	Fortín Pavón y Hotel Ventana

A2

Apéndice 2

Este apéndice presenta el material suplementario del Capítulo 5, consistente de los instrumentos de relevamiento implementados durante la etapa descriptiva de las representaciones sociales del ámbito público y la síntesis de los resultados obtenidos. En primer lugar, se presentan los instrumentos de relevamiento de los soportes de memoria públicos aplicados a monumentos, murales, cartelería, entre otros y de los sitios arqueológicos incluidos en circuitos de turismo cultural. A los fines de investigar las representaciones sociales construidas en torno a estos sitios, se consideran su asignación a grupos culturales y cronologías específicas, así como las prácticas culturales efectuadas por los visitantes. Simultáneamente, se muestra una tabla de síntesis con los resultados obtenidos en la etapa descriptiva del relevamiento de soportes de memoria públicos y la toponimia.

A2.1 Abstract

This appendix presents the supplementary material of Chapter 5, consisting of the survey instruments implemented during the descriptive stage of the social representations of the public sphere and a synthesis of the results obtained. Firsrtly, the survey categories applied to public memory supports, monuments, murals, and posters, and to the archaeological sites included in cultural tourism circuits, are presented. In order to investigate the social representations built around these sites, their assignment to specific cultural groups and chronologies, as well as the cultural practices carried out by visitors, are considered. A summary table is shown with the results obtained in the descriptive stage of the survey of public memory supports and toponymy.

A2.2 Instrumentos de relevamiento de los soportes de memoria públicos

1. Partido:
2. Localidad:
3. Título:
4. Tema:
5. Representaciones presentes:
6. Autor:
7. Año de ejecución:
8. Medidas:
9. Lugar de emplazamiento o exposición:
10. Técnicas de elaboración:
11. Recursos de infraestructura:
12. Recursos utilizados para reforzar la interpretación:
13. Materiales:
14. Estado de conservación:
15. Se encuentra vallado o protegido:
16. Descripción - comentarios:

A2.3 Instrumento de relevamiento de los sitios arqueológicos incluidos en circuitos de turismo cultural

Guía de relevamiento "Sitios Arqueológicos y turismo"	
N°:	Fecha del relevamiento:
1. Nombre del sitio:	
2. Localidad/ distrito / provincia:	

3. Referentes espaciales próximos:

4. Tipo de Patrimonio exhibido:
    a. Edificaciones, restos arquitectónicos históricos
    1. Estructuras defensivas
    2. Estructuras militares
    3. Red de caminos
    4. Unidades habitacionales
    5. Centros ceremoniales/religiosos
    6. Funerario
    7. Marcadores simbólicos
    8. Otros
 	
    b. Plantas de sitios
    c. Sitios en estratigrafía
    d. Sitios monumentales
    1. Cuevas y aleros con pintura rupestre
    2. Rocas erguidas
    3. Estructuras de roca
    4. Otro
    Descripción:

5. Ámbito:
    a. Rural/ urbano
    b. Observaciones

6. Ubicación (localidad):
7. Dirección:

8. Se encuentra dentro de un circuito turístico:
    1.Sí
    2. No
    3. Nombre del establecimiento turístico

9. Recibe visitas:
    a. Formales
    b. Informales
    Observaciones:

10. Tipo de establecimiento
    a. Público
    b. Privado
    c. Mixto
    d. Otros

11. Ingreso
    a. Público
    b. Privado
    c. Valor de la entrada:

12. Accesibilidad:
13. Institución que organiza la visita:

14. Tipo de visita:
    a. Autoguiada
    b. Dirigidas
    c. Otro

15. Para las visitas dirigidas:
    a. Operador turístico
    b. Guardaparques
    c. Guías
    1. Municipales
    2. Privados
    d. Otros
 	
    Observaciones:

16. Cantidad de personas por visita promedio:

17. Elementos de infraestructura presentes: a. Senderos marcados b. Cestos de residuos c. Áreas de descanso d. Pasarelas e. Cartelería f. Mapas g. Baños h. Luminaria i. Otros   Observaciones:
18. Descripción de la visita:
19. Recursos Naturales:
20. Recursos Culturales:
21. Usos actuales:
22. Impacto antrópico:
23. Duración de la visita:
24. Estado de conservación del sitio en relación a agentes de deterioro biológico   Indicadores a. Agentes macrobiológicos b. Vegetación afectando el sustrato c. Otros agentes biológicos d. Otros e. Grado de deterioro: 1. Alto 2. Medio 3. Bajo Observaciones:
25. Estado de conservación del sitio en relación a agentes de deterioro antrópico Indicadores: a. Basura b. Escrituras/*graffiti* c. Vandalización d. Otros e. Grado de deterioro: 1. Alto 2. Medio 3. Bajo Observaciones:
26. Conserva estética original:
27. Integridad física: Observaciones:
Representaciones del poblamiento indígena prehispánico en yacimientos arqueológicos exhibidos en circuitos de turismo
1. Cronología asignada:
2. Caracterización de los grupos culturales:
3. Recursos gráficos en la cartelería: a. Fotografías del registro arqueológico b. Esquemas o representaciones c. Reconstrucciones d. Mapa, cartografía planta e. Otro Observaciones
4. Recursos audiovisuales:

5. Recursos sonoros, audioguías:	
6. Grupo cultural asociado:	
7. Propuestas didácticas educativas:	
8. Piezas de divulgación e interpretación del yacimiento (folletería):	
9. Otra información relevante:	

A2.4 Etapa descriptiva del relevamiento de soportes de memoria públicos

Tabla A2.1 Síntesis de los relevamientos de los soportes de memoria públicos del Área de Ventania.

Localidad, partido	Tipo de soporte	Descripción	Ubicación	Existe actualmente	Tema	Información adicional
Puan, Puan	Mural	Mapa de la ubicación de los fortines de la zanja de Alsina	Museo Municipal Ignacio Balvidares	Sí	Consolidación del Estado Nación	Mapa histórico oficial
Puan, Puan	Mural	Imagen de un indígena de espaldas con la lanza en mano	Museo Municipal Ignacio Balvidares	Sí	Contacto intercultural hispano indígena	Se encuentra junto a la puerta de ingreso a la institución, constituyendo lo primero que el visitante observa
Puan, Puan	Mural	Soldado fortinero tocando la trompeta en el campo de batalla, de fondo los mangrullos y fortines	Ejido urbano Puan, Puan	Sí	Contacto intercultural hispano indígena	Es una de las seis expresiones que componen una serie de seis murales relacionados a la historia de poblamiento local
Puan, Puan	Mural	Toldería indígena	Ejido urbano Puan, Puan	Sí	Poblamiento indígena prehispánico	Es una de las seis expresiones que componen una serie de seis murales relacionados a la historia de poblamiento local
Puan, Puan	Mural	Pilastras del Fuerte y Comandancia de Puan	Ejido urbano Puan, Puan	Sí	Consolidación del Estado Nación	Es una de las seis expresiones que componen una serie de seis murales relacionados a la historia de poblamiento local
Puan, Puan	Mural	Fortinero, criollo e indígena juntos	Ejido urbano Puan, Puan	Sí	Contacto intercultural hispano indígena	Es una de las seis expresiones que componen una serie de seis murales relacionados a la historia de poblamiento local
Puan, Puan	Mural	Mural con figuras abstractas donde aparece la figura de una de las pilastras	Ejido urbano Puan, Puan	Sí	Consolidación del Estado Nación	Emplazado en una plaza
Puan, Puan	Mural	Manos que labran con bandera argentina y banderas europeas	Ejido urbano Puan, Puan	Sí	Desarrollo de las localidades actuales	Se representan las banderas de Argentina, España, Francia, Alemania unidas a una bandera nacional que se asocia a las manos y al trabajo de la tierra. Es una de las seis expresiones que componen una serie de seis murales relacionados a la historia de poblamiento local
Puan, Puan	Mural	Mural del día del respeto y diversidad cultural 12 de octubre de 2017	Ejido urbano Puan, Puan	Sí	Historia indígena prehispánica	
Puan, Puan	Mural	La llegada del tren a la región	Ejido urbano Puan, Puan	Sí	Desarrollo de las localidades	Es una de las seis expresiones que componen una serie de seis murales relacionados a la historia de poblamiento local

Localidad, partido	Tipo de soporte	Descripción	Ubicación	Existe actualmente	Tema	Información adicional
Puan, Puan	Mural	Indígena tallando	Museo Municipal Ignacio Balvidares	Sí	Sociedades indígenas prehispánicas	
Puan, Puan	Mural	Indígena y fortinero	Museo Municipal Ignacio Balvidares	Sí	Contacto intercultural hispano indígena	
Puan, Puan	Mural	Indígena montando un ñandú, de fondo se observa el mirador *Millenium* como parte constituyente del paisaje	Reserva Natural de Usos Múltiples	Sí	Sociedades indígenas prehispánicas	Punto marcado para que el público visitante se tome fotografías, ya que el soporte se encuentra calado para que el público coloque su cara adoptando el rostro del indígena y/o el ñandú
Puan, Puan	Monumento	Monolito que señala la ubicación del fortín Mateo Martínez colocado en el año 1986	Contexto rural, camino vecinal	Sí	Consolidación del Estado Nación	Creado en 1986
Puan, Puan	Monumento	Monolito que señala la ubicación del fortín Riobamba colocado en el año 1986	Contexto rural, camino vecinal	No	Consolidación del Estado Nación	Creado en 1986
Puan, Puan	Monumento	Monolito que señala la ubicación del fortín Justo Reyes	Contexto rural, camino vecinal	Sí	Consolidación del Estado Nación	Creado en 1986
Puan, Puan	Monumento	Monolito que señala el Regimiento primero colocado en el año 1986	Contexto rural, camino vecinal	Sí	Consolidación del Estado Nación	Creado en 1986
Puan, Puan	Monumento	Monolito Carlos Keen colocado en el año 1986	Contexto rural, camino vecinal	Sí	Consolidación del Estado Nación	Creado en 1986
Puan, Puan	Monumento	Monolito Melchor Romero colocado en el año 1986	Contexto rural, camino vecinal	Sí	Consolidación del Estado Nación	Creado en 1986
Puan, Puan	Monumento	Monolito Catalán	Contexto rural, camino vecinal	Sí	Consolidación del Estado Nación	Creado en 1986
Puan, Puan	Monumento	Monolito de Avance Civilizatorio	Ejido urbano Puan, Puan	Sí	Avance del Estado Nación en formación	Posee una placa que dice "*Homenaje de la Municipalidad, Inspector y Maestros a la Avanzada civilizadora que estos parajes levantó el Fuerte de Puan. 10/11/1946*"
Puan, Puan	Monumento	Reconstrucción de fortín	Contexto rural, camino vecinal	Sí	Avance del Estado Nación en formación	Creado en 2016
Puan, Puan	Monumento	Réplica de las pilastras del campamento y regimiento de Puan	Ejido urbano Puan, Puan	Sí	Avance del Estado Nación en formación	Este mismo monumento se encuentra en otras localidades producto de la frontera tales como Guaminí, Carhué y Trenque Lauquen
Puan, Puan	Monumento	Al soldado desconocido	Plaza de la Patria	Sí	Avance del Estado Nación en formación	

Localidad, partido	Tipo de soporte	Descripción	Ubicación	Existe actualmente	Tema	Información adicional
Puan, Puan	Monumento	Reconstrucción de mangrullo	Plaza de la Patria, ejido urbano	Sí	Avance del Estado Nación en formación	
Puan, Puan	Monumento	Figura de Adolfo Alsina	Plaza Adolfo Alsina, ejido urbano	Sí	Avance del Estado Nación en Formación	
Puan, Puan	Monumento	Arco de Ingreso al Parque Municipal Ceferino Namuncurá	Ejido urbano	Sí	Contacto intercultural hispano indígena	Placa colocada el 10/11/1946
Puan, Puan	Monumento	Monolito Pichihuinca	Ejido urbano	Sí	Contacto intercultural hispano indígena	Monolito de adoquines con una placa que señala "Pichihuinca 28-07-65"
Puan, Puan	Monumento	A salvador Maldonado	Frente a la terminal de ómnibus	Sí	Avance del Estado Nación en Formación	
Puan, Puan	Monumento	Ceferino Namuncurá	Ejido urbano	Sí	Contacto intercultural hispano indígena	Capilla en agradecimiento a Ceferino ubicado dentro del predio del Hospital Municipal
Puan, Puan	Monumento	Escudo de bronce de la República Argentina	Plaza de la Patria	Sí	Avance del Estado Nación en Formación	
Puan, Puan	Monumento	Réplica de la Zanja de Alsina	Plaza de la Patria	Sí	Avance del Estado Nación en Formación	Colocado junto a un Mangrullo, el monumento al Soldado Desconocido y el Escudo de la República Argentina
Puan, Puan	Monumento	Monumento en adhesión a los 500 años del descubrimiento de América	ejido urbano	Sí	Poblamiento indígena prehispánico	
Puan, Puan	Monumento	Monumento de entrada al pueblo con guarda pampa		Sí	Poblamiento indígena prehispánico	Elemento adoptado por la cultura eurocriolla originaria de los pueblos indígenas
Puan, Puan	Monumento	Monumento "Puan" con el contorno del partido	Ruta 64	Sí	Avance del Estado Nación en Formación	
Puan, Puan	Otros	Exhibición de cañón Aker 1834	Ejido urbano (Av. San Martín)	Sí	Avance del Estado Nación en Formación	Posee placa de bronce que expresa "Cañón Aker 1834 hallado próximo a la zanja de Alsina entre los fortines Díaz y Escudero. 5-8-2000 donado por Tulio Berardi
Puan, Puan	Otros	Paseo del Carro	Ejido urbano	Sí	Formación de las localidades	Exhibición de carros históricos de la época fundacional de Puan en la Avenida Leandro N. Alem
Puan, Puan	Otros	Paseo Rural	Ejido urbano	Sí	Formación de las localidades	Exposición de herramientas de tracción de sangre, ubicado en Av. Leandro N. Alem
Puan, Puan	Otros	Mojón Gobernador Dardo Rocha 1882	Ejido urbano	Sí	Avance del Estado Nación en Formación	
Puan, Puan	Otros	Vereda guarda pampa	Plaza Adolfo Alsina	Sí	Poblamiento indígena prehispánico	

Localidad, partido	Tipo de soporte	Descripción	Ubicación	Existe actualmente	Tema	Información adicional
Puan, Puan	Otros	Cartel wifi municipal EPU ANTU	Plaza Adolfo Alsina	Sí	Poblamiento indígena prehispánico	
Puan, Puan	Otros	El Caldén señalización familias amigas y guardianas	Camino al cementerio, contexto rural	Sí	Poblamiento indígena prehispánico	Decreto Municipal N° 297/86, que declara árbol simbólico del Partido de Puan, al "Caldén"
Puan, Puan	Cartelería	Referencia Histórica a la Plaza Adolfo Alsina	Plaza Adolfo Alsina	Sí	Avance del Estado Nación en Formación	
Puan, Puan	Cartelería	Refencia Histórica Escuela N°1 Domingo Faustino Sarmiento año 1886	ejido urbano	Sí	Origen de las primeras localidades actuales	Señalización del edificio donde funcionó la Escuela N°1 desde el 1 de abril de 1886. La matrícula era de 30 varones
Puan, Puan	Cartelería	Referencia Histórica de la toldería del Cacique Pampa *Pichihuinca*	Contexto rural	Sí	Contacto intercultural hispano indígena	Referencia histórica que expresa *"Al pasar el Gral. Roca en 1879 por aquí, se hallaba establecida, detrás del arroyo Pichincay la toldería del cacique pampa Pichihuinca, quien tenía 50 lanceros al servicio de la guardia nacional"*
Puan, Puan	Cartelería	Referencia que señala los cinco sitios arqueológicos de la isla de Puan (3.300 años) y la casa de Rómulo Franco (1886)	Reserva Natural de Usos Múltiples	Sí	Poblamiento indígena prehispánico	
Puan, Puan	Cartelería	Referencia arqueológica esqueleto humano Sitio 1 y escondrijo de materia prima	Reserva natural y cultural municipal de Usos Múltiples	Sí	Poblamiento indígena prehispánico	
Puan, Puan	Cartelería	Referencia arqueológica a los afloramientos cuarcíticos	Reserva natural y cultural municipal de Usos Múltiples	Sí	Poblamiento indígena prehispánico	Colocado en enero de 2020
Puan, Puan	Cartelería	Referencia histórica a la Calle del Comercio que abastecían el campamento militar de 1876	Ejido urbano	Sí	Avance del Estado Nacional	
Puan, Puan	Cartelería	Referencia Histórica a la Sociedad Española de Socorros Mutuos 1886	ejido urbano	Sí	Origen de las localidades	Referencia que expresa *"El 21 de Noviembre de 1886 se funda la Sociedad Española de Socorros Mutuos de Puan. Éste era un pequeño caserío, allí estaban los españoles... La nostalgia por su tierra, fue lo que los incentivó a afianzar lazos de unión y solidaridad"*
Puan, Puan	Cartelería	Referencia al Monumento al Centenario del Distrito de Puan 1886-1986	Plaza de la Patria	Sí	Origen de las localidades actuales	Cartel que expresa " *Monumento al Centenario del Distrito de Puan. Réplica Fascimil del corte de la zanja de Alsina en terreno duro comúnmente denominada paredón 1886-1986"*

Localidad, partido	Tipo de soporte	Descripción	Ubicación	Existe actualmente	Tema	Información adicional
Puan, Puan	Cartelería	Referencia Histórica que acompaña réplica fortín 1876	Contexto rural	Sí	Avance del Estado	Referencia histórica que dice " *Réplica en escala Natural de fortín de los que se levantaban a la vera de la zanja de Alsina en 1876. Un zanjón circular servía de cerco y en el centro un rancho de refugio para el vigía*". Colocado por la Municipalidad de Puan
Puan, Puan	Cartelería	Área restringida sitio arqueológico	Reserva natural y cultural municipal de Usos Múltiples	Sí	Poblamiento indígena prehispánico	Cartel colocado por la Municipalidad y el Centro de Registro Arqueológico y Paleontológico de la Provincia de Buenos Aires
Puan, Puan	Cartelería	Campamento del Coronel Salvador Maldonado 1876	Plaza Adolfo Alsina	Sí	Avance del Estado	Croquis del campamento, y referencia que dice *"El 5 de junio de 1876 llega el Coronel Salvador Maldonado e instala su campamento militar con rango de Comandancia. Esta fue la Plaza de Armas fotografiada por primera vez por el italiano Antonio Pozzo quien formo parte de la comitiva del General Roca en el año 1879. Una curiosidad hasta 1885 estuvo rodeada por un alambrado y a principios de 1886 por cadenas sostenidas por palos de caldén"*
Puan, Puan	Cartelería	Referencia historiografía de la plaza	Plaza Adolfo Alsina	Sí	Avance del Estado	Conjunto de dos fotos junto a leyenda que expresa *"A pesar de haber sido remodelada en varias oportunidades conserva gran parte de su diseño original. Recibió distintos nombres: en 1896 Plaza Augusto Irbarzábal en honor al intendente de turno: luego plaza Rivadavia. En 1914 pasó a llamarse Plaza Adolfo Alsina. El mismo fue realizado en Capital Federal por el afamado escultor Emilio T. Andina"*
Puan, Puan	Cartelería	Referencia celebraciones históricas de la plaza	Plaza Adolfo Alsina	Sí	Origen de localidades actuales	Conjunto de tres fotografías junto a referencia que dice *"En este lugar se desarrollaron fiestas patronales, cortejos fúnebres, manifestaciones políticas, actos patrios, bailes populares, carnavales, y un gran número de acontecimientos sociales y culturales. Una curiosidad: su vereda reproduce la "guarda pampa", diseño utilizado por los mapuches en sus tejidos, y que encierra una rica simbología para su cosmovisión"*
Puan, Puan	Cartelería	Fotografía del histórico palacio Municipal	Plaza Adolfo Alsina	Sí	Origen de localidades actuales	Gigantografía de la plaza y el antiguo palacio municipal demolido en 1937. Fotografía tomada desde la torre de la iglesia

Localidad, partido	Tipo de soporte	Descripción	Ubicación	Existe actualmente	Tema	Información adicional
Puan, Puan	Cartelería	Fotografía de la plaza en tiempos históricos y la antigua iglesia	Plaza Adolfo Alsina	Sí	Origen de localidades actuales	El cartel expresa *"En esta foto se puede apreciar el diseño de la plaza y la antigua iglesia demolida en 1966"*
Pigüé, Saavedra	Mural	En el centro se encuentra un campo agrícola, a la izquierda de fondo la bandera francesa correspondiente a la principal corriente de inmigración. A la derecha de fondo la Conscripción Argentina separados de un lado un fortinero y la izquierda un indígena.	Terminal de ómnibus	No	Historia localidades actuales	Creador Rodolfo Carlos Tisera; Ricardo Camandona. Dimensiones: 6m x2, 80m
Pigüé, Saavedra	Mural	1986 Aquí empezó la historia, un fortinero y un tanque militar	Terminal de ómnibus	No	Formación del Estado Nación	Creado en 1996
Pigüé, Saavedra	Mural	Un tanque militar actual en el centro del mural y a los costados soldados fortineros. Arriba escudo que dice general Belgrano y el escudo de la Nación	Entrada de Pigüé	Sí	Formación del Estado Nación	
Pigüé, Saavedra	Mural	Mural al Centenario de la Primera Conscripción 1896-1996	Entrada de Pigüé	Sí	Origen de localidades actuales	Hombre explorando a caballo el área, mural de grandes dimensiones
Pigüé, Saavedra	Mural	Amoblamientos Calfucura	Ejido urbano	Sí	Poblamiento prehispánico	Mural de una fábrica de muebles
Pigüé, Saavedra	Mural	Hombre labrando con técnicas tradicionales (dos caballos tiran de un arado de madera)	Ejido urbano	Sí	Origen de localidades actuales	Se observan las sierras y la transformación del paisaje, de desierto a campo labrado. Es un mural realizado por el Progreso Seguros y expresa " *La territorial, vida y salud*"
Pigüé, Saavedra	Mural	Mural Pigüé 12 de octubre día de Respeto a la Diversidad Cultural	Ejido urbano	Sí	Poblamiento prehispánico	Presenta elementos indígenas prehispánicos y criollos
Pigüé, Saavedra	Mural	Historia fundacional de la localidad	Ejido urbano	Sí	Origen de las localidades actuales	Sobre paredón frente al Museo Histórico. Se destaca embarcación marítima como principal elemento representado
Pigüé, Saavedra	Mural	Mujer con una bandera italiana y argentina en una mano. En su otra mano porta una planta cosechada de trigo. Detrás de ella los inmigrantes delante trabajadores rurales	Ejido urbano	Sí	Origen de las localidades actuales	Mural tipo mosaico

Localidad, partido	Tipo de soporte	Descripción	Ubicación	Existe actualmente	Tema	Información adicional
Pigüé, Saavedra	Mural	Mural de la sociedad italiana (el vaticano, Rómulo y Remo junto a la loba) conmemorando el centenario de la fundación de Pigüé 1884-1994	Ejido urbano	Sí	Historia extrarregional	Mural tipo mosaico
Pigüé, Saavedra	Mural	Mural de bienvenida	Ejido urbano	Sí	Origen de las localidades Actuales	Mural tipo mosaico, presenta mapa y escudo del partido, y escudo de localidad de Pigüé
Pigüé, Saavedra	Monumento	Monumento al inmigrante	Ejido urbano	Sí	Origen de las localidades actuales	Incluye un mural tipo mosaico donde se observan las banderas de Alemania, España, Francia e Italia confluyen en la Bandera Argentina. Autor Di Blasio y De Castro. Inauguración 08/09/1990
Pigüé, Saavedra	Monumento	Cofre con tierra de Aveyron, Francia	Ejido urbano	Sí	Origen de las localidades actuales	Posee una placa que dice " *Cofre conteniendo tierra de Aveyron. Suelo natal del contingente fundador. Recogida por el senador nacional Dr. Augusto Bayol. 4/12/1960*"
Pigüé, Saavedra	Monumento	Clemente Cabanettes	Ejido urbano	Sí	Origen de las localidades actuales	Construido por Numa Ayrinhac, inaugurado el 29/03/1925. Su proceso creativo empezó en 1910. Se ubica en las intersecciones de las avenidas Casey y Cabanettes. En la cúspide una estatua de bronce que muestra al fundador de pie vestido con su redingote orientando su mirada hacia la estación de trenes, alzando su mano en señal de bienvenida
Pigüé, Saavedra	Monumento	Monumento a Francisco Issaly	Ejido urbano	Sí	Origen de las localidades actuales	Compuesto por grabado en bronce del rostro de F. Issaly y una columna de mármol blanca. Posee un grabado que expresa "*Francisco Issaly 1853-1934 El pueblo de Pigüé al benemerito cofundador de la colonia aveyronesa. 4 de Diciembre de 1986*" el de Issaly fue realizado por iniciativa de la clase 1914 con el apoyo del pueblo de Pigüé y del municipio. Se inauguró como parte de los actos de conmemoración del 102° aniversario, pero su piedra fundamental fue colocada para el centenario. Se ubica en las intersecciones de la Av. Alsina y Rastreador Fournier. Se trata de un pequeño muro realizado en mampostería pintada de blanco cuya parte central está cubierta de mármol sobre la cual se colocó una mascarilla del fundador realizada en bronce, debajo de la cual se encuentra la leyenda del monumento

Localidad, partido	Tipo de soporte	Descripción	Ubicación	Existe actualmente	Tema	Información adicional
Pigüé, Saavedra	Monumento	Al Sargento Juan Bautista Cabral 1813 Comandante de San Lorenzo	Ejido urbano	Sí	Conformación del Estado nacional	Posee una placa que dice *"La ciudadanía piguense, la Guarnición Ejercito Pigüé, la Asociación Mutual Circulo de Suboficiales Retirados al Sargento Juan Bautista Cabral en el Bicentenario de su Muerte Heroica. 1813 Comandante de San Lorenzo 2013"*
Pigüé, Saavedra	Monumento	Réplica Pirámide de Mayo 1811	Ejido urbano	Sí	Historia de la conformación del Estado nacional	
Goyena, Saavedra	Monumento	Monolito Sandes	Contexto rural	Sí	Contacto intercultural hispano indígena	
Dufaur, Saavedra	monumento	Reconstrucción de casa de adobe	Ejido urbano	Sí	Poblamiento indígena prehispánico	
Pigüé, Saavedra	Monumento	A la primera Conscripción	Parque municipal Fortunato Chiappara	Sí	Avance del Estado Nación en formación	
Pigüé, Saavedra	Monumento	Monolito de la Batalla de Pigüé 1858	En el camino entre la localidad de Pigüé y el campo privado de Ducos	Sí	Batalla en momentos de contacto hispano indígena	Década de 1960
Pigüé, Saavedra	Monumento	Monolito de la Batalla Curamalal Grande	Contexto rural	Sí	Contacto intercultural hispano indígena	
Pigüé, Saavedra	Monumento	Monumento al Coronel Nicolás Granada, vencedor de la Batalla de Pihüé 1858	Ejido urbano	Sí	Contacto intercultural hispano indígena	Inaugurado el 04/12/1964. Autor: Escultor Ángel María de Rosa
Pigüé, Saavedra	Monumento	Monumento a la Primera Conscripción Argentina 1896	Ejido urbano	Sí	Historia del Estado nacional en formación	Colocado en 1932
Pigüé, Saavedra	Escultura	Escultura antropomorfa figura indígena en madera	Ejido urbano	Sí	Poblamiento indígena prehispánico	
Pigüé, Saavedra	Monumento	Monumento militar	Ejido urbano	Sí	Origen de las localidades actuales	Colecta por arsenal

Representaciones sociales, registro arqueológico y patrimonialización del pasado indígena

Localidad, partido	Tipo de soporte	Descripción	Ubicación	Existe actualmente	Tema	Información adicional
Pigüé, Saavedra	Monumento	A Eduardo Casey " *el pueblo de Pigüé a su fundado*r"	Ejido urbano	Sí	Origen de las localidades actuales	Busto colocado sobre una importante columna en la plaza principal. Colocado el 04/12/1934. el pedestal es estilo Art -decó, de mampostería revocada en Portland Atlas y marmolina, con leyenda al frente bajorrelieve poco visible, el busto de 1 metro de alto representa solo la cabeza y fue realizado en bronce oscuro. Organizado por la Comisión de Fiestas del cincuentenario de la ciudad, en 1934. Construido por Numa
Pigüé, Saavedra	Monumento	Mástil 1492-1992	Ejido urbano	Sí	Contacto intercultural hispano indígena	Al soldado desconocido. Inaugurado el 23/10/1932. Autor: ciudadanos clase 1907-1932
Pigüé, Saavedra	Monumento	Homenaje de la Mujer a los Primeros Pobladores.	Ejido urbano	Sí	Contacto intercultural hispano indígena	Grabado de un hombre con bueyes arando el campo. Obra de Numa Ayrinhac.
Pigüé, Saavedra	Monumento	De los hijos a los padres	Ejido urbano	Sí	Origen de las localidades actuales	Inauguración 04/12/1934 Autor: Numa Ayrinhac
Pigüé, Saavedra	Monumento	A la bandera	Ejido urbano	Sí	Conformación del Estado nacional	Inauguración 21/04/1937 Escultor Luis Perlotti
Pigüé, Saavedra	Monumento	A la ciudad de Pigüé en el 75° Aniversario	Ejido urbano	Sí	Origen de las localidades actuales	Década de 1950
Pigüé, Saavedra	Monumento	Al Coronel Salvador Maldonado	Ruta 67	Sí	Conformación del Estado nacional	Este monumento se encuentra también presente en la localidad de Puan, partido homónimo
Pigüé, Saavedra	Monumento	Pigüé Centenario	Parque municipal Fortunato Chiappara	Sí	Origen de las localidades actuales	Inaugurado el 04/11/1984
Pigüé, Saavedra	Monumento	Lugar de la Batalla de Pigüé	Ruta 33	Sí	Contacto intercultural hispano indígena	Inaugurado el 04/12/1959
Dufaur, Saavedra	Monumento	Busto a Silvano Dufaur	Ejido urbano	Sí	Origen de las localidades actuales	Ubicado frente a delegación municipal de Dufaur
Pigüé, Saavedra	Otros	Mangrullo	Parque municipal Fortunato Chiappara	Sí	Contacto intercultural hispano indígena	
Pigüé, Saavedra	Otros	Placa " Gracias Mamá. Amigos de Pigüé 1884-1974" Colocada sobre monumento a los padres o de la Mujer a los Primeros pobladores	Ejido urbano	Sí	Origen de las localidades actuales	

200

Localidad, partido	Tipo de soporte	Descripción	Ubicación	Existe actualmente	Tema	Información adicional
Pigüé, Saavedra	Otros	Placa sobre monumento a la Primera Conscripción *"Cabos y Marineros de la Armada Nacional Nativos de Pigüé en homenaje a la Primera Conscripción"*	Ejido urbano	Sí	Conformación del Estado nacional	Colocado en 1934
Pigüé, Saavedra	Otros	Cañón de batalla siglo XIX	Parque municipal Fortunato Chiappara	Sí	Contacto intercultural hispano indígena	
Pigüé, Saavedra	Otros	Exhibición de cañones junto al monumento a la primera conscripción	Contexto rural	Sí	Avance del Estado Nación en formación	
Pigüé, Saavedra	Otros	Carreta siglo XIX	Parque municipal Fortunato Chiappara	Sí	Origen de las localidades actuales	
Pigüé, Saavedra	Cartelería	Referencia Histórica que señala la Primera Cooperativa Agrícola del año 1898	Ejido urbano	Sí	Origen de las localidades actuales	El cartel forma parte de un conjunto de referencias numeradas en el centro del tejido urbano de Pigüé y dice *" Progreso Agrícola. Edificio donde funcionó desde el 1° de octubre de 1898, la Primera Cooperativa Agrícola de Seguros contra Granizo de Latinoamérica"*
Pigüé, Saavedra	Cartelería	Referencia Casa Mary Gorman 1884	Parque municipal Fortunato Chiappara	Sí	Conformación del Estado nacional	Referencia que dice *"1. Casa Alta Torre. Antigua casa perteneciente desde 1884 a Mary Gorman, una de las primeras maestras traídas al país por Sarmiento en 1869, y su esposo John Sewell. En 1937 la Municipalidad compra el predio para instalar el Parque Municipal y en la casa de "La Alta Torre"* el Aero Club Pigüé hasta 1962. Luego y durante varios años fue la sede del Museo y Archivo de Pigüé
Pigüé, Saavedra	Cartelería	Referencia a la Réplica de la pirámide de Mayo de 1811	Ejido urbano	Sí	Conformación del Estado nacional	*"Inaugurada en el bicentenario de la patria el 25 de Mayo de 2010. Basada en la primera pirámide construida para el 25 de mayo de 1811, la cual sufrió modificaciones hasta convertirse en la actual ubicada en la Plaza de Mayo de la Ciudad Autónoma de Buenos Aires"* lo acompaña una foto histórica de Plaza de Mayo

Localidad, partido	Tipo de soporte	Descripción	Ubicación	Existe actualmente	Tema	Información adicional
Pigüé, (Saavedra)	Cartelería	Referencia a la Sociedad Francesa fundada en 1891 en Pigüé		Sí	Origen de las localidades actuales	Referencia al edificio histórico de la Sociedad Francesa que dice " *26. La Sociedad Francesa se fundó en 1891, destinada principalmente a dar apoyo a las instituciones de origen francés realizando actividades socioculturales y recepcionando visitantes. Alberga en sus instalaciones "La Alianza Francesa". Esta se creó el 22 de noviembre de 1946, con el objeto de enseñar y mantener vivo el idioma francés en la comunidad pigüense. Bien Patrimonial Ord. N°6238/2014"*
Pigüé, (Saavedra)	Cartelería	Parroquia 1900		Sí	Origen de las localidades actuales	Referencia frente a la parroquia que dice *"21. El 25 de marzo de 1900 se coloca y bendice la piedra fundacional, sucesivas ampliaciones generaron el aspecto actual del edificio con el apoyo de la población y sus párrocos. El edificio se presenta como la manifestación eclesiástica de mayor envergadura de la ciudad, cuya patrona es la Virgen de Luján. Su arquitectura responde a lineamientos de características neogóticas. Bien Patrimonial Ord. N° 5819/2010"*
Pigüé, (Saavedra)	Cartelería	Bicentenario de la Patria y del Ejército del Regimiento 3, 1810-2010		Sí	Conformación del Estado nacional	
Dufaur, Saavedra	Cartelería	Referencia sitio arqueológico la fonda de Doña Ana S. XIX		Sí	Origen de las localidades actuales	Colocado en septiembre de 2019
Dufaur, Saavedra	Cartelería	Referencia embarcadero de hacienda año 1883		Sí	Origen de las localidades actuales	Colocado en septiembre de 2019
Dufaur, Saavedra	Cartelería	Referencia Rancho de Barro construcción S. XIX		Sí	Origen de las localidades	Colocado en septiembre de 2019
Tornquist, Tornquist	Mural	Denominado *"Tornquist un pueblo con historia"* Es un camino que entra en un campo de girasoles de cerca el pasa a las sierras y de fondo se ve el edificio municipal	9 de Julio, esquina V. Vergara	No	Historia regional	Artista Mabel Baier. 1.50 x 2.50m. Creado década de 1990
Tornquist, (Tornquist)	Mural	Ellos hicieron el pasado	Casa de la Historia	Sí	Origen de las localidades actuales	Sobre pared de ingreso junto a una bandera de la República Argentina
Saldungaray, Tornquist	Monumento	Reconstrucción de fortín	Emplazado en parque municipal.	Sí	Contacto intercultural hispano indígena	

Localidad, partido	Tipo de soporte	Descripción	Ubicación	Existe actualmente	Tema	Información adicional
Tornquist, Tornquist	Monumento	Figura de Ernesto Tornquist	Frente a Iglesia	Sí	Origen de las localidades actuales	
Saldungaray, Tornquist	Monumento	Fortinero e indígena de espaldas	En el acceso a la localidad	Sí	Contacto intercultural hispano indígena	
Saldungaray, Tornquist	Monumento	Homenaje a Lorenzo Calpisqui	En plazoleta	Sí	Contacto intercultural hispano indígena	Placa en plazoleta
Fuerte Argentino, Tornquist	Otro	Homenaje a los legendarios soldados de la Campaña del Desierto 1879	Sobre edificación principal	Sí	Conformación del Estado nacional	Placa colocada en 1979
Saldungaray, Tornquist	Cartelería	Referencia Histórica al Fortín Pavón 1		Sí	Contacto intercultural hispano indígena	Infografía colocada fuera del fortín, destinada a público visitante
Saldungaray, Tornquist	Cartelería	Referencia Histórica al Fortín Pavón 2		Sí	Contacto intercultural hispano indígena	Infografía en el predio del fortín
Saldungaray, Tornquist	Cartelería	Indio y fortinero de espaldas, escudo nacional y distrital		Sí	Contacto intercultural hispano indígena	
Ruta provincial 76	Cartelería	Referencia Histórica de la muerte de Don Basilio Villarino y Bermúdez en 1785 a manos de los indios		Sí	Contacto intercultural hispano indígena	Colocado sobre la ruta. Cartel de la Comisión de Reafirmación Histórica Bahía Blanca. Dice *"Referencia Histórica. Próximo a este lugar, hallo la muerte en manos de los indios el 25 de marzo de 1785, a los 45 años de edad, el primer piloto de la Real Armada y de las Costas Patagónicas Don Basilio Villarino y Bermúdez, adjunto a la expedición de estudio del Rio Negro comandada por el superintendente de Carmen de Patagones Don Juan de la Piedra, fallecido el día anterior"*
Parque Provincial Ernesto Tornquist	Cartelería	Infografía de cueva con arte rupestre		Sí	Poblamiento indígena prehispánico	Mapa del parque y sus actividades que incluye la visita a sitios arqueológicos
Villa Ventana, (Tornquist)	Cartelería	Club Hotel de la Ventana 1911		Sí	Origen de las localidades actuales	
Villa Ventana, (Tornquist)	Cartelería	Trazado Histórico del Tren Trocha Angosta 1913 a 1920		Sí	Origen de las localidades actuales	
Villa Ventana, (Tornquist)	Cartelería	Trazado Histórico del Tren Trocha Angosta que une la Estación Ferrocarril Sud con el Club Hotel de la Ventana		Sí	Origen de las localidades actuales	

A2.5 Etapa descriptiva del relevamiento de topónimos

Tabla A2.2 Topónimos indígenas del paisaje del Área de Ventania.

Partido	Topónimo	Accidente geográfico	Otro	Cuerpo de agua	Traducción	Identificación étnica	Tipo	Comentarios	Fuente
Puan	*Puan*	-	-	Laguna	Dos soles	Mapuche	Descriptivo (fisiotopó-nimo)	Nombre localidad y laguna	Pilía, 2003
Puan	*Pincén*	-	-	Laguna	Nombre de cacique	Mapuche	Nominativo	De acuerdo a Casamiquela se encuentra entre Puan y Saavedra en campo privado	Casamiquela *et al.*, 2003
Puan	*Monte Lauquén*	Monte	-	-		Mapuche			Casamiquela *et al.*, 2003
Puan	*Pichihuinca*	-	-	Arroyo	Huinca: blanco/ cristiano	Mapuche			https://pueblosoriginarios. com/lenguas/mapuche.php
Puan	*Nahuel-co*	-	-	Laguna	Aguada del (os) trigre (s)	Mapuche	Descriptivo (zoonimo)		Casamiquela *et al.*, 2003
Puan	*Sanquilcó*	-	-	Arroyo	Aguada de los carrizos	Mapuche	Descriptivo		Casamiquela *et al.*, 2003
Puan	*Trome Lauquen*	-	-	Laguna	Laguna de los juncos o de las totoras	Mapuche	Descriptivo (fitónomo)	Ubicada al límite con el partido de Alsina	Casamiquela *et al.*, 2003
Puan	*Ruca Lauquen*	-	-	Laguna	Laguna de los toldos o casas	Mapuche	descriptivo		Casamiquela *et al.*, 2003
Puan	*Pelicurá*	-	-	Arroyo	Piedra en el barro/ piedra y barro	Mapuche	Nominativo		Casamiquela *et al.*, 2003
Puan	*Chapelauquen*	-	-	Laguna	Laguna de las zampas o matorros	Mapuche	Descriptivo (fitónomo)		Casamiquela *et al.*, 2003
Puan	*Loan laquen*	-	-	Laguna	Laguna de los guanacos	Mapuche	Descriptivo (zoonimo)		Casamiquela *et al.*, 2003
Puan	*Cudum Curá*	-	Paraje en el campo de López Lecube	-	Piedra acostada				Casamiquela *et al.*, 2003
Saav.	*Los Chilenos*	-	-	Laguna	En alusión a sociedades transcordillera-nas				*Google maps*
Saav.	*Curamalal*	Sierra	-	-					Google maps; Casamiquela *et al.*, 2003

Partido	Topónimo	Accidente geográfico	Otro	Cuerpo de agua	Traducción	Identificación étnica	Tipo	Comentarios	Fuente
Saav.	*Concheleufú/ Coche Leufú/ Cochen Leufú*	-	-	Dos arroyos (grande y chico)	Río/arroyo dulce; río arroyo potable/ río arroyo sabroso	Mapuche	Descriptivo (fisiotopóni-mo)		Casamiquela *et al.*, 2003
Saav.	*Curamalal*	-	-	Arroyo	Corral de piedra	Mapuche			Casamiquela *et al.*, 2003
Saav.	Agua Blanca	-	-	Arroyo			Descriptivo (fisiotopóni-mo)		
Saav.	*Quetreleufú*	-	-	Arroyo	Arroyo cortado	Mapuche	Descriptivo (fisiotopó-nimo)	Se encuentra en la zona de la localidad Arroyo Corto	Casamiquela *et al.*, 2003
Saav.	*Coyug Cura*	-	-	-	Prominente, saliente, elevado, puntudo, afilado	Mapuche	Descriptivo (fisiotopóni-mo)	Pico más alto del cerro Cura Malal	Casamiquela *et al.*, 2003
Saav.	*Cique-Hueique*	-	-	Arroyo	Arroyo cortado o pantanoso	Mapuche	Descriptivo (fisiotopó-nimo)		Casamiquela *et al.*, 2003
Saav.	*Linaguelque*	-	-	Arroyo	Deriva de lünar weiki sauce blanquecino	Mapuche	Descriptivo (fisiotopó-nimo)	Se encuentra entre las lagunas de Los Chilenos, nace en las sierras y al otro lado del Sauce Chico	Casamiquela *et al.*, 2003
Saav.	*Loo Lauquén*	-	-	Laguna	Laguna entre médanos/ de los médanos	Mapuche	Descriptivo (fisiotopóni-mo)	Se encuentra en un campo privado	Casamiquela *et al.*, 2003
Saav.	*Inguley Mahuida leufú*	Cerro	-		Deformación de *üngküi-lei mawida* significa Sierra erguida/derecha	Mapuche	Descriptivo (fisiotopó-nimo)		Casamiquela *et al.*, 2003
Torn.	*Ventana*	Cerro	-	Arroyo					*Google Maps*
Torn.	*Naposta*	-	-	Arroyo	*Napur* planta silvestre similar a los nabos (introducidos por los españoles), donde hay nabos silvestres; para Tello es Bajada Grande; para Stieben Bajada del espía	Tehuelche	Descriptivo (fitónomo si se trata de especie de vegetación; Fisiotopó-nimo si se refiere a la forma del cerro)		Cartografía realizada por Harrington, 1947
Torn.	*Chasicó*	-	-	Laguna y arroyo	Agua salada		Descriptivo (fisiotopó-nimo)		Cinquini y Beneitez; Casamiquela *et al.*, 2003 Pilia

Partido	Topónimo	Accidente geográfico	Otro	Cuerpo de agua	Traducción	Identificación étnica	Tipo	Comentarios	Fuente
Torn.	*Casuhati*	Cerro	-	-	Deriva de *atuk*:sierra *atuk*: piedra casi blanca	tehuelche			Harrington, 1947; Casamiquela *et al.*, 2003
Torn.	*Ceferino*	Cerro	-	-	Nombre de Ceferino Namuncurá	Mapuche	Nominativo		
Torn.	*Manuel Leo/ Manuel/mamül*	Cerro	-	-	Madera del río	Mapuche	Nominativo	Esteban Erize escribió que se trataba de un cacique que vivió en ese cerro. Constituye uno de los topónimos más antiguos de la región de Chasicó.	Cinquini y Beneitez, 2016
Torn.	*Pillahuinco*	Cerro	-	-		Mapuche	Nominativo		
Torn.	*Catan Lil*	Cerro	-	-	*Katan*: orificio, agujero y Lil peñasco. Traducción: Risco agujereado de la ventana/ Sierra de la Ventana	Mapuche	Descriptivo (fisiotopóni-mo)	Ya aparece nominada de esta manera en 1833 en la Carta de Arenales	
Torn.	*Pelicurá*	-	-	Arroyo	*Peli*: pele veo o Barro; *Curá*: Piedra. Veo Piedra o Barro y Piedra	Mapuche	Nominativo	Para los viejos pobladores del lugar era un corral de piedra y es de este corral de donde se toma el nombre para el arroyo	Casamiquela *et al.*, 2003
Torn.	*Choiqué Lauquén*	-	Estación del F.C.G. Roca (ex Sud) y pobla-ción en torno	Tello sostiene que es una laguna	Ñandú	Mapuche	Zoónimo		Casamiquela *et al.*, 2003

Lightning Source UK Ltd.
Milton Keynes UK
UKHW051049050123
414864UK00007B/50